励耘
文库

文学｜Literature

杨利慧　著

女娲的神话与信仰

——持续30年的整体研究

北京师范大学出版集团
BEIJING NORMAL UNIVERSITY PUBLISHING GROUP

北京师范大学出版社

内容提要

　　本书是作者探索女娲神话与信仰 30 年的成果结晶。上编将女娲置于中国民族信仰的大背景下，从考察其历史的以至 1990 年代初期的存在状况入手，采用了文献分析与田野作业的方法，尤其大量采用了现代民间流传的女娲神话，对女娲的神格进行重新审视，探讨了女娲及其神话与信仰在人们现实生活中所起的作用、女娲在中国民族信仰中的地位等，以期从中发现这一古老神话在几千年历史传承中发展变化的规律。下编则着力突显女娲神话和信仰在当代口头表演、遗产旅游和电子媒介等新语境中的表现形态，并以此为窗口，检视民俗学领域有关表演、语境、非遗保护等理论的启示与不足，开辟了"神话主义"的新视角和新领域。该书既鲜明体现出女娲神话和信仰自古至今在人们的实践中持续变迁而又顽强传承的图景，也反映出作者在追求神话整体研究道路上视角和方法的不断发展，并从一个侧面映射出当代神话学和民俗学学科理论的转变与创新。

自序：我的女娲研究 30 年

　　说起来，我与女娲研究的最初结缘是在 1992 年，到今天已经 30 年了。

　　1991 年夏，我考入北京师范大学中文系攻读中国民间文学专业的博士学位，第二年春，导师张紫晨先生不幸因病去世，我被转入钟敬文先生门下继续受教。钟先生一直想写一篇研究女娲神话的《女娲考》，可苦于没有时间和精力撰写，于是，他就把这个题目推荐给了我，作为我的博士学位论文选题。此前，我的硕士学位论文是在乌丙安先生的指导下研究中国传统婚礼。进入博士阶段后，我对生育、女神信仰之类的女性民俗十分有兴趣，正打算选择相关论题，看到这个题目是研究赫赫有名的女神，其背后又有丰富的社会文化史内涵，就接受了下来。从此我便与女娲研究结了缘，而且缘分日渐深厚。

　　我把自己这 30 年间的女娲研究，大体上分作三个阶段。三阶段相辅相成，彼此之间有着密切的内在关联。阐明这一点，也许对读者诸君更好地阅读本书有些助益。

第一个阶段大约是从 1992 年至 1999 年，以我的博士学位论文《女娲的神话与信仰》(北京，中国社会科学出版社，1997)和博士后出站报告《女娲溯源——女娲信仰起源地的再推测》(北京，北京师范大学出版社，1999)为代表。这两部专著在问题意识、探讨内容和研究方法上彼此相通，可算是"姊妹篇"。一方面，与当时中国民俗学和神话学领域流行的"文化史溯源研究"的取向相一致，两部著述都比较注重对文献的梳理和源头的追溯；但是，另一方面，民俗学界的学术风气正处于转变之中，对我而言，20 世纪 80 年代以来开展的"民间文学三套集成"工作，以及对田野作业方法的日渐重视，特别是中原神话调查，都对我产生了影响，使我的学术兴趣逐渐从文献转向活生生的、充满流动性的民间生活。我在以往的文章里曾提及自己在 1993 年春天的田野中那豁然开朗的一刻。当时我跟随河南大学张振犁教授带领的"中原神话调查组"，在河南淮阳、西华以及河北涉县等地进行当代女娲神话与信仰的田野考察。这是我第一次在书本记录的女娲资料之外，亲身接触民间活生生的口承神话和信仰习俗。有一天，我在西华县一处地头看到一通"女娲城遗址"的石碑，低低的，四周满是青绿的麦苗，摸着那通石碑，当时我心情非常激动，好像一瞬间，僵死的古老文献记录被生动的现实激活，横亘在古老的大母神女娲与作为现代研究者的我之间的巨大时空隔阂不再存在，"远古"与"现代"的界限被打破并重新接续为一个整体。在庙会上和日常生活中，那些老百姓口中讲述的神话和他们对女娲娘娘的虔诚信奉，深深地打动了我，使我深切地体会到：女娲不仅仅存在于古代文献里，她还活在生动的现实里，活在人们的口头上、行为中和观念里（见书末所附《代后记：朝向神话研究的新视点——杨利慧博士谈其神话研究之路》），而以往的女娲研究往往只从故纸堆里找材料，不免割裂了其与如此丰富而广大的社会生活的联系。由于这样的经历，我的博士论文最终并未写成钟先生所预想的、对女娲神话的文化史溯源研究，而是将女娲的神话与信仰合为一个整体，从文献与田野两条路径去揭示和呈现女娲在历史上和当下社会中的存在状貌。可以说，从博士论文开始，我便从传统神话学的考据研究，转向了对神话与现实社会之间的关系的综合考察，并认为这是更完整、立体地认识神话的有效途径。

不过，在这个阶段，我心中一直有个困惑：该如何分析自己在田野中遇到的那些灵动的讲述事件？比如淮阳人祖庙会上在围观人群七嘴八舌的插话中完成的女娲兄妹婚神话的讲述。这个问题尽管在我的博士论文中并未成为聚焦点，但是一直萦绕在我的心中，徘徊不去。对此，当时国内的相关研究很少，而世界神话学史上的诸多理论似乎也都不擅此道。记得1997年，在北京大学举办的第二届社会文化人类学高级研讨班上，我作为学员跟大家分享了自己的女娲研究成果，谈到女娲神话数千年来发生的变化。韩国人类学家金光亿先生说道："那么为什么会产生这些变化呢？还是应该更贴近那些社区和人群去发现答案。"这更坚定了我转向民族志式田野研究的决心，觉得以往那样在宏大的历史和地理范畴中探索女娲神话的流变，不免有些"只见森林，不见树木"。我想探索微观考察神话讲述事件及其讲述人的新方法。

带着这样的问题和动力，我开始了第二阶段的研究。

第二个阶段大约从2000年到2011年，以我运用表演视角撰写的系列研究论文和带领团队合著的《现代口承神话的民族志研究——以四个汉族社区为个案》(西安，陕西师范大学出版社，2011)为代表。2000年，我荣幸地获得了教育部首届青年教师奖，为此申报的项目是"现代口承神话的传承与变异"，目的便是进一步探讨自己在此前女娲研究中所思考的问题，对当下民间生活中的神话进行具体而微的民族志考察，并借此突破国内外神话学界长期依赖古代文献和考古资料的局限。这一次，我想在森林中，认清一棵一棵的树木。非常巧的是，这一年我和先生安德明博士一道获得了国家留学基金的资助，于是我们有意识地选择了去美国印第安纳大学(Indiana University，Bloomington)访学，主要目的是向在那里任教的表演理论的主要代表人物之一理查德·鲍曼(Richard Bauman)教授深入了解表演理论(Performance Theory)，以探寻分析当下日常生活中发生的神话讲述的新方法。在印第安纳大学期间，我们旁听了鲍曼教授讲授的课程，阅读了他开列的参考书，并对他做了两三次访谈。我们与印第安纳大学其他教授，比如 Henry Glassie、Linda Dégh 等，也多次谈论表演理论的使用及其局限。我在鲍曼教授的课上还写成了一篇论文，运用表演视角重新对淮阳人祖庙上伏羲、女娲兄妹婚神话的讲述事件进行了分析(详见第八章)。我觉得，表演理论注重动态交流过程的特点，可为探寻日常生活中口承神话的交流提供重要启示，以往那些被我略过的女娲神话讲述事件在新视角的观照下顿时活色生香，凸显出情境性语境(the situated context)和表演者的重要性。

关于本人在 2005 年以前学术视角的变化，书末所附的廖明君研究员与我的对谈《代后记：朝向神话研究的新视点——杨利慧博士谈其神话研究之路》里有较多描述，可供参考。

2011年，我和团队前后花约10年时间完成的结项成果最终以《现代口承神话的民族志研究——以四个汉族社区为个案》为题出版。该书借鉴了表演理论的视角，运用民族志式田野研究的方法，着力考察了现代民间口承神话的传承和变异是如何在一个个特定的社区中发生的，讲述人、听众和参与者是如何互动交流的，讲述人如何根据具体讲述情境的不同和听众的不同需要而适时地调整神话的讲述策略，从而最终形成了一个个特定的神话文本。在这本书的四个个案中，有三个（陕西安康伏羲山和女娲山地区、山西洪洞侯村女娲庙以及河南淮阳人祖庙）都直接与女娲相关，所以张多在评论中说，该书可被视为我的女娲神话研究的"第三部曲"（参见书末所附评论《中国神话研究的民俗学派——杨利慧的神话学思想及其实践》）。

需要说明的是，我在借鉴表演视角的时候，十分注意探索它如何与中国学术的长处相结合，力图突破并改进其局限性。比如表演理论注重特定情境中的新生性创造，对历史传统多少有些轻视或忽视的倾向。而中国的口头传统往往有着悠久的历史和丰富的文献记录，忽视了这些，显然便无法深刻地理解和认识中国的社会和文化。对此，我提出了"综合研究法"，并以伏羲、女娲兄妹婚神话的表演事件为个案，对综合研究法进行了初步运用（见下编第八章）。我认为，只有通过综合研究的方法，才能从整体上了解神话的内容、形式、功能和意义之间的相互关系，以及这一关系的变迁及其内因和外因。

第三个阶段是从2011年至2020年，以我的神话主义研究以及《神话主义：遗产旅游与电子媒介中的神话挪用和重构》一书（北京，中国社会科学出版社，2021）的出版为代表。在这一阶段中，我的神话研究重点从以前的社区之内转移到了那些从社区日常生活的语境中剥离出去的、被当代大众文化产业和信息技术所重构的神话——我后来称之为"神话主义"（mythologism，详见下编第十至十三章）。为何要研究神话主义？其原因依然与前一阶段的研究有关。我和团队在考察那些乡镇中流传的民间口承神话时，发现了一些新的现象：旅游产业正日益形塑着社区内部的神话传统，导游成为新时代的职业神话讲述人；电子媒介日渐成为年轻人知晓神话传统的一种主要方式。这些新现象并未得到国内外神话学界和民俗学界的认真对待，而且常因为其商业化和技术化而被排斥在正统的民俗学和神话学研究范畴之外。这无疑是学界的不足与缺憾。不过，由于我们当时主要关注的是庙会、祭仪、闲谈（例如"摆龙门阵"）等社区日常生活语境中被讲述的神话，访谈对象主要是社区内部上了年纪的故事家、歌手等，调查地点是有着明确空间边界的、实体的乡镇，所以未能对上述现象展开追踪研究。

针对这一不足，2011年我申请了国家社科基金课题《当代中国的神话主义》，力图对中国神话在当代社会，尤其是遗产旅游和电子媒介领域的传承和变迁情况展开深入、细致的民族志考察。与前一项研究相比，该题更加关注现代和后现代社会中的大众文化、文化商品化、青年亚文化及电子技术。其结项成果最终以《神话主义：遗产旅游与电子媒介中的神话挪用和重构》为题出版。在这一研究中，尽管我的问题意识和研究视角有较大变化（例如主张采用网络民族志方法以分析虚拟社区中呈现的神话主义），但女娲神话依然是我观察的窗口：我对旅游产业的研究继续以河北涉县娲皇宫景区为个案，而对电影、电视和电子游戏的梳理也常常以女娲神话为观察中心。

以上三个阶段虽然在具体研究对象和视角上有所差异，但其实都有一个共同追求——神话的整体研究，即将神话置于其所生存的社会生活中，作为一个整体的传统来认识。具体地说，在上述第一阶段中，我主要是将神话与信仰合为一个整体，从文献与田野两条路径去揭示和呈现女娲在历史上和当下社会中的存在状貌；在随后两个阶段的研究中，我逐渐更加自觉地关注到这个整体性传统中更多维度的重要性，例如文本与语境（特别是情境）、历史与当下、传统的延续性与讲述主体个人的创造性，以及不同主体的多元性实践等。我提出"综合研究法"，就是想把中国学者擅长的历史研究和表演理论注重情境性语境的视角结合起来；把宏观的历史—地理比较研究与微观的、特定区域的民族志研究结合起来；把文本分析与语境研究结合起来；把静态的文本阐释与动态的表达行为和表演过程的研究结合起来；把对集体传承的研究与对个人创造力的研究结合起来，从而达到完整、立体地认识神话的目的。说到底，综合研究方法是工具，是路径，其力图实现的目标便是整体研究。

本书即是上述三个阶段的研究成果的集萃，是我研究女娲神话和信仰30年历程的集中展现。其中上编体现了我在20世纪90年代初期的探索成果，基本保留了博士学位论文的原貌，未做大的改动，只对其中个别有错漏或者后来有变动的地方进行了适当补充和修改，例如，对所引古籍增加了版本说明；对汉代王充和宋代罗泌的合理主义思想做了补充注释；1937年的抗日战争"爆发"改为"全面爆发"；"四川省重庆市"改为了"重庆市"；引用的外国学者尽可能补充了英文原名；等等。另外还增加了插图。书中原来引用了大量"民间文学三套集成"资料，绝大多数当时还没有正式出版，这次尽可能对其中已经出版的做了重新检索、核对和注释，但是由于这批资料多是县卷本，数量多，核对比较困难，所以最终大多保留了原注。

此次增加的下编则反映了我 21 世纪以来的研究理念，以女娲神话和信仰为窗口，一方面凸显出当代社会中人们在口承神话的表演、遗产旅游、电子媒介以及非遗保护等新语境下创造性地运用和重构女娲神话的新实践；另一方面，也以此为案例，检视当代民俗学领域有关表演理论、语境研究、非遗保护等理论和话语的启示与不足，提出了神话主义的新视角，拓展了神话研究的领域。正如我在下编的引言中所自评的那样，如果说，上编研究女娲的视角特点是"历史、田野、文本"，方法上注重文献分析和田野作业，内容上更聚焦于女娲神话与信仰的本体，风格上较为宏阔；那么下编的研究视角则聚焦于"当下、主体、语境"，方法上更为倚赖民族志式田野研究的方法，内容上更常以女娲的神话与信仰为窗口，以反思当代中国神话学和民俗学的理论和方法，风格上更细致入微。上编和下编两相映照，既鲜明地体现出女娲神话和信仰自古至今在人们的实践中不断变迁而又顽强传承的图景，也反映出笔者 30 年间在追求神话的整体研究道路上问题意识、理论视角和探索方法的不断发展，并从一个侧面反映出当代中国神话学和民俗学理论与方法的转变与创新。

为帮助读者更好地了解我的女娲研究历程、学术意义以及存在的局限，我在书末附上了五位中外学者所写的相关书评，作为我的研究所引发的学界对话的一些反映吧。

从青涩懵懂到步入中年，女娲的研究伴随着我个人生命的成长，也伴随着我的神话和民俗探索之路。30 年间要感激的人实在太多，恕我无法在此一一尽数。钟敬文、张紫晨、乌丙安、刘锡诚、马昌仪、刘魁立、宋兆麟、李福清（B. Riftin）、大林太良、伊藤清司、王孝廉，以及Jordan Paper，Richard Bauman，Henry Glassie，Linda Dégh，William Hansen，Gregory Schrempp 等老师，还有高丙中、吕微、朝戈金、巴莫曲布嫫、尹虎彬、田兆元、赵宗福、万建中、陈连山、陈泳超、陈岗龙、康丽、彭牧、李靖、鹿忆鹿、钟宗宪、刘惠萍、高莉芬、Mark Bender、苏独玉（Sue Tuohy）、Jessica Anderson-Turner、山田仁史等好友，都给了我极大的帮助和鼓励，尽管这其中的一些人现已辞世，但他们都是我一生感激不尽的良师益友！感谢河北涉县娲皇宫、河南淮阳太昊陵以及所有我调查地的人们长期以来对我的慷慨帮助，他们不仅帮助我认识女娲，更帮助我认识了这个世界。感谢我的学生们，张霞、徐芳、李红武、仝云丽、祝鹏程、张多、王均霞、张成福、周全明、包媛媛、肖潇、陈汝静、杨泽经、王旭、孙伟伟、霍志刚……他们中有的直接参与了我的女娲研究课题，有的尽管没有直接参与，但是积极协助我调查和整理资料，也启发了我的研究思路。值得欣慰的是，受到我的影响，一些学生也从此走上神话研究或女娲研究之路。本书此次出版得到北京师范大学出版社周劲含女士的大力支持和帮助，在此一并致以由衷的感谢！

在这里还应特别感谢我的家人。自小到大，我的父母永远鼓励我不断积极向上、做正直勤勉的人，多次原谅我因为忙于工作而疏于探望他们的过错；先生安德明与我是研究生时期的同窗，也是事业和人生的同道，心有灵犀，常一起探讨遇到的各种问题，我的研究成果中也融汇着他的思想和启迪；姐姐丽娟和弟弟利铭无论何时何地，总是无条件地支持我；女儿安昕是我的开心果，也是我此生最大的骄傲，我对新媒介的研究得到她的很多启示和帮助。

钟先生当初希望我研究女娲，本意是希冀我能由此揭示远古历史的奥义，认识人类社会文化发生和演进的"迁移的脚印"，不料我竟由此踏入了一座宝山，从这里望去，世界的过去与现在接续一体，向我展现出风光旖旎、情态万千的迷人风貌。对此，我永怀感恩之心！

杨利慧

2021 年 8 月于北京师范大学

女娲神话研究的新拓展

——《女娲的神话与信仰》原序[①]

钟敬文

> 一径蜿蜒石上开，千锤百凿出亭台。
>
> 游人倘问成功诀，铁样坚心博得来。[②]
>
> ——《西山龙门》(《旅滇杂诗》之一)

一种学术的生活史往往要经历着发生、发展以至于衰亡的不同阶段。而它的每一阶段，总有一定的标志。这种标志，大都表现在这种学术的不同方面，例如表现在学术成果的质与量方面，表现在从事者的人数或素质方面；在现代，也还可能表现在这种学术专业机构的存在或数量方面。而这些不同方面的标志，是互相关联、互相作用的。

---

① 本序言曾发表于《中国文化研究》，1996(2)。

② 昆明西山龙门景观，相传为清代道士吴来清花了十多年时间凿成的。

我国先秦时代一段时间，学术上出现了一个百家争鸣的景象。它拥有孟轲、荀卿、墨翟、庄周、列御寇等一批学者，产生了《孟子》《荀子》《墨子》《庄子》《列子》等一批思想和风格不同的著作。这些都标志着那时学术的繁荣。晚清在我国学术史上也算得是一个百家争鸣的时期。章炳麟、谭嗣同、康有为等学者，以及他们的《訄书》《仁学》及《大同书》等名著，都是这个社会转型期学术昌盛的标志。胡适与他的《中国哲学史大纲》，梁漱溟与他的《中国文化及哲学》，梁启超与他的《先秦政治思想史》，以及文艺活动方面的"文学研究会""创造社"等团体与其成员、著作，都是五四时期学术昌盛的标志。

以上事实，说明了学术史上各个发展时期所显示的标志及其规律性。

现代意义的中国民俗学，已经历了70多年的岁月。它的兴起，无疑是应答着中国社会史和文化史的庄严要求的。但是，它所经历的道路并不是一帆风顺的。在20世纪三四十年代，由于社会条件及学科本身根基薄弱的限制，它虽然始终在延续着，有些时候在某些地区还显出兴旺景象，但是总体来看，它并没有走出低谷。

事物的兴替，往往并不能尽如预料。

中华人民共和国成立以后，这种以历代广大人民所创造、享用和传承的民俗文化为研究对象的民俗学，按理应该得到重视、扶植。不但我们这些从来为这种学术艰苦奋斗过来的学人这样想望，就是外国一些学者也曾经有过这类推想。但是事实并不如此简单。由于某些意识形态方面的原因，这种原来徘徊低谷的学术（从整体上说）与其他一些人文科学落入禁区。幸好，民俗文化的某些方面：民间文学、民间艺术，由于某些特殊原因，却受到推崇。在这方面，不但成立了一些专门研究机构

（如中国民间文艺研究会、中国民间音乐研究所等），还陆续出版了一些有价值的资料集（如《陕北民歌选》《河曲民歌采访专集》等）和刊物（《民间文艺集刊》《民间文学》等）。当然，同时也出现了一些研究性的文章。

十年"文化大革命"，对中国新、旧文化来说，都是一个雪虐风狂的严冬。民间传承文化及民间文艺学等，不但不能幸免于难，而且连人带物，都被踩在脚下，并被贴上"永远不得翻身"的封条。民俗学作为一门科学，遭到从来没有遭受过，将来也不一定会再遭受的贬斥。

"物极必反。"一场大风暴终于过去了。在新的历史条件下，一些被无理地扼杀、贬抑、冷待了的人文科学，像春天的草木一样，重生、滋长，并且迅速地繁荣了。民俗学也不例外。它在长时期被压抑、摧毁之后苏生过来了。并且像神话、传说中所说的英雄儿，见风就猛地长成起来那样，它在学术界、出版界居然占有了一席地位。这可以说是对它过去不幸遭遇的一种报偿吧。

短短的十多年来，我们民俗学的发展，在它的各方面都有着明显的标志。现在且让我们分别看一下。

首先，这种标志表现在专业机构的建立方面。1983 年，在我国新民俗学运动史上是值得纪念的年份。记得在中华人民共和国成立的次年（1950 年）春，我们成立了中国民间文艺研究会，这当然是一件大好事。可惜从民俗学的学术范围说，它只限于民俗文化中意识方面的一部分，它的研究未能担当起民俗学工作全面展开的任务（更莫说它在收集、研究上的观点和方法的局限），何况在"文化大革命"时期，它又完全遭到了破坏。因此，在拨乱反正时期，新的民俗学机构的成立就是非常必要的。为了应对这种时代的要求，经过相当的筹备，我们建立了新中国第一个全国性的民俗学会——中国民俗学会。成立十多年来，虽然限于经济、人力，工作不能充分展开，但是，它多少进行了一些业务活动和组织工作，起到了学术带头的作用。现在会员已经超过千人，他们分布在全国各地，并在各自条件的许可下从事着这方面的工作。由于这个学会的存在和影响，全国各省、自治区、直辖市，现在有三分之二以上的地方成立了相应的组织。不少文科大学或民族高等院校，开设了民俗学讲座，有的还成立了师生共同参加的民俗学社，致力于这方面的学术工作。近年有些大学或地方研究所，还成立了一些这方面的专门研究机构，如辽宁大学的民俗学研究中心、北京师范大学的中国民间文化研究所、江西社科院的中国民俗文化研究会等。此外好些省如江西、山西，好些市如天津、南京、苏州等，都有民俗学博物馆的建立，这对于民俗知识的普及和研究都是很有益的。

这些民俗学机构的建立及其活动，一方面标志着我国当前民俗学事业的兴旺，另一方面也预示着这种学术未来的进一步发展。

跟民俗学机构的建立及其活动相联系，近年来我们民俗学的工作队伍也壮大了。前面提到了中国民俗学会会员的人数，其实，这只是队伍中的一部分，其他不计在内的还有许多（如各省乃至市学会的会员以及其他机构有关的人员实在不少）。这些人员中，有不少人对民俗文化由衷热爱，又处于接触实际资料的有利位置，只要他们专心致志去从事，就能取得一定的成绩。在民俗志的著述方面，我们也就可以看到那些地方民俗学者的显著成绩。例如近年出版的刘兆元的《海州民俗志》、刘志文主编的《广东民俗大观》等，都是值得刮目相看的。民俗学队伍的不断壮大和他们做出的成绩，也是我们民俗学发展的一种标志。

由于民俗学机构、队伍的发展，民俗学专业问题的集体讨论活动（研讨会、座谈会）也日见频繁起来了。这种集体研讨活动，从规模上看，有的是全国性的，有的是地区性的；从讨论的题目看，有的是属于基本理论的，有的是属于个别民俗事项的，前者如关于民间文学的性质、范围的讨论，后者如关于《白蛇传》、吴越信仰民俗之类的讨论。这种研讨会或座谈会，主持者大都事先经过审议、筹划（包括提供有关资料集等），因此，往往能够取得一定成绩，并且出版了讨论文章的结集。在这方面，我觉得江苏、浙江、上海三地一再召开的关于吴越民俗文化的集会，不但其成果令人羡慕，这种做法也是值得推广的。总之，在我国近年民俗学的活动上，这种集体研讨的活动及其成果，也是我们这方面事业发展的一种不容忽视的标志。

促进我国民俗学发展的外部条件之一，是对国外这方面专著的中译，近年这方面的情形有较使人满意的成果。远在 20 世纪二三十年代，跟国内民俗文化的记录和探究同时，一些学者已经致力于国外这方面文献的介绍、翻译，如郑振铎节译的《民俗学浅说》（柯克士女士原著），江绍原译的《英国民俗》（江氏编译瑞爱德著的《现代英吉利谣俗及谣俗学》的主要部分）以及杨堃译的《民俗学》（汪·继乃波原著，未译完）等。但是，数量不多，选译的不尽是名著。近年来，我们这方面的成绩就更加显著了。不但译述范围较广，数目较多，更重要的是，介绍了那些必读的世界名著，例如泰勒的《原始文化》，弗雷泽的《金枝》（简本）以及汤普森的《民间故事论》（中译本改名《世界民间故事分类学》）等。这些译本的出版，不但使我国民俗学更具有世界规模，对于中青年民俗学者的修养也是很有益的。这种情形的出现，也正是当前我国民俗学发展的一种标志。

在我国现在民俗学的发展阶段，更足以标志它的繁荣性质的，应该说是近年这方面探索、研究的成果。现在我们在书店或图书馆的书架上、目录中，都可以见到五光十色的关于民俗文化的新著作，有大部头的丛书、辞典，也有单行本的专著。从其内容说，其中不少是关于民间宗教、民间文学和艺术的，有的则是关于社会组织、人生仪礼及岁时节日的。从内容涉及的时间说，不少是属于现代的，但也有一部分是属于历史的。从表现的体裁说，当然不少是议论型的，但也有许多是描述兼议论型的(特别是那些关于历史民俗事象的著作)。这些大量出现在我们眼前的著作，质量当然参差不齐。有的实在具有自己的创见，达到了较高的学术水平。这种著作，数量不一定很多，但从我们的学术结构说，它却是顶梁柱式的著作。有些著作虽然缺少创见，但在收集、整理资料和初步探索上尽了一定努力。我认为，只要表达清晰，又没有知识性的失误，它对普及这方面学科的知识，和为未来研究者提供有益的参考资料等，是有作用的；也多少有利于造成当前本学科的热闹气氛。因此，我们不能因为它不是高档次的学术著作就轻视它。

总体来说，当前民俗学界的研究成果(或半研究成果)无疑是我们整个民俗学发展的一个重要标志。

从前面几段论述来看，我国近年来民俗学的发展情况，大都在各方面被标志了出来。尽管我们这方面今后要走的道路还很长，但这眼前的成就，也不能不使人感到欢欣鼓舞。新中国成立之后，北京师范大学中文系首先开设了"民间文学"(后来因采用苏联学界的用语，改称"人民口头创作")课程，不久，又成立了独立的教研室，并招收了第一批专业研究生（1953 年）。数十年来，我们培养了二三十名硕士、博士（20 世纪 50 年代毕业的研究生，因为当时教育制度的关系，没有授予学位）和国内外的许多访问学者。近年来，我们教研室的这门学科，被国家教委定为全国重点学科之一。为了应对学科（民俗学和民间文艺学）发展的迫切需要和国际学者（如欧达伟教授等）的殷切期望与建议，1993 年冬天，我们又成立了中国民间文化研究所。现在该所正在积极充实人力、筹建专业书库，以及继续培养上述两种学科的专业人才。

本书著者杨利慧同志，就是今年（1994 年）夏间，以她的优秀论文通过答辩，并获得民俗学博士学位的一位研究生。在她的论文《女娲的神话与信仰》，有关专家学者在审阅评语和论文答辩会上的发言中，都给以高度赞扬。有的专家说"这是一部很好的民俗学、神话学专著"（杨堃博士）；有的专家说"这篇论文有新材料、新见解，是近年国内少见的关于古代神话、传说的好论文"（任继愈研究员）；有的专家说"作者的治学态度、研究方法以及对神话的见解，对于今后研究中国神话的学者，必会有很大的启发作用和参考价值"（王孝廉教授）。杨同志这种研究上的成就，跟一些同行青年学者的优秀论文一起，也是中国当前民俗学事业发展的一种具体标志。

杨利慧同志的祖籍在四川，出生在祖国边陲的新疆，她的青少年时期，主要是在那里度过的。大学本科阶段的学习，是在成都的四川大学进行的。毕业后她考上辽宁大学中文系，成为攻读民俗学的硕士研究生，1991 年夏毕业。同年秋她转入北京师范大学中文系，继续攻研民俗文化学。今年夏，她通过论文答辩，被授予博士学位。现在她在同校博士后流动站，继续从事中国神话的研究工作。

杨利慧同志天资明敏，学习勤奋，善于思考问题。在学术上，她不肯随便接受别人意见，必须经过自己考虑后方才肯定或否定，这是一种极重要的从事科学工作的态度和心理素质。关于女娲神话这个研究题目，本来是我推荐给她的。关于这个问题，在我原有一段小小的历史。不记得从什么时候起（可能是在新中国成立的初期），我对于女娲神话很感兴趣，立意想写一篇专论，因此经常收集、辑录有关材料，也形成了一些论点的初步构想。但我始终腾不出一段较长的时间去专门研讨和写作。岁月很快地过去，这件不能下手的工作成了我心上的一件负担。1992 年春，张紫晨教授病逝，杨利慧同志的论文指导任务落到我的头上，而她一时还没有确定写作的题目。我就把自己这个想做已久而不能着手的题目推荐给她。她接受了，但并没有按照我原来的构想去进行（我的论文的主题思想，是想通过女娲在神话中的种种活动，去论证产生这位女神的社会文化背景，简单地说，就是我拟作的论文主题是"原始文化史的"）。她所写成的论文的内容，却是关于女娲的神话和信仰的研究，或者说，是"神话学的"和"宗教学的"而不是"文化史的"。为什么会有这样的背驰呢？这恐怕要从她的思想、性格上去找答案。因为在这样庄严的学术活动上，她要凭自己的能力去搜集资料、发现问题和确定论点。她像古代的洁身自好的学者那样"不因人热"！

她在搜集资料和分析、论证问题的过程中是相当艰苦的，对着那一大堆内容和产生时代不同（甚至于彼此矛盾）的资料，进行分析、探索、假设、论证。在那段时期里，她废寝忘食、心焦脑疲，论文初稿完成后，又不断与导师商量，也不断自己进行推敲、修改。甚至论文答辩通过后，她还觉得有些地方没有写好，仍在费神费力地修订。这种情形，不但使那些帮她誊写部分文稿的同学感叹她的认真，连像我这样一辈子与文学打交道并爱字斟句酌的老人，也不能不感佩她的"刻意为文"了。

在这里，我且着重谈谈她的田野作业的大略情形。因为它不仅关系到这论文的部分论点的形成和论证，而且关系到作为一个学术研究者的应有品格。杨利慧同志为了写作这篇论文，曾经前后两次到最基层去进行调查、考察。现在文科研究生的调查经费很少，这是大家知道并且因之多少感到为难的。但她并不为此而放松这项活动。她首次去，时间是1992年夏天，地区是川北。为了鼓舞她的勇气，当时我口占了下面一首绝句送她：

> 巴山蜀水路千程，送别玄蝉不住声。
> 誓探骊珠到深海，背囊鼓鼓看还京。

这次她进行的是一般性调查，具体一点说，就是摸一摸民间的妇女习俗和关于女神的信仰情况。虽然也取得了一些感性知识和收集到一些文献资料，但收获不算大。她第二次去，是在1993年春夏间。她参加了张振犁教授领导的"女娲神话调查小组"的活动，到现在犹存留着女娲信仰的河南的西华、淮阳（特别是前者）及河北的涉县，进行比较细致的考察和实际体验。在这次活动中间，她不但亲眼看到当地妇女们的虔诚行为，也深刻地体味到她们的内心活动，从而形成了自己的某些重要学术论点。据说在西华的女娲庙会期间，调查小组已经离开之后，她为了更多更深地体味当地妇女们的信仰心态，曾独自留下来住了三天。经过这样比较深入的体察，在资料上真可说是"背囊鼓鼓"了。记得去年冬间，中国民俗学会在北京召开第三次代表大会，张振犁教授一谈到他们的调查活动，就笑容满面地称赞杨利慧同志的大胆和细心。这种大胆和细心，不但充实了她论文的资料，也充实了她论文的整体构思和论证力量。

上文围绕杨利慧同志的论文说了一些情况和意见，但直接触及论文的地方不多。为了弥补这种不足，我且把对论文的几点意见写在这里吧。

首先，是作者选题方面的眼力。女娲神话，向来被学者注意和谈论的，主要是它的口承文学方面，即神话、传说方面。但女娲本身其实是一个涉及多个方面的民间传承文化体系（例如关于她的各种习俗、方言、礼仪、游艺等）。而民间关于她的信仰、祭祀，不但是这个传承文化体系里的重要方面，而且跟语言、文学的传承密切相关。论文作者把关于女娲的神话和信仰（包括庙宇、祭祀及其他有关的种种活动）联系在一起加以考察、论究，这就使论文在定题方面站在更高和更全面的位置上，也使她的论述能得到较好的成绩。

其次，在取材方面的优势。一篇学术论文，在著作上是否成功，条件不限于一方面，但是所凭借的资料是否丰富和确当，无疑是至关重要的。所以伟大的学者，谆谆劝告我们在这种工作上，必须尽可能掌握大量的资料，理由就在这里。在女娲神话的现代研究史上，芮逸夫、闻一多的论文所以为较多的读者所称赞，这点也正是原因之一。根据本论文作者所述和我们在论文的表述上所看到的，她所拥有的资料数量，说来实在惊人，与女娲有关的有五百余点，单就有关洪水后兄妹婚类型的就超过二百点。这些资料的来源，包括古代和近代文献、历史考古文物，而更多的则是民俗学，即时人的记述和作者个人田野作业的收获。这样丰富的资料的掌握，不但使国际同行看了要羡慕或妒忌，就是国内从事这方面活动的同行们也不禁要啧啧称羡。但是，在科学工作上，资料的丰富，固然是一种十分有利的条件，可也带来处理上的困难，对于年轻的、经验不充分的学者尤其如此。但是，这篇论文的作者，不但能积极地利用丰富的资料，也能顺利地战胜那种消极的、可能发生的困难。她表现出在科学工作上一定的成熟度。

再次，善于提出问题、论点并阐释它。在科学工作上，善于发现问题、确立论点，并合理地解释它，这是一种绝不可少的能力。作者在这篇十数万字的论文中，提出了大大小小的不少问题和论点，这当然是重要的。但这还只是一种可喜的开头，更重要的，是她凭自己的学养和灵活、严谨的思考能力去解析它、阐明它。论文中许多问题、论点的解释，我们固然不能说它都是正确而不可动摇的，但是，它的大多数说法，却能够令人首肯，其中有些解释或判断，还是极有说服力的。例如作者坚决认为女娲主要（或原始）的神格是"始祖母"，她对女娲神话、信仰（特别是后者）功能的揭示和阐明等，都表现了作者锐利的眼光、应具的学识和分析能力。这些也正是这篇论文显得优越的地方。

此外，作者在观点和方法的运用上，既有主导方向而又能博采众长；既有原则性又灵活而不拘泥。至于判断和遣词，一般分寸感较强，这也是跟作者一贯的科学态度分不开的。

总体看来，这篇学位论文，作者始终抱着严肃态度，具有一定必需的学养，又勇于进行探索，在选题、取材、理论分析和方法运用等方面，大都有自己的特色或独到之处。全文结构比较恢宏，议论不乏新意和精义。这是一篇富有开拓性和创造性的学位论文。十多年来，我负责评阅和有机会看到许多申请授予博士学位的论文，杨利慧同志的新著，应该说，是其中属于比较高档次的一篇。

自然，这篇论文，像其他许多优秀研究论文一样，具有值得称许的优点，同时也存在着这样那样的不足之处。例如论文中对于产生女娲神话和信仰的社会、文化背景及它在原始文明史中的意义，又如关于这论题存在着一些有争议的或有待解决的问题，作者都很少触及。这种欠缺的出现，既有时间限制的原因，也有作者一时学力不足的原因。尽管这样，这些缺点却并没有怎样妨害到这篇论文的优异成就。

不管从整个学科的前程说，或者从个人的学业的前景说，进步都是无止境的。我们的民俗学，在世界的学术之林中，还是年轮较少的一株。我们这些从事研究的人，其实还是一些初来者。谁也没有资格认为自己的学业已经到了封顶的地步。

杨利慧同志，她年纪很轻，脑子灵活，又能不怕艰苦和寂寞。她具有在学海中鼓棹前进的必需条件。在这初战告捷之际，倘能坚定信心，进一步充实自己的知识结构，磨砺自己的思维能力，再接再厉，去攻下民俗学的更坚强的堡垒，这样的成就，与同行们的优秀成果汇合起来，就可以使我国年轻的民俗学更上一个台阶。这是像杨利慧同志这样的中国青年学者所能做到，也是应该做到的。所以，这又不仅是作为老师的我所殷切期待的，也正是许多学界同行，乃至于广大关心民族文化的人民所翘首期盼的。

1994 年 8 月 30 日作于京西八大处

时年九一

目　录

上编　文献与田野中的女娲：神格、流变和功能

绪　论　/ 3

　第一节　关于女娲神话与信仰的研究史略　/ 4

　第二节　本编的写作目的、应用的观点与方法、资料来源　/ 25

第一章　女娲的神格　/ 34

　第一节　女娲的始祖母神格　/ 34

　第二节　女娲的文化英雄神格　/ 52

　第三节　始母神——女娲神格的基点和中心　/ 78

第二章　女娲神话的发展与演变　/ 93

　第一节　女娲神话的停滞与发展　/ 93

　第二节　女娲神话发展演变的主要形式　/ 106

第三章　古代的女娲信仰　/ 139

　第一节　女娲被祀为高禖之神　/ 141

　第二节　"雨不霁，祭女娲"　/ 142

　第三节　补天节　/ 145

　第四节　女娲的"遗迹"　/ 149

　第五节　墓葬中的人首蛇身像　/ 161

第四章 现代民间的女娲信仰 / 166
　第一节 人祖姑娘女娲氏——河南淮阳人祖庙会考察报告 / 166
　第二节 天地全神女娲氏——河南西华女娲城考察报告 / 177
　第三节 娲皇圣母女娲氏——河北涉县娲皇宫考察报告 / 182
　第四节 其他地区的女娲信仰 / 189

第五章 女娲及其神话与信仰的功能 / 193
　第一节 女娲神话的功能 / 194
　第二节 女娲及其信仰的功能 / 202

第六章 女娲在中国民族信仰中的地位 / 218
　第一节 中国"民族信仰"的内涵及其构成 / 218
　第二节 女娲在中国民族信仰中的位置 / 220
　第三节 形成女娲在民间信仰中位置特点的原因 / 238

第七章 结 论 / 246
　第一节 本编的论述重点及重要结论 / 246
　第二节 引发的进一步思考 / 250
　第三节 有待研究的问题 / 265

下编 表演、旅游与电子媒介中的女娲：新实践和新视角

第八章 伏羲女娲兄妹婚神话的表演
　　　——河南淮阳人祖庙会的个案 / 271
　第一节 表演理论 / 274
　第二节 兄妹婚神话的一般叙事模式 / 278
　第三节 人祖庙会上的两次神话表演事件 / 280

第九章　语境的效度与限度

　　——河南淮阳、山西侯村和重庆走马镇个案的总结与反思 / 295

第一节　语境的效度：语境对神话传统的影响 / 298

第二节　语境的限度 / 306

第三节　讨论与结论：检视语境视角的有效性 / 310

第十章　遗产旅游与女娲的神话主义

　　——河北涉县娲皇宫景区导游词底本与导游叙事表演的个案 / 315

第一节　旅游产业中的女娲神话重述 / 317

第二节　导游的神话表演 / 325

第三节　讨论与结论：神话主义的特点与性质 / 332

第十一章　女娲的神话与神话主义之比较

　　——河北涉县娲皇宫景区普通讲述人与导游叙事表演的个案 / 338

第一节　普通人讲述的女娲神话 / 339

第二节　导游讲述的女娲神话 / 343

第三节　神话与神话主义的比较 / 346

第四节　讨论与结论：反思神话主义的异质性 / 353

第十二章　女娲的神话与神话主义之互动

　　——河北涉县娲皇宫景区旅游产业的个案 / 357

第一节　新形态的民俗与直线性的民俗生命观 / 358

第二节　以社区神话传统为基础的导游词 / 364

第三节　导游与游客的互动 / 369

第四节　讨论与结论：民俗生命的循环 / 375

第十三章　女娲神话在当代电子媒介中的挪用与重构 / 378

第一节　电子媒介中的神话主义 / 381

第二节　"以传统为取向"的文本之细分 / 385

第三节　当代文化生产模式 / 388

第四节 神话主义的艺术魅力 / 391

第十四章 内价值与官民协作：女娲信仰的保护历程与经验
——河北涉县女娲信仰的个案 / 396
第一节 四百年保护历程 / 402
第二节 保护经验与特点 / 408
第三节 内价值与官民协作 / 414

主要参考文献 / 417

学术评论五则 / 432
杨利慧的女娲神话研究 (刘锡诚) / 432
一本不乏新见的著作——评杨利慧《女娲的神话与信仰》([俄] 李福清) / 435
女娲研究的新视野 (吕微) / 438
神话信仰研究中的民俗学方法——评杨利慧博士关于女娲的研究 (陈泳超) / 441
中国神话研究的民俗学派——杨利慧的神话学思想及其实践 (张多) / 447

代后记：朝向神话研究的新视点
——杨利慧博士谈其神话研究之路 (廖明君、杨利慧) / 460

插图目录

图 1　女娲神像，采自《中国神话手册》(*Handbook of Chinese Mythology*)。

图 2　女娲之肠，采自《古本山海经图说》。

图 3　女娲造人，山西民间剪纸，采自《女娲溯源——女娲信仰起源地的再推测》。

图 4　姜央兄妹滚磨成亲，贵州施洞苗族民间剪纸，采自《女娲溯源——女娲信仰起源地的再推测》。

图 5　女娲补天，采自《女娲溯源——女娲信仰起源地的再推测》。

图 6　女娲杀黑龙，河北涉县娲皇宫廊壁画，杨利慧摄，2015。

图 7　女娲制笙簧，河北涉县娲皇宫廊壁画，杨利慧摄，2016。

图 8　黄帝，采自《中国神话手册》。

图 9　孟姜女，山西新绛民间剪纸，采自《神话与神话学》。

图 10　太昊伏羲氏，采自《三才图会》。

图 11　广寒宫中的嫦娥和捣制不死药的玉兔，安德明摄于北京，2004。

图 12　湖南长沙马王堆汉墓帛画，采自《中国神话手册》。

图 13　四川简阳鬼头山东汉石棺上的伏羲、女娲像，采自《女娲溯源——女娲信仰起源地的再推测》。

图 14　新疆出土隋唐时期的伏羲、女娲彩色绢画，杨利慧摄，2005。

图 15　盘古，采自《神话与神话学》。

图 16　玉皇大帝，采自《神话与神话学》。

图 17　北京白塔寺中的弥勒佛像，杨利慧摄，2017。

图 18　扫晴娘，采自网络。

图 19　香客们在为河南西华的女娲坟"添土"，采自《女娲溯源——女娲信仰起源地的再推测》。

图 20　台湾花莲的女娲娘娘庙，杨利慧摄，2016。

图 21　山东嘉祥武梁祠汉墓中的伏羲女娲像，采自《武梁祠——中国古代画像艺术的思想性》。

图 22　河南南阳汉墓中的伏羲女娲像，采自《论汉墓绘画中的伏羲女娲神话》。

图 23　河南淮阳人祖庙里供奉的伏羲像，杨利慧摄，2006。

图 24　太昊伏羲氏之陵，杨利慧摄，2006。

图 25　香客周传荣正为田野工作者演唱赞颂人祖神圣功绩的经歌，杨利慧摄，1993。

图 26　香会成员正在跳担经挑舞，杨利慧摄，2006。

图 27　泥泥狗，杨利慧摄，1993。

图 28　摸子孙窑是人祖庙会中的重要习俗，杨利慧摄，2021。

图 29　女性香客们给女娲奶奶送绣鞋，杨利慧摄，1993。

图 30　笔者在河南西华"女娲城遗址"石碑前，吴效群摄，1993。

图 31　河南西华女娲阁，杨利慧摄，1993。

图 32　女娲为媒神绘画，杨利慧摄，1993。

图 33　河北涉县娲皇宫，杨利慧摄，1993。

图 34　河北涉县娲皇阁中女娲手托五色石坐像，杨利慧摄，1993。

图 35　河南淮阳人祖庙会上香客们在唱经歌，仝云丽摄，2005。

图 36　电视剧《西游记》中以玉帝为首的神灵世界。

图 37　炎帝神农氏，采自《三才图会》。

图 38　河南淮阳民间神像伏羲与女娲，杨利慧摄，1993。

图 39　西王母，采自《三才图会》。

图 40　观音菩萨，采自《三才图会》。

图 41　福建湄洲岛妈祖祖庙中的妈祖圣像，林群华提供，2021。

图 42　河南滑县木版年画中的碧霞元君像，采自《河南滑县木板年画》。

图 43　美国民俗学家理查德·鲍曼，杨利慧摄，2005。

图 44　张玉芝老人正为田野工作者表演担经挑舞，杨利慧摄，1993。

图 45　《现代口承神话的民族志研究——以四个汉族社区为个案》一书封面。

图 46　山西洪洞县侯村的娲皇宝殿，王旭摄，2019。

图 47　张霞对魏大爷进行访谈，采自《现代口承神话的民族志研究——以四个汉族社区为个案》。

图 48　20 世纪 980 年代的淮阳人祖庙会，采自《现代口承神话的民族志研究——以四个汉族社区为个案》。

图 49　女娲庙修复工程的主要参与者，采自《现代口承神话的民族志研究——以四个汉族社区为个案》。

图 50　人山人海的淮阳人祖庙会，采自《现代口承神话的民族志研究——以四个汉族社区为个案》。

图 51　笔者对王艳茹进行访谈，杨泽经摄，2013。

图 52　导游在娲皇圣母雕像基座的浮雕前讲述女娲神话，杨泽经摄，2013。

图 53　导游小岂一路上给我们讲述着女娲的神话与信仰习俗，杨泽经摄，2013。

图 54　大妈一边卖凉粉，一边热情地向我们介绍当地的女娲神话与信仰，安德明摄，2015。

图 55　李静在造化阁中讲述女娲造人神话，安德明摄，2015。

图 56　《类民俗：流行文化世界对民俗的重构》一书封面。

图 57　德国民俗学者赫尔曼·鲍辛格与笔者在柏林的学术会议上，安德明摄，2014。

图 58　陈水旺大爷向笔者讲述当地的女娲文化，安德明摄，2015。

图 59　导游小郝在向游客介绍娲皇宫，杨利慧摄，2015。

图 60 冯蔚芳向跟随着我们的小学生讲述女娲神话，霍志刚摄，2016。

图 61 《神话主义：遗产旅游与电子媒介中的神话挪用和重构》一书封面。

图 62 河北涉县娲皇宫是承载当地女娲信仰的主要文化场所之一，杨利慧摄，2015。

图 63 河北涉县娲皇宫中的碑林，杨利慧摄，2015。

上　编

文献与田野中的女娲：神格、流变和功能

绪　论

　　女娲(图1)，是中国民间信仰①中一位显赫的古
老女神。有关她造人、补天、置神祺、制笙簧等的神
话，自有关文字见诸记载以来，历时两千余年而至今
尚在流传，不仅地域上的扩布十分广泛②，数量上也
非常丰富③。对其超自然神力的崇信，使女娲在民间
信仰中长期占有较尊崇的地位，甚至迄今在一些地区
依然深入人心。不唯如此，女娲还以其功高而充为三
皇之一④，被载入封建统治阶级的正史，并在国家祀
典中占有一席之地。其影响所及，不仅见于口头文学
与信仰习俗，在节日习俗、饮食习俗、婚丧习俗、绘
画、雕刻、民间音乐、民间舞蹈、民俗语言等许多方
面，都可以发现她的影响。她的神话故事还为中国作

---

　　①　详见第六章。

　　②　目前，除西藏、内蒙古尚未见到有关资料外，女娲神话(包括各种形式的异文)
几乎遍布全中国。

　　③　仅就笔者成稿时所搜集到的女娲神话(含各种异文)来说，就有260多则。

　　④　《尚书中侯·敕省图》郑玄注，应劭《风俗通义·皇霸》引《春秋运斗枢》，《文选·
东都赋注》李善注引《春秋元命苞》，《吕氏春秋》高诱注，以及司马贞《补史记·三皇本纪》
等，均以女娲为"三皇"之一。

图 1　女娲神像

家文学创作提供了素材与典范，在屈原、李白、曹雪芹以至鲁迅、郭沫若等众多文人的创作中，我们都能领略到女娲在中国文化史上的影响。

　　老实说，在中国的古神祇中，像女娲这样有着如此广泛和持久的影响，其形象的产生与延续中又包蕴着如此丰富的文化史、社会学、宗教学、民俗学、民族学、神话学诸种内涵的，似乎并不多见。正因为此，女娲引起了古今中外众多文人学者的广泛关注，对她的研究也一直是学术界常兴不衰的课题。

第一节　关于女娲神话与信仰的研究史略

　　本课题的研究包括两个方面的内容：女娲神话研究和女娲信仰研究。事实上，要绝对区分这二者几乎是不可能的。因为要研究对女娲的信仰，不免会涉及其神话；而对其神话的探讨，也往往需要结合相关的民间信仰习俗做参照。然而，信仰心理、信仰行为与其口头传承的相对分开，古文献及现代民间传承中二者一定程度的距离，使对二者的分别探讨成为可能。

　　大约是由于文献记载的稀少、零散，现代以后又缺乏调查的缘故，历代以来学术界对女娲信仰探讨的成果，可以看到的不多，但并非阙如。例如东汉王充就曾在《论衡·顺鼓篇》中对以女娲祈晴的习俗提出过他的解释，可算是这方面的一个较早触及了。但这样的例子也并不多见。长期以来，对女娲信仰的专门研究几乎一直是空白。

　　近几年来，形势有了转机。随着新时期民俗学事业的迅速发展，对民间的女娲信仰习俗进行实地考察或研究的成果开始涌现。例如河南大学"中原神话调查组"在自1983年起的十年多的时间里，对中原地区包括女娲神话在内的中国古典神话及相关信仰习俗进行了实地调查及初步探讨①，尤其是1993年三四月间，调查组对河南、河北两省进行的我国首次较具规模的"女娲文化"专题考察（获得了较丰富的有关神话及信仰资料），张自修等对陕西（主要是临潼地区）有关女娲的节日、饮食及其他信仰习俗的考察，以及对女娲与蛙图腾崇拜之关系的探究②，等等。总体说来，这些成果都是基于对民间现存的女娲信仰现象进行考察和思

---

　　①　参见张振犁、程健君编：《中原神话专题资料》，中国民间文艺家协会河南分会内部资料，1987；程健君：《女娲神话与"祈晴""求子"习俗》，见朱可先、程健君编：《神话与民俗》，郑州，中原农民出版社，1990；高友鹏：《女娲城庙会采风思索——兼议"民间传说讲述者知识结构问题"》，载《民间文学研究动态》，1986(2、3)；等等。

　　②　参见张自修：《丽（骊）山女娲风俗与关中民间美术》，见宁宇、荣华主编：《陕西民间美术研究》（第一卷），西安，陕西人民美术出版社，1988；张自修：《骊山女娲风俗及其渊源》，程思炎：《骊山女娲风俗对我们的启示》，见中国民间文艺研究会陕西分会编印：《陕西民俗学研究资料》第1集，1982。

索而产生的，虽然在各自的论题上进行开掘的程度有差异，某些结论也还有待新的补充与验证，然而都不约而同地将探索的眼光从传统的、较单一的神话研究转而投向更广大背景下的、活生生存在着的女娲信仰习俗的考察，这无疑为新时期的女娲研究拓宽了领域，也注入了一股新鲜的活力。

相比之下，中外学者对女娲神话的关注则要多得多。[①]

对女娲神话进行的解释、探究，也是较早就开始了的。其中较有代表性的是东汉的王充和南宋的罗泌。其他如晋人张湛、清人黄芷御以及赵翼、俞正燮等人，也都力图对女娲神话进行客观的解释。[②] 虽然他们的具体观点还有着较根本的差异[③]，但都未摆脱合理主义的窠臼，在研究史上，还属于前科学性质的。但客观上，它们都多少起到了记录与保存的作用。

女娲神话的严格科学意义上的研究史，开始于五四运动之后。它大约可以分作三个时期：（一）五四时期至 1937 年抗战全面爆发前，是有关研究初步展开并逐步向前发展的时期；（二）抗战全面爆发后至 1949

---

① 有关中国文人学者对女娲神话的记录与研究情况，详见杨利慧：《女娲神话研究史略》，载《北京师范大学学报》（社会科学版），1994(1)。

② 参见《列子·汤问》"昔如女娲氏练五色石以补其阙"张湛注；（清）赵翼：《陔余丛考》卷十九"炼石补天"；（清）俞正燮：《癸巳存稿》卷十二"补天"。

③ 例如，王充从朴素唯物论角度出发，在《论衡》中用种种世俗生活中的情理来力辩女娲补天之诬。罗泌在《路史·发挥》卷一《女娲补天说》中，认为女娲补天的真相在于她平定了共工氏作乱。二人都用合理主义的态度来解释女娲神话，但王充是从"合乎情理"的角度出发来否定神话；而罗泌则是对神话做合理化的解释，从而将它放入"历史"中去。这恰是中国古代学者对待神话的两种典型的态度，可称作"神话虚妄观"和"神话史实观"。关于这两种神话观的更多阐释及其在中国古代神话研究史上的体现，可参见钟敬文、杨利慧：《中国古代神话研究史上的合理主义》，见李亦园、王秋桂主编：《中国神话与传说学术研讨会论文集》上册，台北汉学研究中心资料，1996。

年，是研究史上的一个高峰，搜集、记录与研究工作都取得了令人瞩目的成绩；(三)1949 年以后，尤其是 20 世纪 80 年代以来，女娲神话的研究工作进一步向前发展。

一、五四时期至 1937 年抗战全面爆发前

这一时期对女娲神话的专门研究虽然尚未展开，但已开始显示出与古人不同的科学眼光和态度。

茅盾是中国现代神话研究的先行者之一，他在《神话杂论》和《中国神话研究 ABC》①中多次述及女娲神话。他认为，被古人视为历史的女娲神话乃开辟神话系统中的部分，它比盘古神话迟，中间部分则佚亡了。他运用当时流行的人类学派观点解释女娲神话的产生及其与北欧神话相似的原因，力图从中探寻中国先民的宇宙观。他将中国神话按地域分作南、北、中三个系统，并认为女娲神话出自北方民族。值得注意的是，他较早明确地指出古神女而帝者的女娲比伏羲形象更为古老。他的这些看法，尽管有的在今天看来不免显得简单乃至偏颇，例如他将女娲神话划归北方民族就是缺乏严谨科学依据的推断，但联系到当时我国神话学的发展状况，我们不能不看到，茅盾不愧为神话学建设的先驱，他运用当时较新的英国人类学派的观点和方法来分析中国的古典神话，在广阔的比较神话的视野中，敏锐地注意到了女娲神话研究中一再出现的问题(如女娲神话的产生地、她与伏羲的关系等)，并大胆提出推测与解释。这都是应予足够肯定的。

20 世纪 20 年代初到 40 年代初，在中国古史与神话、传说研究领域

① 《中国神话研究 ABC》后改名为《中国神话研究初探》，与《北欧神话 ABC》《神话杂论》收在一起，总名《神话研究》，由百花文艺出版社在 1981 年出版。

十分活跃且影响巨大的是以顾颉刚为首的古史辨派。这一学派秉承晚清学者疑古之风，又受到西洋史观和史学方法的影响，大胆对中国的上古历史进行怀疑和解析，以图将神话、传说从古史中清理出来。他们的一个基本学术观点是"层累地造成的古史观"，运用的方法主要是传统的考据征订法。这一派学者对女娲神话的研究，主要体现在顾颉刚、杨向奎合作写成的《三皇考》①中。《三皇考》旁征博引，对"三皇"的来源及其传说的演变加以考证，其中也论及作为历史上富有争议的三皇之一的女娲，其地位的升降及形貌的变迁，认为在汉代以前，至少在楚国一带地方，是奉女娲为开天辟地的人类始祖的，或者因为她是女人，不克担此重任；而以后的史家以为，女娲既修补了天地却又不在开辟之时，一定非首出御世的圣王，于是这开辟之功便被后起的盘古占去了；以性别、形貌而论，女娲本是人首蛇身，并非定为女性，后来却变成了伏羲的女弟或夫人，成了一位美好的女主了。女娲补天本来补的是自然缺陷，是后来的史家将共工撞山与之硬扯在一起。

古史辨派对女娲神话，像对其他古代神话、传说一样，是用了历史的眼光来考证其起源及后来的变化的，而这也是女娲研究中的一项应有内容，因此他们的尝试在这方面无疑有着奠基及"引玉"的作用。虽然这些考察十分简略，并未充分展开，而且是由古史而及神话，但还是有不少意见是相当正确的，如"女娲补天"与"共工撞山"本无联系，女娲补的乃是自然缺陷，女娲与伏羲的关系乃后来的附会，等等。从文献典籍的考据出发论证问题、以史治神话，虽有其独具的优势，但毕竟于神话本身还嫌不够深入。当然，古史辨派还是有发展的，20 世纪 40 年代初杨宽的《中国上古史导论》，就兼采语言学与"新释古学派"的方法来对神话

---

① 见吕思勉、童书业：《古史辨》第七册(中)，上海，上海古籍出版社，1941。

进行系统的清理和还原，为现代神话研究做出了积极贡献。

另外，史学家吕振羽在这一时期对女娲的研究，显示出努力运用唯物史观来科学地解释女娲神话的尝试，这在当时的神话研究领域是可贵的新因素。[①] 直到今天，从社会文化史角度探索女娲神话仍然是一条重要的途径。

总体说来，从五四运动到抗战全面爆发前的这段时期内，女娲神话虽然缺乏专门、系统的研究，但与古代相比，已出现了不少新的、科学的认识，对这一课题研究中的某些重大问题如神话自身的流传与演变、伏羲与女娲的关系、洪水与女娲等也有涉及，而且初步运用了比较神话学、民族学、语言学等方法，虽不够深入，但为后来的进一步研究打下了基础，所以在神话学史上也应占有一定的位置。

二、1937年至1949年

这一时期女娲神话研究之所以取得了突破性进展，是与其特殊的时代环境相关的。抗战全面爆发后，不少高校和学术研究机构纷纷迁往云南、贵州、四川等地，学术中心随之南移。西南边疆是少数民族较为集中的地区，不仅民族多，而且其社会发展形态也不尽相同。这里特殊的生活环境使民族文化成为抗战时期国统区边政建设和学术研究的突出内容。在对西南少数民族的考察中，大量的兄妹婚、洪水神话广泛引起了学者们的兴趣。他们运用现代科学的方法，将民族志的口传洪水神话与古典文献中的女娲伏羲神话联系起来进行研究，提出了不少有力见解。

---

① 在《史前期中国社会研究》一书中，吕振羽将考古学与古籍中的神话传说资料相结合，来研究中国古代的民族社会，认为"赤龙感女娲""女娲氏与伏羲氏同母""伏羲始制嫁娶"的神话，都是古代相应的氏族制度的反映。书中还引述了湖南的一则洪水后人类再造神话，作为反映原始杂交群团的图画。

这些学者中成就较突出的有芮逸夫、闻一多、徐旭生等。

人类学家芮逸夫的论文《苗族的洪水故事与伏羲女娲的传说》①可以说是女娲神话研究史上的第一篇科学专论。实际上这篇文章是他1933年考察湘西苗族的产物，但因它发表于1938年，且它的影响及科学的研究风格都与这一阶段密切相关，故放入这一阶段论述。

在这篇长文中，芮逸夫将自己搜集到的四个苗族洪水故事以及中外书籍中的洪水故事共二十余则，进行了人名和情节结构分析，认为它们同属"洪水遗民、兄妹结婚、再造人类"这一中心母题。经过语言学的分析，他认为"伏羲"乃"始祖"之义，与洪水神话中的兄名含义正相同，发音也相似；女娲之名也与其中妹名相似。而且从故事情节来看，虽然兄妹避水与伏、女二人的治水（实际上只有女娲止淫水）不相类，但这一神话的母题不变，伏、女同样也是洪水遗民，这就导致了一个大胆的推测：伏羲、女娲即是苗族洪水神话中的兄妹。他还以实际调查材料证明：不少人以盘瓠为苗人祖先乃是误解，苗人崇祀的乃是伏、女；而且伏、女二名见于古籍的时间较迟（最早不出战国末年），恐非汉族固有，乃是从苗人中吸取过来的。他从文化人类学角度认为，洪水故事是世界性的，但兄妹配偶型洪水神话或即起源于中国西南，成为东南亚文化区的一个"文化特质"。

芮逸夫此文纵横捭阖，运用人类学、语言学、民族学、考古学等多方面的资料和方法，将古典文献中零散的伏羲、女娲神话与民族民间文学中流传的洪水神话联系起来，考其源流，断其族属，并将其置于世界性洪水神话与东南亚文化区的大背景之下，使人们开始重新思考这一古

---

① 见中央研究院历史语言研究所：《人类学集刊》第1卷第1期，上海，商务印书馆，1938。

老的、长期被认为在汉民族中占优势地位的大神。其"伏、女即洪水遗民、再造人类神话中之兄妹"的说法，开创了"兄妹婚姻型洪水神话和女娲、伏羲神话一元论"①的先河。他从"A-Zie""Bu-i"与"伏羲"的中古音近似的现象，考虑到"伏羲"与洪水神话中兄名相似，此后经闻一多的发扬光大，成了一元说的主要根据之一。时至今日，仍有不少学者赞同这种"伏、女苗人说"的观点。在方法上，芮氏用印欧民间故事分类法和母题分类法归纳各种洪水故事，用国际音标记录故事中的人名，并在具体的民族语言中考察人名的含义等，都使其研究表现出一定的精审、严谨的科学态度，这使它不仅在当时引起了不少学者的探究兴趣，即使今天读来，也仍然能使人感到它的科学魅力。

尽管如此，芮文中某些推测的思路却并非都稳妥，例如王孝廉正确指出的，将中古音"伏羲"与贵州苗语相比附是不合适的。② 认为伏羲、女娲即苗族兄妹并由苗传于汉的推断恐怕也并不严密，焉知不是反其道而行的呢？另外，芮文也并未提及伏、女关系在历史上是有演变的。

伏羲、女娲神话不仅传诸民众口头，而且形诸画像石刻。从战国楚先王庙堂壁画到汉武梁祠石室画像以及南阳、简阳汉墓石刻画像、隋高昌故地阿斯塔那墓室绢画等，都有女娲或状若伏、女二神的人首蛇身像，所以从考古学角度来研究女娲神话是十分重要的。从清代瞿中溶的《汉武梁祠堂石刻画像考》到容庚的《汉武梁祠画像考释》，都将考古资料与古典文献结合起来，论证与伏羲交尾的另一人为女娲。常任侠作于1939 年的《重庆沙坪坝出土之石棺画像研究》则第一次从考古学角度出

---

① 参见［日］谷野典之：《女娲、伏羲神话系统考》（上），沉默译，载《南宁师院学报》（哲学社会科学版），1985（1）。

② 参见王孝廉：《中国的神话世界——各民族的创世神话及信仰》（上），台北，时报文化出版企业有限公司，1987。

发，结合现代苗瑶洪水神话来论证人首蛇身的对偶神即伏、女。① 文虽
简略，但其中提到的古中原各民族杂居，故伏、女不必仅为汉族神话的
观点值得注意。常文直接影响了闻一多作《伏羲考》。这种考古学角度的
研究也值得重视与借鉴。在国外，不少学者都注意到画像石的重要学术
价值，例如苏联学者杨申娜以及日本学者谷野典之等，都十分注重从画
像石资料去考证女娲的远古身份地位。可惜我国学者对此加以充分利用
的好像并不太多。

闻一多对女娲神话的研究是在芮、常二文的基础上展开的，主要见
于《从人首蛇身像谈到龙与图腾》《战争与洪水》《汉苗的种族关系》《伏羲
与葫芦》等一系列文章中。② 虽是研究神话，却与闻一多的其他文论一
样，表现出目光的敏锐、考索的赅博以及立说的新颖。与这一时期女娲
研究的主要倾向一致，闻文也将伏羲、女娲与南方洪水故事进行比较，
他对芮、常二文有继承，也有补充、发展。他主要论述了以下几个
问题。

第一，伏、女人首蛇身像的问题。他认为，考定人首蛇身像见诸画
像与文字记载的时期，恰与伏、女传说在史乘上最活跃的时期大略一
致，因此，人首蛇身像极可能是伏、女。他又从形貌相似，"见之者殆
乎霸"以及怕雷、皆为苗民崇拜等共同点上，推断伏、女即是《山海经》
载的"延维"或"委蛇"。在这一点上，他赞同芮氏提出的"伏、女苗人
说"，从人首蛇身的形貌上为一元说提出了新证。他进一步将这超自然

---

① 参见《常任侠艺术考古论文选集》，北京，文物出版社，1984。原文载《说文月
刊》，1939(11)。

② 其中《从人首蛇身像谈到龙与图腾》曾载于《人文科学学报》，1942(2)。其余各篇
为朱自清据闻一多手稿编缀而成，总称为《伏羲考》，收入《闻一多全集》。

形体作为荒古时代的图腾主义的产物，并征诸国内外的有关礼俗记载，论述了龙图腾的形成及其演变过程，认为在人首蛇身的二皇阶段以前，必有一个全兽型的蛇神阶段。从伏、女的人首蛇身推及龙蛇的图腾崇拜，并非自闻氏始，但闻文无疑对此做了补充和发挥。

第二，伏、女与洪水。他对几十个洪水遗民故事进行母题分析，发现其主要元素只是"战争与洪水"。他由汉代古籍中共工的发洪水与苗族传说中雷公的发洪水而提出大胆假设：共工即雷公，并以古籍中"雷神"与共工皆人首蛇身以及"康回即康雷"的训诂结果作为证明，从而从"洪水发动者"角度充实了一元说。

第三，伏、女与葫芦。他列表分析了 49 个洪水造人故事的母题，认为这类故事的核心是造人，而造人的核心又是"葫芦"。他对二神的名字进行了语音文字的训诂分析，认为伏、女正是一对葫芦精，女娲即"女葫芦"，由此，"女娲作笙簧"、伏羲风姓、以木德王等记载都可以得到解释。闻一多对葫芦问题的发现与关注对后人研究葫芦文化产生了一定的影响。

这篇《伏羲考》是女娲神话研究中显著的成果之一，诗人的敏感、斗士的大胆与学者的精细三者结合在一起，使文章充满了新颖的见解，例如伏、女乃葫芦、乃苗民神延维，共工乃雷公等观点，都将汉族典籍中记载的这一古老神话与苗族洪水神话联系起来，对芮逸夫首倡的一元说是有力的支持与补充。

闻一多研究神话，是"为了探求'这民族、这文化'的源头，而这原始的文化是集体的力，也是集体的诗，他也许要借这原始的、集体的力给后代的散漫和萎靡来个对症下药"①，所以他阅读文化人类学、社会

① 参见《闻一多全集·朱序》，17 页，北京，生活·读书·新知三联书店，1982。

学以及心理分析学的有关书籍，以期照明"原始社会"这一研究对象，这使他的神话研究具有较广阔的视野与较高的立足点。在《伏羲考》中，他将传统的训诂考据与现代社会科学方法结合，来多方面地分析伏羲、女娲神话，并达到一定的深度。例如对二人图腾形象的分析，就是从文献记载出发，将动物形象与有关崇拜礼俗结合论证，不是简单地"见动物则言图腾"。在论及葫芦问题时，他认识到洪水故事的原始功能，认为"这是原始智慧的宝藏，原始生活经验的结晶"①，这里已显露出闻一多的唯物史观的萌芽了。

当然，金之所在，亦沙之所在。闻一多的大胆推测、赅博的考据固然令文章生辉，却也使之有隙可乘。例如"共工即雷公"的说法便缺乏较有说服力的依据，因为雷公形象在南方少数民族中很少以龙或蛇的形象出现。另外，如不少人已指出的，人首蛇身的伏、女如何又成了葫芦精，这是闻一多不曾说明因而显得自相抵牾之处。这些缺陷的产生，除去知识结构、科学思维等方面的原因外，也与闻一多在使用多学科相结合研究神话的方法上尚不成熟，以及对考据学方法的过于依赖有关。

抗战时期研究女娲的另一位重要人物便是史学家徐旭生。他在1943年初版的《中国古史的传说时代》②中，综合自己多年来运用传说资料研究古史的心得，还参考了芮逸夫的有关人类学资料及观点，提出了对伏羲、女娲的独到见解。他认为，从《淮南子·览冥训》的记载来看，伏、女关系密切，女娲或为伏羲氏族中的一员；二人兄妹而又为夫妇繁衍人类的神话，大约是在战国中叶，楚国势力深入沅、湖一带，这一原本流传于苗族中的神话传说才输入华夏，较早受到影响的是庄子以及

---

① 《闻一多全集》（一），56 页。
② 原书署徐炳昶著，中国文化服务社 1943 年出版。

《天问》《周易·系辞》《淮南子》的作者等南方系统或易受南方系统影响的人。徐旭生对女娲神话的研究是他利用传说资料以治古史的一部分，所以，着重其流传演变及包含的史实成分是他的特色，从社会文化史角度，为一元说做了更具体的补充。①

这一时期也有不少民族学、社会学者因研究西南少数民族中的人祖神话、洪水神话而兼及女娲的，如马长寿的《苗瑶之起源神话》等，此不一一赘述。

综观这一时期的女娲神话研究，可以看出其探讨的中心主要是神话的来源、性质、历史内涵以及伏羲与女娲的关系等。对这些问题的研究不仅将我国古典文献记载中零散杂乱的伏、女神话整理还原成了一个有机的整体，而且还提出并不断补充了"伏、女即苗之兄妹"的一元说。这"对于中国关于洪水神话整个繁杂系统的探究，的确是一个重大的突破，其意义将是深远的"②，对女娲神话的研究也由此跃上了一个新高峰。

三、1949 年以后

中华人民共和国成立后，曾对民族地区进行了大规模考察，搜集了不少神话资料；近年来的"三套集成"工作，为在更广大范围内考察、探

---

① 1960 年，科学出版社出版的《中国古史的传说时代（增订本）》中，徐旭生对"伏、女南来说"做了进一步的补充，还从古籍记载女娲补天造人而不言及伏羲，以及民族志资料中兄妹结婚时多为女方主动等，推断这个传说当早在母系制度时代，所以女娲的地位较为显赫。徐旭生用严谨的史学家的目光分析女娲神话，正确地认识到了它在不同历史时期产生的变化。不过伏羲是否原先和女娲是对偶神，只是其地位到父系社会以后才显赫起来还值得怀疑。从古文献资料和目前所发现的西汉中期以前的画像石刻来看，伏羲、女娲在成为对偶神之前，很可能还有一个相互独立的时期。

② 参见［日］谷野典之：《女娲、伏羲神话系统考》（上）。

寻女娲神话在现代的分布及流传演变规律等提供了宝贵的资料。河南大学"中原神话调查组"从田野中获得的大量资料，进一步证实了女娲与中原地区的密切联系，对一元说提出了不少需要重新解释的问题。

近十多年来，随着民俗学、民间文艺学的复兴，对女娲神话的研究也在以往的基础上重新开展起来并呈现出一定特点。与前两个阶段相比，这一时期的女娲研究所运用的方法更为多样，涉及的问题面也更广而且各有侧重。例如刘尧汉由伏、女神话而论及中华民族的葫芦文化；杨知勇、张福三等由洪水神话而及伏羲、女娲；龚维英从生殖崇拜角度探讨女娲的真相；侯哲安则由伏、女神话论及我国诸民族间的关系……在这一领域里耕耘的，有老一辈学者如杨堃、钟敬文、袁珂等，也有中青年学者如萧兵、徐华龙、陈建宪等。不少神话学专著如冯天瑜的《上古神话纵横谈》，刘城淮的《中国上古神话》，陶阳、钟秀合著的《中国创世神话》等，都辟有专章或专节介绍或论述女娲神话。其他的有关论著还很多，但总体来看，新时期女娲研究的中心问题主要集中在神话的流传演变、伏羲女娲的关系、女娲的族属及其原初形象和社会文化史的意义等方面。

这里仅谈谈袁珂和钟敬文两先生的有关研究。

袁珂是对我国神话学建设用力最勤、贡献也最丰厚的学者之一，这不仅是由于他倾注了大量心血整理、校注我国浩繁驳杂的神话资料，也表现在他对不少神话提出了自己的见解。他在女娲研究上的贡献也是多方面的。在《古神话选释》、《中国古代神话》、《中国神话传说》、《中国神话资料萃编》（与周明合编）、《山海经校注》等一系列著作中，他将散乱的古神话资料搜拢、连贯起来，并用神话学的观点予以新的解释，为将女娲研究置于稳固和科学的基础上做出了贡献。他在大量的神话注释以及《古代神话的发展及其流传演变》①等论文、《中国神话史》②等专著中表露出的对女娲神话的看法，因建立在其多年致力神话研究的基础上，应该引起重视。这主要有三个方面。

第一，对女娲神话的新解释。例如对女娲"一日七十化"的"化"，一般解作"变化"，袁珂则认为应当释为"孕育""化生"之意，是颇新颖的说法。

第二，对女娲神话性质的认识。他认为补天的中心内容乃是治理洪水，女娲是治理洪水的英雄，史籍上的两次洪水实际上只是一次，而且都与女娲相关。

第三，对女娲神话流传演变的认识。他认为，女娲造人神话反映了母权制氏族社会时期妇女孕育后代的事实，是原始时代最早产生的神话之一，稍后，大致在母权制向父权制过渡期，才有了女娲兄妹结婚的神话，因为其中已出现了女娲的男性配偶神伏羲。其中的洪水情节大约是唐代或唐代以后黏附上去的，从而构成了洪水后兄妹再造人类神话。

袁珂对女娲神话的注解钩沉工作是前无古人的，他对这一神话的性质及其演变的推断也显得合情合理。虽然从社会发展史角度来认识女娲神话并不自袁珂始③，而且母权制和父权制是否普遍地存在，目前还有争议，但袁珂的分析将原有的对女娲神话演变的研究明晰地推进了一步。遗憾的是袁珂在女娲神话上并无专文，所以他的更精深的观点我们无从知晓。

钟敬文先生对女娲神话一直怀有浓厚的兴趣，虽然由于种种原因，

---

① 袁珂：《古代神话的发展及其流传演变》，载《民间文学论坛》，1982(1)。

② 袁珂：《中国神话史》，上海，上海文艺出版社，1988。

③ 例如前面提到的吕振羽，另外还有郭沫若等，都有类似看法。参见郭沫若：《桃都・女娲・加陵》，载《文物》，1973(1)。

他写作长篇论文的愿望一直未能实现，但在不少文章中，已多少表露出了他对此的主要见解，例如《马王堆汉墓帛画的神话史意义》①《〈中国神话故事论集〉序言》②《论民族志在古典神话研究上的作用——以〈女娲娘娘补天〉新资料为例证》等。概括起来，这些见解和主张主要有三点。

第一，关于女娲在古典神话中的位置。这个问题在我们上述的不少研究者当中已有不同程度的涉及，但迄今为止，依然有人对女娲的神格性质认识不清。钟先生一直明确肯定：女娲是我国古典神话中的一位大母神，是创造大神和文化英雄。这是研究了大量客观材料后得出的正确论断。

第二，女娲与伏羲的关系。从清代瞿中溶对汉墓石刻画像的揣测开始，到闻一多的《伏羲考》，学者普遍认为伏羲和女娲乃是由兄妹而夫妇的二神，虽然这前后已有不少学者认识到二者的联系是有变化的（如茅盾、徐旭生、郭沫若等），但这种看法直到今天还影响着一些人的认识。钟先生多次谈到，女娲与伏羲很可能本是两个不同部落、不同地域的大神（或神化了的酋长），他们所代表的社会发展阶段也不同，伏羲是渔猎时期部落酋长形象的反映，女娲却是初期农业阶段女族长形象的反映，他们的神话原来各自流传着，经过民族大融合后才或迟或速地被撮合在一起。③ 这就从社会文化史高度将伏、女关系的变化进一步明晰化了，是对前期女娲神话研究的一个突破。他的这一认识与日本学者谷野典之、苏联汉学家李福清等不谋而合。

第三，倡导综合运用多学科方法来研究女娲神话。他指出，古典文

---

① 见《钟敬文民间文学论集》（上），上海，上海文艺出版社，1982。

② 见［苏］李福清：《中国神话故事论集》，北京，中国民间文艺出版社，1988。

③ 参见《论民族志在古典神话研究上的作用——以〈女娲娘娘补天〉新资料为例证》，见《钟敬文民间文学论集》（上）。

献资料在记录女娲神话上是有缺陷的，如分散、残缺、相互矛盾等，该神话在后世又经受了种种"异化"，如历史化、文学化、哲学化，因此为达到研究它的科学目的，必须借助于相关学科，如民族学、民族志等。他在女娲研究中充分利用考古学、民族学、民族志、文化学、民俗学等的方法与资料所取得的成就，足以证明这一倡导的正确有效了。这种多学科综合运用方法在闻一多的《伏羲考》里就曾发挥了巨大的效力，不过当时还只是锋芒初试，所以有隙可乘，今天能自觉在研究中运用这一方法的，也并不多。女娲神话因其流传的时间长、扩布的地域广、内涵丰富、表现形态多样，非多学科协力探究而难以明其真相，所以钟先生的实践和倡导是有卓识的。

纵观女娲神话研究的历史，可以看出，从现代以来，中国学者的有关讨论主要集中在女娲的原始面目、族属、与伏羲的关系、与洪水的关系等问题上。经过几代学者的努力，其中一些问题已得到了较深入的认识，如女娲的图腾性质、与伏羲的关系等，有些问题，例如女娲的族属问题，恐怕只有弄清上古民族迁徙与交流的历史之后才能得到较肯定的结论。在方法论上，学者们的探讨呈现出越来越开阔的思路和多角度研究的可喜现象。然而缺陷也是有的，比如在资料运用上存在的不审慎现象，不考虑资料的时间性、地域性或民族性，只要有利于其论证的，就拿来使用；考据方法的轻率使用，没有丰富、确切的民族学、民俗学等资料加以佐证，往往不免陷于臆断或孤证。这些是今后的研究需要加以克服和纠正的。

女娲神话也引起了中国港台学者以及外国专家的研究兴趣，所取得的成果也十分令人瞩目。例如台湾学者王孝廉[①]在《中国的神话世

---

① 本书初版时，王孝廉在日本福冈西南大学的国际文化学院任教。

界——各民族的创世神话及信仰》一书中，主要就女娲的较原初形态及其神话的发展演变等提出了看法。他认为，女娲的原始形态是蜗女神，女娲神话与古代嬴姓部族的雷神螺祖是同一个神话，它与盘古神话分别代表了古代中国北方和南方不同部族的不同的创世神话。① 书中还对闻一多《伏羲考》的结论与方法中存在的问题进行了批判。他认为，从汉代的文献典籍来看，伏羲、女娲原本是互不相关的独立大神，到东汉时伏、女才开始逐渐接近，而成为后汉以后图像上和文献上所见的对偶神，但也并未有结婚生人类的内容。直到唐末李冗作《独异志》时，才采用当时南方诸族的兄妹婚神话，并正式附加上了女娲的名字，而后代的不少学者就沿袭此说，主张伏、女神话源于西南诸族，或是西南诸族的兄妹神话源自汉族的伏、女。王孝廉认为，由于民族文化交流和记录等方面的原因，要想从汉文记录的少数民族神话去推察这些神话的起源是相当困难的；只从一点神话内容上的相似或从神名与汉字语音的近似，而断定两者的渊属关系，也十分困难。②

王孝廉是专治神话学的。他对口承神话流变规律的一定了解和对较广大范围内民族志资料的谙熟，使他对女娲神话的某些意见（例如对伏、女神话流变过程的看法）显得较切近事理，尽管要证明它们，有的还需要更充分的证据。他对闻一多等用汉语的中古音去推论或比附另一种完全不相同的语言的方法所进行的批判，也相当有力。在方法上，他力图将考古学、文字学、民俗学、民族志等资料及方法综合起来，在尽可能广阔的文化背景下，来分析神话的原型及其中折射出的中华民族的性格特点。应当承认，这是神话研究中的有效途径之一。

---

① 参见王孝廉：《中国的神话世界——各民族的创世神话及信仰》，401～402 页、488 页。

② 同上书，386～402 页。

　　在外国学者中，日本学者对女娲研究得较多，成绩也比较引人注目。松前健①、村上顺子②、谷野典之、森三树三郎等，都在他们的论文或著作中，从不同角度不同程度地研究了女娲神话。其中将中、日的"近亲婚"神话进行比较以及从中国西南诸民族兄妹婚洪水神话的角度而论及伏羲、女娲神话，是一段时期内日本学者研究的两个较突出的倾向。这里，笔者仅就所掌握的资料，着重谈谈森三树三郎和谷野典之的研究。

　　大阪大学教授森三树三郎在他那部严谨的学术著作《中国古代神话》③的第一章"诸神列传"中，辟有专门文字讨论女娲神话，涉及女娲与伏羲的关系、神话中体现的"天柱观念"、古代中国对巨鳌的信仰、芦灰止水的现实依据、女娲与石头的密切关系、女娲"人面蛇身"形象的问题，等等；并推测，女娲恐怕是某个特定地区、特定部族中被推崇的开天辟地神。森三树三郎精细地发现了女娲神话情节本身牵涉的不少重大问题，这在我们上述的论著中是不多见的，也是较有启发价值的。可惜的是，在这不长的女娲列传中，我们没有看到对这些问题的透彻分析。

　　谷野典之的《女娲、伏羲神话系统考》④，是近些年来国外女娲神话研究成果中一篇颇有分量的科学论文。作者在文章中综合了中外学者对伏羲、女娲神话一元说的各方面意见，指出了一些以往研究中的疏漏之处（其中有些批评，我们在上文的叙述中已经有所指出），又从考古学与

　　①　［日］松前健：《伊弉諾・伊弉冉二尊と伏羲・女娲の神话》，载《国学院大学纪要》，1964(5)。

　　②　［日］村上顺子：《西南中国の少数民族にみられる洪水神话》，见《东アジアの古代文化》，1975年别册。

　　③　东京东亚人文撰书，大雅堂，1944年发行。

　　④　原文载《东方学》，1980(59)。中文翻译见《南宁师院学报》（哲学社会科学版）1985年第1期（上）及第2期（下）。

民族学的角度，对之进行了新的补充。文中较主要的见解，是关于伏、女神话发展阶段的分期及其与南方文化的关系。谷野认为，女娲、伏羲在成为对偶神之前，有一个独立神的时期，因而他将有关的神话资料分作前期神话和后期神话，并指出，从前期神话转变为后期神话，大约在东汉中期，在这一时期，汉民族的伏、女神话受到了南方文化的影响，以至其后期神话的思想内容几乎与南方山地民族的洪水神话对等。从汉古籍记载中的伏、女神话与中国南方诸民族中流传的洪水神话相类似或有关联的材料的分解入手，运用考古发掘的画像石资料，以推动伏、女对偶神阶段的神话研究，是谷野写作此文的主要目的。文章中对于伏、女神话与南方文化的渊源关系的意见，不少是有一定的信服力的。不过，谷野也承认，神话的源头究竟在哪里，离结论尚遥远。另外，作者对伏、女神话的研究工作提出的建议，例如注重珍贵而丰富的画像石资料、结合其时其地民间信仰的情形来进行研究等，都有一定见地和启发性。

在介绍国外学者对女娲神话的研究情况时，不能不提到苏联汉学家李福清（Boris Riftin）。这位主要从事中国俗文学和民间文学研究的学者，在他的不少论文中，都探讨过伏羲、女娲神话问题。[①] 他的主要看法是，经过修复的始祖母女娲的神话系列是比较古老的，其形象产生于中国古代东南地区（据德国学者 W. 蒙克的见解），或四川西南巴族文化区（据美籍德裔学者 W. 爱伯哈德的见解）；最初，女娲和伏羲形象并没有什么关系，后来，多半是在公元初年以前，在华夏民族统一的神话体系形成的过程中，由于受到邻近各族神话的影响，才出现了两个始祖婚配的现象，而洪水后伏、女成亲的情节在汉族也是后来才固定下来的。

---

① 参见［苏］李福清：《中国神话故事论集》。

他在《从神话到章回小说》中详细考察了伏、女的肖像描写，作为一个例证，以证明在古代中国艺术中，神话人物图像的发展是从兽形到人兽共体，逐渐递至全然人化的运动过程。在阐明这一对人类始祖肖像描绘中存在的较普遍规律的过程中，他不免涉及伏、女形象的变迁历史以及各种表现形式所由产生的时代、文化原因及其内在含义。其中在不少问题上的见解（例如他对于二神关系以及对其蛇身形象的内涵等的看法），都是颇有启发的。文章中引到的不少民族志资料以及外国学者的研究成果，也为我们提供了一些新的参考资料及学术信息。李福清研究伏羲、女娲神话的一个特点，是他开阔的学术视野和力图不遗余力地搜罗资料以利其研究的精神，在他的上述研究中，考古资料、民族志资料、纬书等尽为其所用。他还注意并分析了中国新近发现的同类神话以及他在越南新采录的女娲神话，这种科学敏感性使他的有关研究具有较强的新鲜感。

其他西方学者对中国神话的深入研究不多，专注于女娲神话的就更少。就笔者目前的目力所及，似乎未有一篇专论，仅在一些研究专著或论文中有所涉及。其中较可注意的是美国宾夕法尼亚大学教授、汉学家D. 博德（Derk Bodde）于 20 世纪 60 年代为《世界古代神话》一书所写的《中国古代神话》①一文。此文对包括女娲神话在内的中国古典神话（仅限于宇宙起源性神话）做了一个较有学术性的通俗介绍。博德认为，中国古代神话的情节，绝不可视为中国所特有；女娲不是创造世界的神，但她化育了万物的活动，在周代可能便已为人们所知。至于后来女娲与伏羲、共工的关系，以及造人之女娲是不是民间对补天之女娲这一原初

---

① 参见［美］塞·诺·克雷默等：《世界古代神话》，魏庆征译，345～381 页，北京，华夏出版社，1989。

题材的补益，作者则持谨慎的态度。博德此文的较明显特色之一是他在运用中国古籍资料以及据此而下推论时所持的谨慎态度，这自然与中国古文献在记载神话时的片断、简约等相关，却也可从中看出作者的深厚学养。

近些年来，随着女权主义运动和女性学的兴起，女神崇拜及其与妇女之间的关系等问题，一时成为西方学术界的热点话题之一。

美国印第安纳大学的李·欧文(Lee Irwin)所写的《神性与拯救：中国的大女神》①一文，对于中国民间信仰中最有影响的四位大女神——女娲、西王母、观音和天后进行了比较分析，以揭示中国古代对于女神的普遍观念。在谈到女娲时，欧文认为女娲是一位女性的创造神，又是文化英雄，她使这个蛮荒的自然变得稳定与有秩序；她的人首蛇身形象，显示出"阴"的性质而与地、水和穴相连；女娲的信仰很早就受到了汉代文人的影响，到东汉时期女娲与伏羲联系了起来，随着伏羲地位的升高，女娲便降到了次要的地位。但是，虽然女性不被允许进入男性世界的官方文献，女娲的形象和圣地却一直保存下来，并进入了唐代以后的社会。作者概括了四位大女神的共同点：1. 都是救苦救难的神灵；2. 都与水有关联；3. 在拯救人类于困厄之中的仁慈行为中，都显示出女性的独特品质；4. 这些女神在民间的独立盛行显示了一种对男性占据优势的社会结构秩序的紧张心理。欧文认为，这些女神集中体现了女性的美德与特有能力，她们独立于男性社会结构而起作用；她们的不断出现和对她们的敬仰(这在民间信仰中尤为显著)，是对宗教和神性结构中女性气质重要性的有力证明。

---

① Lee Irwin，"Divinity and Salvation：The Great Goddesses of China"，*Asian Folklore Studies*，1990(1)，pp. 53-68.

对妇女特质、女性原则（feminine principle）的探讨，是女性学研究常有的。欧文此文的最后，也归结到这上面来。这篇文章不长，对女娲本身的研究也不太深入，然而，我们从中多少可以了解到西方兴起的女性学浪潮对女娲研究造成的新影响。

综上所述，从这概要的研究小史中我们看到，古今中外的众多前辈或同人，已经在他们各自的时代环境中，在特定的学术条件下，运用当时能利用的资料或当时盛行的观点、方法，在"女娲的神话与信仰"的课题上、主要是女娲神话方面，进行了许多拓荒或深入开掘的工作，并在一些方面取得了相当成果。纵观本课题的研究历史，可以看到其中时时有着学者们探索求知的智慧闪光和严谨治学的科学魅力。

学无新旧。我们后来者的任务，就是积极吸取借鉴研究史上一切有益的科研成果和学术经验，而同时认识到其中存在的局限、不足乃至偏颇、疏漏之处，在新的社会条件下，根据新资料或者新方法，以新的科学思想、科研成果为参照，将有关研究进一步向前推进。

第二节　本编的写作目的、应用的观点与方法、资料来源

本编在尽可能广泛地参考了中外学者有关女娲的研究成果后，将研究的论题定为"女娲的神话与信仰"，主要出于以下考虑。

一是以往对女娲神话的探究，尽管是多方面的，然而较集中地关注在女娲的产生地、族属及其神话的种种文化史内涵等问题上，对于这一神话流变情况的考察也多限于她与伏羲、共工关系的变化。二是这些研究大多是以中国古典文献和考古学成果为主要资料来源的，很少提及或应用现代民俗学资料（这其中当然有着种种历史上客观条件的限制）。20

世纪 30 至 40 年代，芮逸夫、闻一多等人曾利用了当时在西南少数民族中流传的兄妹婚洪水神话及其他相关的民族志资料，提出了一元论的观点，从而将伏、女神话研究推进了一大步。然而在他们的文章中，汉民族中存在着的现代口承神话及信仰习俗几乎未被提及。这种视野上、资料来源上的局限在一定程度上影响了他们立说的准确性。长期以来，学术界不少学者都认为，以伏羲、女娲为代表的兄妹婚神话的主要流传地是南方诸民族，汉民族的优势则在于记录较早。殊不知近些年的普查、搜集工作发现，汉民族中蕴藏的有关神话资源——不仅包括女娲神话，也包括兄妹婚神话——实在是意外地丰富。这些新的、鲜活地存在于现代民间口头的神话不仅向以往的研究提出了很多需要重新考虑与解释的问题，也向今天的研究工作者提出了大量有待解决的新问题。比如这古老的女娲神话何以经数千载而至今不衰？在漫长的岁月和无数次的地域迁徙过程中，古典的女娲神话发生着怎样的变化？这些变化又为古典女娲神话造成了怎样的影响？变化中有哪些规律性的现象呈现？透过女娲神话，神话学者能得到什么样的启示？

"应当承认，注意到神话传说在口头流传的情况，从根本上说是中国神话研究的一个新的方向。"[①]近几年来，这些珍贵的活态神话日渐引起了中外学者的注意，也有一些人在此方面进行了一些开掘工作（如钟敬文、袁珂、张振犁、李福清等）。不过，比起这些数量丰富、形态复杂而更富于文化史、社会史价值的资料来说，应当说，有关的探讨还未取得相应的成就，对这些新资料为我们提出的新信息、新问题的关注与探讨也还不够充分和深入。

---

① 《中国古神话研究史试探》，见［苏］李福清：《中国神话故事论集》，169 页。

有鉴于此，本编力图从现代汉民族中大量流传的女娲神话入手，并结合古代文献与考古学、民族志资料，对漫长历史演进过程中女娲神话在内容上、形式上、讲述功能上甚至体裁上发生的变化以及变化的形式等进行较系统的分析，以从中探求神话流变的规律及其长期延续的内在缘由；同时，对女娲的基本神格及其底蕴、女娲与伏羲以及兄妹婚神话的关系等问题进行重新审视。对于女娲信仰的探讨，是以往研究中的一个薄弱环节。虽然近几年中已开始有学者注意到这方面的重要性，并进行了一些实地考察与初步的探讨，但这一领域的建设工作毕竟还在草创之初，对有关信仰习俗在历史上与现时的存在状况的梳理、考察工作还有待进一步展开，理论的研究也有待向纵深处发展。一些重要的理论问题，例如女娲在中国民间信仰中究竟占着什么样的地位、其功能如何，由女娲的信仰体现了中国民间信仰什么样的特点等，还几乎没有人进行探讨。

笔者认为，鉴于女娲的现实存在是多方面的这一客观事实，对女娲信仰进行考察与研究，是完整地、立体地认识女娲的有效途径。只有在由一系列的信仰观念、礼祀行为、神圣语言、巫术、禁忌等共同构成的信仰背景中，才能更真切、深入地理解女娲神话的实质以及女娲对于广大人民的意义及其巨大影响，也才能理解女娲所以具有顽强生命力的原因。这一考察同时对女娲神话的研究是一个有力的补益与促动，对以往女娲研究中单一偏重神话的倾向也是一种纠偏和补充、丰富。

因此，本编愿做一个尝试，将对女娲超自然神力的信仰作为探讨的另一个重点，从考察其历史的及现时的存在状况入手，对于女娲在群体及个人生活中所起的作用及其在中国民间信仰中的位置等问题，进行一些在某种意义上尚属拓荒性质的理论探讨。本编论述的范围与重点主要限于汉民族中传承的女娲神话及其信仰，而且对于现代民间口承神话及其信仰习俗尤为注重。这样做的理由是：第一，对于中国少数民族（如苗族、瑶族、藏族、土家族等族）及东南亚一些国家（如越南）中存在的有关神话传说或信仰现象，由于本文的篇幅以及作者时间、精力的限制，也由于对其具体的流传情况、相应的文化背景等缺乏较详细的了解，因而不做过多涉入，仅作为相关的背景材料，供比较研究时使用；第二，中国古典文献中对本课题材料的记载，不唯缺乏，也存在着种种不足与缺陷，如材料的零散、片断、简约，以及神话受到操笔文人的历史化、哲学化以及文学化改易等①；第三，以往的女娲研究，对古代文字资料、考古学及中国南方诸民族的资料已有较多的涉及，汉民族中的活的民俗资料则很少被提及，或者只处于次要、辅助的地位，而近些年来民俗学工作的成果表明，汉民族中存在的有关神话及信仰习俗，内容丰富，形态复杂，大可利用，而且其中还显露着不少可供探讨的新的学术信息。

女娲是个既有着中国个性，又有着丰富世界文化史内涵的大女神，因而对她的神话及信仰的研究具有多方面的价值和意义。本文力图在大量新事实材料的基础上，选取某种新角度，对这一学术史上的老话题进行一番新审视，以求对以往的相关研究起到些丰富与修正的作用，并对这一领域中某些研究上的空白进行些填充。这样做，不仅对于女娲研究本身是个推动，同时，透过女娲的神话及信仰这一窗口，还能够引发我们对于某些神话学、人类学基本理论和研究方法，以及中国民间信仰特点的有益思考。

由于笔者的能力和时间的限制，上述目的能否恰如所愿，还有待专

---

① 参见钟敬文：《论民族志在古典神话研究上的作用——以〈女娲娘娘补天〉新资料为例证》，见《钟敬文民间文学论集》（上），153～162 页。

家学者们的鉴定、批评。

有鉴于上述目的，本编主要采用了以下研究方法。

一、民俗学的方法

民俗学本身是一门相对独立的学科，它有自己的一些必要的和有效的采集、研究方法。但同时民俗学也可以作为其他一些学科的研究手段，这在现代有些国家中是相当流行的，并且在一些学科工作中也取得了显著成果。[①] 本编使用的"民俗学方法"就是在民俗学作为一门学科以及作为一种研究手段的双重意义上进行的。它的所指自然比较宽泛，例如包括运用民俗志资料以及某些民俗学的结论，等等。不过，它最主要的意义还在于以下两个方面：第一，运用本民族的现代民间口承资料来进行本课题的研究；第二，运用田野作业法来搜集并立体地考察现存于民间的活态女娲神话及其信仰习俗。至于前一点——即主要应用民俗学作为手段——在本编中应用的必要性及可能性，上文已有明确的交代，此不赘述，仅谈谈后一点。

田野调查(或称"田野作业")是民俗学学科体系中的一种基本方法。对于现今在部分地区的民间依然丰富、生动地存在，而以往的记载与调查又明显不足的女娲信仰来说，这一方法对有关资料的获取及研究工作的展开，几乎是带有根本意义的。这一点，自然毋庸赘言。

对于目前尚在民间流传着的女娲神话的研究来说，全面地了解、认识其产生和流传的地理、社会文化背景，也即神话传承的生命氛围，是十分必要的，因此，田野作业的直观和综合的优势便具有特别重要的意义，尤其对那些尚未脱尽其神圣性特质、作为民间女娲信仰的有机构成

---

①　参见钟敬文：《民俗学与民间文学》，见《钟敬文民间文学论集》(上)，190 页。

部分的女娲神话来说，脱离开具体的信仰环境和信众的意见与行为，便不大可能明了其实质和意义。总之，民俗学的方法是本编采用的基本方法之一。

二、历史的与联系的观点、方法

世界上的一切事物都处于普遍联系和运动变化中。"当我们深思熟虑地考察自然界或人类历史或我们的精神活动的时候，首先呈现在我们眼前的，是一幅由种种联系和相互作用无穷无尽地交织起来的画面，其中没有任何东西是不动的和不变的，而是一切都在运动、变化、生成和消逝"[①]。事物的这一客观性质要求我们进行认识、分析工作时，要把客观事物放在一定的历史背景和普遍的相互联系中，考察它在历史上发生、发展、变化的过程，并根据这种过程去考察它的现实状况。同时，在理解、论证它的时候，要把它看作是同周围现象有着不可分割的联系的，是受周围现象所制约的现象。

唯物辩证法的这些基本原理对于民俗学的研究具有特别重要的意义。民俗学的研究对象是广大民众在长期社会生活中所创造、传承和享用的民俗文化，与上层文化相比，它一般具有较大的稳定性，特别是在社会不太发达的时代。但它在时空中传承、扩布和演进，也必然呈现出种种变形、变质以至消亡等现象，从而产生与自己的稳定性相连的变异性特点。另一方面，一定的民俗事象，往往并非孤立存在，而是与其他文化或社会事象联系着的。把它孤立起来研究，往往就不容易全面地、纵深地显出它的性质或意义。就本文的研究对象来说，在几千年的传承与扩布当中，虽然在基本内核、情节、结构、功能等方面有一定的稳定

---

① 恩格斯：《社会主义从空想到科学的发展》，50 页，北京，人民出版社，1997。

性，但都未超出发展演变的规律，有的变异还相当大。而它的种种产生、变异、佚亡等都与其所处的自然、社会文化环境密切相关。因此，本编力图将女娲的神话及其信仰置于发展的历史长河与社会群体文化结构的网络之中，以期从中理解和探讨女娲的神格实质、功能、地位及其持久生命力的原因。

历史的与联系的观点和方法，是贯穿本编始终的。

三、比较研究

人类社会的发展、演进是具有一定规律性的。由于在各民族各地区存在着相同或相近似的民俗现象，也由于历史上存在着的文化演进与相互交流，因而，文化科学有可能通过对不同时代、不同地域、不同民族的特定文化要素进行比较研究，来获取对这一要素的文化特质的认识。比较研究也因而成为神话学、民族学、民俗学等学科建设中普遍使用的有效方法之一。

中国古神话并不是一个孤立的体系，古神话中的许多基本情节、母题及其中反映出的古老神话观念，是具有一定的普遍性的，为中国的少数民族或者亚洲以至非洲、美洲等地的人们所共有。因而，通过对较广大文化背景中的民族志资料的比较研究，有可能帮助我们推测、理解中国古老神话观念的可能情状。这一方法，由于中国古文献在记载神话上的种种缺陷，而显得更加必要和有益了。

因此，本编在进行分析的过程中，尽可能地参照了近些年中不断丰富起来的相关民族志资料，以期对女娲的较原初形态、神格性质及其神格的内涵等进行些可能的推断和认识。

另外，本编还对不同历史发展阶段和不同地域中存在的女娲神话及其信仰状况进行对比、参照，以便从复杂的、多层次的现象当中发现其流传、演变过程中呈现的倾向和规律。

最后，需要强调说明的一点，是本编的论点一般是从古文献、时人的采录以及自己的田野作业中推断、概括出来的，除个别情况外，一般不涉及前辈或同代学者的具体结论。实证的态度和方法是本编力图坚持的。

与上述研究目的相适应，本编的材料来源主要有：

1. 古典文献资料。这是了解、分析古代女娲神话及其信仰习俗存在状况的最直接也最重要的依据。

2. 考古学成果，主要是墓葬中人首蛇身像的材料。

3. 民族志、民俗志及现代口传神话资料。本编所应用的民间女娲神话及其信仰资料（尤其是女娲神话），大多来自各种民俗学或民间文艺学的书籍、刊物，其中包括河南、陕西等省对女娲信仰进行的地区性考察成果，而尤其得益于近些年来"中国民间故事集成"工作的巨大成绩。

4. 田野作业的收获。1993 年 3 月至 4 月，笔者曾随同河南大学"中原神话调查组"，对河南、河北两省存在的女娲神话及信仰习俗进行了有重点的实地调查，共采集录音资料 14 盒、文字资料及民俗实物若干，拍摄照片 100 多张。考察过程中，各种与女娲有关的活生生的文化现象不仅直接引发了笔者对女娲信仰进行探讨的欲望，也为这一探讨成为可能提供了材料基础。调查中搜集到的不少女娲神话，也为本编的资料库增添了鲜活的成分。

本编对女娲神话及其信仰的探讨，就在这种种材料的基础上展开。

在正式开始本编的论述前，尚有几点需要说明。

1. 本编所使用的"女娲神话"中的"神话"一词，有时是狭义的，大抵相当于斯蒂·汤普森（Stith Thompson）以"最低限度的定义"所指的，即"神话所涉及的是神祇及其活动，是创世以及宇宙和世界的普遍属性"①；有时则是广义的，它还包括与女娲有关的各种变异衍生的传说、神幻故事等。本编之所以这样做，是由于古典神话变异形态的复杂，以及为避免行文过于烦琐的缘故。所以，对文中"神话"的理解，需要结合上下文的叙述背景来确定。

2. 文中引用的书刊，凡未注明正式出版单位的，均属内部发行。

3. 引文中未做特别标识的，表示原文引用；用破折号的，表示引述中略有改动。

---

① 参见 Stith Thompson, "Myths and Folktales," in *Myth：A Symposium*, ed. Thomas Albert Sebeok, American Folklore Society Collection, 1955, pp. 104-110.

第一章 | **女娲的神格**

"神格"主要是指神的性质、品格。本章的探讨，即是从神话材料中，探讨女娲在神话学上是位什么性质的神，或者说，她的活动属于哪一种神话范畴。

神话中所反映的神话时期（即原初物体和原初事迹的时期）神祇的活动，往往是多方面的，因而神的性质也往往并不单纯，始祖、造物主、文化英雄等角色，常常在一个神身上混融交织。

神话中所反映的女娲的神格也是多方面的。从古文献与现代民间口耳传承的有关材料来看，比较突出的是她的始祖母和文化英雄神格。

第一节 女娲的始祖母神格

女娲是创造、化孕了人类的始祖母，这一点，似乎是关于女娲的较古老和较基本的观念。古文献和现代民间神话中所表现出的女娲造人的方式，主要有三类。

一、化生人类

中国古典文献中关于女娲的较早记载，出现在《山海经·大荒西经》和《楚辞·天问》中。对这两部分文献的写成年代，目前学界尚有异议，大致说来总在战国末期前后。《山海经·大荒西经》载："有神十人，名曰女娲之肠，化为神，处栗广之野，横道而处。"（图2）晋时郭璞注道："女娲，古神女而帝者。人面蛇身，一日中七十变。其腹化为此神。栗广，野名。"这里的"化为"二字，当与《述异记》中"昔盘古氏之死也，头为四岳，目为日月，脂膏为江海，毛发为草木"的"为"字是同样的意思。女娲的肠子化成了十个神人，这条片断的神话信息或者反映出尸体化生的观念。我们知道，在宇宙和人类起源神话中，尸体化形也是较常见的一种方式，印度、两河流域、北欧等地皆有此类神话流传。在中国古代神话中，盘古的垂死化生、生成宇宙，就是较典型的化生型宇宙起源神话，其中人类的起源也与尸体化生观念相联系，讲盘古身上的各种虫

图2　女娲之肠

子，因风所感，化成了天下的黎民百姓。① 盘古神话在古籍中的出现较迟，但其中的尸体化生而成宇宙万物的观念，却是相当古老的。

在不少人类起源神话中，这尸体化生的主体是女性。在我国浙江杭州地区，有一则神话说：天地初开时，从天上下来一个顶天立地的撒尿婆，她的尿成了江河，冲走的泥土成了一座座山。她躺在地上，饿了吞吃天上的云、地上的土。后来她睡着了，肚子大起来。有一天，从肚子里爬出许多人来。人一出来，撒尿婆就化了。她的肉化成了泥，泥一下长成了花草树木。血化成了水，骨头成了山的骨架。② 波利尼西亚曼格亚的一则神话说：宇宙是椰子壳形的，椰子壳里面有个女人，是血与肉而成的鬼，叫作 Varimatetakave(直译为"始又底"之意)，她在自己的左腹上摘出一片肉，即成为最初的人。③ 这则神话，虽非直接的尸体化人，然而其中最初的女性化生出最初的人，化生的情节还是明显的。而且，其腹之肉化作最初的人，与女娲之肠(郭璞注"肠"或作"腹")化作了神人，也相类似。

这类神话中化生的女性，一般都具有氏族或部落"始母"的性质。

《山海经》中的这段文字，与古籍中其他记载女娲的文字一样，断片而简约，我们无法从中了解更具体的女娲的性质或活动，然而女娲化生万物的始母神性格，已可从中略见端倪。

《楚辞·天问》是研究中国古典神话十分必要的参考作品，其中记述了不少特别珍贵的古神话资料，然而由于其以问句的形式写成，神话不

---

① 参见《五运历年记》，见(清)马骕：《绎史》卷一《开辟原始》，上海，上海古籍出版社，1993。

② 参见董校昌主编：《浙江省民间文学集成·杭州市故事卷》(上)，北京，中国民间文艺出版社，1989。

③ 见 Max Müller：《关于波里尼西亚的神话》，秋子译，转引自袁珂主编：《中国神话》(第一集)，324页，北京，中国民间文艺出版社，1987。

免零散、片断。其中有关女娲的两句"登立为帝，孰道尚之？女娲有体，孰制匠之"便令人颇费猜疑。头一句问的究竟是不是女娲，这里暂且不去管它，下一句如果果真是意在询问：女娲创造了人类，可她自己又是谁创造的呢？那么，可以认为，至迟在周代，关于女娲造化（方式还难完全确定）万物的神话观念，就已经流传着了。

汉代是女娲在史乘上十分活跃的时期。不仅她的形象频繁地出现在画像石、祠堂壁画及帛画上，她的神格在文献中也逐渐明朗起来了。东汉许慎的《说文解字》卷十二明确地说女娲乃"古之神圣女，化万物者也"。这里的"化"，按前述袁珂的解释，为"孕育""化生"之意。那么女娲就不仅是孕育人类的始祖，而且还是化生万物的造物主了。《淮南子·说林篇》中有"黄帝生阴阳，上骈生耳目，桑林生臂手，此女娲所以七十化也"的说法。"一日七十化"，现在一般解作一日之中化生、孕育多次的意思。尽管"七十化"云云来路不明，也不知究竟指的是什么，不过女娲化生万物的神绩似乎更明确无疑了。

在现代民间流传的口头神话中，有关女娲化生人类的情节并不多见，却有一些女娲垂死化生、生成万物的神话。例如四川德阳流传的《女娲娘娘的眼泪》，结尾说，女娲娘娘由于耗尽了心血，终于倒下了，她的头和四肢成了山脉、河流、湖泊，她的身体成了天地、星辰。① 另一则江苏太仓流传的神话说，女娲补天时，因为石头不够，就将自身也补了上去，她的五色衣裳就化成了天上的五色云彩；为了方便地上子孙们的生活，女娲将自己的双乳变成了太阳和月亮。② 民间流传的女娲化生神话，有些恐怕是受了盘古神话的影响，然而由于"女神化生万物"的观

①　参见德阳市民间文学三套集成编委会编：《中国民间文学集成·德阳市资料集·故事篇》，1991。

②　参见金煦主编：《苏州民间故事》，北京，中国民间文艺出版社，1989。

念比较古老，所以也不可一概而论。总的看来，民间关于女娲的化生神话，对于古典文献中的相关记载，多少是一个印证。

二、抟土做人

女娲用泥土造了人类的神话（图3），大约是中国流传最广，影响也最大的人类起源神话了。这只要从农村中长期普遍存在着的对于人的起源及特征的解释，以及文人墨客们的吟咏题颂中便可以知道。

图3 女娲造人，山西民间剪纸

女娲造人的较早记载，见于汉末应劭的《风俗通义》。《太平御览》卷七八引《风俗通义》云："俗说天地开辟，未有人民。女娲抟黄土作人，剧务，力不暇供，乃引绳于絚泥中，举以为人。故富贵者，黄土人也；贫贱凡庸者，絚人也。"[①]这一段记载是研究女娲十分重要的材料。其中最值得注意的有以下几点。

第一，此段明确地表明，在天地刚刚开辟、未有人民之时，是女娲独立地创造了最初的人类。女娲的始母神神格是再鲜明不过的了。她的活动应该属于开辟时期。

---

① （宋）李昉等撰：《太平御览》（第一册），365页，北京，中华书局，1960。

第二，女娲用黄土捏制成了人类。

泥土造人的神话母题，在世界上的许多民族和地区都有流传。最为人熟知和经常提及的，恐怕就是《圣经·旧约》中上帝用尘土造了人类的第一位始祖亚当，以后又用亚当的肋骨造了夏娃的希伯来神话。不过这个母题的分布，远远不限于《圣经》故事的传播区域。除此而外，在古巴比伦、古埃及、古希腊，以及新西兰、澳大利亚及爪哇的土著，非洲的俾格米人，罗马尼亚的特兰西瓦尼亚吉卜赛人，美洲加利福尼亚迈都族印第安人等中，也都有泥土造人神话母题的流传。[①]

中国的许多少数民族，例如壮族、傣族、独龙族、景颇族、拉祜族、布朗族、佤族、彝族、苗族、鄂温克族、达斡尔族、哈萨克族、维吾尔族等中，也有这一母题的神话流传。在有些民族的神话中，虽然造人的主要材料并非泥土，但泥土却是最终形成人类的辅助和补充。例如鄂伦春族神话《恩都力创造了鄂伦春》说：天神恩都力莫里根用飞禽的骨头和肉，先造了十对男女，后来又造了十对男女。因骨和肉不够了，就用泥土来补充。因为先造的是男人，后造的是女人，所以女人力气小。[②] 在仡佬族、土家族神话中也有创造神试图用泥土造人的情节，但最后都没有成功。这或可以作为泥土造人母题的一个异型，从相反的方面证明了"泥土造人"观念的广泛性。

女娲抟土做人，无疑也是这一母题的具体体现。强调"黄土做人"，或者可以视为中国这一类神话的特殊"个性"的表现。

---

① 这一母题的神话，在《民间文学母题索引》中的分类号为 A1241。根据这一索引，在西伯利亚、印度尼西亚、波利尼西亚、阿兹特克及 Quichè、Chaco 人当中也有此类神话流传。见 Stith Thompson, *Motif-Index of Folk Literature*, Helsinki, 1932, Vol: 1, p. 154。

② 参见陶阳、钟秀：《中国创世神话》，上海，上海人民出版社，1989。

一般认为，这一形式的人类起源神话是人类文化史上制陶业发生的投影，并由此向其他未开化民族传播。

第三，结尾用女娲造人的不同方式来解释社会上的等级差异，这是原始神话发展到阶级社会后，新的社会意识所渗入的结果。原始神话已经发生了某种程度上的变异。

现代民间流传的女娲造人神话，情节上大多与《风俗通义》相近，不过故事更完整、更细致。

第一，关于造人的起因。一般都说，天地开辟后，世间无人，冷清清的，或者世间只有动物、植物，乱哄哄的。女娲或出于无意中的游戏，或出于有意识的创造，或出于天上更高神灵（往往是玉帝）的差遣，用泥土造了人类。女娲造人，是在宇宙已经形成的前提条件下进行的，所以女娲还不是开天辟地的神灵，这一点，看来古今神话基本一致。至于女娲造人是为了消除自己的孤独或者世间的混乱，恐怕其中已加入了不少后人的合理想象。玉帝的出现，无疑更是后世将古代神灵系谱化而产生的结果。

第二，关于造人的方式和过程。最普遍的说法是女娲用泥捏制出人形，然后经过某种特别的手段，如吹气、晒太阳或火烧等，泥人才活了起来。或者说由于捏的速度太慢，或感到劳累，女娲又用青藤、绳子或树枝等蘸着泥浆甩，落到地上的泥点便成了人。

值得注意的是，造人往往经历了反复曲折的过程，才能获得最终的成功。流传在山西的一则神话《人最早是圆的》说：

　　——盘古开天辟地以后，女娲觉得世间太冷清，就决定造人。她看太阳、月亮、星星都是圆的，就决定把人也造成圆的。她先用黄土和水捏出了一个圆人，但由于这个人是用凉水、冷土捏的，所以没有活。女娲又用火把附近的水和土都烧得很烫，再一捏，人果然活了。可是由于温度太高，人承受不了，很快就滚走了。女娲不由大怒，发了一场洪水和大火，毁灭了人类和一切生物。女娲又重新造人。为防止人造成后马上离开自己，她把人造成了现在这样四肢分明、五官端正的人。人们爱说人类的祖先是猿人，传说这猿人便由"圆人"而来。①

四川德昌的《女娲娘娘造人》神话也讲，女娲初造人时，都是一个模样，不分男女。后来女娲觉得这样太冷清，于是再做人时，才分出男女，让他们自去结伴、生养后代。②

这些民间神话的情节可能多少经过了后人的衍化，不过其中反映了中外人类起源神话中一个比较普遍的观念，即人类最终的诞生往往经历了一个曲折反复的过程，而人体的形成也是逐渐臻于完善的。

第三，造人后的推原情节。这类情节在现代民间神话中十分丰富。与《风俗通义》相类似的对社会上的贫富差异、贵贱等级现象的解释，虽说也有，但就目前搜集到的作品来看，数量并不很多。比较常见的是对社会上男多女少或人的不同肤色，尤其是残疾人的出现及人身上何以有泥垢等的解释，虽然还难说这些推原情节的产生一定在神话原初之时，但比起《风俗通义》的解释来，它们所反映的毕竟还只是对简单的生理和社会现象的推原，形态上似乎也要古朴些。

在以上所述女娲捏泥造人的神话中，女娲都是作为造人的独立大神而出现的。这类口头传承，在女娲造人的神话中（指造人的主神明确有"女娲"字样者，不包括其他名字神灵造人的异文），数量颇丰富，与女

---

① 《人最早是圆的》，载《山西民间文学》，1990(2)。
② 德昌县民间文学集成办公室编：《中国民间文学集成·四川凉山州德昌县资料集》(第二卷)，1991。

娲造人神话的较原初形态也比较接近。

在民间神话中，还有另一类的女娲捏泥人神话：女娲虽然也是造人的神或者造人过程中起主要作用的神，但她在身份上已经有了同伏羲（或仅称兄或弟）的粘连，不过尚未有兄妹成婚的情节。

例如河南淮阳的一则神话说：很古很古的时代，世上只有女娲和伏羲兄妹俩，女娲觉得孤单，就用泥捏了人。[①] 西华的神话则说：很早很早以前，天塌地陷了，世上只剩下女娲和她弟弟。女娲就出主意，二人一起捏起泥人来。[②] 这两则神话中，女娲仍然是创造人类的大母神，然而身份上已并非完全独立了。在活动的性质上，也出现了第一次造人（如淮阳）与再造人类（如西华）的分别。这一类神话，数量不多，在神话的发展形态上也是较后起的，一定程度上可能是受了兄妹始祖型神话影响后，结出的异样的果子。

三、孕育人类

女娲经过婚姻，作为对偶始祖之一而孕育了人类的说法，在文献上的出现是比较晚近的。[③] 明确记载这一类型神话的，是唐代李冗《独异志》卷下的记载：

---

① 《天为啥是蓝色》，见陈连忠主编：《河南民间文学集成·周口地区故事卷》，郑州，中原农民出版社，1991。

② 《女娲芪的来历》，同上书。

③ 在汉代一些画像石中，女娲与伏羲作人首蛇身形，蛇尾常相交缠。研究者们一般认为，这蛇尾相交象征着二位始祖的结合。山东武梁祠中有一石刻，伏、女蛇尾相交，中间有一小人。有的研究者认为这是"一幅非常美妙的家庭行乐图"［袁珂：《中国古代神话》（修订本），41页，北京，中华书局，1960］。孙作云也认为，这里的小人象征"人类的第二代"，也就是始祖们生育的人［孙作云：《长沙马王堆一号汉墓出土画幡考释》，载《考古》，1973(1)］。此说如果确实，那么至迟在汉代就已出现伏羲、女娲结合生育人类的说法了。不过，这一点毕竟缺乏明确、可靠的证据。

昔宇宙初开之时，只有女娲兄妹二人在昆仑山，而天下未有人民。议以为夫妻，又自羞耻。兄即与其妹上昆仑山，咒曰："天若遣我兄妹二人为夫妻而烟悉合；若不使烟散。"于烟即合，其妹即来就。兄乃结草为扇以障其面。今时人取妇执扇，象其事也。①

这段记载，为研究女娲对偶神阶段的形态提供了重要依据，其中也有几点大可注意。

第一，"昔宇宙初开之时"，说明这"不知所从来"的兄妹二人的活动，乃是在开辟时期，是第一次的创造人类；

第二，"有女娲兄妹二人"，并未道明"兄"者为谁；

第三，有"合烟"的神卜情节；

第四，结尾的推原情节，已是后世的附会，却也正是神话的解释、说明功能的体现。

表现"原始的父母配偶"观念的神话在东南亚大陆（当然远不止于此）的分布是极广的，"兄妹始祖"型神话，是其中一个颇壮硕的分支。有研究者认为，神话中兄妹成亲、繁衍人类的情节，是对原始时期血缘婚和血缘家庭的追忆。② 也有人认为这是对血缘婚和血缘家庭的反映，它的产生是在血缘婚尚在流行的时期。③ 苏联学者梅列金斯基也认为，这一

---

① （唐）李冗：《独异志》，51 页，北京，中华书局，1985。

② 参见乌丙安：《洪水故事中的非血缘婚姻观》，见中国民间文艺研究会辽宁分会编：《民间文学论集 1》，1983。

③ 参见钟敬文：《洪水后兄妹再殖人类神话》，见《钟敬文学术论著自选集》，北京，首都师范大学出版社，1994；张余：《晋南的神话与传说》，载《民间文学论坛》，1990(2)。

类神话观念，"萌生于对人类的起源于同一氏族的笃信"①。

中国的兄妹始祖神话，不仅数量丰富，而且分布的区域也相当广泛。就笔者目前所搜集到的资料来看，除南方诸少数民族外，它还流传于北方的满族、回族、鄂温克族、鄂伦春族等民族中（图4）。1949年以后，尤其是近些年来，随着各项民间文化普查工作的迅速开展，在汉民族中发现的这一类神话，数量也是惊人的，从而大大突破了这一类型神话流传于"非汉族的原始居民（苗族，彝族，瑶族）和中国南部非汉族人的势力范围内"②，以及"南方少数民族的例证丰富，而汉民族的记录早，各有优势"③的结论。不过这一神话的源头在哪里，恐怕离下结论的时间尚远。

图4 姜央兄妹滚磨成亲，贵州施洞苗族民间剪纸

这一类型神话的基本情节，按照德国学者艾伯华（Wolfram Eberhard）的构拟，主要有五个基本要素：

---

① ［苏联］叶·莫·梅列金斯基：《神话的诗学》，魏庆征译，224页，北京，商务印书馆，1990。

② ［德］艾伯华：《中国民间故事类型》，王燕生、周祖生译，97页，北京，商务印书馆，1999。

③ ［日］谷野典之：《女娲、伏羲神话系统考》（上）。

48. 人类最初的兄妹

(1)在世界上或在他们的住地上只有兄妹两个人。

(2)他们请来先知，询问他们的婚姻能否允准。

(3)从两座山向下滚动磨盘；它们相互重叠在一起。

(4)结为婚姻。

(5)生下肉团或葫芦；通过分割全都成了人。①

在具体的神话中，情节与这五个要素又或多或少有出入。例如《独异志》中的女娲神话，就缺要素(5)。这或者是神话的原初形态，或者是由于记录者的节略，也有可能是神话流传过程中某些情节的自然脱落。

从艾伯华对这一类型做的说明中，已可以看出，这"兄妹始祖"实际上有两种情况。

1. 世界之初，这兄妹始祖首次繁衍了人类（我们称之为Ⅰ型）；

2. 兄妹是"再造人类"的始祖（我们称之为Ⅱ型）。

在中国汉民族的女娲神话中，这两种类型都有。

《独异志》中的女娲兄妹，无疑是Ⅰ型的始祖。在现代民间的口头传承中，Ⅰ型的女娲神话数量不算多，但也非个别现象。河北涉县《女娲兄妹结亲的传说》②以及江苏常州《伏羲夫妇造人》等就属于这一类。

涉县的神话与《独异志》的情节大致相近，只是"卜婚"一项采用了民间更为常见的"滚石磨"方式。

——开天辟地的时候，世上只有女娲和她哥哥伏羲二人，孤孤

---

① ［德］艾伯华：《中国民间故事类型》，96 页。

② 参见李亮、王福榜：《娲皇宫的传说》，北京，中国民间文艺出版社，1989。

单单的。后来伏羲就与女娲商量，不如二人结为夫妻，生儿育女。女娲说：应该问问天意。于是二人各扛一扇磨，分别爬上南北山头。二人向天祈祝完毕，滚磨，磨合。兄妹成亲的时候，女娲害羞，就用蒲草编织成扇子，把脸挡上。后来新娘用扇子或手帕挡住脸儿，据说就是照着女娲奶奶的样儿。

这个神话的记录本有着较明显的修饰色彩，情节却完全是民间普遍流传的。据它的整理记录者李亮介绍：这则神话是他从老人们那里听来的，原来只说"女娲和她哥哥"，后来李亮从书本中得知"女娲的哥哥是伏羲"，于是在记录中就加上了伏羲的名字。[①] 可见在女娲神话中，存在着口头传承与书面记载双向交流的现象。就采集到的民间神话来看，有一些（当然，数量上是较少的，并非主流）不同程度地受到书面传统的影响。涉县的这则神话，情节与《独异志》大同小异，然而不好就此断定其来自书面传统，况且其中的卜婚方式已有了变异。

常州的同类型神话将伏、女同盘古粘连起来，但伏、女是初生人类的始祖这一主旨没变。

——盘古开天辟地后，精气变成了一个葫芦，在洪水中漂浮。千万年后，洪水退落，葫芦流落在高山顶。一天，葫芦破开，里面跳出了伏羲、女娲兄妹俩。伏羲欲繁衍人类，向女娲求婚。女娲提出用"追赶"方式卜婚。伏羲反方向赶上妹妹后，二人结为夫妻。生了十八对子女，从此，世上便有了人类。所以，老一辈人都说：

---

① 涉县采风资料。以下凡注明"××采风资料"者，均系作者1993年田野考察所获。

"伏羲夫妇是创造人类的始祖。"①

这则神话的形态是颇繁复的。与盘古神话的黏合，表明了女娲兄妹造人活动的时间与性质。其他情节要素，如洪水、葫芦生人的出现，使之与Ⅱ型相近了。

Ⅰ型的神话在中国的傈僳族、珞巴族和高山族的阿美人中也有流传。Ⅱ型的洪水型兄妹人祖神话，是东亚、东南亚、南亚一带蕴含量极丰富的神话，也是世界文化宝库中的重要财产。它在这一地区的分布，大抵西起印度中部，经过印度尼西亚、菲律宾和我国的台湾，东边一直延伸到朝鲜，中国的广大区域也包括在这一分布区内。芮逸夫认为这一类型神话构成了东南亚文化区（culture area）文化复质（culture complex）的一种"文化特质"（culture trait）。②

从目前搜集的资料来看，中国的Ⅱ型神话流传在从北到南的近四十个少数民族中，尤以南方诸民族为盛。一向被认为在这类神话的贮量方面相对贫乏的汉民族，近年来的发现却使情势大有改观，此类神话不仅数量惊人地丰富，在形态上也呈现出颇复杂、多层次的特点，因此引起了一些较为敏锐的学者们的注意。

Ⅱ型的情节，有些研究者认为是由洪水为灾传说与兄妹结婚产生人类的神话传说相结合而产生的。③ 它在不同的地域、民族中又有不同程度上的差异。总的说来，它的基本情节如下：

① 常州民间文学集成编委会编：《中国民间文学集成·常州民间故事集》（二），台北，佳恩有限公司出版社，1992。

② 参见芮逸夫：《苗族的洪水故事与伏羲女娲的传说》。

③ 参见钟敬文：《洪水后兄妹再殖人类神话》，见《中国与日本文化研究》第一集；〔日〕松原孝俊：《洪水型兄妹人祖神话》，陈晓林译，载《南风》，1987（1）。

1. 由于某种原因（或无此点），宇宙间发生了灾难（一般是洪水，也有油火、长久干旱、罕见冰雪等）；

2. 灾难后，人世间仅剩下由于神意或其他帮助而存活的一对兄妹（或姐弟）；

3. 遗存的兄妹，为了传衍后代，用滚磨、合烟、追赶等方式占卜神意，或直接听从神命，结为夫妻；

4. 婚后生产了正常或异常的胎儿，（或用其他方法）传衍了新的人类。

神话的主人公在不同的民族甚至不同的具体神话中，所用名称大多不同，其中最有影响的就是伏羲、女娲兄妹。

关于伏羲、女娲与Ⅱ型神话的关系问题，在下一章中还会论及。这里仅就汉民族中流传的这一类神话，进行一些简要分析。

这一类型的神话，在古典文献中缺乏较明确、完整的记载。① 现存于民间口头的例子，大多与Ⅱ型的基本形态相去不远，不过在具体表述上，又带有汉民族的特色。例如在壮族、苗族、瑶族等一些南方民族中常见的"雷公复仇"而发洪水的情节，在汉民族神话中则少见；汉族神话中的"天神惩罚型"也不在少数，但多为玉帝所为；如此等等。同是汉民族中流传的神话，不同的地方又有不同特色，如浙江的遂昌、新昌等地区神话中，发生灾难的原因多为天降油火。这大约与远离江海的山区，人们习见于山林火患有关，也可能是适应当地特殊的山岩、土壤特点而产生的变异。

在湖北江陵，流传着一则《女娲配伏羲》的神话。

---

① 唐代卢仝《与马异结交诗》中说"女娲本是伏羲妇"，或者勉强可以作为一个含糊的线索——包括Ⅰ型和Ⅱ型。

——古时候，地上满处是洪水，人都被淹死了，只剩下伏羲和女娲两兄妹。伏羲对女娲说：世上没人烟了，我们俩成亲吧。女娲不答应。二人就用两根檀香，在太阳山的东、西两头各点一根。烟升到半空中，未合拢，被一只老乌龟看见，吹一口气，烟就合拢了。女娲又提出要滚磨、追赶等。由于乌龟的帮助伏羲都办到了。女娲很恼火，把乌龟砸死了。伏羲在乌龟身上屙了一泡尿，乌龟又活了，只是从此身上有股骚气，破碎了的龟壳并拢来，正好形成个八卦形。兄妹成亲后，女娲怀孕三年，生下一个肉球。被伏羲砍碎，里面蹦出五十男孩、五十女孩。伏羲、女娲就给他们一人取了一个姓，从此世上传下了"百家姓"，并有了"哭姊妹""放生乌龟"的习俗。①

这个神话是较典型的Ⅱ型，女娲经过血缘婚姻孕生了新的人类，她的始祖母神格依然十分鲜明。在不少地区的神话中，称这对再造人类的兄妹为"人祖爷、人祖奶"（河南），或"高祖公、高祖婆"（东北地区），充分表明女娲兄妹（或姐弟）在人们心目中的神格性质，尽管已或多或少带有世俗化的色彩。

在一些神话中，女娲婚后生下了正常的孩子。不过，比较而言，非正常孕生——生下了怪胎（如肉球、磨刀石或大蛇等）的情形更多。有研究者认为，这怪胎强烈地表明了对血缘婚的惩罚、反对倾向。② 然而，从大量的神话资料来看，怪胎似乎具有化生为人类的神奇功能，或具有"包蕴人种"的集团性质，因而，它实质上也许并非源于对血缘婚的否定

---

① 《湖北省民间故事卷》编辑部：《民间故事集成编辑工作会议资料选编》，1989。
② 参见乌丙安：《洪水故事中的非血缘婚姻观》。另松原孝俊亦认为，怪胎"提醒人们：兄妹婚并不是正常的婚姻"，参见［日］松原孝俊：《洪水型兄妹人祖神话》。

态度（关于这一点，容另文探讨）。

对偶神的女娲（包括Ⅰ、Ⅱ型），创造人类的方式是颇多样的，除生育外，独立神的女娲抟土做人的本领又成为对偶神的女娲创造人类的重要方式，甚至两种方式糅合到了一起。

安徽有一则神话《伏羲女娲和他们的五谷孩儿》，其中对伏、女造人的说法，反映了民间一种较多地存在的观念。

> ——盘古死后，世上还没有人。只有盘古的儿女伏羲和女娲兄妹俩生活在世上。伏羲找不到老婆，女娲找不到丈夫，兄妹俩就结为夫妻。后来，他们生下了五个儿子，分别叫稷、黍、麦、菽、谷。但世界依然荒凉。于是女娲挖来了五色泥土做人。人一天天多起来了。因为人是用五色泥土做的，所以世上有五大种族。伏羲和女娲就当了五大种族的首领，教人们猎获鸟兽、捕捉鱼虾。①

这个神话属Ⅰ型，其中，就将始祖生人的两种不同方式——抟土做人和孕育人类——黏合在了一起。

还有一类神话，女娲兄妹（或姐弟）为繁衍人类而近亲结婚，然而婚后并无后代，捏泥人是唯一的造人方式。②

兄妹始祖孕生了正常或非正常胎儿，是兄妹始祖型神话的常见模式。将这种方式与抟土做人捏合在一起，似乎是汉民族的特色。在所搜集的140多例少数民族兄妹婚神话中，兄妹成婚后，孕生人类与捏制泥

---

① 《中国民间故事集成·安徽卷》，北京，中国 ISBN 中心，2008。

② 例如河南的《龟为媒》，载《故事家》，1986(2)；江苏的《兄妹结婚捏泥造人》，见江苏省淮阴市民间文学集成编委会编：《中国民间文学集成·淮阴市卷》上册，1989。

人方式相黏合的仅有三例。^① 这些民族中不少是有着至高神用泥土创造了人类的神话的，然而却很少与兄妹婚黏合。在汉民族的 230 多个同类神话中，成亲而兼有捏泥人情节的有 62 个。这很可能是由于汉民族中独立的女娲抟土造人的神话在民间流传的时间长、影响的范围大，因而当女娲被拉去充当"兄妹婚"中的女主角时，她原先的显赫功绩不能被抹杀，便被一同糅合进神话中，于是神话中便出现了奇特的两种始祖诞生人类方式。在成亲后捏泥人仍是唯一造人方式的神话中，更可明显看出"抟土为人"神话观念的顽强的势力（本来，兄妹成亲的目的便是为了传衍人类，不必再抟土做人的）。

综合本节所述，应当说，从古典文献的记载来看，女娲造人的方式主要有化生人类、抟土为人以及孕生人类三种。然而古籍中有关女娲化生的记载语焉不详，现代民间神话中也难觅其确实的情节，所以其真相究竟如何，现在还是个谜。就目前的资料来看，在民间传播最广的，也最深入人心的，就是女娲抟土造人的神话观念了。这一观念的顽强与牢固，甚至使对偶神时期的女娲也不免打上了它的印迹。

无论用哪种方式造人，无论是作为独立神还是对偶神，也无论是首次创造人类还是再造人类，女娲都是人类的始祖母，这一点在神话中是非常鲜明的。

---

① 分别见于满族（见《中国民间文学集成辽宁卷·岫岩资料本》）、毛南族［见谷德明编：《中国少数民族神话》（上），北京，中国民间文艺出版社，1987］、哈尼族（见谷德明编：《中国少数民族神话》）中。

第二节　女娲的文化英雄神格

文化英雄(culture hero)的含义，学术界一般有广义、狭义之分。本文所采用的这一概念，是在其较宽泛的意义上使用的，它不仅用于称呼那些最先发现或发明种种文化成果(如使用火、创制劳动工具、培育植物、驯养动物等)并将其技艺授予人类的神话人物，也包括那些制定最初的婚姻制度、习俗、仪礼，以及祛凶除怪、消除世间混乱、为人类确立较普遍的社会生活秩序的神话英雄。按照梅列金斯基的说法，"文化英雄的特质不仅归结于有益于人类的文化客体之获取，而且'文化'也包括总的协调；这种协调正是为取得同自然界的均衡、保证日常生活所必需"①。

女娲之所以成为中国民间信仰中声名显赫的女神，她的一系列文化英雄性质的神话业绩的取得，也是其中重要的原因。

总的说来，女娲的文化英雄神格主要表现在三个方面：补天、置神禖、制笙簧。

一、补天

女娲的这一英雄业绩，最早见诸西汉时期成书的"牢笼天地，博极古今"的《淮南子》中。

> 往古之时，四极废，九州裂；天不兼覆，地不周载；火爁炎而不灭，水浩洋而不息；猛兽食颛民，鸷鸟攫老弱。于是女娲炼五色

① ［苏联］叶·莫·梅列金斯基：《神话的诗学》，222 页。

石以补苍天，断鳌足以立四极，杀黑龙以济冀州，积芦灰以止淫水。苍天补，四极正；淫水涸，冀州平；狡虫死，颛民生。背方州，抱圆天，……当此之时，禽兽蝮蛇，无不匿其爪牙，藏其螫毒，无有攫噬之心。①

这段话为我们描述了这样一个神话场景：远古的时候，由于某种尚不明确的原因，天地间发生了一场大灾难，撑天的四根柱子倒了，大地裂了开来；天不能尽覆大地，地不能遍载万物。大火蔓延，洪水泛滥，各种凶猛的禽兽乘机吞食攫取人们的生命。宇宙从有序陷入一片混乱之中。在这种情形下，女娲熔炼了五色石补好了天上的漏洞，斩断大鳌的腿来重立了四根撑天柱，杀死了作怪的黑龙，积聚了芦苇灰来堙塞了洪水。于是天补好了，四极立定了，洪水平息了，怪物杀死了，天下安定，人民重又安居乐业。宇宙又从混乱、无序归于有序。

将宇宙从混沌、紊乱状态整顿、改造为井然有序的乾坤，被有的研究者认为本是"任何神话（包括古老神话）最主要的内涵所在"②，也是神幻时期不少文化英雄赖此而建立功业的所在。《淮南子》中所记载的女娲的一系列活动，其实质正在于使毁坏了的宇宙秩序恢复正常。

在这一系列神话活动中，补天、立极、屠龙、止水四者是相辅相成的，都是达到最终目的所不可或缺的手段。其中"补天"一节，由于富有一定的民族个性③和较强的神奇色彩，在世间广为传诵，常常被用作代表全体的局部，以"补天"指代着女娲的这一系列神话活动（图5）。在下

---

① 《览冥训》，见刘安等编著，高诱注：《淮南子》，65页，上海，上海古籍出版社，1989。

② ［苏联］叶·莫·梅列金斯基：《神话的诗学》，230页。

③ "补天"的情节，在其他国家和地区的神话中似乎少见。

文的论述中，为简要起见，也采用这种指代办法，不过需要强调的是，"补天"这一行为只是女娲清理宇宙混沌、恢复宇宙秩序的一系列活动中的一项，在较早记载它的《淮南子》中，它与其他三项活动一样，都是达到有效秩序的必要手段，彼此并无明显的轻重之分。有的学者认为，这类神话活动的中心，是"补天"，其实质是治水，因而女娲是神话中最早的一个治理洪水的英雄①，笔者以为，对这一神话的较早形态来说，这一看法似乎有些偏颇。

图5　女娲补天

至于宇宙间这场大灾难发生的原因是什么，《淮南子·览冥训》中没有明载。从其他古文献和现代民间口承神话资料来看，所述及的女娲

---

① 参见袁珂：《古神话选释》，27～28页，北京，人民文学出版社，1979。

"补天"的原因主要有三种。

第一，天地初有不足。

《列子》及晋代张华的《博物志》中，均言女娲补天乃是为补修天地之不足。《列子·汤问》云：

> 然则天地亦物也。物有不足，故昔者女娲氏练五色石以补其阙，断鳌之足以立四极。其后共工氏与颛顼争为帝，怒而触不周之山，折天柱，绝地维；故天倾西北，日月星辰就焉；地不满东南，故百川水潦归焉。[1]

《列子》相传为战国时期列御寇所撰，早已散佚。今本《列子》是晋人缀集残文，又夹杂进后世之作而成的。其中述及女娲补天立极（未有止水等活动）的原因乃是为了弥补天地的自然缺陷，然而由于其后共工与颛顼的争战，宇宙终于不能完满。

《博物志》所载，与《列子》相类，不过更明确了女娲补天乃是由于"天地初不足"，这表明了女娲补天乃是在天地开辟时期，由于宇宙产生后的不完美，或者天地开辟工作未完成，又由女娲进行了完善、修补。其中也没有除凶、止水二项。共工与颛顼争战，造成如今地势等说法，亦同《列子》。

这一"开辟之初对不完善的宇宙进行修复"的神话母题，在我国南方诸民族中是比较常见的。比如彝族史诗《梅葛》中说：远古时候，没有天、没有地，格滋天神放下金果、银果，变成九个儿子、七个姑娘来造天、造地。天地造好了，可经打雷、地震一试，天开裂、地通洞，于是

---

[1] 杨伯峻：《列子集释》卷五，94页，上海，龙门联合书局，1958。

又叫五个儿子补天、四个姑娘补地。天地补好了，可依然摇晃、不牢固，于是又捉来鱼撑起地的四角，用老虎骨头撑天，这才天稳、地固。① 《苗族古歌》中也讲：远古时候，天常压着地，地常压着天，府方老公公用手撑天，久持不住，天出了裂缝。于是大家又用树来撑天，也支不稳，最后运来金银，打制了撑天柱，天地才稳固了。② 在拉祜族、纳西族、布依族、羌族、瑶族、壮族、傣族、傈僳族、布朗族等中，也都有类似的神话母题流行。

《列子》和《博物志》的记载与上述彝、苗等族的同母题神话比较起来，相似之处是明显的。而在少数民族的史诗中，对宇宙的缺陷描述得更具体，修复的过程描述得更详细。

这一类描述宇宙开辟过程的曲折反复、日臻完善，以及物无尽美、不免缺憾的神话，或者与原始先民艰辛劳作中的深刻体验有一定联系。

在现代民间神话中，也有一些描述了上古时"天地初不足"的情形。

重庆巴南流传的一则神话描述说：盘古王开天辟地时，搞得太慌忙，天没有弄好，到处都是大眼小洞，悬吊吊的，骇人得很。玉帝就派女娲娘娘去炼石补天。③

这里女娲所补的，就是因天地开辟工作未圆满完成而留下的自然缺陷（与盘古神话相黏合了）。

在河南、四川等地（尤其是在河南），还十分流行一种"自然进化型"的宇宙起源观念，即并无创造神的介入，天地是逐渐长成的。女娲补

---

① 参见《梅葛·创世》"开天辟地"一节，见朱桂元等编：《中国少数民族神话汇编·开天辟地篇》。

② 参见《开天辟地歌》，见朱桂元等编：《中国少数民族神话汇编·开天辟地篇》。

③ 参见《孙悟空的妈和老汉是喃个》，见重庆市巴县民间文学三套集成编委会：《中国民间故事集成·重庆市巴县卷》（上），1989。

天，就是在天未长成的情况下进行的。例如河南西华思都岗流传的《女娲补天》神话说：

　　——天地开辟时，天下净是洪水，草长了多么深，禽兽繁殖，虫子咕咕叫。那时天还没长成。后来，水退了，要安民，可天没长成咋弄？这才叫女娲去补天。①

　　这里并未出现在中原地区颇有势力的盘古形象，天是自然长成的，"开天辟地"不过是一个指示时间的限定性词汇。女娲补天，就是在这"天地鸿蒙，宇宙洪荒"的背景条件下进行的。这与她在《风俗通义》中"天地开辟，未有人民"时的抟土为人活动，倒是相协调、相呼应的。

　　在这一类神话中，女娲的活动无疑应属于开辟时期，其性质也并非是"修复"混沌中的宇宙秩序，而是使最初的混沌逐渐趋于有序。

　　然而，从《淮南子·览冥训》的记载来看，女娲补天的行为，似乎更强调其"恢复"秩序的性质。所以，这一类女娲补天乃由于"物初有不足"的神话是否较近于神话的原型，在获得充分的证据前，还不好贸然下定论。

　　第二，战争造成了宇宙间的大混乱。

　　这种说法，无论是在古文献中，还是在现代民间的口头传承中，都是较常见的，也是三种原因中最引起学者们讨论与关注的。

　　共工所引发的神之间的战争，是神话中最常出现的造成宇宙毁坏，并引起女娲炼石补天的原因。持"战争说"的古文献，较常引到的有王充《论衡·顺鼓篇》和司马贞的《补史记·三皇本纪》。

---

　　①　张振犁、程健君编：《中原神话专题资料》，66页。

《顺鼓篇》中是这样记载的：

> 传又言：共工与颛顼争为天子，不胜，怒而触不周之山，使天柱折，地维绝。女娲消炼五色石以补苍天，断鳌之足以立四极。①

王充所记载的这一神话，或者采自民间俗说，或者是由他本人及其他儒生对女娲补天原因进行的合理揣测与黏合，总之，是较早将共工与女娲补天黏合到一起的。

唐代司马贞亦蹈此说，不过，在他的笔下，女娲已带上了浓厚的历史化色彩，成为立了伟大功业的三皇之一了。

> ……特举女娲，以其功高而充三皇……当其末年也，诸侯有共工氏任智刑以强，霸而不王，以水乘木，乃与祝融战，不胜而怒，乃头触不周山崩，天柱折，地维缺。女娲乃炼五色石以补天，断鳌足以立四极，聚芦灰以止滔水，以济冀州。于是地平天成，不改旧物。②

司马贞的记载与王充不同的，一是共工与祝融战，一是共工与颛顼战。唐末《瑚玉集》又言不周山崩乃共工与神农争天下所致。祝融、颛顼、神农，俱系神名，与共工相黏合而各异，正是口头神话的特性表征之一。究竟共工应当与谁战，这里暂且不做讨论，需要指出的，是三者皆言共工与其他的神发生了战争，结果打了败仗，一生气，头撞倒了撑

---

① （东汉）王充：《论衡》，243 页，上海，上海人民出版社，1974。

② 《补史记·三皇本纪第二》，《史记索隐》卷三十，广雅书局本，光绪十九年。

天的柱子，于是天柱折了，系地的绳子也断了，这才使得女娲炼了石头去补天。"地平天成，不改旧物"，突出地表明女娲这一系列英雄业绩，最终完全恢复了宇宙被破坏前的正常状态。女娲补天，其实质乃在于对创造后又被毁坏的宇宙进行修复，这在战争型的补天神话中，是十分明显的。

现代流传的战争型女娲补天神话，在补天神话中数量最多，情节上与古神话一脉相承，一般也说是共工引发的战争造成了天地间的大毁坏。除此而外，还有两个天神（或无名姓，或其他名字）争斗，或者两只鸟、龙王的两个儿子，抑或雷公与女娲打仗，等等，可看作是战争说的各种异型。

不过战争说与女娲补天的关系原本是否如此密切，很早以来一直受到一些学者的怀疑。这些怀疑是完全有依据的。《楚辞·天问》中有一问："康回冯怒，地何以东南倾？"如果康回真是共工，那么说明早在屈原的时代，共工发怒以致使地东南倾的神话已在流传了，但与同文中出现的女娲未有任何联系。《淮南子》是目前较早记载女娲补天神话的，情节也十分完整，但并未交代补天的原因。同书中的《原道训》《天文训》《本经训》皆提及共工致灾患而不涉及女娲。可见，后来出现的这一类战争型女娲补天神话，很可能是二者黏合的结果。另外，在上述《列子·汤问》与《博物志》中，"补天"虽然也与"折柱"相粘连，顺序却正与战争说相反。这一粘连的不稳定性，或者也可以证明二者原本是各自流传的。也许是由于二者都与一场宇宙性的大灾难相关，于是就被复合起来，结成松散的因果关系了。

有些对战争说持怀疑态度的学者，更提出了另一个反对的理由：女娲既然完成了补天立极、除凶止水的英雄功业，自然不会有"天倾西北，地不满东南"的结局，而今现状如此，说明共工触山后，造成的局面是未经修复的，可见战争说言之有误。① 这一说法，从古文献资料来看，似乎是很有道理的，然而在大量的民间口头神话中，问题被一个充满想象力的细节解决了。女娲斩断鳌的四足，以支撑天的四边，由于鳌足长短不一，所以造成西北高东南低的地势特点。这一想象，源自人们日常生活中对龟类动物的观察认识。当然，这一问题的解决，并不能由此证明战争说不成问题了，只是由此可以看出，活生生的民间神话，对于言之不详的古神话的研究，确是一个重要的补充和参证。

第三，宇宙的劫难。

"劫"，原是佛教名词，梵语作 kalpa，意为"远大时节"。古印度传说世界经历若干万年毁灭一次，然后又重新开始，这样一个周期叫作"一劫"。"劫"的时间长短，佛经中有各种不同的说法。"一劫"包括"成、住、坏、空"四个时期，到"坏劫"时，有火、水、风三灾出现，世界归于毁灭。

我们这里使用这个词，是借其"周期性的世界毁灭、大灾难"之意。

在世界的发展过程中，会出现周期性的劫难，这一观念在一些民族的神话、宗教信仰中有所体现。例如在古墨西哥神话中，宇宙曾相继四次被毁。② 在印度以及与印度文化关系密切的地区，这一观念流传很盛。如印度教将宇宙视为诸界生而复灭的序列，佛教也有"劫"与"轮回"的观念。伊朗的琐罗亚斯德教笃信，由于统摄良知与善行的奥尔玛兹德与破坏之神阿赫里曼的鏖战不休，宇宙期也不断交替，周期为九千年或

---

① 例如袁珂：《古神话选释》，29～30 页；冯天瑜：《上古神话纵横谈》，103～104 页，上海，上海文艺出版社，1983。

② 参见［美］M. 莱昂-波蒂利亚：《古墨西哥神话》，见［美］塞·诺·克雷默编：《世界古代神话》，416～420 页。

一万二千年等。① 泰国的《宇宙三代史》中也记载：由于水、火、风三种原因，世界屡遭破坏，却又几经更新。②

一般说来，体现这类劫难观念的神话，其情节大致先描述宇宙经历了混沌初开及嗣后的秩序井然，接着由于违反禁忌，或由于人性的不完满，神祇间的纷争或其他原因，暂时安定下来的因素又被打乱，在战争、洪水、持久的干旱或其他灾害的破坏下，宇宙发生了大混乱或者毁灭。至高神或神圣英雄等往往这时出现，负担起整顿宇宙秩序与再造乾坤的任务。他们在神话和信仰中的伟大业绩和崇高地位往往与此相关。宇宙从混沌到有序，然后复归于混沌；又经过修复再造，为新一轮的宇宙循环提供了契机。在这一类型的神话中，可以看出一种"循环的宇宙观"，即宇宙的发展是始终相继、循环往复的。时间与空间上的变化、往复，往往并行不悖。

在描述宇宙大劫难的"世界末日神话"中，以基督教为中心的"末世论"是持直线性的宇宙观的，它的本质特征，在于论证宇宙的一次性和不可逆性。而另有一类，则是持如上所述的"循环宇宙观"的。世界毁灭后，往往要开始另一轮的宇宙期。有学者认为"在直线时间观念之前，世界上各民族，都是把时间看作是一种圆形有如车轮般循环的东西"③。这种"循环的宇宙观"（包括时间观念和空间观念）是比较古老的，它来自原始初民对周而复始的自然过程（如时序、天体运行）的认识和体验。同时农耕民族中的定期耕种、收获，以及地震、季风、河水的定期泛滥

---

① 参见［美］M. J. 德雷斯登：《古伊朗神话》，见［美］塞·诺·克雷默编：《世界古代神话》，319～320 页。

② 见［日］大林太良：《神话学入门》，林相泰、贾福水译，62 页，北京，中国民间文艺出版社，1989。

③ 王孝廉：《中国的神话世界——各民族的创世神话及信仰》（下），572 页，台北，时报文化出版企业有限公司，1987。

等，也与这种"循环的宇宙观"的形成有密切关系。

在中国各民族中，反映这种"周期性的宇宙大劫难"观念的神话也是不少的。就拿我们研究的女娲神话来讲，其中反映出的历劫方式主要有两种。

一是鳌鱼翻身造成宇宙劫难。

由神圣动物驮负着漂浮的大地的神话传说，广泛分布于美洲大陆、西伯利亚、日本列岛、菲律宾南部、印度、伊朗以及斯堪的纳维亚等地区的诸多民族中。在我国汉族、土家族、羌族、布朗族、白族、彝族、土家族、满族、鄂温克族等民族中也有流传。常见的驮地动物有龟、鱼、牛、蛇、象、鲸、龙等。其中有些神话说，由于这些驮着大地的动物的休息、眨眼、呼吸、翻身或其他原因，会引发大地的震动乃至造成世界的毁灭。

在汉民族的神话传说中，比较常见的驮地动物是鳌。有关它的这一神性的记载也很早。《楚辞·天问》中就有"鳌戴山抃，何以安之"的疑问，可见不仅当时已流传有鳌背负着大山的传说，而且出现了鳌驮山并不老实安稳的观念（王逸注云"击手曰抃"）。另据王逸注引《列仙传》（今本无）云："有巨灵之鳌，背负蓬莱之山而抃舞戏沧海之中。"《列子·汤问》亦有十五只巨鳌驮着五座仙山，分作三组，六万年一换班的记载。由此看来，鳌负大地并不稳固且要周期性休息的观念，是由来已久的。

女娲补天，一说就与这驮地巨鳌闯的大祸有关。江苏涟水的一则神话《开天辟地和人的由来》中说：

——大地是撑在鳌鱼身上的。这个鳌鱼呢，每隔十年眨一次眼，三万六千年翻一次身。眨眼就会地动山摇，翻身就会天翻地覆。据说有一次鳌鱼翻身，西北角天塌了下来，东南角地凹了下

去，水从天洞里漏了下来，把地上的人差不多全部淹死，只有女娲
和伏羲兄妹二人爬到昆仑山上才活了下来。天老是漏水怎么行呢？
女娲和哥哥伏羲一起把天补了起来……①

　　补天的主人公变成了女娲和伏羲兄妹，而且是两个凡人，这已是神
话在后世演变的结果了。这且不管，关键是女娲等补天的原因，是由于
周期性的鳌鱼大翻身，造成了宇宙的毁灭：天塌地陷、洪水泛滥，人类
几乎灭绝。这是一幅世界末日的景象。女娲、伏羲补天，便是对毁灭的
世界进行修复和再造（神话接着叙述二人兄妹为婚、重新繁衍人类）。
　　河南安阳的神话《清凉山的传说》在细节上也有特点。

　　　　——远古时候，天和地是由五根柱子撑着的，这五根柱子又分
　　东、南、西、北、中五个方向，放在五个大老鳖身上。这些老鳖是
　　五千年一小动，一万年一大动，动的时候，需要女娲派天神扶着柱
　　子，天才不会塌，地才不会陷。有一年，海水干了，四个角的老鳖
　　没水喝，一怒之下，翻身将四根顶天柱子捣翻了。女娲很生气，叫
　　天神砍下四个老鳖的十六条腿，重新撑开大地。可是，天破得很厉
　　害。天缝中漏下来的黑雾、红雾、绿雾、蓝雾，充斥了天地，人死
　　得遍地都是。天上不见了飞鸟，地下不见了青草。于是女娲在中州
　　平原上炼了五色彩石，去补天上的窟窿。②

　　"老鳖"显然是民间对"鳖"的通俗化异称。老鳖翻身，带来的同样是

---

① 涟水县民间文学三套集成办公室：《中国民间文学集成·涟水县资料本》，1987.
② 《河南民间文学集成·安阳市卷》（审定稿）。

世界的毁灭。只是似乎出于意外，而与规律性劫难没有太大关系。这可能是另一种异型。值得注意的是这里出现了"天柱"和斩断了鳌足、重立四极的情节。《淮南子》的记载中，鳌只与地面上的"撑天柱"相联系，这则神话中，鳌负大地与鳌足立极则有机地联系在一起，是很新鲜的说法。

二是自然的天地毁灭。

出于自然的规律或者某种神意，世界以一定的周期历经劫难，体现这一类观念的神话在黑龙江、湖南、河南、江苏、湖北等地都有发现，尤其是中原地区，这种说法还比较普遍。比如河南的神话说"十万八千年天塌地陷一次"，到时候"天欲倾，地欲陷，高山要崩毁，海水要出岸，天下人难脱鬼门关"①；天塌地陷之后，"再变成一个洪荒的太古，再生出人祖爷、人祖奶奶，再捏成泥人"，等人小到茄棵底下跑马时，又来一个天塌地陷，"这样循环不息，以至无穷"②。浙江的神话说"世上人代代相传，说是过上几万年，要换一次天地，到那时天上落下火来，地上的万物生灵，都要被天火烧得干干净净"③。湖南的神话说"凡人五百年要道一次劫，天神五百年要临一次凡"④。

在有些神话中，凡人遭劫、天地被更换，是由于世间的人逐渐变得自私自利、作恶多端，因而最终受到神意惩罚。有的神话中，这天地的毁灭是出于天地自然的运作规律。

---

① 《夫妻为啥称姊妹》《姊妹成婚》，俱见于程健君、刘永立编：《河南民俗传说故事》上册，57页，河南省民政厅《河南省志·民俗志》编辑室，1987。

② 安在：《关于人类过去和未来的传说》，见《〈艺风〉民间专号》（第二卷），132页，上海，上海文艺出版社，1991。

③ 《天火》，见遂昌县民间文学集成办编：《中国民间文学集成·浙江省丽水地区遂昌县故事、歌谣、谚语卷》，1988。

④ 《伏羲和女娲的故事》，载《民间文学》，1986（1）。

这一类劫难说，一般多与兄妹婚发生联系。宇宙的毁灭不是由于它自身的结构模式(如鳌负大地等)，而是出于某种预定的自然发展规律。接下来的兄妹成亲、繁衍人类、重建世界，更加强了这一规律的循环意味。

目前搜集到的民间女娲神话，将补天与这一类劫难说相连的不算多。河南西华有这样的说法：世上的第一世纪，有两万年，由老盘古和天姑娘治理；第二世纪，也是两万年，是玉皇大帝和王母娘娘治理。后来一场大洪水把这一世的人几乎灭完了，这才有了第三世纪，是人祖爷和人祖姑娘(女娲)治理，又是两万年。女娲炼石补天，补的就是第二世纪毁灭后尚未长严的天。① 淮阳地区有则《女娲补天》神话，讲混沌(天塌地陷)刚过，天没长严，世间仅剩的伏羲、女娲兄妹想补天，于是在白龟的帮助下，女娲学得织布本领，用织得的布补好了塌的天。② 这里出现的混沌、天塌地陷，与中原地区较为普遍地存在的自然劫难说法相一致。织布补天，是炼石补天的一种变异形式。

以上分析了民间神话中关于女娲补天原因的三种不同说法："天地初有不足"、战争和周期性的宇宙劫难。到底哪一种更接近神话的原型呢？很难说。从较早记载女娲补天神话的《淮南子》来看，"天地初有不足"的理由与《览冥训》中所描绘的宇宙毁灭情形似乎不大相符，而"共工引发战争"一说也十分可疑。但如果据此便推断说，补天的原因乃出于宇宙劫难，也不免失之武断和简单化。劫难说中描绘的宇宙毁坏情形虽与《淮南子》的说法相近似，却也并非没有疑点，至少上述的天塌地陷一说，尽管在民间流传颇广泛，但与补天神话相粘连的却不多。所以，女

---

① 王趁讲述，西华采风资料。

② 参见前引陈连忠主编：《河南民间文学集成·周口地区故事卷》，4～5页。

娲补天，其原初的原因究竟为何，目前尚难断言。

不过，从《览冥训》的记载和大多数现代民间神话来看，有一点是可以明确的：女娲补天，其实质乃是修复被严重破坏了的宇宙，使之从混沌、紊乱状态中重新回复到正常的秩序中去。

上面说过，女娲补天的过程，实际有四个方面：炼五色石以补苍天；断鳌足以立四极；杀黑龙以济冀州；积芦灰以止淫水。下面试就这几个方面进行简单分析。

其一，炼五色石以补苍天。这是女娲作为独立神的主要活动之一，在她整顿、恢复宇宙秩序的一系列活动中，也是最引人注目的。"炼石补天"由此成为女娲这一系列活动的代表，在民间文化中广为传诵，不仅"五尺童子皆知之"（胡应麟：《少室山房笔丛》卷六），还形成了"补天穿"一类的节日习俗，在文人墨客的辞赋、绘画中也一再出现，足见这一情节在中国文化上的影响。

女娲为什么要用五色石补天呢？"五色"的想象，也许来自对天空中绚丽多彩的云霞的模拟，或者出于极言其稀有、珍贵的心理，是否与五方五色等观念有关，也未可知。以石补天，原因何在？关于这一点，已有一些学者提出了很值得重视的意见，例如源于古人的灵石崇拜，以及女娲与石头的密切联系等。① 除此而外，笔者认为以石补天可能还与特定文化史阶段上古人对于天体的认识有关。

在古人的想象中，天是圆形的，如同锅盖、幄帐，覆盖在方形的大地上。它不仅有重量，会坍塌，也会开裂、漏缝。著名的"杞人忧天"的故事，便讽刺了一个"忧天地崩坠，身亡无所寄"（《列子·天瑞》）的人。

---

① 这方面的例子很多，例如前引［日］森三树三郎：《中国古代神话》，东京东亚人文撰书，大雅堂，1944 年发行；徐华龙：《女娲神话新考》，见《中国神话文化》第七章，沈阳，辽宁教育出版社，1993；等等。

《路史·前纪三》并载:"土石自天,星陨如雨,或夜明逾昼,或越裂崩陀,则天有时而毁矣。"可见天不仅会崩裂,而且崩裂时从天上还会落下土石来。天上有石,甚至天是由石头构成的,这种观念在现代民间神话中有不少体现。例如四川宜宾的一则神话说:

——以前天不是青的。天上尽是些大石头,风一吹,这些悬吊着的石头就落下来,把地上的人畜打死不少,后来有个好心的织布姑娘,织出了一匹能蒙住天的青布,飞到天上,把石头蒙住了,从此天再没落过石头。晴天的时候,天就是青幽幽的。①

绵竹的一则《女娲补天》神话也讲:

——很久以前,有两个神将在不周山上打仗。一个神将撞倒了立在山上的擎天柱。天柱断了,天塌了一个大洞,天上奇迷古怪的东西狠劲往下塌。这一下,山也摇,地也晃,天河中的水不断下流,百姓死伤无数。天上的女娲娘娘看到人间百姓这样受苦,就在昆仑山上炼仙石,把天补好了。所以,如今地上有些古怪的癞疤石,就是天上掉下来的。②

这类"天石"观念,可能与古人穴居野处的生活体验有关,也可能与其对陨石或其他自然现象(如山崩、狂风等)发生时从天而降的沙石的体验有关。

---

① 《天为什么是青的》,见侯光、何祥录编:《四川神话选》,56页,成都,四川民族出版社,1992。

② 同上书,17~18页。

　　既然天上充满了石头，乃至于石头构成了天，那么女娲用石头补天，自然是再合适不过了。笔者疑心女娲补天的情节，在其产生之初的石器时代，原本只是以石补天的，"炼石"的说法恐怕是较后起的，至少是原始的冶炼业产生后才出现的。至今在民间还有这样一类神话，说女娲直接用石头补了天。如四川广汉的《女娲补天》神话说：

　　——共工撞了不周山，地也震斜了，天上也撞了些洞，天河中的水流了下来。女娲赶忙用石头把大的洞塞住，又用许多小石头塞住那些密密麻麻的小洞。这样，她才把天补牢实了。晚上，大家看到的满天星星儿，就是女娲补天用的小石头。时间一长，那些小石头朽了、松了，就往下落，人们说那是星星儿在屙屎。①

　　在河南、甘肃、浙江等地，也有一些这一类的异文。这些神话，虽然采自现代的民间，却很可能是保留下来的较原始的说法。

　　《淮南子·览冥训》中并未提及女娲补地的事，可在现代一些民间神话中，补地也是恢复世界正常秩序所不可或缺的。例如四川中江的《女娲圣母补天地》讲：女娲用石头堵好天以后，又着手整顿大地——由于盘古创世时，把地造得太糟了，水流不出去。女娲把东南边的石头和泥巴垫到西北边，这样不仅抹好了裂缝，又可以让水向东流入大海。② 宁夏中宁的《骊山老母补天，王母娘娘补地》③，以及河南商丘的《两兄妹》④，也有补天并补地的情节。足见女娲修补的，是世界范围内的大

---

① 侯光、何祥录编：《四川神话选》，16 页。
② 转引自《中国神话论》，见［苏］李福清：《中国神话故事论集》，111～112 页。
③ 见宁夏民研会编：《宁夏民间文学》第十辑。
④ 见张振犁、程健君编：《中原神话专题资料》。

毁坏，她的工作也是多方面的。

这一类补地情节，不一定是原初产生的，也不是普遍存在的。也许，它是在流传中派生、衍化的结果。

其二，断鳌足以立四极。四极，指四根撑天柱。在现代民间神话中，又有女娲用虾、鳖或龟的腿来充四极的异说。

在古老的神话中，天和地最初往往浑然一体，后来由于自然的原因或神意等，二者才被分开，但分而不断。天地之间，相通相连的途径很多，在不同的民族和地区，对此的说法也不同，较常见的有大树、巨柱、山峰，或者虹桥、光径、天梯，等等。其中有些方式，如宇宙树、撑天柱、高入云霄的山峰等，则往往不仅可使天地相通，还负担着支撑天穹免使坠落的任务。

在大地的四极或八方矗立着支撑天宇、贯通上下的宇宙之树或撑天柱的神话，广泛见诸波利尼西亚、西伯利亚、埃及、印度以及美洲等地。在中国的少数民族中，也十分普遍。如布朗族说，顾米亚用犀牛的四条腿变成了四根大柱子，竖在地的东南西北角上，抵住悬在空中的天①；白族用四座大山做顶天柱②；鄂温克族神话说，神龟仰起的四只脚，变成粗大的柱子，支撑着苍天③；如此等等。彝族、苗族的史诗还很细致地描绘打制或竖立天柱的过程。④　汉民族的神话中，一般也说有四根天柱，也有五根、八根或其他说法。《淮南子·览冥训》中说的"四极废"，指的就是这四根天柱的破坏。"共工折柱"，撞坏的不周山，相

---

① 参见朱桂元等编：《中国少数民族神话汇编·开天辟地篇》，317页。

② 同上书，247页。

③ 参见陶立璠等编：《中国少数民族神话汇编·人类起源篇》，249页。

④ 彝族、苗族的史诗中表现这方面的内容很多，可参见前引"开天辟地篇"中的有关部分。

传为天柱之一。不周山倒，造成了"天柱折，地维缺"的局面，与《淮南子·览冥训》中所述的灾难有相似之处，这大约就是共工折柱说与女娲补天相黏合的一个主要原因了。

"天柱"观念的形成，是以原始的建筑为现实基础的。天柱，在描绘世界末日的神话中占有重要位置。

其三，杀黑龙以济冀州（图6）。这是女娲作为文化英雄的一项重要业绩。高诱注《淮南子·览冥训》曰："黑龙，水精也。"这大约是乘着宇宙间秩序混乱而兴风作浪的水怪。冀州，原为九州之中，高诱注云："谓今四海之内。"在现代民间的神话中，表现女娲杀黑龙活动的，似乎较少见。在目前所搜集的材料中，仅有两则女娲神话中出现有屠黑龙的情节。陕西的《正月二十吃煎饼的来历》中，有骊山老母和她的女儿们杀黑龙并两次炼石补天的事，所描述的黑龙作怪、被杀情形，与《淮南子·览冥训》相似。① 骊山老母，按照陕西一带的习惯称法，即是女娲。在湖南湘潭流传的一则《伏羲和女娲的故事》中，出现了困龙山上的黑龙在王母娘娘的命令下，打开了天河发洪水，后为伏羲、女娲所杀的情节。故事讲述的主要是伏、女兄妹婚，杀龙与女娲补天等没有太大联系。可见，杀黑龙的情节，在补天神话发展的过程中渐渐佚亡了，仅在个别神话中还有存留或仅留有淡淡的影子。由此我们多少可以看出口头文学发展的不均衡性。

其四，积芦灰以止淫水。这实际上也是表现女娲神格的一项重要内容，可似乎很少为学者们所注意。② 女娲何以要用芦灰来止水呢？笔者

---

① 参见王仲一、洪济龙编：《民俗趣味故事》，西安，陕西旅游出版社，1993。

② 森三树三郎在谈到女娲补天神话时，曾敏锐地注意到"用芦灰止水"这一"稀奇"的做法，并指出这与人们用灰来起干燥作用有关（见［日］森三树三郎：《中国古代神话》第1章），可惜未加更多的分析。

图 6　女娲杀黑龙，河北涉县娲皇宫廊壁画

以为，这一神话行为的产生，主要可能是基于灰的吸湿、堙塞的现实功用。灰有吸湿、干燥的作用，因而在日常生活中常被人们用来吸湿或堙塞积水。女娲"积芦灰以止淫水"的情节，可能就是在灰的这些现实作用的基础上，加以想象放大的结果。至于用芦苇之灰止水的由来，大约与芦苇近水而生有关。

江苏涟水的《女娲炼石补青天》说：

——女娲炼石补好天后，天不漏了，可地上还有积水，女娲就用芦草灰铺在地上，把水吸干。据说现在华北地区有大片平原就是女娲铺成的。一些地方能从地下挖到黑土，那就是当年用来吸水的芦草灰。①

这则神话中的芦草灰，是用来吸干积水的。

前引宁夏中宁的《骊山老母补天，王母娘娘补地》说：骊山老母补天之后，王母娘娘又用炼石的芦草灰，把陷下去的地填平，把洪水眼一个个地堵住，从此，天下的洪水渐渐小了。这里，芦草灰主要起填堵堙塞的作用。

---

① 江苏省淮阴市民间文学集成编委会编：《中国民间文学集成·淮阴市卷》上册，3页，1989。

在河北涉县中皇山一带，还相传女娲曾带领人们割下中皇山下的芦苇，并打成捆，烧成芦灰后和泥土拌起来，筑成土堤，以阻挡康回放来的洪水。那里如今还存留着相关的"芦苇民俗"①，情节虽然已多少带着点衍化色彩，不过芦灰的作用在详细的叙述中体现得很明白，它是可作填堵堙塞之用的。

总之，神话中的想象并非无缘无故，它往往是在现实生活的基础上折射、变形的结果。

至于女娲补天以后的结局，在现代民间神话中，大多数与各种自然现象的推原有关，如"天倾西北，地不满东南"的地势，"刮西北风就冷"的气象，星星、彩霞等天象的来历，等等。总的说来，由于女娲的努力，遭受了大毁坏的宇宙被修复了，虽然常不免留有缺陷。而在《淮南子·览冥训》中，女娲补天之后，出现的却是一个充满了道家理想色彩的"黄金时代"：

> 苍天补，四极正；淫水涸，冀州平；狡虫死，颛民生。背方州，抱圆天，和春阳夏，杀秋约冬，枕方寝绳。阴阳之所壅沈不通者，窍理之；逆气戾物、伤民厚积者，绝止之。当此之时，卧倨倨，兴眄眄，一自以为马，一自以为牛，其行蹎蹎，其视瞑瞑，侗然皆得其和，莫知所由生，浮游不知所求，魍魉不知所往。当此之时，禽兽蝮蛇，无不匿其爪牙，藏其螫毒，无有攫噬之心。

阴阳和谐，一切皆顺其自然，万民安居乐业。这段描述与民间神话

---

① 参见新文：《中皇山的女娲民俗》，载《民间文学论坛》，1994(1)。

相比，不免藻饰化，不过它们都说明通过女娲补天等一系列的修复、整顿行为，混乱的宇宙进入普遍的秩序当中。女娲的文化英雄神格，就在这一系列功绩中得到了明确的体现。而且，女娲补天、修地等情节，也使她身上带上了一些宇宙创世大神的色彩。

二、置神禖

女娲为人间制定了最初的婚姻规矩，这是女娲文化英雄神格的一个鲜明而重要的体现。

罗泌的《路史·后纪二》记载："（女娲）少佐太昊，祷于神祇，而为女妇正姓氏，职昏因，通行媒，以重万民之判，是曰神媒。……以其载媒，是以后世有国，是祀为高禖之神。"罗苹注引《风俗通》云："女娲祷祠神，祈而为女媒。因置昏姻，行媒始此明矣。"这两段话的大意是说：女娲向神祇祈祝之后，便设立了婚姻制度，以"为女妇正姓氏，职昏因，通行媒，以重万民之判"，所以被称为"神媒"。《周礼·地官·媒氏》云："媒氏掌万民之判。"郑玄注："判，半也。得耦为合，主合其半，成夫妇也。"可见女娲充当的是好合男女的媒妁之神，因而她又被后人祀奉为"高禖之神"。郑玄注《礼记·月令》"以大牢祠于高禖"云："变媒言禖，神之也。"可见"禖"即"神媒"。女娲被祀奉为神媒，是由于她设立了最初的婚姻制度。

婚姻与子嗣是密切相关的。古时候没有子嗣的人常常去高禖神庙求子。《诗·大雅·生民》："以弗无子。"毛传云："弗，去也；去无子求有子，古者必立郊禖焉。"所以禖神又主繁衍生殖。女娲在民间信仰中被奉为"送子娘娘"，也是这个道理。

女娲的婚姻之神和送子娘娘的身份，源于她造化万物的始母神神格。这一点，在民间的女娲神话中表现得很明确。

河北抚宁的《女娲造人》说：

——女娲造了泥人之后，自觉身体虚弱，而泥人又不能长生不老，于是女娲想出了个办法，往后做泥人时，就做出公母两样，叫他们自个儿配对，自个儿生养。这样，她就再不用做泥人了。从那以后，人就有了男女。直到现在，人还配成一对一对的呢。①

四川的一则《女娲娘娘造人》与此大同小异，说女娲初造人时，都是一个模样，不分男女，也不成个家庭，孤孤单单地过日子，女娲觉得这样不好，后来做人时，就分成男女，让他们配成双，结个伴儿，各自去生儿育女，去传自己的后代。从此，人一年比一年多，大地上也就慢慢热闹起来了。②

甘肃天水的《女娲造人类》神话也说：

——女娲造人以后，人有生死，于是她观察了鸟兽如何繁衍后代，便开始把人分作男女，让他们配合起来创造后代，就这样，人类一代代繁衍下来，而且一天比一天多了。③

这几则神话将女娲的媒神性质及其由来表现得很清楚明白：女娲创造人类之后，又让人类婚配，这样以后的人类繁衍就不用她自己动

---

① 秦皇岛市抚宁县三套集成办公室：《中国民间文学集成·抚宁民间故事卷》（第一卷），19 页，1987。

② 参见德昌县民间文学集成办编：《中国民间文学集成·四川凉山州德昌县资料集》（第二卷），1991。

③ 北道区民间文学三套集成编辑部：《中国民间故事集成·甘肃卷·天水市北道区民间故事集》（资料本），1989。

手了。

在兄妹始祖型人类起源神话中，女娲的媒神神格也是其始母神神格的派生物。例如四川的《女娲娘娘和香山老祖》说：

> ——大洪水后，女娲和香山老祖兄妹结婚。婚后女娲生下一个肉球。划开一看，里面有五十一个男孩、四十九个女孩。女娲就为他们配亲事，好的配好的，差的配差的。最后剩下两个男的没有堂客，女娲娘娘就说：你们两个挤一下就算了。这就是为什么现在有单身汉和嫖堂客的来由。

这则神话不仅体现了女娲为"神媒"的一面，还解释了与婚姻制度相关的其他社会现象。

在中国古代史上，被祀奉为媒神的还有殷人的始母简狄、周人的始母姜嫄等。闻一多认为"古代各民族所记的高禖全是各该民族的先妣"①，这个看法是有一定道理的。从起源上来讲，女娲形象的产生可能是更古老的，她最初可能主要是某一氏族或某一部落崇奉的始祖神，主司繁衍、生殖，又因为她别男女、立婚姻，使人类自行繁衍，稍后又被祀为媒神和送子娘娘。

在民间，女娲的"为媒"和"送子"，至今依然是其信仰中的主要功能之一（详见上编第四章）。

三、制笙簧

女娲与音乐也有着密切的联系。据《世本·作篇》记载，女娲制作了

---

① 闻一多：《高唐神女传说之分析》，见《闻一多全集》（一），98 页。

笙簧。《世本》或是秦末汉初的史官所作，约在宋代时散佚，清时有诸种辑本。关于女娲的这一记载，王谟辑本并张澍粹集补注本等都有。[①] 看来关于女娲造笙簧的神话传说出现也是相当早的。《帝系篇》中又言"女娲氏命娥陵氏制都良管，以一天下之音；命圣氏为斑管，合日月星辰，名曰《充乐》。既成，天下无不得理"。《礼记·明堂位》与《路史·后纪二》也有类似记载。不过，与《世本》一样，女娲已多少被历史化为上古时的圣君贤王了。

在人类文化史上，妇女与音乐之间似乎有着特别密切的关系。[②] 在古代埃及、印度、希腊等地，音乐之神多为女性。在民间歌谣的保存、传承方面，妇女也起着极大的作用。阿兰·鲍尔德承认"妇女是最杰出的口头民谣传承者"[③]。女娲造了乐器的神话，与这一现实的传统密切相关。

后唐人马缟的《中华古今注》卷下"问女娲笙簧"云："问曰：'上古音乐未和，而独制笙簧，其义云何？'答曰：'女娲，伏羲妹，蛇身人首。断鳌足而立四极，欲人之生而制其乐，以为发生之象，其大者十九簧，小者十二簧也。'""以为发生之象"，是说女娲制笙，取象于人类的滋生繁衍。这种解释大约来自于"笙"与"生"的谐音，多少有些牵强。不过，在笔者搜集到的三则有关民间神话中，女娲制笙簧往往与女娲造人相关联。

河北涉县李亮讲的《女娲制笙簧》(图 7)说：

---

① 参见（汉）宋衷注、（清）秦嘉谟等辑：《世本八种》，上海，商务印书馆，1957。

② 参见 Sophie Drinker，"The Origins of Music：Women's Goddess Worship"，in *The Politics of Women's Spirituality*，ed. Charlene Spretnak，New York：Doubleday，1982，pp. 39-48。

③ ［美］阿兰·鲍尔德：《民谣》，高丙中译，64 页，北京，昆仑出版社，1993。

——女娲造了人以后，人与人之间的感情不密切，女娲就想办法让他们交流感情。最初她拿了一个葫芦，不小心碰在石头上，风一吹，葫芦就响。女娲由此受到启发，制作了笙簧。后来她又在葫芦上加了芦根，把它改造得更好了。①

图 7　女娲制笙簧，涉县娲皇宫廊壁画

音乐能够"合和其性"，令人"欣喜欢爱"。女娲制笙簧，是想通过音乐的抒情、娱乐等作用，密切、谐和最初的人际关系，使她创造出的人世能更和谐、完美。由此可见，女娲制乐器，与她的始母神身份也是相关联的。

浙江湖州流传的《女娲做笙簧》神话，描述笙簧的作用无疑带着神话中常见的夸张，如女娲吹笙簧，毁灭了的世界又出现了太阳，百鸟也飞来了，等等。虽然女娲造笙簧与造泥人没有直接关系，但出场的女娲是作为始母神而独立活动的，她的一系列文化英雄行为，如结网、种稻等，也与这一身份密切相关。②

---

① 涉县采风资料。

② 见钟伟今选编：《湖州民间故事精选》，湖州市民间文艺家协会、湖州市群众艺术馆印行（内部交流），1992。

采自云南迪庆藏族人民中间的《女娲娘娘补天》，也说女娲看到孩子们没有什么好玩的东西，便做了芦笙、箫等乐器给他们玩。[①] 可见制乐器的行为中，表现了作为始祖母的女娲对人类的慈爱和关心。这则神话，很可能是从附近的汉民族中传入的。不过，无论怎样，它作为一个旁证，还是有一定说服力的。

从古典文献记载的线索来看，女娲的文化英雄行为主要就是以上所述的三种：整顿并恢复宇宙秩序、置神禖和制笙簧。当然，总体来看，也可以说女娲是使世界（包括自然界和人类社会）变得和谐、有秩序的大女神。也许主要是由于这个原因，与伏羲黏合以后的女娲，才会手执规或矩出现在墓葬中的画像上——规和矩象征着这些始祖兼文化英雄们在世界上建立的规矩和秩序。

第三节　始母神——女娲神格的基点和中心

上文分析了女娲造人以及补天、置神禖、制笙簧等神话业绩所体现出的女娲的神格。可以看出，女娲正是神话学上所谓"始祖—造物主—文化英雄"一类的神祇，这类神祇作为始祖、造物主或文化英雄，其诸神格往往浑然一体、错综交织。不过，在女娲的诸神格中，哪一个是中心呢？或者说，女娲最基本的性质是什么呢？是否如一些研究者所认为的，从补天、理水事件中表现出的文化英雄神格才是女娲神话最根本的

---

① 参见《钟敬文民间文学论集》（上），169～172 页。

内容呢?^① 抑或始母神才是女娲最基本的神格呢?^②

本书通过对古典以及现代民间流传的女娲神话的考察，并参考了中国少数民族及周围其他国家和地区的相关民族志资料，认为女娲的基本神格是始母神，其神格的实质内蕴是繁衍、滋生。

以下试从几个方面来论述。

一、从一般神话学现象来看

从一般神话学现象来看，文化英雄大多源于民族或部落的始祖。对文化英雄性质的认识，在神话学和宗教学史上，是逐渐明晰起来的。日本学者大林太良在他那部谨严、扼要的《神话学入门》一书中，曾对此做过介绍：

> 曾经有研究者认为，文化英雄是实在的古代英雄，它的产生比神的观念形成的时期要早。对此，德国学者埃伦赖希（P. Ehrenreich）在他的《神和文化英雄》一文中进行了反驳。他认为：文化英雄的形象并非产生于神的前期阶段，而是至高神在向人格化发展过程中出现的变形，是派生神。它可以再一次成为神，但一般说来，它是沿着人格化的道路继续向前发展，与真正的地上英雄同化了。埃伦赖希的观点得到了施米特（W. Schmidt）的基本赞同

---

① 持类似意见的学者不少，虽然不一定说得如此明白。例如王孝廉认为"理水与补天是女娲神话最重要的内容"，参见王孝廉：《中国的神话世界——各民族的创世神话及信仰》（下），487 页。

② 谷野典之曾指出：前期女娲至高神独有的创造性是繁生不死。这一发现的意义是重大的，虽然他也并未明确指出女娲神格的基点和中心。参见［日］谷野典之：《女娲、伏羲神话系统考》（下）。

和进一步的发展。①

大林太良在提到施米特对此的意见时说：在施米特的文化圈体系论已经崩溃的今天，我们虽不能完全接受他的这些意见，但他在不少问题上是有启发性的，"其中重要的一点就是，他指出了文化英雄和至高神不同，在起源上文化英雄是部族的始祖，而且在许多文化中都一定程度地保存着它作为部族始祖的性质"②。大林的这一评价是中肯的。

在一些民族的古老神话中，神祇之间尚未发生繁复的分化，文化英雄形象往往与始祖或造物主交织混融在一起。不少神话中描述造物主或始祖在创造了最初的宇宙或人类之后，往往继而着手于进一步清除世间的混沌，进行自然和社会范畴的规制和调整，如分昼夜、定年月、定四季，以及制定婚姻制度和成年礼仪等，以使既有的秩序得以维持或更趋完善。这些业绩都是文化英雄神格的典型表现。在这"始祖—造物主—文化英雄"的神格复合体中，正如梅列金斯基所指出的那样，其基原也正是始祖——氏族始祖、胞族始祖或部落始祖，这类神祇的产生，源于对整个原始公社的模拟。③

在这一类复合神格的神话人物中，有一类是女性大神。其神格的基原是氏族或部落的女始祖。我们知道，女性始祖在原始氏族或部落生活中的地位是很高的，在发达的母系制社会生活中，她可能同时在经济生产和社会生活中起着重要的作用，乃至于拥有一定的领导权力。作为神祇，这类始母神往往又是整个氏族或部落形象与力量的反映。她在信仰

① ［日］大林太良：《神话学入门》，88 页。

② 同上书，89 页。

③ 参见［苏联］叶·莫·梅列金斯基：《神话的诗学》，197 页。

中的功能也常是多方面的，凡氏族或部落有重要活动或发生各种灾难，如战争、狩猎、种植、人口繁衍、生死疾病等，都需要祈求始祖的佑福与祛灾。在神话中，这类大女神往往被赋予多方面的神话业绩，因而也常具有复合的神格。例如中国云南基诺族神话中，讲女始祖尧白造了天和地，又为基诺人造了文字（最终基诺人吃了写字的牛皮，所以仍没有文字），或者又说她造了鸟兽、鼠类、鱼类。① 流传于布努瑶族中的史诗《密洛陀》，则说创世女始祖密洛陀开天辟地，创造了人类以及万物，并带领儿女们"射太阳杀月亮"，剿除猴、熊、虎等各种兽妖。② 在北美洲肖尼人（Shawnee）的神话中，世界是由一位大女神——她被尊称为"我们的祖母"——创造的，她也创造了其他的众神以及人类，她降自上天，还造了一只乌龟来驮地，她还教会人们生活、举行仪式、种植谷物、修建房屋等。③ 分布于澳大利亚阿纳姆地的尤伦戈人相传，是神话始祖母朱恩克戈瓦两姊妹带来了图腾，并生育了最初的人类，为子孙后代制造了掘土棒、羽带和其他饰物，又传火种、造了太阳、创立成年礼等等④。可见，始母神又兼有创世主、造物主及文化英雄神格的现象，在神话学上是有一定广泛性的。

在这一类具有复合神格的大女神身上，母亲神的性质一般比较突出，它往往贯通在女神创世、造物或者其他文化英雄性质的行为当中。由于女性祖先特殊的身份、能力，始母神神格中所蕴含的繁衍、生殖内

① 参见陈平、赵鲁云：《基诺族文学概况》，214 页，中国社科院少数民族文学研究所、云南省社科院民族民间文学研究所、中国民研会云南分会编印，1980。

② 蓝怀昌等搜集翻译整理：《密洛陀》，北京，中国民间文艺出版社，1988。

③ Åke Hultkantz，"The Religion of the Goddess in North America"，in *The Book of the Goddess: Past and Present*，ed. Carl Olson，New York：Crossroad，1983，pp. 210-211.

④ 参见［苏］谢·亚·托卡列夫、叶·莫·梅列金斯基等编著：《世界各民族神话大观》，魏庆征编译，50～51 页，北京，国际文化出版公司，1993。

容，往往在这一神格复合体中显得较为基本，较为突出。

从这样比较一般的神话学现象来看女娲，也许可以做这样的推断：虽然女娲作为文化英雄的诸业绩与其始母神行为之间有着联系，但由于"书阙有间"，或者也由于神话自身原初产生或流传过程中的片断、不连贯性，我们已难以在古文献中找到明确的答案。但是，总体来看，女娲作为神话中具有"始祖—造物主—文化英雄"性质的大女神，其神格的基原很可能就是氏族或部落的始祖；作为女性始祖神，她可能同时（抑或稍后）又被赋予造物主或文化英雄性质的种种行为，不过她的比较原初、也较基本的神格性质却可能与丰饶、繁衍之力相关联。

这种推断，从上述神话学的一般情形看，是完全可能的。更何况在中国的古典文献记载，尤其是现代民间神话中，女娲的许多重大活动都不同程度地显示出其始母神的身份与特质呢！

二、从与古文献记载相应的一类女娲神话来看

女娲在神话史上的较早出现，便带有化生人类或其他神祇乃至万物的繁衍、滋生性质。这以后，可以说其始祖母的神格便如一条红线，贯穿在女娲的许多重要神话行为中。

在《风俗通义》一类的抟土造人神话中，女娲依然是独立的大女神。与兄妹婚神话黏合后，她的身份多少有了改变，从独立的大女神演变为对偶神，在大多数这类神话中，她造人的性质还从最初创造人类变为洪水后再造人类，造人的方式也从化生、抟土为人变为孕生人类了。不过，在这一系列变化中，女娲的始母神神格始终保持着，她的形象也主要与人类的繁衍有关。在女娲从独立神演变为对偶神的过程中，始母神神格起了很大的作用，它可能充当了独立神的女娲与兄妹婚相黏合的重要媒介。由于这一点，尽管女娲的前后期神话在内容上差异很大，但在

主要的特征、形态上却保留了一致的精神。

至于女娲的文化英雄形象，在神话中也往往不同程度地保留有其始母神的性质，有些甚至可以说是其始母神神格的派生物，这一点，上文在谈到女娲制笙簧、置神禖活动时，已经有所指出。

女娲补天的动机，《淮南子·览冥训》中有"猛兽食颛民，鸷鸟攫老弱"的句子，可见，女娲的行为有拯救百姓于灾难之中的意义。在民间神话中，这一动机往往被明确为女娲救助她的处于危难中的后世子孙。例如甘肃天水的《女娲补天》说：

> ——自从天地间的第一位女神女娲创造人类后，世上到处充满了欢乐和幸福。女娲带领着她的孩子们生活得自由自在。一天，突然下起暴雨，天空出现了一个大洞，地上也裂了一个口子。女娲看到灾难降临到自己的孩子们头上，十分心痛。她跑遍了整个大地，找到了五块不同颜色的石头，用石头补洞时，石头不够，女娲就将自己的整个身体补了上去，总算把天补好了。①

江苏常州流传的《女娲炼石补天》②和浙江丽水流传的《女娲以身补天》③神话，也说女娲不忍看到自己造出的人类遭受灾难，所以才炼石补天，甚至不惜用自己的生命去拯救人类于危难之中。

在民间神话中，将女娲造人与补天相联系的数量不算少，其中有少

---

① 北道区民间文学三套集成编辑部：《中国民间故事集成甘肃卷·天水市北道区民间故事集》（资料本），1989。

② 见常州民间文学集成编委会编：《中国民间文学集成·常州民间故事集》（二）。

③ 见丽水市民间文学集成办编：《中国民间文学集成·浙江省丽水地区丽水市故事、歌谣、谚语卷》，1989。

量的是将"补天"放在"造人"之前的，不过更常见的顺序则与之相反——女娲先造了人，后才修补了天。在这后一类神话中，拯救其创造出的后世子孙免于危难，往往是女娲炼石补天，乃至不惜牺牲生命的根本原因。

救灾除恶、扶危济困，是神话乃至一般民间文学中，英雄所常有的业绩。例如希腊神话中普罗米修斯为人间盗取火种，赫拉克勒斯杀死了特洛伊城的怪物，等等。在中国汉民族的神话和民间信仰中，这类救民于危难之中的男女神祇也很多，比如治水的大禹、救苦救难的观音菩萨，以及佑护水手免遭海浪吞噬的天后娘娘等。从某种意义上说，扶危济困、降妖驱魔，是信仰中诸神所具有的比较一般的功能。女娲自然也不例外。不过，她的情形显得多少有些特殊，她的救世行为大多出于对自己所创造的人类的关心、爱护，是拯救她的子孙后代，这使女娲的拯救行为带上了一定的个性，而与其他众神相区别。在民间，女娲的形象一直带着较鲜明的始母神特质，这表明民众心目中长期保有对女娲的观念和情感。

三、从民间衍生的女娲神话来看

民间衍生的女娲神话，实际上有两种情形，一种是情节上可与古典文献记载相印证即有前例可援的，譬如上文的分析中所提到的某些部分；这里将分析的是那些"于史无征"的，也就是说，未见诸古籍记载的。这一类神话，虽然从发现、记录的时间较迟这一点，并不能一概否定其产生年代较早的可能性，不过，从神话的形态及其反映出的主题、观念等来看，可以说，至少大部分是后世派生的新民间神话。

这一类女娲神话，从目前搜集到的资料来看，主要有三个方面的内容：表现女娲创造万物的；表现女娲带给人间秩序和种种文化成果的；

表现女娲救民于灾难、困厄之中的。

其一，表现女娲创造万物的神话。女娲的造物主神格，如上文所述，在古籍中的出现还是比较早的，汉代时（如《说文解字》中）已较为明确，遗憾的是语焉不详，没有记载任何与此相关的神话情节。现代民间的女娲神话，对此却有不少表现。山西平定有一则神话《兄妹神婚与东西磨山》说，盘古开天辟地后，玉皇派女娲落凡七日，创造生灵，女娲便在六天里创造了花草树木、鱼鳖虾蟹、飞禽走兽、男孩女孩，等等。①

山西的不少民间神话，都呈现出十分复合的形态。这则神话中的女娲，不仅是创造了人类及万物的始祖——造物主，还是补天立极、除怪治水而又授予人类婚姻、生育及各种生产、生活方式的文化英雄。多种神格在女娲的一系列活动中，融合交织成一个整体。从七日造生灵的情节来看，女娲的创世、造物的神格颇鲜明，类似《圣经》中的上帝了。

浙江的《男人和女人的来历》讲：

——女娲造人，起先是用泥来捏的，后来她就用桃树枝沾上泥浆摔，泥点经吹气后也变成了人。到处有人以后，女娲就扔下树枝走了。那些粘在树枝上、落在草丛中的泥浆，后来变成了各种各样的山禽和走兽，落在水里的就变成了鱼。这些都没有经过女娲吹气，山禽的身上生出了翎毛，走兽的身上生出了细毛，鱼的身上生出了鳞。②

在表现女娲造化万物的业绩方面，这则神话具有一定的代表性，即

---

① 参见《中国民间故事集成·山西卷》，北京，中国 ISBN 中心，1999。

② 玉环县民间文学集成编委会：《中国民间文学集成·浙江省台州地区玉环县故事卷》，1989。

女娲的造化万物，大多是其造人的副产品。在这一类民间神话中，女娲的造物主神格往往是以其始母神神格为衍生基点的。

湖北、河南一带，还流传着女娲用泥造了水牛或者六畜，以及人、谷、果、菜等的神话，用以解释正月里的计日、祭祀以及饮食方面的习俗。[①] 这一类习俗，在古籍中记载比较迟，而且同女娲并无关系。例如南北朝时期宗懔的《荆楚岁时记》中按引汉魏时期董勋的《问礼俗》曰："俗以正月一日为鸡，二日为狗，三日为羊，四日为猪，五日为牛，六日为马，七日为人……正日画鸡于门，七日帖人于帐……"两汉时期是女娲在史乘上十分活跃的时期，而董勋记此俗时，并未提及它与女娲造人有什么联系。清代俞正燮的《癸巳存稿》卷十一亦有类似记载，不过内容更丰富："先生鸡，次狗、次猪、次羊、次牛、次马，始生人，次谷、次粟、次麦也。故曰一鸡、二狗……"也没有言明生者为谁。笔者以为，这女娲造六畜云云的神话，大约是从女娲用泥造了人派生而来，是将正月里计日的习俗附会到女娲身上去的结果。

总之，女娲的造化万物活动与她创造人类的业绩是密切相关的。也许，二者原本都是统一于女娲的神格复合体中的，不过，其造物主的性质往往不同程度地带有始母神的色彩，甚至从大部分民间神话来看，其造物主的神格还可能是从其始母神神格衍化、派生而来。

其二，表现女娲带给人间秩序和种种文化技艺内容的神话。这一类民间神话，大多由女娲造人、补天等情节粘连、延伸而来，很少完全语出突兀、新奇的情节。反映女娲教授人类种种文化技艺的情节，一般都出现在其造人之后，是为解决人类的生存问题生发而来。比如前引山西

---

① 参见"女娲造水牛""女娲造人畜""祭八神"，见《中国各民族宗教与神话大词典》，267～268 页，北京，学苑出版社，1993。

平定的那则神话《兄妹神婚与东西磨山》，说女娲创造了人及万物后，人类向她问询生存方法，女娲娘娘便教他们吃野物、穿树叶、缠兽皮、住山洞，洪水发生后，女娲又补了天，并教仅存的伏羲兄妹刀耕火种、纺线织布、木石搭屋，以及兄妹成婚、再传人类。女娲的这一系列文化英雄行为，是为了维持和救助、完善她所创造的人类世界，是为了有利于人类的生存和繁衍，这一点，在衍生的民间神话中，是比较常见的，女娲的文化英雄行为中所表现的始母神特质，也比较鲜明。

　　还有一些表现女娲带给人间秩序的神话。比如浙江海盐的《伏羲女娲做夫妻》，结局讲：伏、女兄妹成亲后，女娲生下了一条几丈长的蛇，伏羲提剑去斩，一斩两段，分出了天清地黑；再一斩四段，从此有了四季；斩作八段，分出了八方；斩作十二段，分出了十二地支。① 重庆巴县的《十二个月和星期是嗯个来的》讲盘古分天地后，女娲又炼了十三根石柱去撑天，结果只用了十二根，从此出现了一年十二个月，多的那根，便形成了闰月。② 这里，女娲炼石柱撑天的说法，可能就是从其炼石补天变异、衍生而来。从这两个例子可以看出，民间神话中表现女娲带给人间秩序的一类情节的产生，也并非完全无中生有，它们往往与女娲的古典神话业绩一脉相承，不过在形式上、内容上或多或少有了变异。

　　其三，表现女娲救民于危难、困厄之中的神话。这类神话在现代民间衍生的女娲神话中占有一定的数量，所以单设一类。女娲对人类的救助，也体现在多方面，如治疗疾病，设法使人类免遭天谴，为民除害，等等。比如《端午节为啥要挂菖蒲陈艾》讲，玉帝派瘟神去人间行疫，女

---

① 参见浙江海盐县通元文化站编：《通元民间文学》，1988。

② 参见重庆市巴县民间文学三套集成编委会：《中国民间故事集成·重庆市巴县卷》(上)，1989。

娲圣母想，自己费力造了人，现在人烟还稀少，不能让那么多人死，她就两次设法救助了人类，从此人间才留下端午节挂艾蒿的习俗。① 还有女娲用炼石补天后剩下的石头化成玉印，镇住了兴风作浪的妖怪相柳，那玉印化作了石宝寨的神话传说。② 这些神话的后世衍义色彩比较浓厚，大多与特定的地域、风俗等相联系，地方化、传说化的痕迹较为明显。至于河北涉县流传的女娲娘娘为对越自卫反击战中被困的我军战士送水的神话故事，更是新时期后产生的对女娲的附会了。③

从上述情况来看，这些衍生的女娲神话，大部分都是由女娲的古典神话业绩，尤其是造人、补天两大行为衍生、发展而来的，情节、风格上虽然有种种变化(比如神圣性多少有些减弱，世俗的气息有所增强)，有些变异甚至相当大，但总的说来，女娲依然是作为"始祖—造物主—文化英雄"一类的大神出现的，始母神的神格也依然是比较基本和比较突出的。另有个别女娲神话，已看不出与古典神话有什么关联，大概是将女娲作为"箭垛"而附会到她身上去的。即使在这一类神话中，出场的女娲依然是为人类的安宁幸福付出艰辛劳动的大女神。在讲述者心目中，女娲依然保持着始祖母形象，所以人们常称呼她为"妈妈""娲皇圣母""人祖姑娘""女娲娘娘"等。可见，在后世衍生的女娲神话中，女娲的基本神格依然大致保持不变。

四、从民间信仰以及相关民族志资料来看

女娲在现代汉民族的民间信仰中，已是一位无所不能的"天地全

---

① 参见重庆市巴县民间文学三套集成编委会：《中国民间故事集成·重庆市巴县卷》(上)，1989。

② 《玉印山》，重庆忠县流传。

③ 参见《奶奶送水》，见程殿臣主编：《邯郸地区故事卷》(上册)，北京，中国民间文艺出版社，1989。

神"，她的功能自然是多方面的，不过比较基本和突出的，还是女娲作为"人根之祖""老母娘""送子娘娘"而受到民众的尊奉和祭祀，在一些地方的庙会上，有关她的习俗还显示出强烈的生殖、繁衍的意味。关于女娲在民间信仰中的神格表现，下文会详细提及，此处从略。不过从这里已不难看出，民众对女娲抱有的观念和情感——无论从其口头传承上还是从礼祀行为上所反映出的——是比较一致的。

女娲的蛇身形象，颇令我们想起不少民族神话与信仰中的蛇形始祖母。

曾经研究过印支及毗邻地区人民的古代宗教的 Я. B. 契斯诺夫认为："蛇的崇拜最先……跟母系氏族时期所特有的对始祖母的崇拜有关。"① 这是在东南亚民族宗教资料基础上做出的结论。关于龙蛇繁殖最多的观念，在印度直至整个东南亚的诸多民族中几乎都存在，在世界其他一些保留有较原始的信仰的民族和地区，也比较普遍。澳大利亚北部阿纳姆地爪哇人的神话说：世界初创时期的最早存在是蛇形母神艾因加纳，世间所有的动物和人类都是从她的体内产生的。② 北美洲回乔尔人（Huichol）崇拜的大女神 Nakawe，也常被认为是周身围绕着蛇的，她被称作"我们的大祖母"，是她带来了生命的形成与延续。③ 阿兹特克人的女神 Cihuacoatl，同样是蛇形而又为地母与生育之神的。④

由这些民族志资料来看，女娲的蛇身形象，虽记载似不太早，却可能是其较原初形象的真实反映，它表明了女娲与大地、丰饶、繁衍、生

---

① 转引自［苏］李福清：《中国神话故事论集》，28 页。

② ［日］大林太良：《神话学入门》，91～92 页，北京，中国民间文艺出版社，1988。

③ 参见 Åke Hultkantz，"The Religion of the Goddess in North America"，in *The Book of the Goddess Past and Present*，ed. Carl Olson，New York：Crossroad，1983，p. 24.

④ 同上。

育密切相联系的始祖母性质。古文献中明确记载的女娲造化万物、创造
人类的神话业绩，可作为这一推断的较有力的证据。

　　女娲在中国少数民族中出现得并不多。历史上对此的记载，常为学
者们所征引的有清代陆次云的《峒溪纤志》，云"苗人腊祭曰'报草'，祭
用巫，设女娲伏羲位"。又清代贝青乔的《苗俗记》亦载："（女）有子，始
告知聘夫，延师巫，结花楼，祀圣母。圣母者，女娲氏也。"苗人祀女
娲、伏羲，与传说中的兄妹结婚、再造人类有关。在有些苗族传说中，
这近亲相婚的兄妹始祖被称作伏羲、女娲，或者被奉为傩公、傩母。从
目前搜集的170多例相关的少数民族神话来看，其中明确有"女娲"字样
者有9条：女娲补天1条、女娲阻止天狗吃月亮1条①、兄妹始祖4
条②，另3条分别见于土家族和藏族。土家族的《摆手歌》唱道：有个老
婆婆，老而无子，成天哭，女娲娘娘便教她沿着黄河往上走，捡到仙
桃、仙花来吃，结果老婆婆下了八儿一女。③ 其中女娲的作用类似送
子娘娘。另二则神话是从藏族人民中搜集而来。一则便是前面提到的云
南迪庆的《女娲娘娘补天》；另一则是青海河湟地区流传的，说的是女娲
命她的儿子后土去人间繁衍人类的事。④

---

①　苗族，《天狗吃月》，见侯光、何祥录编：《四川神话选》。

②　水族，《空心竹》，见陶立璠等编：《中国少数民族神话汇编·人类起源篇》。湖
南瑶族，《傩公傩娘的传说》，见湖南省戏曲研究所编：《湖南地方剧种志丛书》（二），长
沙，湖南文艺出版社，1989。另有毛南族一条，正文中出现的是盘兄和古妹，附记中说
明又有伏羲、女娲之说的，此处也算作一个例证，见谷德明编：《中国少数民族神话》
（上），159页。另，杨成志搜集的一则青苗兄妹婚神话，记录文中讲"妹叫阿麦[ai. ma]
即现在的女娲娘娘"，可能里面有附会的因素，也权且算作一个有效例证，见《杨成志民
俗学译述与研究》，194页，北京，高等教育出版社，1989。

③　参见陶立璠等编：《中国少数民族神话汇编·洪水篇》。

④　贾生财搜集、整理，赵宗福提供。

从这些与女娲相关的少数民族神话中，可以发现一个特点，即绝大部分神话中的女娲都与人类的繁衍有关。可见，在少数民族中，女娲的始母神神格也是比较突出的。难以否认，汉民族中流传的女娲神话与少数民族中流传的女娲神话有关联，即便是出于粘连附会，也不会毫无缘由。所以在少数民族中存在的对女娲始母神神格及其繁衍意蕴的较普遍认定，对于汉民族中的相关女娲研究多少是一个有分量的旁证。至于汉民族和少数民族中流传的女娲神话的源头在哪里，那已是另一个问题了。

应当提一提的，还有在越南搜集到的女娲神话传说。据李福清的介绍，越南人称女娲为 Nǔ-Qa，汉字写作"女娲"，一名 Bà Dà，或者 Bà Banh。女娲的配偶是四象，从前在越南的某些地方建有四象女娲庙，也有专供女娲一个人的庙。女娲在越南的主要特点是阴户宏大，在有的塑像中，她正用手打开她的阴户。可见女娲在越南是繁生之神。李福清认为，有关女娲与四象结婚的"这则越南神话传说本身就足以证明，远古时代女娲神话在现今中国南方各地（可能也包括如今一部分越南人的祖先——古越民族住地）十分流行"①。这里姑且不论越南的女娲与中国造人、补天的女娲是否有血缘关系，仅从女娲形象上体现出的以繁衍、生殖为中心内容的始祖母神格来看，二者倒有相类似之处，或者可以作为理解、研究中国女娲神格实质时的一个参考资料吧。

综上所述，女娲神话虽然在内容、叙述形式上具有一定的民族特色，但它并非孤立的、封闭的，其中所反映出的许多神话观念，都是在

---

① 见［苏］李福清：《中国神话故事论集》，115 页。其他有关越南女娲的材料亦见该书，172～177 页。

周围其他民族乃至世界范围内较常见的。①

　　女娲在神话中的种种活动，主要是始祖神以及造物主、文化英雄性质的，这诸种神格在神话中常常混融交织在一起。如果说神话、传说中表现的神祇大多有一个基本的性格倾向的话，那么我们根据古文献记载、大量的民间神话，并参证以相关的民俗志、民族志资料，不难领悟到：女娲神格的较基本性质是始母神，其神格蕴含的核心内容是繁衍、滋生。这可能是女娲比较原初的神格性质。从现代的资料来看，它也是广大民众情感和想象力之所系，女娲的其他神格，往往始终不同程度地保持着始母神的色彩，甚至以其为基点或中心，衍生出了众多的神话传说。虽然女娲神话历时久远、传布广泛、变异繁多，但这一较基本的神格在民间却一直没有被湮没，它使女娲的形象在口头文学中具有一定的个性而与其他神祇相区别。

---

①　顺便提一提，博德在他那篇《中国古代神话》的结论中，曾提到"中国古代神话的情节，绝不可视为中国所特有"，这无疑是正确的。不过，他在为其他几例神话提供对应的佐证资料时，却将女娲神话排除在外了。见［美］塞·诺·克雷默：《世界古代神话》，377 页。

第二章 | 女娲神话的发展与演变

口头文学区别于作家书面文学的一个显著特点，是它的"变异性"。一件口头作品产生以后，绝非静止不变，而是在口耳相承的流布过程中，随着它所流经的地域、民族、时代等的不同，言词上、情节上、形态上或添加，或遗落，甚至会发生内容、形式上根本的改变，这在口头文学领域是很常见的，也是引起众多研究者追溯作品"生活史"兴味的有趣现象之一。

神话，由于其产生之初大都具有神圣叙事（Sacred Narrative）的特点，在相当长的时期内，它被自由发挥、随意更易的场合比其他的体裁（如故事、传说等）相对要少，可是也终不免于变化的规律。

女娲神话即是如此。

第一节 女娲神话的停滞与发展

如上文所提到的，女娲神话是我国最古老的神话之一，即使从文字记载来看，也已有两千多年的历史，可见它的渊源之久远了。在此后漫长的岁月中，它不仅出现在文人史官笔端、墓刻画像之中，而且还一直活跃在民众的口头。它的流布区域，也扩展到几乎全中国，不仅在汉民族中具有较大的影响，在一些少数民族中也有存在。它的生命力和流传力可谓强矣！

岁月的流转在女娲神话上也打上了印迹。根据有关的古文献记载和现在所搜集到的 500 多个民间的异文来看，不难发现，从古至今，女娲神话的内容与形式也在随时随地发生着不同程度的变化，言词上逐渐敷衍或者修饰，情节上有了遗落，但更多的是日趋复杂，形象的描述上也更趋细致，有的神话甚至使女娲的身份也发生了改变。变化的一面，在女娲神话漫长的流传扩布历史中占主导地位。不过，问题的复杂性在于，这发展变异的速度和程度是不十分均衡的。从材料中，我们看到，即使到今天，与一些变异程度相当显著的女娲神话一同流传于民众口头的，也依然有一些语言上较质朴、情节上较少牵连的形态的神话存在。这些神话可以帮助我们推断和了解女娲神话的较原始形态，并对其演进的过程及歧传的复杂状况，有一个更深切的认识。

对女娲的较早记载是在战国末期，她的始母神神格也在那时的文献中初露端倪，遗憾的是语焉不详，我们无法从中知晓这位大女神的明确神话事迹（见上文）。她在后世广为流传的主要神话事迹，如造人、补天、制笙簧等，大约从战国末到汉代，就为较多的人们所知道。《淮南子》和《风俗通义》中所记的补天、造人神话，已经有比较完整的情节，女娲的神格也相当突出了。自然，这两部文献记载的，并非是女娲神话的最原初的形态，而是经过了流传或者记录时的传写增补的。记载上也不免有缺陷，例如《淮南子》对女娲补天的记述在整体上有所矫饰，《风俗通义》佚文中对贫贱富贵社会现象的解释明显添加了后世等级观念的因素等，都说明女娲神话流入汉代，经过发展或文人墨客的增删，已不免有些变化。不过，抛开这些明显增饰添加的成分，从其中对补天、造人情节的记述来看，核心还是突出的，形态上也比较单纯，女娲作为独立的大女神的神格，也比较鲜明，所以，即使它们不是最原初的形态，大约相去也不会太远。

距这些记载两千年后的今天，民间依然流传着一些与《淮南子》《风俗通义》中的记载相近的，言语上比较质朴，情节上也较少牵连的女娲神话。岁月的辗转在这些神话的细节上不免留下痕迹，但总的说来，它们的变化是比较小的，与神话的原始形态也比较接近。

甘肃泾川有则神话这样解释人为什么害病：

——三皇治世、女娲补天的时候，女娲捏了好多好多泥娃娃，捏得很完整，很好看，啥病也没有。有一天，把泥娃娃正放在太阳下面晒，忽然来了一场大雨，先抱进去的泥娃娃，没有病。后来抱进去的泥娃娃，（被）雨下得周身是病，有的缺胳膊少腿，有的没头发，有的头扁脸长，有的眼睛睁不大，有的耳朵张不开，有的外面好好的，内脏里受了症，有的很不好看。反正，多多少少总有些病症，这就是现在百人害百病的来由。①

这则神话与《风俗通义》中的女娲造人神话在捏制泥人这一核心情节上是相同的，不过结尾没有了"富贵者，黄土人也；贫贱凡庸者，絙人也"的推原解释。以晾晒的泥人因下雨、收拾不及而致残来解释残疾人由来的释源情节，在现代这一类造人神话中，是较常见的结尾形式。比

---

① 《人为啥害病》，见泾川县民间文学集成办编：《中国民间故事集成·甘肃卷·泾川民间故事》，1991。

起《风俗通义》佚文中明显是等级社会中添加的释源情节，这一形态也许更古朴些。不过，在这则神话中，结尾多少具有了一些后代人的铺陈色彩；说"三皇治世、女娲补天的时候"也是后来才产生的附会了。可见在这个总体上说来比较古朴、少粘连的神话中，也不免会有局部的变化。这些变化，对于几千年的流传历史来说，实在是在所难免的。

《风俗通义》一类的女娲造人神话，在核心情节上是较完整、质朴的，在民间自然也有流传，不过故事的细节，尤其是开头和结尾，一般都不同程度地发生了变化。

湖南大庸（今张家界市）流传的一则《女娲氏造人》讲：

——相传盘古氏开天辟地以后，世上没得一个人存在。后来，天上神仙就派女娲氏下凡繁衍人。

一天，女娲用水和好了一堆泥巴，就用手捏起泥人儿来。说也怪，每捏好一个泥人，向泥人吹一口气，往地上一放，就成了会跑会跳会讲话的活人了。这样捏呀捏呀，不晓得捏了好久。实在太疲劳了，七捏八捏有的就不像个人样儿了，长的、短的、大的、小的、乖的、丑的都有，所以现在的人样子就各不相同。后来，还剩下许多泥巴，女娲氏硬是没得劲了，心里也烦躁，顺手折根树条子，对着泥巴噼里啪啦一顿乱打乱抽，哪晓得溅起的泥巴也都变成了一个个活人。从此，世上的人就这么繁殖起来哒。①

这则神话是颇有可注意之处的。第一，开头便将女娲抟制了最初人类的神话行为置于盘古氏开天辟地之后，而且是受了天上另一位更高神

---

① 大庸市民间文学集成办编：《中国民间故事集成·湖南卷·大庸市资料本》，1988。

的差遣，这无疑已是较后起的观念在神话上的反映，是古神话在流传中趋向"系谱化"的表现。第二，核心部分讲述女娲抟土造人，是《风俗通义》一类的形式，讲述上更细致生动，可与文献记录相互印证，却更加血肉丰盈。语言上也较少藻饰，情节上单纯质朴，恐怕说它是较原初形态的神话在今天的大致存留，也不是太离谱吧。第三，它的推原情节并不像《风俗通义》那样有明显后世社会意识的渗入，而仅解释人的面貌上的天然差异。从这一点来看，这则后世采录的神话却有可能存留有比古代的文字记载更古朴的情节。

从这一则神话中，我们可以看出古神话发展演变的速度之不均衡、歧传形态之复杂了。在一个神话当中，就既可能遗留有接近于较早期书面记录的形态，甚至有比这记录更近于原初形态的情节，也可能明显添加了后世才有的观念或事象。

女娲补天，大约是由于它带有更强的动作性和神奇色彩吧，比起造人的神话来，它被变动敷衍之处就更多了。

《淮南子》中所记的，大约是较早形态的女娲神话，情节上也比较完整。在那一场宇宙毁灭性的大灾难中，女娲的功绩主要有补天、立极、止水、屠龙四个方面。这四个方面是相辅相成的，在平息、整治这场宇宙大混乱中都缺一不可。现代民间神话中，这样完整地讲述女娲补天业绩的，却几乎没有。比较常见的有炼石和立极两项，也有个别的还有积灰止水的情节。杀黑龙的情节甚是少见。可见补天神话在发展过程中，是有增加（例如上一章曾述及的"补地"情节），也有原初情节佚落的。

在后世的补天神话中，绝大多数是十分发展的形态了，或者与其他的母题、主题相结合，或者核心情节敷衍得很厉害，或者其中添加了不少新材料。比较而言，形态较古朴、结构上较少粘连的神话，当然也有。例如重庆巴县的《女娲补天》神话，开头便讲水神共工与颛顼争帝，撞倒了天柱不周山，天河的水漏了下来，人们无法生活。接着便讲女娲补天道：

> 天上的女娲娘娘看到恁个不行，就想办法把天补起。用啥子来补喃？她先到东海去捉了一个大团鱼，砍了它一只脚，把西边的天撑起，把天弄平顺再说。随后，她又弄来东南西北四方的花石头，再去把老君的八卦炉借来，把那些五颜六色的石头炼了七七四十九天，都化成了水水，才一瓢一瓢地舀来把天补起。补好后的天，花花绿绿的，比先前更加好看了。[①]

这则神话中，变动的因素不少，例如鳖变成了更为人们生活中所熟悉的大团鱼，"五色石"被四方的花石头取代，尤其明显的是道教的特产之一——太上老君的八卦炉也参与了进来。不过，除了这些细小的地方外，这一神话在大体上还是保持了原始思维的特点以及朴实的风格，没有古文献记录中常见的藻饰化、哲学化等缺陷，主题、结构、人物形象都是比较单纯，也比较鲜明的。

总之，在两千年后的今天，民间依然有一些女娲神话是变化较小的，与汉代及汉以前的有关记载相比，相近之处是明显的，例如女娲作为独立大女神的神格都较鲜明，核心情节的存留，结构上较少牵连或复合其他母题，讲述的语言也质朴、少修饰，等等，甚至有些情节，可能比较早的文字记录更古老些。不过，这一部分神话在数量上是较少的，况且它们自身在这漫长的岁月发展中也不免或多或少发生着变化呢！从中亦可见女娲神话变异的必然了。

---

① 侯光、何祥录编：《四川神话选》，14～15 页。

女娲神话在后世的变异，从数百个异文来看，情形自然是比较复杂的，各个神话变异的具体情况不同，不同地区变异的程度和特点也有差异。不过，混乱的外表下还是有大致规则可寻的。总的说来，与汉代及汉以前的有关记载相比，女娲神话发生的较大变化主要体现在四个方面：女娲从独立的大女神变成了兄妹婚的主角；女娲神话自身的串联与复合；衍生了新情节或添加了新材料；女娲的神话功绩归入其他神祇名下。

其一，女娲从独立的大女神变成了兄妹婚的主角。《独异志》中记载的天地开辟、女娲兄妹成婚、传衍人类的神话，大约是目前所见的汉代古籍中最早记载这一类神话的文字了，女娲从汉以前的独立女神而又被拉去充当血缘婚的主角，自然发生在李冗的记载以前。这一新角色显然更增添了女娲的光辉，使她成为不少学者心中这一类神话的代表性主人公之一。在笔者所搜集到的 150 个直接与女娲相关的神话中，女娲作为兄妹婚的女主角的，就有 40 多个——占四分之一还多。它的分布，从南到北，从东到西，也是很广的。

河北《百家姓的传说》是这一类型中一个较典型的形式。

　　——相传很久以前，有兄妹俩相依为命过日子。哥哥叫伏羲，妹妹叫女娲。女娲每天送饭到田间与哥哥同吃，总要经过村口一个石狮子，女娲便把饭分给它一份。一天，石狮子突然告诉女娲说："马上要天塌地陷了，日落之前你务必骑到我的背上。"

　　女娲把石狮子的话告诉了哥哥。日落时，二人爬到石狮子背上。这时天崩地裂，只有兄妹二人得以逃生。

　　几年过后，女娲提出与哥哥成婚。伏羲不答应。两人商定了一个滚石头的办法，如果两块石头滚下山能合在一起，证明这是天意，兄妹就成婚；不合，就不成婚。结果两块石头恰巧合在一起。
两人结婚后，女娲生了一个大肉蛋。伏羲觉得奇怪，便用菅草割开
了肉蛋，从里面一下蹦出了一百个娃娃，他们都跪在伏羲面前，各
报了一个姓。这就是后来的百家姓。至今，河北新乐何家庄伏羲庙
旁还有这个浴儿池，池旁的菅草是红色的，和世上所有的菅草都不
一样。[1]

这则神话是我们上一章中所述的Ⅱ型，即洪水后兄妹人祖神话，与
《独异志》中所记的Ⅰ型，即"最初的兄妹夫妇繁衍了人类的祖先"的说法
有所不同。其中石狮子做预言、兄妹通过滚石头（或滚磨、合烟、追赶
等）方式卜婚以及生怪胎等情节，都是这类神话中常有的。不过各个神
话在具体的表述上，又不免带有情节上或风格上的差异。例如河北的这
则神话结尾的解说，便带有特定地方的色彩。

与较早期记录相比，女娲在这一类兄妹婚神话中的变化是巨大的：
她从独立的大女神变成了近亲相婚的对偶神，造人的方式也从抟黄土为
人变成了孕生人类。情节上的巨大变化，甚至完全粘连上截然不同的另
一类型神话，其结果使女娲的身份也发生了变化。从独立神到对偶神，
是女娲神话演进中的一个重要阶段。

其二，女娲神话自身的串联与复合。后世女娲神话中，比较常见的
另一个现象是女娲神话自身的串联与复合，即有关女娲的各类神话组合
在了一起。

例如河北高邑的一则神话说：

---

[1]   戊戌、富强搜集整理：《百家姓的传说》，载《民间故事选刊》，1989(3)。

　　——盘古开天后的十万多年，天又塌了下来，把地也砸塌了。

　　天上的神仙女娲看见了，就找了琉璃石，炼成七彩石来补天上的窟窿，补了九九八十一年，才补完。可怎么支地呢？有一天，女娲正坐在河边想办法，游来一只大鳖，听说了女娲的难题，就出主意说：要是找不到其他的东西来支，就砍下我的四条腿来支吧。女娲不忍心，又去找别的东西，终于没找到。无法，只好砍下大鳖的四条腿把地支了起来。以前地是平的，用大鳖长短不一的腿一支，地变成西边高、东边低了。

　　女娲支好地后，就住在地上。一天，她觉得没意思，就和了泥，照她的样子捏了一个女人和一个男人。一连捏了几十个。过了一晚上，泥人都变成了真人。第二天，女娲捏了一会儿泥人，嫌太慢，就用柳枝沾了泥浆一甩，泥点也变成了人。有的大，有的小，有的高，有的矬，也有缺胳膊少腿的。地上的人多了，女娲就又上天了。

　　女娲捏的泥人成真人后，都是富贵的人；柳枝甩的，都是容易受罪的百姓。甩的人比捏的人多，所以现在，也是老百姓比当官的多。①

　　这则神话尽管在单个核心情节的叙述上比较质朴，但在细节上有了不少与古文献记录有出入的地方，最突出的，大概就是它将古文献中断片地记载的女娲炼石补天、断鳖立极以及抟土造人等有顺序地串联起来，并加以逻辑的复合。

---

　　① 《人的起源》，见河北高邑县民间文学三套集成编委会：《中国民间文学集成·高邑县卷本第二卷·万城民间故事集》（第一集），1989。

这样的复合神话，在所搜集的神话中是比较多的，所复合的事项也不尽相同，例如湖南的那则发展得较远的《伏羲和女娲的故事》，便将女娲的补天、杀黑龙、捏泥人以及与伏羲的兄妹婚等复合到了一起。不过，每个原有情节为适应这一新的有机整体，都不免有不同程度的变化，有的变化相当厉害，以致我们仅能从中看到它原初的淡淡痕迹（如杀黑龙的情节，与补天的距离已很远了）。

这一类复合形态的神话，在有关女娲的古代文献中都没有记载，所以它在发展中逐渐形成的可能性较大。这一点，从各神话的不同复合顺序、不同复合程度以及某些神话中遗留的拼合的痕迹，也可以得到一些旁证（例如抟土造人与孕育人类两种方式的糅合，在少数神话中就是不太和谐地共存的。见下文）。至于这类神话的形成是不是受到书面传统影响的结果，笔者以为还不好一概而论。因为一方面，文献中的女娲神话大都是单一主题的，或断片的，与此类复合形态不同；另一方面，我们都知道，在民间文学中，母题或情节的粘连、复合是常有的，不同的人物、事件尚可以粘连在一起，更何况这些神话中所述的主人公又是同一位女神呢！

其三，衍生了新情节或添加了新材料。神话在流传过程中，会随时随地添加上新材料，情节上也会衍生出以前所未曾有过的内容。女娲神话即是如此，它在长期的辗转传承过程中，细节、局部上被加以变动增饰，情节上发生了复合与衍生，这样的例子实在是举不胜举，俯拾即是。

例如四川广汉的《女娲补天》，说共工用角撞倒了不周山，女娲忙用石头塞住了天上露出的大洞洞，又用钢钉钉牢了小眼眼——这钢钉就是晚上看见的星星。① 这里，"炼石"的情节没有了，变成了直接用石头堵

---

① 德阳县民间文学集成办编：《德阳县三套集成·故事卷》，打印稿。

塞漏洞，这是核心情节上的差异。不过，用石头直接补天的说法，倒可能比"炼石"更古老。"钢钉"云云，无疑是较晚近时期的说法，是神话流传入近现代社会以后添加上去的枝叶。不过，由此产生对"星星"的联想倒入情入理。可见新材料的采用，并非都是胡乱的东拉西扯，而是有一定想象的合理性、符合故事逻辑的。这则神话被编入《四川神话选》时，钢钉的说法被删去，想必是编选者也意识到这是后世添加的结果。不过，从研究者的角度看，这一细节上的变化倒更能证明神话演变的一些基本原则。台湾台中流传的《女娲补天》，还将风鼓、火车等近现代科学发明的成果归诸女娲的发明①，由此可见神话随着时代的发展而不断变换的新面貌，也可知神话思维延续的顽固。

女娲神话在情节、结构上的变化也是五花八门、情状各异的，有以原初核心情节为主，而局部加以变易或敷衍的；也有从民间传说中借用其他的母题或情节而加以复合的；还有一些只以原初情节作为引子，而完全衍生出了新故事，如此等等，不一而足。

河南西峡的《太阳为什么东出西落》这样讲：

——传说，盘古开天辟地后，共工撞倒了天柱不周山。天破地裂，洪水遍及天下。女娲用五色石补好了天，但用什么作撑天柱呢？女娲想不出办法。她看到儿女们在洪水中向她呼喊，不由得伤心地流下了泪水。一只大鳖驮着大山走来，问女娲伤心的原因，女娲告诉了它。大鳖想了想，说："有办法了。"女娲还没来得及问清楚，大鳖就已咬下了自己的四条腿，递给女娲做撑天柱。女娲忙撕

---

① 胡万川总编：《台中县民间文学集·石冈乡闽南语故事集》，台中县立文化中心印行，1993。

下自己的罗纱，绑住大鳖的四肢，一刹那变成了四只鳍，大鳖游起来比以前更方便了。

女娲把大鳖的两条长腿放在东边，两条短腿放在西边，撑住了天，从此，形成了西高东低的地势，太阳便东出西落。①

《淮南子》中的"断鳖足以立四极"，再经济不过的七个字在这里变得多么细致、生动、头尾完整、有感情、有动作，女娲和大鳖的形象也活泛、有生气，难能可贵的是其中仍然保留着原始思维的某些特点和朴实、刚健、清新的讲述风格。从这里，我们多少可以感受到民间文学的顽强传承性和其中丰富的创造力、想象力。

因借用、复合其他母题等而发生情节上的变化和发展，也是女娲神话发生变化的十分重要的形式。例如上文中提到的女娲因与兄妹婚相黏合，致使神话的主题也发生了变化。除此而外，女娲还与其他一些神话或故事情节有着密切的联系。这一点，下一节中将举例详谈。

在现在的河北、山西、四川、广东等地，还流传着这样一类有关女娲的神话传说：它们的主要内容和情节结构已逐渐远离了女娲神话的原初状态，衍义的成分很重，甚至使神话也发生了"革命"，而变成几乎完全不同于古典形态的新形式了。比如《端午节为啥要挂菖蒲陈艾》《孙悟空的妈和老汉是哪个》《玉印山》《奶奶送水》等，其他如《猴石》（黑龙江）、《女娲补天》（山西）、《妇女为啥要缠脚》（四川）、《七星化作七星岩》（广东）②等。在所搜集的与女娲直接相关的神话文本中，这一类衍生神话

---

① 范牧主编：《南阳民间故事》（上卷），17～18 页，郑州，中原农民出版社，1992。

② 分别见黄春荣、孙福来主编：《友谊民间文学集成》，1987；《中国民间故事集成·山西卷》；《四川民间文学丛书》编辑委员会主编：《四川风俗传说选》，成都，四川民族出版社，1992；丘均主编：《肇庆民间故事》（上），广州，广东人民出版社，1989。

虽不占多数，却也并非个别，从中颇能反映出远古的神话发展到近现代，发生变化的某种倾向。

河北涉县有则《女娲移山的传说》：

——女娲奶奶就住在中皇山的娲皇宫里。这里每到五六月天，清漳河的水就涨了，成天哗哗地流着，实在闹得慌。奶奶就想把中皇山前的一座山推倒，让河水从别的地方流。她左手推山背，右手掀山脚，眼看要将大山掀过去了。这时，河神正从这儿过，忙上前把山扶住，又捡来鹅卵石，把山支好，并劝阻女娲道：地上的高山河流，在盘古开天辟地的时候就已经定好位置了，还是不要轻易改动的好。女娲听了他的话，也就没有再掀山了。

如今，那山下还压着一层鹅卵石，石上还印着河神的手指纹呢。①

这则神话中虽然含有一些较古老的观念，如移山以及河神等，但就整个故事形式来说，它离女娲的古典神话形态越来越远，以至几乎没有联系，可能是较晚近时期，将女娲与特定地域相附会后衍生的地方传说。

这一类衍生神话，具体的变异程度又各有不同。不过一般说来，衍生需有基点，粘连需有媒介。大部分这类神话故事一般多少都与女娲造人、补天的事件相联系，并以此为衍化生发的基础。只不过，古典女娲神话的影子已经越来越淡薄了。

其四，女娲的神话功绩归入其他神祇名下。在女娲神话的各种异文

①　李亮、王福榜：《娲皇宫的传说》。

中，有一类是比较特殊的：炼石补天、断鳌立极或者抟土造人等行为的实行者已不是女娲，而变成了其他神祇，如盘古、王母娘娘、玉皇大帝、伏羲、弥勒佛或者没有名字的娘娘、仙女、神童等。例如山西的《盘古出世》，讲盘古用自己的血和泥捏了泥人；《娘娘捏人》中用黄土捏成人类的始母神是一位娘娘。① 这类变化，一方面表明民间文学中随意粘连、附会现象之普遍，另一方面也表明这些变化的现象之中往往具有可探索的文化史意义。

总而言之，从古至今，女娲神话在流传、扩布中，不断地随时随地产生变化。变化的速度有快有慢，变化的程度及性质也各有不同。其歧传状况之复杂，从上述挂一漏万的简略介绍中已可见一斑。

第二节　女娲神话发展演变的主要形式

女娲神话发展、变异的形态固然纷繁复杂、气象万千，却还是有某些较为普遍发生的现象，反映出了某些共同性，从中我们可以概括出一些基本的演变方式和主要倾向，例如粘连与复合、地方化、世俗化以及宗教化，等等。这几种变异形式是从大量的异文所普遍表现的倾向中概括出来的，具体的作品不免又有不同的侧重。例如地方化的倾向，就并非所有女娲神话的异文都具有的。一般地说，这几种形式是相互联系的，有时可以共同存在于一个神话中。

①　参见《中国民间故事集成·山西卷》。

一、粘连与复合

"粘连"原指黏的东西附着在物体上或相互连接；"复合"则指将两种或两种以上不同性质或内容的东西结合在一起，而产生一种新事物。民间文学领域使用这两个词，主要指口头文学传承过程中，常常出现的牵连、附会现象，即本来并无关联或关联不大的人物、事件、情节或母题等，在流传中发生了联合，甚至是密切地结为一体。

民间文学中粘连、复合现象发生的普遍与频繁，恐怕超出一般研究者的想象。一些著名的口头作品，在辗转扩布的过程中，往往会经过不同时代、不同地域、不同民族的人们的添加和补充。例如在欧洲广为人知的《两兄弟》（AT303 型）的故事，就是简便地接受了更为古老的《屠龙者》（AT300 型）的故事衍生而成的混合物①；日本的灰姑娘型故事《米福粟福》，也是复合了两个本来各自独立的故事而成的。

中国的民间故事，被认为是"在形式上较流动，在结构上较复杂"，"尤其爱东拉西扯"的。② 只要翻一翻丁乃通的《中国民间故事类型索引》，就可以知道此话确有一定道理。除一般故事外，神话、传说等形式的民间文学作品，也是容易发生粘连、附会现象的。比如在神话中，西王母最初是人兽同体的司刑罚之神，后来与周穆王、汉武帝事相附会，不仅形象上逐渐变成一位美丽的女神，以后还配了一位东王公做丈夫。对黄帝（图 8）的较早记载是关于他用玉造兵器、造舟车弓矢、染色衣裳、发明指南针及与蚩尤作战等，可后来他也逐渐成了上古一切文物

---

① 参见［美］斯蒂·汤普森：《世界民间故事分类学》，郑海等译，26～39 页，上海，上海文艺出版社，1991。

② 丁乃通：《中国民间故事类型索引·导言》，17 页，北京，中国民间文艺出版社，1986。

制度的发明创造者，并被尊奉为中华民族的祖先，变化不可谓不大。至于《孟姜女》(图 9)由最初简单的齐女拒郊吊事发展成后来我国著名的四大传说之一，其间滚雪球一样不断添加、粘连的过程更是引起不少学者浓厚的兴趣，其研究取得了相当的学术成绩。

图 8   黄帝

图 9   孟姜女，山西新绛民间剪纸

在女娲神话的流传过程中，与其他人(神)、物或情节结构相牵连，也是引起神话本身发生变化的最为常见的形式之一。下面从三个方面来做一番简要分析。

先说女娲神话在演变过程中对其他情节、结构的借用和复合。

前面曾经说到女娲神话在后世传承中发生变异的一种形式，即将其相关的诸种神话复合在一起，组成一个相对完整的、有一定故事逻辑的新的统一体，这种情形，自然也应当属于对相关情节的复合一类。不过这里主要指的是女娲神话与其他原本不相关或关系不大的情节的粘连与复合。其中黏合得最普遍，也最值得注意的就是前面多次提到的兄妹婚神话，这一黏合不仅使女娲神话在情节上有了巨大的变异，而且使女娲的身份、神话的主题都发生了根本的变化。

如第一章所介绍的，兄妹婚神话的分布是十分广泛的（尤其在东南亚一带）。它的基本情节，是讲最初的一对兄妹（或姐弟）近亲婚配，繁衍了人类的祖先（Ⅰ型）；或者，这对兄妹是一场世界性大灾难后仅存下来的人，为传衍人类，他们结成了夫妻，这就是"洪水遗民，再造人类"的神话（Ⅱ型）。这对兄妹始祖的名字，多数神话中并没有特别交代。在我国少数民族中，"兄妹"也有具名姓的，其中较常见的，如拉祜族的扎笛与娜笛兄妹，阿昌族的遮帕麻和遮米麻，侗族的丈良与丈妹，苗族的姜央兄妹或伏羲兄妹，瑶族的伏羲兄妹，等等。在众多的名字中，较有共通性的是"伏羲兄妹"及其各种异称，如"伏依兄妹""伏哥羲妹"等。个别异文中妹的名字也出现了"女娲"字样。加之汉族古籍中有着女娲兄妹成亲的记载，以及伏羲、女娲从汉代以来的密切关系，伏、女因此被某些研究者推为这一类神话的代表。①

然而，追溯女娲较早时期的文献记录，如《楚辞》《山海经》，尤其是《淮南子》和《风俗通义》，我们便会发现汉代以前，女娲的古典形态不仅同兄妹婚神话毫无干系，而且她的主要业绩同其他的神祇也没有什么联系。她在天地开辟、未有人民的情况下，用黄土抟制了最初的人类，甚至化生了万物，又独立地修补了残破的天体，恢复了宇宙间的秩序。她的独立的大母神的神格和形象是鲜明而突出的。

直到唐代的文字记载中，女娲才被明确地与兄妹婚神话粘连起来，成了其中的一位重要人物。这当然已是较晚近的事了。女娲与兄妹婚的

---

①　在 20 世纪三四十年代的有关研究中，这一做法是颇有普遍性的（参见本书绪论部分的研究史）。当代的研究者中，继续这一做法的也不少，例如张福三的《简论我国南方民族的兄妹婚神话》（载《思想战线》1983 年第 3 期）中，即明确表示了这一类意思。

最早粘连，恐怕比这还要早。然而要确定其具体时间，是相当不容易的。

汉代可能是这一转变的关键时期，其间不仅有了女娲同另一位大神伏羲的兄妹关系的明文记载（《风俗通义》佚文等），而且在这一时期颇流行的石刻画像中频繁出现的人首蛇身的二神交尾像，一般也被研究者们认为是伏羲、女娲夫妇关系的表现。此说如果成立，那么至少在东汉以前，女娲在身份上就已经有了从独立神向对偶神的变化。不过，她同伏羲以兄妹而成夫妇，是否一开始便与兄妹婚的神话相关联，还很难说。

伏羲（图 10），在古文献的记载中也是十分显赫的一位文化英雄和被历史化的古代帝王。他的比较有名的事迹是发明了八卦、制作了婚嫁的礼仪、结绳为网、以佃以渔以及冶金成器、教民炮食等。①

图 10　太昊伏羲氏

他是上古各种文物器用、典章制度的创造发明者，或者又是位春之神和主管东方的天帝。大概因为他的这些了不起的业绩，伏羲被人们尊

① 参见《易·系辞下传》，《淮南子·天文训》，《绎史》卷三引《古史考》《三坟》，《路史·后纪一》，等等。

奉为三皇之首、百王之先。①

　　这许多伏羲的事迹，和女娲并没有什么关系。二人的名字一同出现的较早记载，是《淮南子·览冥训》中言黄帝治天下的功业之后，转至"然犹未及虙戏氏之道也"，下面才叙述女娲补天的事迹，往后又有"伏羲女娲不设法度，而以至德遗于后世"等句子，表明女娲与伏羲已经有了某种比较密切的关联，至少女娲与伏羲是同时代乃至同氏族或同部落的神。高诱注曰："女娲，阴帝，佐虙戏治者也。"不过，这些都没有表明二者的特别亲缘关系。在其他的纬书如《春秋运斗枢》《春秋元命苞》等中，女娲与伏羲、神农并列为三皇，也看不出她与伏羲的特殊关系。可见东汉时期，在《风俗通义》等古文献记载和一些石刻画像中出现的二者的兄妹乃至于夫妇关系，是较晚起的说法。很可能，如一些研究者所指出的，二者本是为不同地域的人们所敬奉的始祖或文化英雄，还可能代表着不同的文化发展阶段，随着部落、氏族的交流与融合，这两位神灵才被撮合到一起②，在亲缘关系上渐渐有了"兄妹""夫妇"的说法，并在历史化的古帝皇谱系中，不仅世代相承，职位也有了主次的分别。

　　原本独立的女神，在社会发展过程中，尤其是到了以男性为中心的社会，会逐渐粘连上一位男性神做配偶，这也是文化史上常有的事。比如中国古典神话中，原本"蓬发戴胜""豹尾虎齿"的西王母，后来嫁给了一位被创造出来和她匹配的东王公；另一位女性神仙嫦娥（图11），本是以月神常羲为原型的，同后羿也并没有什么关系，但到了汉初《淮南子》等文献中，他们就变成夫妇关系了，并在后来的民间神话传说、戏曲以至文人诗词中逐渐固定下来。女娲与伏羲的婚姻关系，情形大概与此相

---

　　①　参见《尚书中侯·敕省图》郑玄注引《春秋运斗枢》，《文选·东都赋》李善注引《春秋元命苞》，《白虎通义》，《帝王世纪》，《汉书·律历志下》，等等。
　　②　参见钟敬文：《马王堆汉墓帛画的神话史意义》，见《钟敬文民间文学论集》（上），127页。

同。不过，二者的黏合，大约还因为都是被尊奉的部落或氏族的始祖或文化英雄的缘故。

图 11　广寒宫中的嫦娥和捣制不死药的玉兔

　　虽然女娲与伏羲在汉代，至少在东汉末期，已有了兄妹乃至夫妇的关系，但二者的黏合并没有在所有流传地区完全固定下来。这一点，可以用汉代画像砖（石）中二者表现形式上的差异来证明。汉代画像砖（石）中所表现的女娲，主要有三种形式：一是单独的人首蛇身像，例如长沙马王堆汉墓帛画中处于明显优越地位的至高神①（图 12）。这可能是女娲

图 12 湖南长沙马王堆汉墓帛画

较早期形态、地位的反映。二是伏羲、女娲均作人首蛇身状，但并未交尾。例如河南南阳汉墓画像、洛阳卜千秋壁画墓画像、四川广汉桥梁砖画像等，伏、女或手执灵芝，或手执日轮、月轮。特别值得一提的，是四川简阳鬼头山出土的东汉岩墓 3 号石棺，石棺后端刻有伏羲、女娲像，均为人首蛇身，手中没有执物，蛇尾也没有相交，榜题作"伏希""女絓"。蛇尾之间刻一巨龟，榜题"玄武"（图 13）。① 这幅画像，难得的是其榜题明确了两汉直到隋唐间大量出现的人首蛇身对偶像所指，对学术界自清代瞿中溶以来费力考证却仍然布有疑云的人首蛇身对偶像问题，某种程度上应该是一个有力的证明和澄清。遗憾的是，这一富有学术价值的画像似乎并没有引起有关研究者们太多的注意。三是伏羲、女娲作交尾状。如重庆沙坪坝出土的石棺画像，山东武梁祠画像石，河南南阳的伏、女交尾图等。这方面的例证较多，新疆吐鲁番地区出土的隋唐时期彩色绢画上，伏、女也是这样的形态。交尾状的伏羲、女娲或执日轮、月轮，或执规、矩（图 14）。由此可见，虽然女娲与伏羲逐渐有了兄妹或夫妇的关系，但这种黏合在相当长的时期内都没有完全稳定下来。甚至直到唐代李冗的《独异志》中，也仅言"女娲兄妹"而不言伏羲，这在以男性为中心的社会里，在封建文人的笔下出现，应当是有一定说服力的。直到今天，在民间神话传说以及民俗信仰中，女娲与伏羲完全无关或者各自独立的现象，还常常可以发现。

可能主要是因为女娲、伏羲曾被敬奉为始祖或者文化英雄，身份上又有了同另一位神祇的兄妹乃至夫妇关系的缘故，所以逐渐与兄妹始祖型神话粘连起来。女娲仍然是创造了人类的始祖母，这是粘连前后所一

---

① 参见赵殿增、袁曙光：《"天门"考——兼论四川汉画像砖（石）的组合与主题》，载《四川文物》，1990(6)。

图 13　四川简阳鬼头山东汉石棺上的伏羲、女娲像

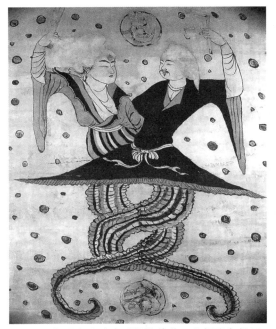

图 14　新疆出土隋唐时期的伏羲、女娲彩色绢画

致的。可见粘连并不是完全无缘无故的，有时候，彼此的某些相似之处，就做了黏着、附会的"媒介"。不过，二者何时与兄妹婚发生黏合，具体的时间还很难断定。伏羲、女娲是不是同时与兄妹婚型神话发生粘连，也很难说。至少，从民间流传的兄妹婚型神话（包括Ⅰ、Ⅱ型）来看，伏羲、女娲与兄妹婚神话相黏合的程度并不是完全相等的，伏羲被借用的频率要相对大些。在笔者所搜集的汉民族近 230 个兄妹婚神话中，兄或弟是伏羲的有 62 个（包括妹为女娲，以及称兄妹为伏哥羲妹、伏西伏妹等明显由伏羲异化而成的异文），而妹或姐直言女娲的只有 42 个（包括兄弟无名或有名字者）。其中，兄妹即伏羲、女娲者，有 38 个。在 150 多个少数民族同类型神话中，这一比例更加悬殊。兄弟称伏羲的有 22 个（包括异文），兄妹是伏、女的有 4 个，而妹为女娲、兄无名姓的，一个也没有。上面所举的数据，还可以说明问题的另一个重要方面，即女娲、伏羲与兄妹婚神话的黏合也是不牢固的。大多数的兄妹或姐弟无名无姓，或有名姓，但并非伏、女。有的神话将其说成伏羲或女娲，还是受了书面传统的影响。①

现单就女娲与兄妹婚神话的黏合情况来说，神话中女娲与兄妹婚的联系大致有三种。

其一，女娲是兄妹婚的女主角，兄或弟是伏羲、盘古、香山老祖或者并无具体名姓。这一种形式，在这三种联系中自然是主要的。笔者上面已举了不少例子，这里就不多谈了。

其二，女娲虽出现在兄妹婚神话中，但并非是成亲的妹或姐，而是另外更高的神灵。例如我们前面提过的那则山西的《兄妹神婚与东西磨山》，其中近亲成婚的伏羲兄妹，是女娲用泥捏制出来的，又完全在女娲的指导下占卜结合以至生子、生活。这则神话中，女娲不仅与兄妹无关，她同伏羲的关系也与汉代以后较普遍流行的"以兄妹而夫妇"的说法不同，而是依然保持了独立的始母神特点，她的抟土制作了最初人类的方式也与伏羲兄妹以婚姻孕生人类的方式并存，不过这两种造人方式在

---

① 比如第一章中提到的河北涉县《女娲兄妹结亲的传说》就存在这样的情况。

性质上的区别——初次创造人类与再次孕生人类——是明显的。

辽宁本溪的《姐弟成亲》神话中，女娲是大灾难后炼石补天的神人，洪水后成亲的姐弟俩除自然地繁衍人类外，还捏泥人，靠了女娲的特殊神力（对着泥人吹气），这些泥人才活了。①

这类神话的一个较明显的特点，就是将有关女娲的原有情节与兄妹婚型神话掺杂复合在一起，并构成情节发展的条件或背景，而女娲并不直接以妹或姐的身份与兄妹婚发生联系。这类神话与第一种相比，女娲与兄妹婚相粘连、复合的痕迹是更为明显的。

其三，女娲是兄妹衍生的后代。这类神话并不多见，仅在个别异文中存在。河南正阳流传的《玉人和玉姐》中，大灾难后，仅存的胡玉人和胡玉姐兄妹并未成亲，而是直接捏泥人。女娲就是这些泥人中的一个。②

这则神话，是洪水后兄妹始祖型的一个异式，即并未成亲结婚，而以其他方式——在这里是捏泥人——传衍了人类。女娲是所捏泥人中的一个，而且也没有任何显著的神话功绩。显然，这种简单的黏合是变异的结果。不过也多少可以从中看出，民间对于女娲与兄妹婚关系的表现是颇复杂的。

由上述情形可以看出，女娲与兄妹婚神话是逐渐牵连到一起的，是两类神话在各自流传的过程中发生的黏合。这一黏合并非普遍发生，黏合的具体情形也各有不同。从所搜集的材料来看，以地域来讲，有的地区，如河南等地，黏合的现象比其他地区更为常见，并形成这一地区较为固定的传承模式，而在浙江、四川等地，更多的是两类神话相对独立

---

① 参见本溪县民间文学三套集成领导小组：《中国民间文学集成·辽宁卷·本溪县资料本》（上），1987。

② 参见张振犁、程健君编：《中原神话专题资料》。

地传承。以黏合的程度来看，有的神话仅仅是将其中的妹换成了女娲，其余情节变动不大；而有的神话，牵连上女娲的同时，与原有女娲神话也发生了复合，整体情节上变得更为曲折、复杂了。

女娲与兄妹婚神话相粘连以后，虽然其始祖母的性质基本没变，其神格的核心内蕴——衍生、繁殖——也没有变，但在身份上，她已由独立神变成了对偶神，原先抟土造人的方式也变成了孕生人类。如果再加上洪水、油火等灾难做背景①，女娲又从创造了最初人类的祖先变成再生人类的祖先了。可见，女娲与兄妹婚的黏合，所产生的变化是巨大的，甚至不同程度地改变了原来神话的性质。从这一点来看，有的学者如谷野典之，将女娲与兄妹婚的黏合，即从独立神向对偶神的转化，作为女娲神话前、后期的分野，是有一定道理的。②

女娲与兄妹婚神话的粘连，不免引起原有情节与兄妹婚神话的复合。为适应新的神话格局，原有的情节常常有所变动，例如原本是女娲独立完成的补天、造人事迹，到了兄妹婚神话中，有时会加上伏羲做帮手，变成协作式完成。而有时情节上的复合，会造成故事逻辑上奇特的局面。比如女娲抟土造人的情节，随着女娲与兄妹婚的粘连也掺和进来，于是神话中常常出现女娲既捏泥人又孕生人类的现象，有时候，甚

---

①　是否所有Ⅱ型都是由Ⅰ型添加上洪水为灾的情节后转化而来，似乎不一定绝对。不过，至少有部分Ⅱ型神话是这样形成的。《独异志》所记的，只是女娲与Ⅰ型相粘连的情形，或者当时或更早也发生了女娲与Ⅱ型的黏合，但至少是不稳定的。关于洪水为灾母题与兄妹婚母题相分合的情况，参见钟敬文：《洪水后兄妹再殖人类神话》，见《中国与日本文化研究》第一集。

②　不过需要强调指出一点：女娲神话的发展、演变情况是相当复杂的，仅仅以这一身份上的变化来做前、后期分野的界限，似乎考虑还不够周密。事实上，目前在民间神话中，女娲保持其独立神面貌的，比作为对偶神的，数量上要大得多。在后世一些敷衍得很厉害的神话中，女娲也可能仍然保持着鲜明的独立大女神的性质。

至造成了矛盾。①

　　除去女娲与兄妹婚神话的粘连、复合以外，在衍生的女娲神话中，情节上、结构上借用、附加上其他情节或母题的现象，也是很多的。例如女娲补天神话与"共工折柱"的粘连，使早期《淮南子》中"知其然，不知其所以然"（指宇宙毁坏的原因）的补天神话，变得头尾完整，富于戏剧性。

　　女娲与盘古神话的黏合也较常见。盘古（图 15）开天辟地也是我国古代的著名神话之一，它的记载比较晚出。女娲神话中与盘古的黏合，一般都将盘古置于女娲之先。不过有时候，这一黏合只起到标明时代性质的作用，与整个女娲神话的情节没有太大的关系。有时盘古神话也与女娲神话掺杂在一起。例如广东韶关的《女娲造人》神话说：玉帝派了盘古去开天辟地，可盘古不小心把天穿了一个窟窿，玉帝这才又派女娲去补天。② 重庆奉节的《蓝色天空的传说》，说盘古使清、浊二气分开，慢慢有了天地，他死后，尸体化成了自然万物，可他一倒下，把天空崩了一个窟窿，太上老君又吩咐女娲去补天。③ 这两则神话中，女娲及其补天、造人等活动不仅与盘古，也与玉帝、太上老君等黏合在了一起。这

_____

　　① 例如有一类像《玄武、女娲、伏羲和黄帝》的神话（见张振犁、程健君编：《中原神话专题资料》），女娲兄妹成亲本是为了繁衍人类，可成亲后，这一动机似乎被忽略，中间也缺乏必要的交代，而直接代之以捏泥人方式造人。在故事情节的发展逻辑上，这是存在着矛盾的。这种情形，在一些与女娲无关的兄妹婚神话，比如辽宁抚顺的《兄妹俩留后人》《喂石头人饭》（分别见于《中国民间文学集成·辽宁卷·抚顺县资料本（一）》和《中国民间文学集成·辽宁卷·清原资料本》）等中也有体现，甚至体现得更为明显，可为此做参证。

　　② 参见韶关民间文学三套集成编委会：《中国民间故事集成·广东韶关分卷》上册，1988。

　　③ 参见中国民间故事集成万县地区卷编委会编：《中国民间故事集成·四川省万县地区卷》上册，1988。

些来源不同的神祇形象因此被置于一个神话世界中。女娲的活动也带有
更明显的秩序性。在其他神话中，女娲或者与盘古一起收拾遭雨的泥
人①，或者协助盘古整顿开辟后的宇宙秩序②，甚至在补好了盘古开天
留下的缺陷后还嫁给了盘古做媳妇③。将女娲与盘古相黏合，大约是因
为二者都活动在开辟时代，都是最初创造了人类万物，并奠定了宇宙秩
序的大神。不过与盘古这一男性开辟神的黏合，使女娲原先显赫的始母
神地位多少受到了影响。随着后来盘古地位的日渐隆升，女娲"首出御
世者"的地位也就不复有了。

图 15 盘古

在河南、河北、安徽、湖北、四川等地，流传着一类神或英雄神奇

① 参见《盘古和女娲造生灵》，见大洼县民间文学三套集成领导小组编：《中国民间
文学集成·辽宁卷·大洼资料本》，1987。

② 参见《十二个月和星期是哪个来的》，见重庆市巴县民间文学三套集成编委会：
《中国民间故事集成·重庆市巴县卷》（上），1989。

③ 参见《盘古与女娲》，见《浙江省民间故事集成·兰溪市卷》，转引自马卉欣编著：
《盘古之神》，上海，上海文艺出版社，1993。

诞生的神话传说，其情节大致如下：神或英雄在母亲腹中，问"天可长严"，很多年后，母亲不耐烦，或者不堪其苦，哄他说天已长严（或神或英雄忍耐不住）。神或英雄降生一看，天并未长严。于是神或英雄（或其他神灵）补了天，但留下了缺陷（或无此点）。这神或英雄，有说是夏禹王的，有说是太上老君的，也有说这"母腹能言，生有异术"的神异人物即女娲娘娘的。① 不过女娲大多是那母亲，一般无夫而孕。她正常的补天行为因老君的出世而受到干扰，天体因此留下了自然的缺陷。② 或者女娲与神（英雄）无关，在神神奇地降世以后，由于天终未长严，天帝才又派女娲去补天。③ 很明显，这一类女娲补天神话，是借用了民间传统中"英雄神奇诞生"一类的神话传说并加以复合而成的，这使原有的补天情节得以扩展，并更具有情节上的传奇性。

类似上述女娲与其他情节、母题的牵连、复合的现象还很多，例如女娲与日、月兄妹型神话的黏合，与"失乐园"型神话的黏合，等等。

女娲神话在流传过程中，常常同其他神话、传说中的神祇、英雄相黏合，这一点从上文所述已表现得很明白了。黏合在女娲神话中的，有伏羲、盘古、玉皇大帝、王母娘娘、观音菩萨、天后娘娘，也有黄帝、炎帝、神农、大禹、相柳、共工，如此等等，不一而足。同这些人物（神或英雄）的黏合，不免牵连进相关的新情节，从而引起原有情节较大的变动，但也有仅在女娲的时代、身份等局部细节上有变化、核心情节并未受太大影响的。例如山东梁山境内流传的《人的来历》，主要讲女娲

---

① 西华采风资料。

② 参见河北省藁城（今石家庄市藁城区）《女娲补天》、抚宁《女娲造人》，分别见《中国民间文学集成·石家庄地区故事卷》第一卷《耿村民间故事集》（第一集）、《中国民间文学集成·抚宁民间故事卷》（第一卷）。

③ 安徽省滁州市民间文学集成编委会：《滁州民间故事》，1987。

抟土造人神话，只是女娲在身份上已变成了盘古的妹妹、玉帝的媳妇。[①] 一般地，随着人物的添加，神话多少会有情节上、结构上的相应增益，神话在主题、情节上的包容也变得更广。

在辗转流传过程中，随时随地添加、附会上原本没有的事物，也是使女娲神话发生变化的一种重要形式，例如前一节所举的，在女娲用石补天的行为上，附加上了用钢钉钉牢的举动，这说明神话在传承过程中，随着时代的发展，新事物、新观念也会随之附会到神话中去，从而使神话不断发生变化。这一类的附会，往往也是有一定的神话或现实的基础做黏合点的，至少有想象的合理性。

这一类新事物的附会，名目繁多，五花八门。有的是细节上附会了地方风物，例如将华北平原的黑土说成是女娲补天用的草木灰所变[②]，有的是不断将各种动物、植物及自然界其他现象的规律、特征，比如乌龟壳上的花纹、一刮西北风就冷的天气等的最初形成追溯到女娲身上；有的是将各种医药及礼制、风俗的创始，文物器用的发明，例如中草药的来源、新娘结扇的来历、风鼓乃至火车的发明等，也都归结于女娲而附会到其神话中。

由于不断的粘连、附会，女娲也变成了传说学上所谓"箭垛"式的人物。这箭垛以女娲的基本神格及其核心的神话事迹为中心构成，由此添加在她身上的种种附会，就仿佛诸葛亮草船借箭时射在草人身上的箭，这些箭妙在"不但不伤皮肉，反可以立大功，得大名"[③]。

---

① 参见山东省梁山县三套集成办公室：《中国民间文学集成·梁山民间故事卷》第一卷，1988。

② 参见《女娲炼石补青天》，见江苏省淮阴市民间文学集成编委会编：《中国民间文学集成·淮阴市卷》上册，1989。

③ 胡适：《三侠五义序》，见《胡适文存三集》卷六，661页，上海，亚东图书馆，1930。

女娲的形象，在这一系列附会、添加中越来越丰满，而她的神话也在这样的粘连、复合中，滚雪球一般不断发展。

二、地方化

地方化是指原本没有特殊地域特征或地域特征不明显的神话，在其流传过程中，随着所流入地区的自然和文化环境的影响，逐渐与特定的地理、气候、物产、风俗等结合起来，从而使神话带上了鲜明的地方特色，与世俗化倾向结合起来，使神话向传说体裁转化。

从较早时期的记录来看，女娲神话并没有明显的地域特征。它所关注的诸如宇宙的修复、止住漫天洪水，以及最初的人类如何出现等问题，都是原始初民对更宏阔范围内的宇宙及人类自身予以关注并追本溯源的结果。它可能产生在某一个特定的区域内，但在原始初民的心目中，这个有限的区域与整个人类世界并没有什么明确的分别，因而他们对自身及所生活的周围世界的起源，对所经受的巨大灾难，对所敬仰的超自然神灵或部族的文化英雄的描述，都常常具有崇高的和宏大的宇宙背景，"个别的""特定地域"等因素，在女娲神话的古典形态中是很少见的。

但在传承、扩布的过程中，女娲神话逐渐受到所流经地域特殊自然和文化环境的影响，它的内容不免因此打上了特定地域的烙印。

比如浙江建德的女娲造人神话这样讲：

——盘古开天辟地后，女娲开始造人。最后造来造去，造到我们浙西山区，女娲没有多少力气了，山里的土质又差，所以她把男人的身子造得大的大小的小。现在我们山里人壮瘦长短不整齐，都是女娲造人造得勿好的缘故。[①]

---

① 《女娲造人》，见董校昌主编：《浙江省民间文学集成·杭州市故事卷》（上）。

　　而在青海湟中，女娲造人则是在昆仑山下，所用的也是黄河边的泥土和黄河里的水。① 可见流传地域不同，女娲造人的地点、所用材料以及由此产生的释源情节，都相应地有所差异。

　　女娲补天神话被附着在特定地域的例子就更多了。河南安阳地区的人们说：补天的事情发生在清凉山，此山之所以叫清凉山，就是因为女娲补天后受不了热，玉帝派青龙到这里给她造凉哩。② 可太行山、王屋山一带的人们又说：女娲是在这里炼石补天的，至今在天坛山下的河滩里，还有五色的石头。③ 河北涉县的人们则说女娲补天在涉县娲皇宫的七星岭。④ 可在陕西，女娲补天之处乃在骊山的说法颇流行，甚至传播到了相邻的宁夏。⑤

　　除了将女娲造人、补天等活动"坐实"到某一特定地点外，地方化还表现在将特定地域内的气候、地理、风物等与女娲神话相附着。

　　在太行山、王屋山一带，女娲补天神话与当地的气象、农事生产习俗等结合了起来。说女娲补天，补到西北角时，炼的石汁用完了，只好用冰块来填补，所以这一地区从西北角来的雨，都是粗风暴雨，还夹带着冰雹。由于庄稼最怕这雨，所以这雨来时，各家各户都鸣炮报警，相沿成俗。⑥ 可是在有的地方，如宁夏中宁，相关的神话又被用以解释

---

① 《女娲造人的传说》，马生兰讲述，赵宗福搜集。

② 参见《清凉山的传说》，见胡德葆等主编：《安阳故事卷》，郑州，中原农民出版社，1993。

③ 参见张振犁、程健君编：《中原神话专题资料》，61～62 页。

④ 涉县采风资料。

⑤ 参见《正月二十吃煎饼的来历》，见王仲一、洪济龙编：《民俗趣味故事》；《骊山老母补天，王母娘娘补地》，见宁夏民研会编：《宁夏民间文学》第十辑。

⑥ 参见张振犁、程健君编：《中原神话专题资料》，60～61 页。

"刮东北风为啥特别冷".① 这一变异，很可能是由于当地气候特点所造成的。

山西交城的覃村，曾是生产琉璃制品的专业村，当地盛传着女娲娘娘用补天后剩下的琉璃液，教会了覃村人吹琉璃制品的神话传说。覃村的人们还奉女娲为琉璃匠的祖师娘。② 而辽宁大洼的渔民中间所流传的女娲造人、补天等神话，则带有大海的气息。比如说女娲让渔民们摇着船与她补天，又怕不牢靠，就让渔人捞水里的勃蜊牛，她把勃蜊牛钉在天上，形成了满天星。③ 同一个女娲补天神话，会在不同地域、不同职业的人们中间发生着内容上、风格上、细节上的变化，可见人们对神话的传承并不是机械的、被动的。

女娲神话的地方化，一般发生在细节上，并在结尾的推原性解释中得以集中体现，大多不会引起核心情节的巨大改变，但足以造成同源异型的大量异文。也有个别将女娲与特定地域相附会而加以敷衍的新神话，例如《猴石》《娲皇砂》④等，已经离古典女娲神话越来越远，有的已明显带有后世编创意味，狭义的神话体裁已向着传说、一般故事方向转化了。

总之，地方化是女娲神话在发展流变过程中的一个重要趋势，女娲神话的构成内容，由于受到所流入地的自然条件和文化环境的影响，不免随之产生相应的变化，内容往往因而变得更加充实，细节上也更具体、生动，与特定地域内人们的生活、感情等更加密切，神话因此获得

---

① 参见《刮东北风为啥特别冷》，见宁夏民研会编：《宁夏民间文学》第十辑。

② 参见《女娲补天留观山》附异文，见《中国民间故事集成·山西卷》。

③ 参见《女娲补天等等》，见大洼县民间文学三套集成领导小组编：《中国民间文学集成·辽宁卷·大洼资料本》，1987。

④ 见钟伟今搜集整理：《吴越山海经》，上海，上海人民出版社，1989。

了新的生命力和进一步流传的力量。

在地方化过程中还应指出的一种现象，就是由于女娲的神话及其信仰的影响，在全国不少地方都产生了有关的风物，常见的有女娲坟、女娲庙、女娲阁、娲皇宫、人祖庙、三皇庙，以及女娲兄妹占卜时用的磨盘、女娲补天遗留下来的石头等。前一类风物的形成，往往就是由于女娲神话地方化的结果，后一类遗迹，也多是将特定自然风物与女娲神话相附会的结果。围绕着这些风物，又常常会形成一些有关女娲的神话传说及信仰中心，如笔者在河南西华、淮阳及河北涉县所看到的那样（详见本书第四章）。在中心点，有关的神话传说一般比较丰富，甚至存在一个较大的神话群；离中心点越远，女娲的影响越不显著，有关的神话传说也越少。可见在女娲神话漫长的流传历程中，这些地方化的风物，常常对神话以及相关的信仰起着一定的固着、凝聚、发散、传播的作用。地方化对于神话生命力的巩固、维系作用，是很重大的。

三、世俗化

在一般民族的口头文学中，神话与其他叙事体裁散文的主要区别之一，就是它具有"神圣的叙述"的性质，神话中的超自然神灵被认为是真实的、可敬畏的，其中的事件也被确信为是远古曾经发生过的。不过，由于神话源于原始人通过想象对其自身及周围世界进行的模拟，所以即使在这神圣的叙述中，也不免或多或少地具有世俗的成分。

随着时代的推移、文明的进步，神话原初的严肃、神圣性质有了不同程度的削弱。神话虽然可能依然被确信，但其中的世俗成分日益加重，超自然的神灵被人格化为具有了人的性格、情感、欲望，甚至可能成为凡人。另外，对超自然神灵以及神话中"事例"的笃信程度也日渐减弱，以至在现代化社会中，人们不再相信神话中描述的人物和事件是

"曾经有过""曾经发生过的"，或者，将它们视为"并非超然存在"，"而是存在于宇宙万物之中的现实的副产品"。① 这种种表现，我们称之为"世俗化"。从对神话的笃信到神话的较多世俗化，这之间经历了很长的过程。世俗化与科技进步、理性的发达、教育的普及等有一定关系，但并不一定是完全成正比的。

女娲神话的世俗化开始是较早的。中国古代神话学史上，将女娲历史化为远古帝皇，以及与此相应，将女娲神话加以合理主义解释的做法，即是这方面的较早例证。

在现代民间的女娲神话中，世俗的成分越来越多了，不少神话中的女娲也与凡人一样，有生老病死、七情六欲。比如河南安阳的《下雨时为啥起黑云》讲：女娲住在一个山洞里，时间一长，觉得无聊，就用泥捏了人，她和这些孩子们一起干活、睡觉。后来，她看到儿孙们成双成对，也不由得起了凡心，就和后羿结了婚，还生了一个胖小子。② 河南武陟的《四大怀药》传说，讲女娲活到九十九岁时，双目失明了。她的儿子有熊氏在天女的帮助下，偷来了天上的菊花，治好了女娲的病，女娲高兴地叫儿子与天女举行了婚礼。③ 在很多洪水后兄妹始祖型神话中，女娲原本就是凡人，并且往往是一个善良的、乐于助人的姑娘，她在洪水后与兄弟占卜成亲时的心理与行为，也往往是现实化的。总之，在现代民间不少女娲神话中，世俗的气息日益浓厚，内容更富有人性，趋向于对常人的世俗生活的写实，女娲也被赋予了各种性格和感情，神与人的界限因此而日趋模糊。

---

① 参见［英］K. W. 博勒：《神话和神话学》，见《民间文学理论译丛》第一集，81 页，北京，中国民间文艺出版社，1986。

② 参见《河南民间文学集成·安阳市卷》（审定稿）。

③ 参见王广先：《龙源传说》，郑州，中原农民出版社，1990。

神话中的世俗成分并不一定影响人们对女娲怀有的敬仰甚至真诚信奉。不过，一般说来，在绝大多数地区，神话的神圣性已逐渐淡薄，对女娲造人、补天等神圣事件的笃信程度也逐渐减弱。而其神圣性、可信性的减弱或消失，往往会为对女娲神话进行较自由的变异和广泛的虚构提供契机。由此产生的一些衍义神话，内容上则多关注女娲的家庭关系，与其他神灵或魔怪的纷争，以及种种轶闻趣事等，带有较大的编创成分，情节也较复杂，故事、小说的意味较浓。

例如上文提到的黑龙江友谊的那则《猴石》，讲的是女娲除妖的事，黏合点是女娲补天。

——相传女娲在天度仙年间，世上出现了天塌地陷，人类面临着灭顶之灾。女娲随驾东行，目睹此情，回宫后便思前想后。睡梦中，听得一人说：汝想解除人间不幸，需以石还石。女娲醒来，发现梳妆台上放有绞罗、铜锅、补天勺。女娲下凡，用绞罗捞出海底的五彩石，修好了地。又用铜锅、三昧真火将五彩石炼成糊状，然后用补天勺把天补好。女娲不由得大喜。但忘了收宝，绞罗不见了。女娲去寻绞罗。

绞罗下凡变作一只白蜘蛛，占山为王，抢男霸女。女娲听说，便化作一美丽女子，来到山中，被白蜘蛛吐丝缠住。那蜘蛛也化作一美男子，扎入茧中。茧中的女子顿时化作一股青烟，青烟中现出女娲，她长袖一拂封住茧口，反念咒语，将蜘蛛现了原形，带回天庭。玉帝闻讯大怒，将它驱逐出天门。

绞罗的躯壳跌下来，正落在一块补天剩下的五花石上，变成了一块猴状的石头，至今，在完达山中，还有这石头呢。

　　这则女娲神话带有"仙化"的成分，仙家常有的宝物以及仙界的神祇都有所表现，不过更引人注意的，是它在女娲补天的基础上衍生、敷衍出了一个"女娲智擒绞罗（蜘蛛）精"的神幻故事。篇目后未附有搜集、讲述情况的说明文字，无法确定讲述人是否受到《西游记》或者《封神演义》一类小说的影响，不过从情节的虚构模式、语言的使用等情况来看，讲述人对传奇、戏曲、说书一类的东西可能比较熟悉，或者其中也有采录、整理人的原因。无论如何，原有神话朝着传奇故事、小说的方向演化，也是后世女娲神话演变的形式之一。

　　至于像重庆巴南的那则《孙悟空的妈和老汉是哪个》，虽有一些神话的事实，如女娲补天、太上老君持有八卦炉等做敷衍的基点，但整体的构思无疑出于附会和虚构，在内容的表现上，世俗的情调更突出了。

四、宗教化

　　这里所说的宗教，是指发展到阶级社会以后的人为宗教，如道教、佛教、伊斯兰教、基督教等。其中除道教是源于中国本土之外，其他的几大宗教都是外来的，它们在中国的传播以及与中国原有文化的融合，都对中国文化产生了较大影响。对中国民间文化来说，这些宗教为了宣传的广泛和有效，常常吸收民间原有的神话传说、歌谣戏曲乃至神灵信仰的内容与形式加以利用；而这些宗教中的神祇或者教义，一经传入民间，往往会被大众因其需要和趣味而加以改易，并与原有的神祇及神话事件相融合。

　　女娲神话在流传、演变过程中，受到这些宗教因素的影响，也不同程度地发生着变异。比如对人物、事件的描述，借用了宗教中的观念和形式；在神祇的关系上也出现系谱化倾向，将女娲与各种宗教中的神灵黏合在一起，甚至将女娲的事迹归在了其他宗教神灵的名下。凡此种种，不免使原初古朴的女娲神话带有了后世人为的宗教色彩。

道教因素在女娲神话中的出现是较常见的。比如玉皇大帝（图 16）较早本是道教中的一位高级神明，地位尚在三清之下。唐宋以后却直接成为万神之王、天国之主，其地位不仅超过了道德天尊老子，连人类的始祖母女娲也成了由他统治的神仙世界中的一员。在不少神话中，女娲补天或造人的举动都被说成是受了玉帝的差遣，甚至由玉帝论功行赏。女娲与道教中的其他神仙也常相粘连，如王母娘娘、太上老君等。她补天、造人的过程也离不了诸神仙以及仙家法宝的帮助。比如补天要用仙石，女娲就在昆仑山上架起一座仙炉，"又去太阳星君那里借来仙火，请太乙真人守炉，叫风伯扇风，雨师洒水"①。女娲捏了泥人后，怕雨淋坏，是太上老君放在八卦炉中加以烧炼的，翻炒时人掉了原有的尾巴，成了今天的样子；也有缺胳膊断腿的，成了残废。② 甚至对女娲的身世、形貌的描述也掺入了道教常有的观念和形式。例如史全来老人讲：伏羲、女娲本都是天上的鹤仙，后来投生到无极老母腹中，生有异状，母腹能言，出生后成为世间唯一的姐弟。③ 前引山西交城的《女娲在覃村的传说》，更将女娲描述成了一个面带仙气、手握拂尘、骑着凤凰的姑娘，完全是神仙的形象。凤凰，本是我国传说中的瑞鸟，出现也是较早的。在道教中，有时被用来充当仙人的坐骑，驾鹤骑凤往往是神仙的外在标志。比如道教中，著名的仙女九天玄女就是骑着凤凰的（张君房辑：《云笈七签·九天玄女传》）。《列仙传》卷上载萧史、弄玉夫妇吹箫，后皆随凤凰飞去。这里女娲骑凤的形象，就是受到了神仙思想及

---

① 《女娲补天》，见侯光、何祥录编：《四川神话选》，17～18 页。

② 史全来讲述，西华采风资料。

③ 西华采风资料。

图 16　玉皇大帝

其表现形式的影响。在湖北神农架一带流传的《黑暗传》中，女娲的道教色彩就更浓厚了。

　　女娲神话受到佛教、基督教等影响而发生明显变异的例子较少。前引河南正阳流传的《玉人和玉姐》，主要讲的是胡玉人、胡玉姐灾难后兄妹成亲的神话，虽然出现了女娲和如来佛、玉帝等形象，有些佛道之争的影子，不过与女娲似乎没有太大的关系。浙江湖州地区流传着一则弥勒佛做天、造人的神话故事，讲天塌之后，世间仅存的一位姑娘请来了管天的弥勒佛（图 17），弥勒佛用石头和水捏成天，又如此造成人和粮食。[1] 这则神话故事是否与女娲补天、造人的事迹有直接的亲缘关系，

---

[1] 　参见《天坍之后》，载《民间文学》，1991(1)。

还很难说，不过至少是将民间盛传的大劫难后补天、造人的神话情节与佛教神祇黏合在了一起，在这一点上佛教的影响显得较突出，然而在总体风格、细节的描述上，完全保持着民间传承的朴实作风和民众的趣味，世俗意味还是较浓的。

图 17   北京白塔寺中的弥勒佛像

与道教、佛教相比，基督教在我国民间的影响是较小的，传播的范围也狭窄些。从目前所搜集到的材料来看，基督教或伊斯兰教的因素对女娲神话的影响是很小的、个别的。在新疆阜康大黄山煤矿流传着一则兄妹婚神话，兄妹名叫亚当、夏娲，兄妹俩在天塌地陷时躲在菩萨奶奶的肚子里躲过了灾难。菩萨奶奶又教夏娲炼石补天。接下去便有兄妹滚磨成亲、捏泥人等情节。[①] 神话的讲述者是河南人，这则神话就是他在家乡时听来的，神话的情节与中原地区普遍流传的兄妹婚洪水神话基本类似，其中也有补天的情节，唯主人公借用了《圣经》中的人类始祖亚当、夏娃之名。可能"夏娲"就是夏娃与女娲混合交融的产物。不过除此

---

① 　宋俊山讲述，唐兴芝提供。

而外，这则神话中全无基督教思想、教义或神话故事的影响，可见民间对《圣经》的借用和加工改造，是建立在自身传统基础上的。河南正阳也流传着一则类似的神话①，却在兄妹婚后还附着一段长虫引诱亚当、爱娃兄妹吃无花果的情节，明显是采用了《圣经》中的说法，不过，叙述上已完全民族化了。

中国的民间信仰是颇为驳杂的，其中既有来源不同的本土的各种原始巫术与宗教的遗留，也有来源于儒（有些学者将儒学也称为儒教）、释、道及其他宗教体系的神灵和观念，但从未有过一种占绝对主导地位的宗教。杂学旁收、兼容并蓄，形成了中国民间信仰庞大的神灵队伍和驳杂的信仰观念。女娲神话在后世的流传中，往往不免受到民间信仰中各种宗教因素的影响，在人物形象、内容和表现形式上都发生了一定的改变。不过，总体来看，这些改变都是局部的、细节上的，一般不影响女娲神话的核心情节，而且在叙述上，宗教的因素也往往被加以改动，很少再有原初那样严肃的宗教内容和宣传教义的目的。所以，除个别例子外，宗教对女娲神话的影响较为有限，一般是在原有神话基础上的粘连、附会，大多并不改变女娲神话整体的质朴、刚健的风格，表现的也是民众的生活与趣味。

世俗化和宗教化，并行不悖地存在于女娲神话的流传过程中。

综合上两节所述，可以得出如下的认识。

第一，女娲神话的发展是不均衡的。自女娲神话的较原始形态见诸先秦的文字记载以来，女娲神话在民间不但依然流传，而且流传的范围也有扩大。总体看来，发展、变异是这一传承过程中的主流。绝大多数

---

① 参见《亚当和夏娃》，见张振犁、程健君编：《中原神话专题资料》。

女娲神话，随着时代的发展，自然环境与社会文化环境的变迁，都发生了不同程度的变异：或者从现实中撷取某种新材料予以添加，或者借用其他民间传统的叙事题材和情节结构予以复合，或者与其他神话、传说甚至宗教中的角色（包括神、半神、英雄、精怪等）相黏合，结成各种驳杂纷繁的关系（如配偶或其他亲属关系、神代关系、等级关系等）。如此一来，便会引起神话在细节上、情节结构上或内容上的改变，有的黏合甚至不仅使原初神话中女娲的身份发生了性质上的变化，也使神话的主题有别于以往。而神话在流传过程中与特定地域发生联系，或者其中世俗成分以及虚构成分的增加，又常常使神话向着传说和故事的体裁转化。在一些后世衍生、虚构的异文中，原初女娲神话的核心情节被缩减到只是一个由此生发、敷衍开去的基点，甚至完全没有了踪影。这一类口头作品，已经离神话的原初形态越来越远了。

然而除开有所发展，甚至有了巨大变异的一面之外，还有另一类现象存在着，那就是至今民间依然流传着一些言语上少增饰、情节上较单一、人物关系上较少牵连、风格上较为质朴的女娲神话，这类神话变化较小，比较接近原初形态，甚至个别情节的产生可能比有关的早期文字记载还要古远。这说明其发展变异的速度是比较迟缓甚至是停滞的。虽然这类神话在数量上较少，在神话发展的过程中也是较为次要的方面，但它们的存在，除开其形态上的研究价值外，也可使我们明了神话的发展速度是不均衡的，歧传的状况也是颇复杂的。

女娲神话发展的不均衡还表现在某些地域内发展的情形各有差异。在某些地区（例如河南），神话往往呈现出多重黏合的特点，有关女娲的前后期神话往往连成一体，复合的形态较为常见；在某些地区（例如浙江、四川）所流传的女娲神话，保留女娲独立神时期的神话形态就比较多；而在另一些地区（例如山西），衍生的情节则比较常见，原初神话常被加以增饰、演义。这种情形的产生，可能与各地不同的社会发展程度、讲述人及听众的文化素养有关，与各地不同的讲述传统等也有一定关系。女娲神话在传承过程中，不免随着新的自然和文化环境而产生适应性的变化，这种变化很可能被人们接受，并由此形成特定地域内新的讲述传统。这一新传统的形成与延续，使女娲神话的演进表现出一定的地区性差异。

总之，从女娲神话的发展、演变过程中，我们可以看到停滞与发展、传统与更新、稳定性与变异性，均对立统一地并存于神话发展过程中。

第二，女娲神话在发展中逐渐完整、提高。汉魏六朝以前的文献典籍对女娲的记载不算少，然而有关女娲的神话却大多零散、片断，甚至有些让人莫名究竟（如《天问》中的两句话），或者彼此矛盾（比如《论衡》与《列子》中的有关共工折柱与女娲补天顺序的彼此错出）。女娲的各项主要活动，如补天、造人、制笙簧等，也相当分散，相互之间似乎也没有什么必然的联系。这一方面可能是由于文人记录上的缺陷，另一方面却也可能反映了神话流传中的某些真实情状。因为一般地说，在神话发展的较早期阶段，其形式大多较为短小、古朴、简陋，缺乏连贯的情节，后来才日渐繁复。

在后世的传承过程中，女娲神话不断得以增益和丰富。原先残缺的或记录不明的——如《淮南子》中所记女娲补天有较详细的修复过程，补天后女娲的行踪也有交代，可是没有交代这场宇宙性大灾难之所以发生的原因——会变得头尾齐备、故事逻辑分明，如与共工折柱或者天塌地陷等说法相黏合后，补天的缘由得到了解释；原先分散的、断片的、彼此缺乏联系的女娲的神话活动，逐渐粘连复合在一起，按照不同的活动顺序，形成具有一定系统性的比较完整的神话。女娲与伏羲的关系，也从原先分散的记叙中各自独立的神或英雄，粘连成为以兄妹而夫妇的人类祖先，以后再加上洪水为灾的情节，女娲又成为洪水后再造人类的始祖母了。

漫长岁月中的辗转传承，经过大众的增删、淘拣，尤其是一些优秀民间艺人的修改和加工，女娲神话也在发展流传中不断被提高，原初断片、简单的形式与内容，逐渐变得丰富、完善起来。虽然也有个别原初情节的佚落（如杀黑龙等），但总的看来，情节上由于与女娲神话自身或其他题材、情节的混融、复合，或者由于自觉的虚构、变易而日趋繁复、曲折，内容也逐渐包容而丰富。不少神话在讲述风格上细致、生动，所表现的女娲及其他神祇、英雄、动物精灵等也比较有生气。女娲的形象就在这些生动、细致的描述中，在这些完整乃至于曲折的情节发展中，日趋鲜明。

从短小、断片、简单、无系统，到完整、繁复、具有一定的神话系统或组织性，此间经历了漫长的历程。女娲神话就在这一历程中不断向前发展。

第三，不断变异是女娲神话历经数千载而犹具有顽强生命力的重要原因。关于神话变异的原因，日本学者松村武雄曾概括出一些导致变化的带有一定普遍性的因素：1. 由于民族的宗教观念和象征主义的发展，使灵格的人体化和人格化过程发生变化，而神话作为这些灵格的生活史也充实和改变着它的内容。2. 神话所具有的神圣性质和巫术功能逐渐淡薄或消失，促使神话趋向艺术化、文学化而变为一种故事。3. 自然环境的变化。由于构成神话的内容受民族居住地区的气候、天象、风土、地貌、动植物等自然条件的很大影响，所以随着民族的迁徙，他们的神话也适应新的自然环境而产生变化。4. 文化环境的变化。神话的内容是在民族一定的生产方式、家族制度、社会习俗和信仰等的基础或背景上形成的，所以也会随着它们的变化而变化。5. 民族共同体意识的发展和变化。诸如阶级意识的鲜明化、历史意识的深化等，也会影响神话的内容和形式。6. 不同民族间文化的接触和交流。① 一般神话产生变异，往往是它随着时代的发展、自然环境和社会文化环境的变化，不断添加新内容，或者调适原来蕴含的已变为"不合理"的因素，使之在新的形势下获得新的合理性的结果。

女娲神话的变异，也并不例外。造成它变异的原因，从笔者前两节的叙述中可以看出，既有由于时代的进步、发展而添加上去的新材料、新情节，也有由于所传入地不同的气象、山川、特产、风物等自然环境而产生的不同地域性色彩，还有由于后世等级观念、人为宗教因素、历史因素以及不同民族文化因素的影响而产生的适应性变化。② 古典的女娲神话，就在这一系列适时、适势而产生的变异中，不断发生着内容、形式以及讲述功能等的变化，适应着各种背景下人们的需求，密切着和人们的关系。在一定意义上，这些变异使女娲神话产生了新的适应性。这是它得以进一步流传的重要原因之一。

另一方面，口耳相传的神话，其人物、题材、情节结构等都具有一定的"可分解性"和"可组合性"，即它们可以相对分解出来，作为独立的因素，在传承中为其他神话、传说、故事等所借用，也可以将其他神话、传说、故事的人物、情节、题材等借过来，组合进原有的结构中。

---

① 参见［日］松村武雄等：《神话与神话学》，见《民间文学理论译丛》第一集，122～123 页。

② 例如女娲的神话，流传到了青海河湟地区的藏民那里，就不仅在细节上、风格上带上了当地特有的高原特色，而且在内容上也完全与藏族人民原有的"猕猴创世"神话相融合（贾生财搜集、整理，赵宗福提供）。可见女娲神话的传承不是机械的，它在这里已经被藏族人民根据自己原有的文化传统加以变异了，即被"民族化"了。由于本文探讨的对象主要限于汉民族中传承的女娲神话，因此对其在其他民族中的"民族化"表现未做更多的分析。然而，应当指出，在女娲神话的变异过程中，是存在着"民族化"现象的。

这就是上文所讲到的粘连与复合。粘连、复合是口头文学中常见的现象，也是其本质特征之一——变异性的重要体现。在女娲神话的变异中，有的附会、牵连，不免具有一定的任意性（虽然这"任意"的程度也往往受到"神话"体裁的限制而有一定的限度，而且需要神话的或现实的合理性做黏合、衍生的基点或媒介），但许多粘连、复合，例如与兄妹婚，与后世宗教人物，与各地特有的历史、风物的黏合等，往往也是在发展过程中适应不同的社会背景下人们的不同兴趣和需求而产生的。无论出于哪种情形，可以相对自由地进行粘连、复合的特性，使女娲神话在传承过程中表现出很强的张力和容纳力。这也是它得以时越千载，而生命力不竭的主要原因之一。

神话是一种重要的文化现象，它的产生与流传都与其他的社会文化现象有着密不可分的有机联系。神话在后世的流传，自然需要后世社会中有容纳它、需要它，乃至于发展它的条件，这是神话的生命力得以维系、发展的十分关键的一个方面。然而我们也应该看到与此相辅相成的另一方面，神话所具有的变异、调适性，也是其自身得以延续的有利因素和条件。从女娲神话的演变中可以看到，虽然并非所有的变异都是积极的、有效的，例如原有情节的遗落，不利于对神话原初形态的认识和研究，有的情节的复合也并不完满，还有拼凑的痕迹存在等，但总的看来，女娲神话在发展过程中，通过粘连、复合，通过不断地适时、适势而产生的调整性变化，不仅形式上趋于完整，内容上不断充实、丰厚，细节、题材、情节结构、社会功能（关于这一点，见第五章第一节）等，也不断顺应着当时的社会现实和人们的需要而变异。如此一来，"不合理""陈旧""陈陈相因"在一定限度内被突破，原有的神话由此得以丰富和发展，重又获得了新的合理性和一定的新鲜感。神话借此又获得了进一步的流动力。

第三章 ┃ 古代的女娲信仰

　　神话与信仰往往有着密切的联系。神话中叙述的超自然力和事件，至少从神话的产生来说，被认为是远古时代确曾存在和发生过的。对神圣存在的虔敬和信仰，使神话具有神圣的性质，往往与世俗的生活范畴分开，而与人们的宗教信仰紧密相连，甚至成为宗教信仰的有机组成部分。

　　女娲神话与对于女娲的崇拜信念及行为，很难说其产生孰先孰后、孰因孰果。不过，从上文的叙述中已能见出二者有着密切的联系，甚至时至今日，依然有一些神话带着对女娲及其事迹的虔信和崇敬，成为当地民间女娲信仰的组成部分（详见上编第四章）。不过如今大部分女娲神话已逐渐脱离了原初浓厚的信仰色彩，神圣性、虔敬化的程度已大为减弱，但其中依然反映出民间对于女娲的情感和观念，所以也是我们研究女娲信仰时的重要参考材料。

　　女娲的信仰，主要是指人们对于女娲及其所具有的非凡神力的景仰、信奉。这里的"信仰"一词，含义是较宽泛的，它不仅包括对于女娲超自然性存在、其神话事迹以及神圣能力的相信(观念内容),还包括由此而引起的各种礼祀、祈祝、巫术等活动(崇拜行为)。探讨对于女娲的信仰观念及行为,有助于凸显女娲在中国文化中的地位及其影响,是明了这位大母神之顽强生命力的有效途径之一。

要想对历史上(清代以前)各时代、各地区存在的女娲信仰状况做一番生动、细致的描述,几乎是不可能的,因为除了依靠古代的正史、野史、谶纬之学、地理、方志、笔记等的文字记载之外,很少有别的有效办法(对历史上遗留下来的有关实物进行考察的方法往往受到多种限制),而那些操笔的文人又大多奉行儒家"不语怪力乱神"的传统,对于民间流行的女娲信仰,不免抱着嗤之以鼻的态度,讥之为"昧者"之言、荒唐无稽。在他们的笔下,女娲或者被拉入历史中充作上古的帝皇,或者其神话被按照当时的生活情理加以"合理化",或者干脆被一笔抹杀。显然,在女娲信仰的记载上,也存在着与其神话相似的问题,其结果也自然大略相近:古文献中有关女娲信仰的记载,也常常是片断的、简约的、不系统的。其中的女娲,仿佛是"偶尔露峥嵘"的神龙,我们只能从她倏忽之间闪露出的一鳞半爪,去推断她的存在状况,追索她的来龙去脉。

在女娲信仰的记载方面,除王充的《论衡》和罗泌作、罗苹注的《路史》等文人著述在客观上保留了一些真实状况之外,较能为我们提供帮助的还有古代的地理书、方志、笔记小说等。大量的古代墓刻石像或帛画等,也是研究女娲信仰的重要资料。

从这些文献记载与考古发现的情况看,古代的女娲信仰主要表现在以下几个方面:女娲被祀为高禖之神,"雨不霁,祭女娲",补天节,女娲的"遗迹",以及墓葬中的人首蛇身像。

第一节　女娲被祀为高禖之神

上文已经论及，由女娲创造了人类的始母神神格，派生出了女娲作为高禖之神的职能。汉代应劭的《风俗通义》佚文、宋代罗泌的《路史·后纪二》中都有女娲置婚姻、为女媒的记载。可见，女娲被作为主管婚姻和生育的女神而受到供奉、祭祀，是由来已久的。

古代的高禖，除女娲外，还有商之先妣简狄、周之先妣姜嫄等。从产生的时代来讲，女娲似乎更古老。祀女娲时的情形如何？史籍中似乎并没有明确、具体的记载。通常祭祀高禖的时间是二月。《礼记·月令》载有周人礼祀高禖的场面："［仲春之月］，是月也，玄鸟至。至之时，以大牢祀于高禖。天子亲往，后妃帅九嫔御。乃礼天子所御，带以弓韣、授以弓矢，于高禖之前。"带弓矢等的目的，郑玄认为是"求男之祥也。《王居明堂礼》曰：带以弓韣，礼之禖下，其子必得天材。"可见古代对高禖的祭祀是很隆重的，贵族要用三牲之礼做牺牲。祭祀的目的，大多是"求得贵子"。这一点，可能不分贫贱高贵，都是一致的。

文献中又有晋时设高禖石的记载。《格致镜原》卷六引《通典》云："江东大庙北，凡有石文如竹叶。宋文帝元嘉中修庙所得。陆澄以为晋孝武时郊禖石。"《太平御览》卷五二九引晋束晳《高禖坛石议》云："元康六年，高禖坛上石破为二段。"可见晋时有置高禖坛并设石于坛上的习俗。此俗起于何时？《高禖坛石议》中云："博士议：礼无高禖置石之文，未知造设所由。……高辛氏有简狄吞卵之祥，今此石有吞卵之象，盖俗说所为，而史籍无记。"说明此石虽古籍不载，却在民间信仰的传统中存在，并得到了合理的解释。对石所具有的神力的崇拜，起源也是相当古老的。在民俗志、民族志资料中，有关石头生人以及石头象征女阴或男根，触之可以得子的故事、传说和风俗十分丰富。于高禖坛上设石，也许就与这一古老的信仰传统有关。

这些有关高禖之祭的一般情形，可以使我们类推地了解女娲作为婚姻和生育之神，在古代被祭祀的状况。

作为高禖之神，女娲在民间文化传统中的影响力是长久而巨大的。明末清初著名学者顾炎武在书赵城女娲庙的诗中，感慨之余还有"里人言是古高禖，万世昏姻自此开"①的句子。凌扬藻的《蠡勺编》卷二九《女娲庙》亦载清初时赵城一带百姓奉女娲为"求嗣之神，等诸淫祀"。直至今日，女娲的主媒，尤其是送子，仍然是她在民间信仰中最重要的功用之一。当然，祈祝的时间、方式等已经有所变化了。

第二节　"雨不霁，祭女娲"

较早记录以女娲祈晴习俗的，是东汉王充。他在《论衡·顺鼓篇》中曾引西汉鸿儒董仲舒之议，说"雨不霁，祭女娲"。由此可以推断，在较早的西汉时期，民间就已有了久雨不晴则祀女娲以止淫雨的习俗。

关于这一习俗的起源，王充揣度董氏之意大约有二：其一，女娲乃古妇人帝王者，男阳而女阴，阴气为害，故祭女娲（而不祭伏羲）以求福佑；其二，俗说女娲有补天立极之功，故祈之以精神助圣王止淫雨。

用阴阳之说来解释女娲主晴霁的习俗，似乎有一定道理。淫雨连

---

① （清）顾炎武著，王遽常辑注、吴丕绩标校：《顾亭林诗集汇注》卷四，788页，上海，上海古籍出版社，1983。

绵，常被视为阴盛阳衰、"阴气为害"，因而两汉以后，在用禜祭祭祀社神或日月山川之神以祈晴止水的同时，往往还必须辅之以助阳抑阴的巫术。比如西汉祈晴时要闭塞水道，盖井；妇女藏匿于家，不得入市；官吏凡千石以上夫妇同在宫者，遣妇归等。[①] 所以，为达到阻止"阴气为害"的目的，也可能祭祀女帝王女娲以祈晴。不过，这种解释可能是较后起的，是用当时流行的义理去比附女娲信仰习俗的结果。女娲能止淫雨的信仰，很可能与女娲补天神话相关联。久雨不晴，仿佛天漏，女娲既然有炼石补天、聚灰止水等神功，因此祈求她止住绵绵不断从天而降的大雨，也是合乎情理的。因而，很可能正是由于女娲补天神话的影响，才使民间将祈晴习俗与女娲黏合起来。女娲在信仰中的功能逐渐扩展了。

在中国不少地区，如陕西、河南、河北、江苏等地，都曾经盛行着一种以纸剪（亦有以秫秸扎制等形式）妇人名作"扫天娘"或"扫地娘"、"扫晴娘"等来祈晴的风俗（图18）。胡朴安的《中华全国风俗志》中载：江苏"吴县如遇久雨，则用纸剪为女子之状，名曰扫晴娘。手执扫帚。纸人需颠倒，足朝天，头朝地，其意盖为足朝天，可扫去雨点也。用线穿之，挂于廊下或檐下。俟天已晴，然后将扫晴娘焚去"[②]。陕西三边地区的扫晴娃娃与此相似，亦作妇人形，手执笤帚，不过要由一二贞洁女子，将纸人插在一秫秸扎成的"云梯"上，口中祈祷着"一扫晴，二扫红，三扫太阳红彤彤"，以喻妇人登上云梯，扫去苍天的阴云。[③] 陕西铜川妇女剪的一种扫天媳妇骑着马，还一手持扫帚、一手持灰包，里面装着

①　参见（汉）董仲舒：《春秋繁露·止雨》。

②　胡朴安：《中华全国风俗志》下篇卷三，71页，郑州，中州古籍出版社，1990。

③　参见高朗宇：《沙窝里的鲜花——三边剪纸散记》，见《陕西民间美术研究》（第一卷），241～242页，西安，陕西人民美术出版社，1989。

洒天止水的灶灰。①

图 18　扫晴娘

从外表看去，这种祈晴方式的巫术性质是明显的，是希望通过模拟的巫术手段和咒语的力量达到止雨目的。很可注意的是其中那纸剪的妇人。从中不难发现，她与女娲有着不少相似之处，例如均作妇人形②，都被用以止淫雨、祈晴霁。在一些细节上，例如妇人持扫帚或洒灶灰，也与民间对女娲的某些观念相吻合。我们不要忘记在很多地区流传的女娲捏泥人神话中，都有因天下雨、女娲用扫帚扫泥人而造成残疾人的情节；至于向天上洒灶灰以止淫雨的扫天媳妇，与"积芦灰以止淫水"的女娲就更为相似了。很可能，在这位止淫雨的扫晴娘身上，就体现着对于

---

①　靳之林：《中华民族的保护神与繁衍之神——抓髻娃娃》，10 页，北京，中国社会科学出版社，1989。

②　王充《论衡·顺鼓篇》中载汉时的民间图画中女娲作妇人之形，可见女娲作为人类的始祖母，她的女性神身份当是由来已久的。

女娲主晴霁神力的信仰。① 遗憾的是，笔者至今没有发现真正来自民间的证据，可以确定二者的同一，甚至在女娲神话影响相当大的地区（例如河南西华），也没有发现认定扫晴娘娘就是女娲的说法。也许，古代的民俗在辗转传承过程中，原有的联系松弛、脱落了。总之，这一推断还有待于将来材料的补充或修正。

第三节　补天节

　　与女娲的信仰息息相关的，还有一种叫"补天节"的岁时节日习俗。

　　补天节又有"补天地""天穿节""补天穿"等称法。补天节的日期，各地有不同的说法，如正月的十九日、二十日、二十四日，也有早至正月七日、迟至正月三十日或更迟的。补天节的内容，各地亦有不同的特色。如广东一些地区，多在正月十九日悬蒜于门，以辟邪恶，又"烙糯粉为大圆块，加针线其上，谓之补天穿"②。烙糯粉为圆块，系以示"补天"；"加针线其上"则是加重其"补缝"之意。在陕西临潼，补天节又叫"女皇节"或"女王节"。补天地的活动是由妇女们进行的。在正月二十日，妇女们要诚心诚意地蒸薄饼或摊煎饼，午饭前举行简单的仪式，由家庭主妇撕饼，向房上投掷，名曰"补天"；向地下或枯井中投掷，名曰

---

①　已有学者认为，这扫晴娘就是女娲。参见前引靳之林：《中华民族的保护神与繁衍之神——抓髻娃娃》，56 页。另外，周汝昌在《〈岁华纪丽〉与热爱生活》[载《群言》，1994(5)]的杂文中，也明确表示了这类意见。

②　清代广东《花县志》，见丁世良、赵放编：《中国地方志民俗资料汇编·中南卷》（下），685 页，北京，北京图书馆出版社，1991。

"补地"。① 而在江东一带，人们常在正月二十日"以红缕系煎饼置屋上，谓之'补天穿'"（俞正燮《癸巳存稿》卷十一引《艺文类聚》）。由此可见，各地补天节的内容虽有细节上的差异，如在饮食上的不同风俗，以及某些地方除补天外，亦须补地等，但总的实质内容是相通的：在"天穿日"（天穿，即天裂、天漏之意）这天，要用薄而圆的食物象征性地补天、补地。

这一习俗起于何时，确切的时间还难考定。较早的记载见于晋时王嘉所著的《拾遗记》："江东俗号正月二十日为天穿日，以红缕系煎饼置屋上，谓之'补天穿'。"②可见，当时江东地区已流行着正月二十日前后过补天节的习俗了。南朝梁宗懔的《荆楚岁时记》也记有江南过"补天穿"节的习俗，不过日期却在正月三十日（《癸巳存稿》卷十一引《韵书》）。唐宋以后，有关的文字资料渐渐多了起来，不仅各种杂记、地方志中收有相关的风俗介绍，在一些文人的诗词题咏中也可以了解到不同时代、不同地方的人们过补天节的情况。③

关于补天节的起源，较普遍的说法均与女娲补天有关。宋代诗人李觏的《正月二十日俗号天穿日以煎饼置屋上谓之补天感而为诗》云："娲皇没后几多年，夏伏冬愆任自然。只有人间闲妇女，一枚煎饼补天穿。"④明代杨慎的《词品》也说："宋以前以正月二十三日为天穿节，相

---

① 参见张自修：《丽（骊）山女娲风俗与关中民间美术》，见宁宇、荣华主编：《陕西民间美术研究》（第一卷），41 页。

② 今本《拾遗记》（齐治平校注，中华书局 1981 年版）无此。（宋）陈元靓《岁时广记》卷一、（清）俞正燮《癸巳存稿》卷十一均引此，但日期不一。

③ 例如李觏《正月二十日俗号天穿日以煎饼置屋上谓之补天感而为诗》、葛胜仲《蓦山溪·天穿节和朱刑掾二首》、王筠生《月令亲事诗》等。

④ （清）俞正燮《癸巳存稿》卷十一"天穿节"条及广东《花县志》等均以"一枚煎饼补天穿"为李白诗，似有误。

传云女娲氏以是日补天，俗以煎饼置屋上，名曰补天穿。今其俗废久矣。"可见民间早有着言"天穿日"为女娲补天日、妇女们此日做煎饼以象其事的释源说法。在现代仍流传的民间神话中，对有关补天节的来历以及祀神方式等都有较详明的说法。

前引浙江丽水地区的那则神话《补天穿》中说：

——盘古开天后，有一年，两个皇臣争天下，正月二十日这天打倒了天柱，天上裂了很宽的一条缝。女娲接了玉皇的圣旨，炼了五色石来补天穿。她一直忙到黄昏，饿得头昏眼花。为了补好天漏，她向人间讨吃的。最后有个妇女将一个果扁拿出煎了，用红线缚牢吊上天去。女娲吃了，补回了力气，天漏很快补好了。

因为女娲补天有功，玉帝封她为娘娘，后人便称她为女娲娘娘；并把正月二十日定为天穿日，也叫天漏日，家家户户都要做黄果，并煎果扁，先用红线吊着祀女娲，然后全家人分着吃。

这则神话的解释，反映了民间对于补天习俗来源的观念。其中正月二十日为天穿日、用红线吊果扁（即年糕）祀女娲等习俗，可与古文献记载相印证，而其讲述之生动、完整，可补古文献之不足。女娲在西北地区多被称作"骊山老母"，影响很大，不少地区都流行着有关的神话传说和信仰习俗。我们前文提到的宁夏中宁地区那则《骊山老母补天，王母娘娘补地》，就是一则有关女娲的民间神话，其中也解释了"补天地"习俗的由来。

——共工氏撞倒不周山以后，骊山老母和王母娘娘姐妹俩决心补天补地，搭救天下百姓。她们采来五色石，炼成糨糊糊。王母烧火，老母擀成石馍馍，趁热一张张补到天上。经过她俩的辛勤劳动，天地都补好了。人们忘不了她俩的大恩大德，就在骊山修庙供奉她们。

每年腊月二十几，中宁地区家家都烙馍馍。馍馍用镊子捏成花牙，中间还用葫芦把刻成五个小圆点，代表五色石。大年三十下午，房上扔一个花馍馍，这叫补天，井里再扔一个，叫作封地。

这则神话将补天穿习俗具体、生动地解释为对女娲补天的纪念之举。事实上，这种观念在我们所搜集到的有关这一节日习俗的释源说法中颇为普遍。由此几乎可以肯定，人们过补天节，主要是由于对修补天漏地陷、救助了人类的女娲的纪念和感恩之心。

女娲补天，"名声被后世，光晖重万物"（《淮南子·览冥训》）。后人感念她的恩德，便模仿她炼石成浆、以补天地的神话行为，用生活中与之相类的饮食习惯，来做类比性的联结、附会：烙煎薄而圆的食物，置于屋上或地下，以象补天、补地事，通过模拟，再现女神的神圣功绩，以示人们对她的纪念、感恩之心。如此相沿成习，代代传承。

俞正燮在《癸巳存稿》卷十一中，考"天穿节"之由来，认为"天穿节"有"亦祝雨水屋无穿漏之意"。他的说法有一定道理，因为注意到了各地"天穿节"的时间，正是雨水节气的前后，我国大部分地区降雨量逐渐增加，因此，将"正月中，天一生水"（《月令七十二候集解》）附会而成"天漏""天穿""女娲补天"之日，是有一定的现实基础做联想依据的。不过，是否在天穿节的开始，即有祈祝屋无穿漏的意思，抑或先有了雨水前后有关的信仰习俗，后来才逐渐与女娲补天神话黏合在一起，则不得而知。从一般宗教学的角度看，祭神的同时往往要表达对神的要求和祈愿，所以在"作馎饦祷神"①时有"勿使屋漏"等现实的祈求，也是可能的。不过，至少从我们目前所涉及的材料来看，无论是具体记载补天穿活动的文献资料，还是流传于民间的神话传说，都很少提及其中有"祝屋无穿漏"之意。所以，笔者疑心即使在个别地方如广东、江西等南方地区，存在类似的祈愿，也是较后来随着人们现实的要求而增加的新内容。广东等地于门旁悬蒜以辟恶等，恐怕也一样是后来添加的内容。当然，也可能在这一习俗发展的过程中，除多雨水的南方个别地方外，原有的"祝屋无穿漏"的意思逐渐淡薄以至消失。

补天穿习俗的流行范围是颇广泛的，陕西、宁夏、河南、湖北、湖南、江苏、浙江、广东、台湾等地，都有流传。流传日久，不免有所变化。在有的地区，人们还能讲出"这是女娲早先做过的事"，以至能讲出大致的梗概来。②　而在有些地区（恐怕在大多数人们中），却不知节日之由来了，只是习俗相沿，照例奉祀而已。距今五十年前，一些地区还有妇女们虔诚地"补天补地"的情形③，现在，多数地区已不复盛行了。

第四节　女娲的"遗迹"

古文献中虽然少有女娲信仰的具体状况的描述，但散见于各种地理书籍、方志、杂记甚至官方正史中的，却有不少女娲存在或活动痕迹的

---

① 清代广东《增城县志》，见丁世良、赵放编：《中国地方志民俗资料汇编·中南卷》（下），691 页。

② 参见程思炎：《骊山女娲风俗对我们的启示》，见中国民间文艺研究会陕西分会编印：《陕西民俗学研究资料》第 1 集，99 页。

③ 参见张自修：《丽（骊）山女娲风俗与关中民间美术》，见宁宇、荣华主编：《陕西民间美术研究》（第一卷），41 页。

记载。这些"遗迹",是了解和研究古代的女娲信仰状况及其地域分布的重要资料。

这些遗迹所牵涉的时代不同,分布地域也较广泛。按其形式的不同,可以分作三大类:女娲的陵墓;女娲的庙、阁、宫、观之属;女娲的神话活动遗迹。这三者相互之间有着一定的必然联系,因而有时共存一地,形成一个女娲信仰的中心点。

一、女娲墓、女娲陵

像中国这样有着如此多的神之陵墓的国家,恐怕是不太多见的。在中国的民间信仰中,较有影响的古神祇,如盘古、伏羲、黄帝、炎帝等,均有身后的埋葬之所,更不用说关帝、包公之类原本实有其人的俗神了。这种情形的形成,与中国文化史上常有的神话人物的世俗化以及历史人物的神话化传统,有相当关系。当然,这些神灵又往往通过升天、精神不死或其他方式继续显示其非凡的、灵异的力量。他们的陵墓,也就成为信仰者们感恩和祈祝的场所了。

作为人类的始祖母和文化英雄,女娲的死亡也往往是很神异的。《山海经》中有关女娲之肠化作了十个神人的记载,较早透露了女娲尸体化生的信息。在现代的民间神话中,也有说其补天、造人以后尸体化生成世间万物的,也有说其因补天劳累而死、死后驾龙升天的,也有说其补天时冻死在山上的……可以看出,在女娲之死的问题上,也存在着古老的原始思维与较后起的现实因素并存的现象。

从古籍记载的情况看,在封建文人的笔下,女娲之死多是被历史化的必然结果。

女娲以"功高而充三皇"(其功绩不免被加以合理化),虽不免仍显露出原初神异的色彩,但到底不能免于现实中生命始终、朝代更迭的规律。这方面，罗泌的《路史》可作为一个代表。《后纪二》载：女娲生于承匡，少佐太昊，代伏羲而王，治于中皇山之原，继兴于丽，在位一百三十年而后葬于风陵堆。这几乎是女娲作为一个古帝皇的完整历史了。

无论是作为创造了人类及其他种种文化业绩的始母神，还是作为上古历史中伟大的帝皇，女娲既死，人们便建了各种女娲陵、女娲墓来纪念她。

据《成冢记》载，女娲墓有五个。王永宽在《女娲炼石补天是怎么一回事？》一文中也采"五墓"之说，并按各地方志和现代的地理辖制，将古文献中的有关地点归纳为：山西永济风陵渡、陕西潼关、河南阌乡（今属灵宝）、山西赵城、山东济宁。[①] 事实上，前三处所指，都是同一处女娲陵，即晋、陕、豫三省交界处黄河河畔的风陵渡。由于其特殊的地理位置和历代郡县辖境的变更，故而有多种不同的记载。

在这三处陵墓中，影响较大、较常为史籍所提到的是风陵渡，其次是赵城娲皇陵。

《挥麈录》卷一载"女娲葬华州界"。《太平广记》卷三九〇引《唐历》云："潼关口河湄上有树数株，虽水暴涨，亦不漂没，时人号为女娲墓。"《太平寰宇记》载："风陵城在其下乡阌乡津，去县三里，即风陵故关也，女娲之墓。"《旧唐书》载"女娲氏陵，在城西四十里，墓在县（指阌乡县——引者注）西南黄河中。后风姓，因名陵堆。"这些记载所指，都是风陵渡女娲墓。因史载女娲风姓，故名"风陵渡"。或又与伏羲相指而称风后，故此墓又有"风后陵"之称。

此墓建于何时，没法确切地知道。《太平寰宇记》中说此墓"秦汉以

---

① 参见施宣圆等编：《中国文化之谜》第二辑，5～6页，上海，学林出版社，1987。

来俱系祀典"①，若记载属实，可以想见这一处女娲墓是出现较早、影响也较大的。据《路史》的记载，宋乾德四年（966年），皇帝曾下诏书，为女娲于此置五户守陵，像黄帝、尧、舜、禹一样，享受春秋季大牢祭祀②的大礼。陵户并近陵小户除二税外，还免除杂徭。封建王朝对女娲如此礼遇，足见女娲的影响力之大了。

风陵渡女娲墓颇有灵异，如建于黄河之滨，虽水暴涨，亦不漂没。《旧唐书》《新唐书》等还记载此墓曾于天宝年间（742—756年）失其所在、乾元三年（760年）又复涌出的异闻。唐代段成式的《酉阳杂俎·忠志》还记录了当时与此事相关的一段女娲显灵传说。

> 肃宗将至灵武一驿，黄昏，有妇人长大，携双鲤咤于营门曰："皇帝何在？"众谓风狂。遽白上，潜视举止。妇人言已，止大树下。军人有逼视，见其臂上有鳞，俄天黑，失所在。及上即位，归京阙，虢州刺史王奇光奏女娲坟云：天宝十三载，大雨，晦冥忽沉。今月一日夜，河上有人觉风雷声，晓见其坟涌出，上生双柳树，高丈余，下有巨石。兼画图进。上初克复，使祝史就其所祭之。至是而见，众疑向妇人其神也。③

"灵武"，唐武德元年（公元618年）曾改为灵州，天宝、至德时又改为灵武郡。天宝十五载（756年），安禄山攻破潼关，玄宗逃奔蜀中，朔方留后杜鸿渐等迎太子亨（即肃宗）即位于灵武郡城，以此为根据地，恢复唐朝的统治。这一段女娲显圣以及女娲墓沉而复现的传说，应着当时

---

① （宋）罗泌：《路史·后纪二》注引。
② 《隆平集》云"少牢"，见（宋）罗泌：《路史·后纪二》。
③ （唐）段成式著，方南生点校：《酉阳杂俎》，北京，中华书局，1981。

的政治背景，以显示大唐的江山乃是天意所授，所以才会有至德之女娲神降而佑顺之。①女娲携双鲤，"鲤"谐音"李"，象征李唐王朝。女娲墓的沉而出现，也是大唐衰而复兴的灵异祥瑞之兆。

类似的女娲显灵传闻，在罗泌的记载中又有发生在"唐文武皇帝江都之役"的说法②，可能是同一类显灵传说的变异。可见唐宋之际，女娲的神异还是为一些人（包括一些封建文人）所深信不疑的。

明代好志怪之书的胡应麟，在引述《旧唐书》中那一段女娲墓神奇复出的异闻时感慨说："古圣贤遗迹，自有灵异者。今女娲万年后灵异如此，其补天之说，亦或不诬。"③他的话，多少道出了这类异闻中所蕴含的女娲信仰的内容。

山西赵城（今山西洪洞赵城镇西南）的娲皇陵也是很显要的。据《文献通考·王礼考》记载："女娲葬赵城县东南，在晋州。"

《成冢记》云："女娲墓有五，其一在赵简子城东，今在晋之赵城东南五里，高二丈。"④《平阳府志》又载："娲皇陵，在赵城县侯村里，有二冢，东西相距四十九步，各高二丈，周围各四十八丈。"

大约娲皇陵附近又有女娲庙。《明一统志》载："平阳府娲皇庙在赵城县东五里许，松柏围二丈有奇者百余株。"《九域志》载："晋州有帝女娲庙。"《太平寰宇记》载："在赵城，故皇朝列祀，亦在赵城。"⑤顾炎武诗《书女娲庙》中也有："至今赵城之东八里有冢尚崔嵬，不见娲皇来制

---

① 参见（宋）罗泌：《路史·后纪二》注。
② 《路史·后纪二》载："唐文武皇帝江都之役，夜径其处，风雨中有妇人，鳞身。骑倡而前，饵生鱼一匮。帝后果靖中华。"
③ （明）胡应麟：《少室山房笔丛》卷六，《丹铅新录二》"女娲"条。
④ （宋）罗泌：《路史·后纪二》注引。
⑤ 同上。

作。……奇功异事不可问，汾边山上余芦灰……"①可见赵城是女娲遗迹颇丰富的地方，不仅有女娲陵、女娲庙，还有女娲补天止水活动的痕迹。

《太平寰宇记》所谓"皇朝列祀，亦在赵城"的记载，至少可以有《明史》《续通志》为证。顾诗《书女娲庙》后有徐注云："《明史》志《礼》：洪武四年，礼部定议合祀帝王增娲皇于赵城。《续通志》：在县东侯村里，宋开宝元年建，明代命有司修理，春秋致祭，每三年遣官致祭。有碑文。又临汾、洪洞、太平、蒲县、灵石等处皆有庙。"②又据前引凌扬藻的《蠡勺编》卷二九《女娲庙》的记载：康熙壬申年间，太常卿金德瑛奉命祭历代帝王陵寝，使还上疏说："臣见女娲陵前寝宫中塑女像，帝侍嫔御，乡愚奉为求嗣之神，等诸淫祀……"这里说的就是赵城女娲庙的情形。由此可知，至少自宋以降，赵城一带都是历史上女娲信仰的中心点之一，不仅遗迹较多，而且对她的祭祀在朝在野都十分盛行，甚至成为朝廷的正规大典。

山东任城（今济宁）又有女娲陵。

唐《元和郡县志》载："任城县东南三十九里，有女娲陵。"《兖州府志》云："女娲陵，在济宁州东南三十九里。"《路史》及注引中又说：女娲出于承匡。承匡，山名，在任城县东七十里。《太平寰宇记》云：女娲出处，今山下有女娲庙；又言任城东南三十九里有女娲陵。根据这些文献，女娲又与任城有着密切的联系，任城成了她生于斯、葬于斯的地方了。不过，关于此处女娲陵的更多情况，因没有其他材料，详情只好付诸阙如。

---

① （清）顾炎武著，王遽常辑注、吴丕绩标校：《顾亭林诗集汇注》，788 页。
② 同上。

　　除上述这三处女娲陵、墓之外，可能在其他地方还有一些类似遗迹存在。例如在今河南西华，就另有一处女娲墓（图 19，详见第四章第二节）。

图 19　香客们在为河南西华的女娲坟"添土"

二、女娲庙、人祖庙、女娲山等

　　女娲的庙、祠、宫、观，以及与其相关的人祖庙或人宗庙等，是女娲信仰的显著的物化形式。

　　从文献记载来看，女娲庙、人祖庙以及与女娲的活动相关而产生的女娲山、女娲谷等，数量不少，分布也比较广泛。除上面提到的山西赵城、山东济宁的女娲庙外，在河北、河南、陕西、湖北、江西以及山西的其他地区，也都曾经有过存在。其中一部分庙、祠或山、谷一类，还与女娲在当地的地方化直接相关。

　　现按照分布地域的不同，将有关情形摘要介绍如下。

　　（一）河北省

　　罗苹注《路史·后纪二》云："太行，一曰皇母山，亦曰女娲山。"宋代崔伯易的《感山赋》小序中说："客有为余言太行之富，其山一名皇母，一名女娲。或云：于此炼石补天。今其上有女娲祠。"王伯厚的《地理通释·十道山川考》和《太平寰宇记》中也有记载。

女娲在太行山一带有较大的影响，目前河北涉县还有迄今国内规模最大的娲皇宫。其信仰的隆盛状况，是第四章第三节将详细描述的一个重点。

（二）河南省

清代管竭忠纂修的《开封府志》说："（汜水）南十五里，上有伏羲庙。其西曰白玉岭，有女娲祠。"

唐末五代时期杜光庭所撰《录异记》云："陈州为太昊之墟，东关城内有伏羲女娲庙。……东关外有伏羲墓，以铁锢之，触犯不得，时人谓之翁婆墓。"

清代宋恂修、于大猷纂《西华县志》载："《东野纪闻》云：陈之长平即女娲补天处。今有女娲城在焉。《旧志》以为女娲所筑之城。故老相传，其来已久。"

宋代王存撰《元丰九域志》载：孟州有"皇母山，又名女娲山"。

《路史·后纪二》注云："今济源县之女娲山上有祠庙。"在现代民间，济源一带还流传着女娲补天的神话，相传天坛山下河中的五色石，就是女娲补天所剩。[①]

（三）陕西省

《路史·后纪二》云："（女娲）治于中皇山之原，所谓女娲山也。"注云："山在金之平利。上有女娲庙，与伏羲山接庙起。"

《路史·后纪二》注引《长安志》云："骊山有女娲治处。"又云："蓝田谷次北，有女娲氏谷。三皇旧居之处，即骊山也。"

---

① 参见张振犁、程健君编：《中原神话专题资料》，61页。

这些记叙不唯简短、片断，所反映的也是历史化的帝皇女娲的行为踪迹。

据近年致力于研究骊山地区女娲风俗的张自修同志的介绍，骊山地区有着较丰富的女娲遗迹，例如宋刊唐《人祖女娲氏遗迹图》，其中的人祖庙、石婆父、婆父圣硷、三皇墓、女冢等都属女娲遗迹范畴。[①] 与此密不可分的，是这一地区同时流传着关于女娲的神话传说及信仰习俗。看来，从古到今，骊山地区的女娲信仰传承也是绵延不绝的，是女娲信仰的又一个中心点。

（四）山西省

前述赵城有女娲庙。又据清乾隆时官修《续通志》载：临汾、洪洞、太平、蒲县、灵石等处皆有庙。

（五）甘肃省

北魏郦道元的《水经注》卷十七云："瓦亭水又西南，出显亲峡，石宕水注之。水出北山，山上有女娲祠。"

（六）湖北省

清《康熙字典》丑集下女部释"娲"云："女娲山在郧阳竹山县西，相传炼石补天处。"

杜光庭《录异记》云："房州上庸界，有伏羲、女娲庙，云是抟土为人民之所，古迹在焉。"

（七）江西省

题为南朝任昉所作的《述异记》载："南康郡有君山，高秀重叠，有类台榭，名曰女娲宫。"

---

① 参见张自修：《丽（骊）山女娲风俗与关中民间美术》，见宁宇、荣华主编：《陕西民间美术研究》（第一卷），53 页。

（八）四川省

罗苹注《路史·后纪二》引："今蛾眉亦有女娲洞。常璩《华阳国志》
等谓伏羲女娲之所常游。"

这一类女娲遗迹的数量自然不止这些。据目前掌握的材料看，除此
而外，还有一些女娲的庙、观等在当地也是颇有影响的，如山西吉县西
北的"人祖山"[1]，山西交城覃村的女娲殿（详见第四章第四节），河南新
密天爷宫三皇殿供的女娲像。[2] 而在台湾省，奉祀女娲娘娘为主神的寺
庙有十多座。[3]（图20）。

图20　台湾花莲的女娲娘娘庙

三、女娲的神话活动遗迹

上文述及，女娲神话在流传过程中，常常与特定地域的地理、气
象、风土等相结合，而使女娲的神话活动"坐实"到某一地方，从而愈使

---

① 参见张余：《晋南的神话与传说》。
② 据河南大学张振犁教授提供。
③ 参见凌志四主编：《台湾民俗大观》第三册，台北，大威出版社，1985。

之产生确凿可信的效果。

神话地方化的结果之一，就是各地产生了大量的有关神话活动之遗迹。例如文献记载的女娲造人遗迹有（包括抟土为人和兄妹婚）：

新城郡有作道九君，抟土做人处也。（《魏书·吐谷浑传》）

（女娲）治于中皇山之原，所谓女娲山也。注云：……伏羲山在西域，女娲山在平利。《寰宇记》引《十道要录》云：抛钱二山，焚香合于此山。（《路史·后纪二》）

房州上庸界，有伏羲、女娲庙。云是抟土为人民之所，古迹在焉。（《录异记》）

骊山的磨子沟，婆父圣砲［张自修《丽（骊）山女娲风俗与关中民间美术》］。

女娲补天的神话遗迹就更多了。

归美山，山石红丹，赫若彩绘，峨峨秀上，切霄邻景，名曰女娲石。大风雨后，天澄气静，闻弦管声。（《太平御览》卷五十二引王歆之《南康记》）

国朝章有谟《景船斋杂录》云：陆俨山深云，平度州东浮山，即女娲补天处，其炼石灶尚存，所产五色石可烧。每岁上元夜，置一炉当户，高五六尺许，实以杂石，附以石灰，炼之达旦，火焰烛天，天为之赤。至于今不废。（俞樾《茶香室三钞》卷一）

至今在山西平定还流传着女娲神话，说东、西浮山即女娲炼石后的石渣所成，轻可浮于水上，故名。两山之间的大坑边立着三块大石头，即女娲补天处，俗称"支锅石崖"。① 由此可知清人记载之不诬。不过未见有关上元夜炼石习俗的材料，大约如今已废止。

另，骊山东绣岭至今还有"女娲炼石处"遗址，《蓝田县志》中也有"补天台"的记载②。

除上述这些见于古代文献资料的遗迹外，近些年来在民间文学普查和民俗学调查中，还发现了不少相关的女娲活动遗迹。例如吉林长白山天池附近的"补天石"和"炼石厂"③、河北涉县大量的女娲补天遗迹、洞庭湖畔有补天石化作君山的传说④、重庆忠县石宝寨⑤、广西桂林叠彩山明月峰、江苏连云港花果山上的"仙石"⑥，以及陕西宝鸡姜太公钓鱼台上的"璜石"⑦，等等，均说为补天石所化。

浙江长兴的空山，形似葫芦，相传为女娲所做的笙簧变成的，传说空山随水之升降而上下浮动，擂之咚咚有声。⑧

这一类女娲神话的遗迹还有很多，兹不更述。

由上所述可以看出，从古代到今天，有关女娲的三类文化遗迹主要分布在黄河中下游的陕西、山西、河南一带。虽然与女娲神话的分布区域有些出入（这其中除去客观事实的因素外，有关考察工作进行程度的深浅以及作者所获资料的来源等，也可能对此产生影响），但一些重要

---

① 参见《女娲补天》，见《中国民间故事集成·山西卷》。

② 参见张自修：《丽（骊）山女娲风俗与关中民间美术》。

③ 参见《中国民间故事集成·吉林卷》前言，北京，中国文联出版公司，1992。

④ 参见《昆仑石》，见童咏芹搜集整理：《岳阳楼的传说》，长沙，湖南人民出版社，1981。

⑤ 参见《玉印山》。

⑥ 刘城淮：《中国上古神话》，505页，上海，上海文艺出版社，1988。

⑦ 据陕西师范大学宁锐提供。私人通信。

⑧ 参见钟铭：《女娲做笙簧》附记，载《民间文学》，1990(11)。

的部分基本上还是相重合的。事实上，笔者在实地调查中发现，在女娲遗迹的周围，往往存在着一个女娲信仰的中心，那里不仅流传着相当丰富的女娲神话传说，还可能存在着相应的崇拜观念和行为。

女娲遗迹的产生，往往是对女娲的超凡神力及其神话事迹信仰的直接结果（即使封建统治阶级将女娲历史化为上古帝皇，也仍不能否认她的神异性）；而这些遗迹一经形成，又会对原有的信仰起到维持、巩固、推波助澜的作用。二者在长期历史发展中是相辅相成的。

第五节　墓葬中的人首蛇身像

女娲的形象出现于墓室、祠堂的画像中，也是很早的。据王逸注《楚辞·天问》：屈原被放逐以后，"彷徨山泽，忧心愁悴，见楚先王庙及公卿祠堂，图画山川神灵，琦玮僪佹，及圣贤怪物行事，因书其壁，呵而问之，以渫愤懑"，故而有了《天问》。如果真是这样，屈子的"女娲有体，孰制匠之"的发问，当是看见了女娲像画于庙祠之中而受启发、触动的结果。那么，由此可以推断，战国时代就已有了将女娲（或者亦有伏羲）画在庙祠之中的现象。到东汉王延寿观西汉鲁恭王时期（前154—前127年）的建筑灵光殿而作的《鲁灵光殿赋》中，明确有了"伏羲鳞身，女娲蛇躯"的记载。由此看来，将人首蛇身的女娲、伏羲像画于庙祠之中，有着悠久的传统。

靠着考古工作者们的成绩，到目前为止，我们可以看到的较早与女娲有关的画像，当属湖南长沙发掘的公元前2世纪的马王堆帛画，上面的女神身穿蓝袍，有着蛇的身子，蛇尾环绕在她的四周，占据着帛画上部当中最显要的位置，立有金乌的日轮以及立有蟾蜍的月牙等，均在她的下部。如本书第二章第二节的相关注释所引述，有不少研究者认为这显赫的天神即女娲，是有一定道理的。在东汉封建文人的记录中还保持着"古之神圣女，化万物者也"的神圣面貌的女娲，在汉武帝之前的西汉民族信仰中仍占据着一定的至高尊神的位置，是完全可能的事。这幅西汉时期的帛画，可能就是这种信仰的产物，其中的人类始祖母女娲作为独立神被置于至高至尊的位置。

　　比这幅帛画时代稍晚些的还有各地出土的大量画像砖、画像石、壁画、帛画等，其中人首蛇身画像是一个颇普遍的题材。由于某些画像旁刻有榜题，如武梁祠石室画像第一石，原图左柱有隶书"伏戏仓精，初造王业，画卦结绳，以理海内"（图21）；四川简阳鬼头山东汉岩墓石棺3号人首蛇身像旁刻有"伏希""女絓（娃）"字样，论证工作也就简单得多了。女娲的表现形式也较多样，或单身，或与伏羲对称（不交尾）或对偶（交尾）。手中或执伞盖，或执日轮或月轮，或执规或矩，或执灵芝，等等（图22）。这些画像分布于山东、河南、四川、江苏、新疆等地，所属时间大约是汉代到唐代。

图21　山东嘉祥武梁祠汉墓中的
伏羲女娲像

图22　河南南阳汉墓中的伏羲
女娲像

　　这些画像显示了女娲与死者的密切关系。她的形象常与伏羲一道被刻在墓室或祠堂的柱子、墙壁的四周或顶端，或者在棺椁上。新疆吐鲁番地区发现的隋唐时期的伏羲女娲绢画，有的盖在死者的身上，有的是画面朝下，用墓钉钉在墓顶上，少数是折叠包好，摆在死者身旁。① 有趣的是，由于时代、地域的不同，伏羲、女娲在形象上也有了变化，或敞袖、伏羲或有胡髭等，明显是受到西域胡风的影响而民族化了。

　　女娲画像如此普遍长久地用于死者的殡葬，主要并不是为了装饰。其动机究竟为何，文物自身并不能提供给我们更多的信息。不过，联系到民族信仰中的有关内容，也许可以得出如下认识。

　　第一，女娲是创造、孕生了人类乃至万物的始祖，是恢复宇宙间正常秩序的神圣英雄，是信仰中神力巨大、地位显赫的大女神，因而相信灵魂不死、他界可以再生的官吏、贵族，通过将女娲画像刻在墓祠中的做法，向始祖神寻求归依并取得护佑。

　　第二，无论女娲是作为单身的独立神，还是后来与伏羲结成了对偶神，她的神格核心都是始祖神，其神格中所蕴含的基本内容是繁衍生殖。这与汉代希冀通过祈求祖先保佑后代子孙兴旺繁盛，故而"作此家以宜子孙"的思想正相吻合。与此相关，女娲与伏羲作为男阳女阴或夫妇对偶的形象，出现在夫妇合葬的墓祠中，恰好可以作为"阴阳和，夫妇睦"的象征。② 所以有人说伏羲与女娲之被崇拜"是因为他们象征性地

---

　　① 参见冯华：《记新疆新发现的绢画伏羲女娲像》，载《文物》，1962(Z2)。

　　② 例如重庆沙坪坝汉墓中，出土有石棺二：较大的一棺，前额刻一人首蛇身像，一手捧日轮；较小的一棺，前额亦刻一人首蛇身像，一手捧月轮。常任侠认为棺一大一小，所呈现亦象征一阳一阴，墓主应为一男一女，而其人首蛇身像亦即伏羲与女娲。参见常任侠：《重庆沙坪坝出土之石棺画像研究》，见前引《常任侠艺术考古论文选集》，2～6 页。

代表了人类通过婚姻而不断繁衍的意义"①，是抓住了问题的一些实质的。

第三，女娲的蛇身形象是颇耐人寻味的。它可能是女娲的繁衍生殖的基本神格内蕴的外化显现。除此而外，关于蛇长生不死的观念，也是讨论这个问题时不容忽视的。蛇不死的观念是相当古老的，在世界许多民族中都有存在。"蛇蜕皮型"的死亡起源神话，在东南亚和太平洋群岛最为流传。② 我国汉民族及许多少数民族中，蛇不死的观念也较普遍。独龙族神话反映：人最初不会死，就像蛇那样长生不老。③ 黔东南的苗族有给儿童吃蛇肉的习俗，认为这能使人延年益寿。④ 而汉民族中，至今在陕西、广西、安徽、江西等相当广阔的范围内，都有"蛇蜕皮型"的神话，讲述人类死亡的起源，说人类本来通过蜕皮是可以长生不死的，可由于忍受不了蜕皮的痛苦（或其他原因），与蛇做了调换，从此人有了死亡，而蛇通过蜕皮而长生不老。有一则广西资源县流传的神话还将最初的人不死说成女娲娘娘造人后用了法道的结果。⑤ 这也许是附会，但从中多少可以反映出女娲与人类长生不死的联系。也许女娲的蛇身形象同时包蕴着长生不死的信仰内容，而与丧葬习俗的主旨恰相适宜。

大约主要由于以上几个原因吧，女娲的人首蛇身像成了适宜于丧葬习俗的多种目的和要求的、兼具多种功能的象征，因而成了最受欢迎的题材之一，频繁地出现于汉代的墓室祠堂中，以至到了隋唐时代，这种

---

① ［英］丹尼斯·赵：《中国人信仰中的蛇》，见《民间文艺集刊》第七集，上海，上海文艺出版社，1985。

② 参见郭于华：《死的困扰与生的执著：中国民间丧葬仪礼与传统生死观》，125～127 页，北京，中国人民大学出版社，1992。

③ 参见《嘎美嘎莎造人》，见谷德明编：《中国少数民族神话》（下），530～531 页。

④ 参见张泰明主编：《黔东南民族村寨》，黔东南苗族侗族自治州文化局编，1987。

⑤ 《人与蛇》。

信仰习俗还在偏远的新疆等地存在。

　　以上从五个方面对古代、近代文献中有关女娲信仰的状况，做了大致的探寻、追索。从中可以发现，虽然文献中有关古代女娲信仰的资料不很丰富、完整，但人类的始祖女娲还是在节日、信仰仪式、丧葬习俗、地理风物等众多方面都留下了她影响的痕迹。对她的信仰，自战国末期的记载起，从汉至唐、宋、明、清，尽管时有沉浮，但一直绵绵不绝，偶尔在一些地方还会显出十分隆盛的景象。女娲不仅在民间信仰中有着深厚、长久的影响，就是以男权为中心的封建王朝，也不完全抹杀她原有的神异性，在特定的形势下，还会宣扬她的神异性，这使得对女娲的信奉超出了简单的阶级差别，而表现出一定的民族共通性。

　　在探讨古代的女娲信仰时，需要清醒意识到的一点是材料上的片面性和局限性。古文献及地下文物所显示的信息大多是断片的、零散的、缺乏血肉的，甚至是模糊不清的，这一点自不待言。材料上的缺陷还表现在它们往往来源于上层文化，文字材料当然多出于封建文人的笔下，那些珍贵的画像石资料也是贵族、官吏的墓中才有的。而被文字记录下来的女娲信仰状况，也不免常被打上封建义理的印记，例如女娲往往被历史化为上古帝皇，对民间女娲信仰的许多观念和做法抱着不以为然的态度，如此等等。这种材料上的缺陷，为我们全面、客观地了解古代女娲信仰带来了一定的困难。

第四章 | 现代民间的女娲信仰

　　对女娲的信仰，不仅存在于古代，在其见于记载两千多年后的今天，女娲的恩泽继续滋润着一些信众的心灵，并随着他们的各种现实要求而不断丰富和更新。

　　现代的女娲信仰，主要存活于民间。本章所使用材料主要来自笔者的田野调查及其他一些相关的民俗志资料，它们如同女娲信仰历史的一个个横断面，从中不仅可以对女娲现存于民众生活中的具体状况有一个生动、立体的感受和了解，也可以由此而更进一步地认识其过去，更深入地理解其神格实质及其功能、意义。

第一节　人祖姑娘女娲氏
　　——河南淮阳人祖庙会考察报告①

　　淮阳，位于黄淮平原腹地、豫东周口地区的中

---

　　①　以下三节文字，均系作者于 1993 年 3—4 月间，随同河南大学"中原神话调查组"，于河南、河北两省进行女娲文化的实地考察后撰写的田野调查报告。

心，古称"陈"。据《资治通鉴》和《竹书纪年》载，帝太昊伏羲氏①都于此；因其"以龙纪官"，故又有"龙都"之称。现城东南 4000 米许有平粮台遗址，经考古分析距今 4500 年左右，系我国目前发现的最早（资料数据截至 1993 年）城池遗址。不少人认为这座古城即历史上记载的太昊氏之都——宛丘。

这里祀奉的大神是太昊伏羲氏。城北 1.5 千米左右的蔡河北岸，建有太昊陵，相传是明太祖朱元璋得人祖伏羲庇佑后还愿重建，故有皇城的威势。整个建筑群包括外城、内城及紫禁城三道皇城，两殿、十三门、两楼、一台、两庑、两坊、一园、六观，共占地 875 亩。统天殿是太昊陵主体建筑之一，俗称"大殿"，门额上书"伏羲圣迹"四个大字。内塑有伏羲手托八卦像（图 23）。统天殿之后有显仁殿，俗称"二殿"，殿内挂有宣传伏羲、女娲治世造人诸圣迹的若干壁画。殿后紫禁城内有伏羲陵，陵高十寻，周长 150 多米，上圆下方，取"天圆地方"之意。陵前立有墓碑，上书"太昊伏羲氏之陵"（图 24）。墓碑前修有一个大香火池，供香客们焚香烧纸使用。除这些中轴线上的主体建筑外，太昊陵东西原各有三观：东奉岳飞、老君、真武；西奉女娲、玉皇、三仙。现仅存有岳飞观，其余在 1949 年以后均被拆，目前正准备恢复。

每年农历二月二到三月三，太昊陵内都有庙会，西至京汉路，东至皖西，北至鲁西南，南至湖广的方圆数百里的群众纷纷赶来朝祖进香。这两年来此旅游并朝祖的海内外人士也日渐增多。每日人数往往上万，有时多达十几万。我们来时虽已是庙会尾声，然而陵前"面桥"上、蔡河两岸依然摊点密布。卖得最多的是香炮、纸钱、泥泥狗、布老虎、塑料娃娃，粗瓷制成的各种神像（如各式观音、手捧八卦的伏羲、老奶奶模

---

① 太昊与伏羲的牵连关系亦较复杂，此暂不论。

图 23　河南淮阳人祖庙里供奉的伏羲像

图 24　太昊伏羲氏之陵

样的女娲、大肚弥勒佛）等，其他还有木制旗杆、秸秆扎成的楼子以及
布匹、衣服、各种小吃、日用杂品等。陵内更加热闹，有举着楼子、冠
袍等吹吹打打来还愿的，有携着香炮纸钱来求福的，有挎着篮子四处兜
售塑料娃娃的，有摆摊设点推销自制的泥泥狗、布老虎、"老衣"（人死
时穿的衣服）的，有在殿内跳"担经挑"舞的，有唱经宣传人祖功绩的，
也有算卦看手相的……鞭炮声、唢呐声、唱经声不绝于耳，来来往往的
人摩肩接踵，络绎不绝。

　　除这一个月庙会外，平时每月的初一、十五，也有人来此进香还

愿。庙会期间的初一、十五也最热闹。三月二，是"瞎子会"。相传人祖兄妹捏泥人后因雨收拾不及而使一部分泥人伤残，所以后世的残疾人与健全人一样，都是人祖的子孙。这一天各地残疾人要云集太昊陵内，感谢人祖对他们的关照。

伏羲在淮阳被尊奉为"人祖爷""人根之祖""斯文鼻祖"，女娲则一般被称作"人祖姑娘""女娲姑娘""老母娘"等，"人祖奶奶"的称法常常受到指正。张玉芝（女，80多岁，不识字）①说：伏羲、女娲兄妹滚磨，但磨散开了，二人并未成亲，所以女娲还是女儿身。王东莲（女，58岁，陵内摊贩）说：虽然他们兄妹结亲了，但不好意思，所以还是称女娲为"人祖姑娘"（关于这一段神话表演事件的更多描述和分析，详见下编第八章）。可见古神话在后世受正统伦理观念影响所发生的变异。

妇女在庙会中十分引人注意。这不仅是因为她们在前来烧香敬祖的香客中占了绝大多数，还因为她们在庙会上十分活跃。她们或表演"担经挑"的舞蹈，或唱经宣传人祖事迹、劝人修行。当地博物馆的霍进善主任告诉我们：妇女们一到这里就百无禁忌了，她们可以唱、跳、哭、笑。在群众自发组织的香会中，妇女也常占据着多数。据一个北关香会的会首周传荣（女，40岁，不识字）介绍说：她的香会中有二十多个姊妹，男性只有三人。这种情形看来较普遍。为便于在庙会期间拜谒人祖，远地的人们往往在太昊陵附近租了房子，几个人、十几个人聚集在这里。有的妇女在庙会的一个月中都住在这里"守功"（指留在人祖身边尽心积德）。

问到来此朝拜人祖的目的，一位河南新密的妇女说："女娲那时候辛苦，上头没天，下头没地，没有他们，就没有今天的人。咱来纪念他

---

① 遵照民俗学的学术伦理，书中部分资料提供者的名字为化名。

们。"周传荣说："人们朝香敬祖是表示对人祖的感激，是表孝心的。"她们的这种态度，在香客们中间颇具代表性。

这里广泛流传着人祖爷显灵以及伏羲、女娲兄妹婚的神话。我们欣喜地发现在这里流传着大量的"经"——一种民间小调形式的口头文学作品。笔者采访到的周传荣，一个人便唱了《人祖夸家》《担花篮经》《人祖姑娘经》《老母娘下凡》《十上香》《道姑修行》等十余首(图 25)。其他会员也多少会念几段"经"。其中有些是妇女们担经挑时边舞边唱的，内容多宣传神仙思想、劝人修行等，也有唱日常生活内容的，如《十二月对花名》《七岁的小妞好行善》等。还有一类是"传经"时唱的，多讲述神灵事迹，有很浓的民间信仰色彩。例如《人祖姑娘经》唱道：

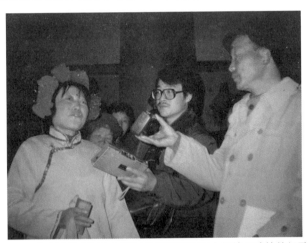

图 25　香客周传荣正为田野工作者演唱赞颂人祖神圣功绩的经歌

老盘古安天下人烟稀少，

没有天没有地哪有人伦。

天王爷他下来治世日月星斗，

地王爷他下来治世五谷苗根。

东南山出了一个混天祖，

西南山出了一个洪钧道身。

人祖这无奈何，

他姊妹无奈何大祸临身。

上天只把他来搭救，

昆仑山上滚磨成亲。

到后来生下了儿女百对，

生下了百家姓直到如今。

讲起来全世界一母所养，

讲起来全世界一个老根。

南无者佛来南无佛，

这都是人祖姑娘传下的一本经。

这一类经是"真经"，据说是梦中人祖点化他们的，平时不唱。例如《十上香》系请神时唱，《人祖姑娘经》一般在宣传人祖时唱。

唱经的多是妇女，但男子也有会唱的，例如这一香会中的李军（30岁，农民）便给笔者唱了《伏羲扫碑》《伏羲镇陵碑》等，也说系人祖点化。这些经体现了民间的观念世界，如果能将其系统地搜集整理出来，将是民间文化研究的宝贵资料。

庙会也许是一方风俗文化最集中的体现，淮阳人祖庙会风俗的丰富多彩，即是一个证明。

担经挑，又叫"担花篮"，是民间妇女们跳的一种舞蹈（图26）。较早时是四个人跳，三个人担花篮，一个人打手板。基本的舞步有"剪子股""梅花步""龙摆尾"等。舞者一般身着黑色大襟上衣、黑大腰裤镶彩边、黑绣花鞋，戴五尺长的黑头纱、下缀二寸长穗。每当舞者走到中间背靠背交错而过时，身后的长纱便飘飞绞绕在一处，仿佛二龙交尾。这被当地不少研究者认为是象征伏、女相交之状。如今跳法更加多样，人数也增至六、九、十二或更多。1993 年"龙都朝祖大会"的一些组织者为更吸引游客，对一些担经挑舞蹈进行了排练，服装也改成鲜艳的衣裤再加花红头饰。

图 26 香会成员正在跳担经挑舞

担经挑一般在庙会上敬祖或还愿时跳。跳前要烧香，有的还要洗手后才拿经挑。暂歇时要双手平伸，端着经挑以示恭敬。跳罢回家，经挑亦不能随意乱放，有的挂于高处，有的则裹上红布放在箱子里。这种舞"传女不传男"，要学可以在庙会上、香会里或者在家里向妈妈、奶奶等学习。一般跳这种舞的都是年纪在五六十岁及以上的老年妇女（当地称"老斋公"）。她们跳起舞来，即使身体有病，也能步履轻盈。舞到迷狂时，往往眼含热泪，还能做出弯腰、翻身等高难度动作。

据说担经挑意在敬祀老母娘女娲。多年来一直致力于担经挑研究的县文化馆李洁同志介绍说：有的民间艺人讲，担经挑是从古时的"龙花会"流传下来的，伏羲是大龙，女娲是小龙。当地还流传着一个神话传说《担经挑的来历》，说女娲补天之后，错投了恶狗村，变成了一只黑狗；她的女儿宓妃想念她，就扎了两个龙凤花篮，写了点孝敬娘的经文放在里面，用竹扁担挑着，走到哪儿，就在哪儿担着经跳，然后就向围观的人们打听女娲的消息，最后终于救出了女娲。后来人们就学宓妃的样子担经挑，为的是祭祀祖先。谁的经挑做得大、好看，谁就是知宗敬长的真心女。[①]　担经挑传女不传男，据说就是因为敬奉的乃是老母娘女娲的缘故。

泥泥狗，又称"陵狗"，是庙会上各种泥制玩具的总称(图27)。用淤泥捏成，全涂成黑色，后用红、黄、白、绿、蓝五色，绘以点线结构的图案，造型古拙，有简单至极的小燕子、鳖和泥埙，也有较精细的双面人、双面猴、虎驮猴、猴驮猴、草帽老虎等。其中有一种人面猴，身躯粗犷，胸部中央以红、绿、白等线条绘成"❀"图案，学者们认为这是女阴形象。泥泥狗中大量的双面动物，也被认为是生殖崇拜的表现。泥泥狗起于何时，已无可考。据艺人们讲：泥泥狗的由来与伏羲、女娲捏泥人有关，其中的泥埙即是他们制的乐器，草帽老虎是从女娲结亲时"以扇遮面"而流传下来的。关于泥泥狗的用途，徐继祖(男，48 岁，泥泥狗艺人)介绍说：在沙河以南，人们将泥泥狗带回去冲水喝，据说可以治病，因为人祖爷的土贵。现在泥泥狗基本上已成了玩具、工艺品。以前斋公们赶会回家，总要花一两角钱买一大堆泥泥狗应付路上孩子们的"拦劫"，否则他们会唱："给点儿小陵狗，不然到家死恁两口儿。"制作泥泥狗较集中的是城关附近的白楼等乡的十多个村庄，有 400 多户人家。艺人们说：泥泥狗是淮阳的特产，其他地方即使有，也是从陈州传过去的。笔者在随后的几处庙会上，确实再未见过这种泥泥狗。

求子是太昊陵庙会上很常见的活动。以前陵内有女娲观，俗称"娃

---

① 陈连忠主编的《河南民间文学集成·周口地区故事卷》收有此则神话，杨复俊采录。

图 27　泥泥狗

娃殿"，观中有泥娃娃，求子者祈祷许愿毕，供上一点钱，买一个娃娃，用红绳套住它的脖子，迅速藏在衣内，并起个"留柱"（谐音"留住"）、"都来"之类的名字，一路默念着，不能跟别人说话。到家后马上放在床席底下。三年内若得子，便是女娲姑娘送的孩子了。现女娲观虽不存，然而作用不减。不少来拴娃娃的人依然对着原基址跪拜祈祝，墙壁已被香烟熏成了黑色。人们也可以直接去大殿向人祖爷求子。在显仁殿东侧的台基上，有一小石窟，宽仅容二指，深亦不过三四厘米，人称"子孙窑"（图 28），据说摸之可以得子。1985 年修大殿时，子孙窑的石头曾被换过，如今周遭又被摸得乌黑锃亮。摸子孙窑的并不一定是为自己求子，可以是婆婆为儿媳摸、小姑为嫂子摸。

为求子、治病、求福、求财等而许的愿五花八门，还愿的形式相应地也就多种多样。一般许的如楼子、旗杆、元宝、香纸火炮，也有许纸扎的猪、羊乃至真正的猪、羊的，有许担经挑的，还有许戏或电影的。这里的"楼子"是一种纸活儿，用秸秆或竹棍做骨架，糊上彩纸，扎成楼房，送给人祖居住。里面大多印着伏羲像，是各家自制木版印的，多系头生双角、腰系虎皮、手托八卦，也有蟒袍冠带的文明形象，也有无画而单写"人祖伏羲之位"的。旗杆是在一根红色木棍上扎一小旗，旗下有

图 28　摸子孙窑是人祖庙会中的重要习俗

方形的斗。主家若求子得了男孩，还愿时旗杆的斗是封严了的，若得了女孩，斗就没底。许愿时要说明还愿的内容与方式。例如许三年之内每年跳担经挑的，或每年送一个楼子的；有的则一年送一个楼子，直到孩子长到十二岁；也有送钱的；还有送鞋、送衣服的。鞋做成三寸，各种颜色都有，鞋帮上还绣上各种花草、动物图案等，送给人祖姑娘或者其他女神们享用(图 29)。这些旗杆、楼子、鞋等被拿到陵前，向人祖焚香禀明情况后，在香池里烧掉。

香池里的灰很厚。有不少人带了烧饼、煮熟的鸡蛋等埋在灰里，片刻后扒出来拿回家去，说是"老的吃了长寿，小的吃了免灾"。有几个男人拿着长柄铁锨专代人烧扒饼蛋，从中赚钱。有些来烧香的人还将这香灰装在袋子里拿回家去冲水喝，说是能治病。

表面看来，伏羲是太昊陵的至尊神，而且就搜集到的情况看，当地有关伏羲以及伏、女兄妹婚的神话比较盛行，而女娲独立神时期的神话并不丰富，但庙会的诸种主要习俗——泥泥狗、担经挑、摸子孙窑等——都与女娲密切相关，而且表现出一种强烈的繁衍生殖，尤其是女

图 29   女性香客们给女娲奶奶送绣鞋

阴崇拜的意向。从时间上看，太昊陵庙会的时间正与古代祭祀高禖的时间一致。我们知道，女娲曾被奉为高禖之神，祭祀高禖的时间是在仲春二月。届时人们用太牢之礼祭祀高禖，以求有子。《周礼·媒氏》云"仲春之月，令会男女，于是时也，奔者不禁"，可见祀高禖时，异性之间还往往发生野合的事。太昊陵人祖庙会上曾有过的野合之风，很可能就是这种古代习俗的存留。在陕西骊山每年两次供奉女娲的庙会上，也有野合习俗存在。[1] 所以淮阳人祖庙会的原初很可能是古代所谓"仲春之会"，它奉祀的主神乃是高禖之神女娲。

　　随着时代的发展变化，庙会奉祀的主神逐渐变成男性的始祖伏羲，野合习俗也渐为社会所不容，但是庙会的祈求繁衍生殖的主旨依然存留着，甚至在女娲观已荡然无存的情形下，不少人依然向女娲求子。足见女娲作为主繁衍生殖的女性始祖，在民俗信仰中长期稳固的影响。在泥泥狗身上绘的女阴图案以及子孙窑所象征的女阴形象，也显明地存留着

----

　　[1]　参见宋兆麟：《人祖神话与生育信仰》，载《中州民俗》，1988(2)。

古代女性生育神崇拜的痕迹①，透露着太昊陵庙会原初的真相。

第二节　天地全神女娲氏
——河南西华女娲城考察报告

河南西华亦属周口市所辖，民国时期曾一度划归淮阳专区。这里虽去淮阳不过百里，但敬奉的主神已大不相同，所以老百姓中有"右东陵（指太昊陵），左西陵（指女娲陵）"的说法。清代《西华县志》卷一载：西华思都岗"在县北二十里。按《河南通志》云：女娲氏之遗民思故都，因以为名"。《读史方舆纪要》卷四十七载："娲城在西华县西，女娲所都也。"由此可知，现今西华聂堆镇思都岗村是传说中女娲的都城。1981年至1986年间，河南省和周口市考古队曾来此挖掘考察，发现了"女娲城遗址"（图30）。城址呈正方形，分内外两城。内城面积为19600平方米，城墙残存最高为3米、宽8米，分层夯筑。城内有陶水管道、炉灰以及鼎、鬲、豆等陶器，有明显春秋战国时代的特征。还发现有明代以前刻的"娲"字方砖（据遗址前河南省人民政府所立石碑碑文介绍）。城址下有大量龙山文化及其之前的文化遗物，城周1000米以内有大量汉代墓葬。1986年11月，河南省人民政府正式将该遗址列为省级文物保护单位。

---

① 用凹形的石洞、石山等象征女阴形象以求子嗣的做法，在世界上许多民族中都有存在（参见宋兆麟：《生育神与性巫术研究》，53～61页，北京，文物出版社，1990）。淮阳的子孙窑当不例外。一般地说，女阴崇拜并不一定代表着女性生育神信仰，它可能只是一种性器信仰下的求子巫术手段。然而从淮阳庙会的整体情形来看，泥泥狗和子孙窑上出现的女阴形象，恐怕不是一般的巫术手段，而很可能作为代表全体的局部，象征着女性生育神女娲。

图 30　笔者在河南西华"女娲城遗址"石碑前

　　笔者一到西华就感到了女娲的影响力。县城中心广场矗立着 5 米高的女娲托石补天巨像，身披树叶，体格颇健壮。当时县政府正计划集资在思都岗修建一个规模较大的女娲陵，其中包括补天大殿、造人大殿、笙簧大殿等，以便利用当地独具的文化特色，发展旅游事业，并引起海内外投资者的兴趣，从而推动经济的发展。

　　聂堆镇思都岗村在县城北 7000 米处，1992 年统计时有人口 2780 人，耕地 4988 亩，人均收入 1139 元。除庙会期间外，平时没有从县城直达这里的公共汽车。每年农历正月十二日到二十日，这里都有女娲城庙会。届时方圆数百里的群众纷纷赶来进香，进行集市贸易的小摊往往绵延到几里以外。平时，每月的初一、十五这里也很热闹。据县科委的解守明同志介绍：这里的庙会早在"黄水"（指 1938 年蒋介石炸开花园口造成的黄河泛滥）前就很兴盛。以前的女娲庙里，上面供着女娲泥胎，三尺多高，腰缠树叶，坐莲台，手捧太极图；下供伏羲，手捧八卦图，配享为朱襄、昊英。

　　如今的女娲阁（图 31）是 1980 年以后集资修建的。大殿长 24 米，宽 8 米，高 7 米，也有两层，底层有三间小屋，左、右为会首议事或斋公休息之所。中间的一间供有伏羲及朱襄、昊英的布画像，伏羲坐于当中，手捧八卦；朱、昊皆站立，手捧书契、甲历。供桌上还摆着观音菩萨等神像。阁的上层大厅正中，塑有女娲石像，凤冠霞帔。墙壁上挂满了宣传女娲补天、造人等神圣功绩的巨幅画像及一块"德泽万物"的匾额。阁后有女娲坟，坟前有碑，上书"女皇娲氏之墓"。据说"黄水"时女娲坟曾被淹没，洪水退后，方圆数百里的群众纷纷赶来运土造坟，并栽下近 200 亩的桃树、松柏。如今庙会期间仍有人往坟上添土。

图 31　河南西华女娲阁

阁西尚有两间土屋，是在女娲阁建成之前由信徒们自发捐资修建的礼祀女娲的场所。一间为厨房，供在此"守功"（指守在"老娘"身边以表虔诚心）的人们炊膳之用。另一间的门框上贴着"补天造人循环宇宙，开天辟地女娲称皇"的对联，内供女娲的托石站立像，面目雕凿得很粗糙；墙上挂着一幅不大的伏羲像、两幅飞龙图、一幅女娲补天图，还有一幅"女娲执世造人"图，图中的女娲身穿树衣，旁边有一对童男童女手牵着一根红线，明显是一副媒神形象（图 32）。

女娲城庙会上的进香、许愿还愿、求子祈福等习俗与淮阳大体相近。不过在这里，女娲是享有崇高地位的"天地全神"，她给人们送子赐

图32　女娲为媒神绘画

福、消灾治病，还成了人们诉冤陈情的神判官。进香的群众也有一些自发结成的香会组织，据有的老先生介绍：在民国甚至更早些时候，这里还曾有一种自发的民乐团体叫"娲皇社"。成员不限男女，自筹鼓乐，在节日里歌舞。①

思都岗不少人自豪地告诉笔者：思都岗是"八宝神仙居地"，"只要是沾着女娲娘娘的地方，都出主贵东西"。比如说她的坟上长有灵芝草，可治百病；菩檀树一年四季青枝绿叶，但人总也找不见它；三土岗上的果树，结的果实总是又大又甜；村中还有玉石井，每投石，如中锣鼓，

---

① 由当时任教于河南周口教育学院的高友鹏老师提供（私人通信）。

声音清亮，相传里面原有只金老鼠，后被南方人盗走了。

这里关于女娲显灵及其造人、补天、滚磨成亲等的神话传说十分普遍。不少人都能活灵活现地讲述几段"老皇娘"显示灵异的故事。例如张慎重夫妇（均70岁左右）讲：新中国成立前，土匪打附近的宁冈寨，可思都岗平安无事，夜里城上还亮着一盏盏的灯笼，人们都说，这是女娲显灵了。为建女娲陵四处"跑功"（指去外地宣传女娲、进行募捐活动等）的会首李俊（女，70多岁，鄢岭陶城乡人）说：女娲很灵验，有一年地里闹蚜虫，老百姓都来求女娲，给她许了个庙，结果晚间就下了一场大雨，把蚜虫都收完了。还有人说：有一年西华流行疫病，死了很多人，亏得女娲给一个医生托梦，叫他用一种草药给人们治病，很有效，后来当地人就把这种草药叫"女娲芪"，实际上就是黄芪。① 这里的女娲神话讲述也很有特点。讲述人单知道补天或造人的情形比较少见，他们多是成串地讲述有关女娲的事迹，甚至将女娲的有关身世连成一体，从其出世、补天、成亲一直讲到造人、定居以至葬于思都岗，形成了一定系统的民间神话传说。尤其令人注意的，是讲唱这些神话常常是在一种庄严肃穆甚至"女娲附体"的情况下进行的。例如92岁的史全来老人在唱长篇的《女娲诗卷》之前，先双手合十，口念"奉请开天老祖、日月圣母、老佛祖、老母、无生圣母、老天爷、玉皇大帝、观音菩萨、老皇娘、伏羲"，念毕才唱。从天地混沌、兄妹降生、女娲用五色石补天直到兄妹滚磨成亲，唱得情真意切。这些经大多宣扬女娲为人类造福的艰苦历程、窘迫现状（如无钱修庙等），劝人多加照拂之类。例如有一首经唱道："女娲姑娘从南来，头没有帽子脚没有鞋，身披着芦衣泪满腮，全心全意修世界。……"女娲在这些经中大多带有浓厚的悲苦色调，引得

---

① 张振犁、程健君编的《中原神话专题资料》中亦收有此传说，见76页。

不少妇女唱经时神情悲戚，乃至声泪俱下、哽咽不成语。

　　在思都岗的调查中，笔者由衷地感到，女娲是民间信仰中极受尊崇的大神（相形之下，伏羲的势力不禁黯然失色）；通过"托梦""附体""显灵"等形式，这位古老的大母神继续生动地存在于信仰者们的现实生活中，并发挥着多方面的作用，对人们（尤其是妇女）的精神世界产生着巨大的影响。

第三节　娲皇圣母女娲氏
——河北涉县娲皇宫考察报告

　　涉县古称沙侯国，夏商时属冀州，汉时才有涉县之名。从明、清两代直到民国时期，一直隶属河南省。涉县地处晋、冀、豫三省相交之处，古有"秦晋之要冲，燕赵之名邑"之称。1949 年方划归河北省。盛产花椒、柿子、核桃。

　　太行山与女娲在历史上便有不解之缘。《地理通释·十道山川考》《卫辉府志》引《太平寰宇记》《事物异名录》等均载太行山为"天下之脊"，别名又有"皇母山""女娲山"等，其上有女娲祠。宋代崔伯易曾作《感山赋》以记其胜。涉县地处太行山东麓，境内唐王山（又称"凤凰山"，汉时称"中皇山"）上又有目前国内规模最大的娲皇宫。[①] 古史载女娲"居中皇山"，并于此炼石补天，因此结合古文献资料考察当地女娲神话及其信仰的现代存在状况，同时追溯其历史沿革，对研究女娲具有重要意义。

　　娲皇宫（图 33）位于涉县西北的唐王山上，西临清漳河。整个建筑群

　　① 当地俱作"娲媓宫"。现将"媓"改作常用的"皇"，下文同。

分山上、山下两大部分，多系明清时的旧格局，1979 年以后陆续进行了维修。山下建筑有朝元宫、停骖宫、广生宫和牌坊等；山上建筑有娲皇阁、梳妆楼、钟楼、鼓楼、迎爽楼、木牌坊、皮疡庙、六角亭、灵官庙及山门等。总占地面积约 76 万平方米。

图 33 河北涉县娲皇宫

朝元宫为四合殿式建筑。它的始建时间，似已无明文可考。如今这里的三官殿中供着天官、地官、水官，大成殿中供着千手千眼观音。两厢还供有四大天王和弥勒佛的塑像。

停骖宫，据清咸丰二年(1852 年)《重修停骖宫记》碑文所载："按旧志传载，北齐文宣帝高洋自邺返太原，尝道经山下，起离宫以备巡幸。宫之得名或自此□与。内奉娲皇暨碧紫霞元君神像。"按照此处碑文的记载，停骖宫的始建时间当在北齐初期。如今宫中依旧供着这三位女神，女娲像居中。笔者询问当地老百姓，都说此宫是女娲娘娘回宫时的歇马处，故俗名又叫"歇马殿"。

广生宫，俗称"子孙殿"，是山下的主要建筑之一。它的创建时间，大约与娲皇阁相继。宫中主要供奉广生圣母。院中立有清代刻的石碑二通。同治八年(1869 年)《重修广生宫记》载："每岁暮春，燕晋士女不远千里奔走偕来，登览者必先于此宫瞻礼焉。"如今来这儿"求子孙生育之蕃"者依然络绎不绝。

广生宫东有吕祖殿，供有吕洞宾像。

沿着十八盘山路登上娲皇阁的途中，有数亭及一灵官殿，中有王灵官像。盖以其"驱逐四方，无远弗届"而为娲皇侍卫。

娲皇阁通高 23 米，整个建筑依山凿壁，错落有致。山门上书"别有天地""蓬壶仙境"，左右楹联为"凤山名隆三岛，神仙势压十洲"。山门正反两面的四个角上分别铭刻着"断鳌立极""炼石补天"字样。山门左有皮疡庙，里面供着皮疡与鲁班像。山门右有一牌坊，上书"娲皇圣迹"。拾级而上，迎面一块巨石上刻着"古中皇山"四个大字。依山的石壁上刻着珍贵的北齐佛经，并存有眼光、蚕姑二窟，窟中的神祇作佛像状，已有残损。娲皇阁共有四层。最高一层的门额上书写着"炼石补天"，其中供着女娲托石坐像（图 34 ），脚下立着几个小泥人。三层阁楼中的女娲手托陶罐，阁中挂有香客送的红布和锦旗，各书"有求必应，得女谢恩""神恩赐子，灵验之极"等，看来是还愿时所献，门额上书"补造化"。二层阁楼乃清虚阁，里面的女娲手托着一个男孩。最底层好像是一个洞窟，女娲凤冠皇袍，坐在拱顶式的大厅当中，身后有九位女神及二位凶神做侍卫，门额上书"光照九州"。

娲皇阁始建于何时，至今尚无定论。据清嘉庆年间（1796—1821年）《娲皇圣帝建立志》碑文所载："有悬崖古洞，迨汉文帝创立神庙三楹，造神塑像，加崇祀典，其初谓之中皇山。"按此，则娲皇阁古迹当始于汉文帝时。但这通碑年代既不古远，又为乩师所云，考证娲皇阁的人们似乎并没有以此为凭证，而多认为此处遗迹始建于北齐。《涉县志》载：北齐文宣帝高洋"于此山腰见数百僧行过，遂开三石室，刻诸尊像。及天保末，又使人往竹林寺取经函，勒之岩壁"。这就是这里的摩崖刻

图 34　河北涉县娲皇阁中女娲手托五色石坐像

经以及两个神窟的由来了。可是，为何原先的三石室只存了两窟？是否如今作为娲皇阁底层的洞穴即原来佛室的第三窟呢？如果真是如此，娲皇又是什么时候占了上风，而将原先的佛教圣地据为了自己的宫殿呢？

若果真如有些人所说[①]，娲皇宫木结构的初建年代在唐会昌元年（841 年）至大中十三年（859 年）之间，那么可以由此推断：也许在唐代的某个时期，这里的女娲信仰是十分隆盛的，女娲的势力之大，甚至超过了佛教的影响。倘若按《娲皇圣帝建立志》的记载，娲皇阁始建于汉代，那么娲皇在此的势力恐怕就是在被佛教压倒之后东山再起的，因为从史乘上来看，女娲在汉代是很活跃的。这个问题值得进一步探究，它对于认识女娲与宗教之争的关系、女娲在民间信仰中地位的变迁等都十分有意义。

娲皇宫庙会一般在每年农历的二月十五日到三月十八日之间进行。据说以前是在三月初一到十五（一说到十八），其他日子庙门不开。如今则一年四季开放。三月十八日传说是女娲生日。咸丰三年（1853 年）《重

---

① 　参见王元、江玉亭、马忠礼：《娲皇健步出深山——古建奇构娲皇宫及其开发》，载《旅游学刊》，1991(4)。

修唐王峧娲皇宫碑记》载："每岁三月朔启门，越十八日为神诞。远近数百里男女垒集，有感斯通，无祷不应，灵贶昭昭，由来久矣。"又宣统二年(1910年)《古中皇山娲皇圣母庙重修碑记》载："要之吾涉亦冀州分域也。数百里中敬圣母者，虽村各有庙，悉望是山以为朝宗之所焉，悉觐是庙以致祈祷之情焉。"可见娲皇宫在清代时的显赫与隆盛。如今这里的庙会依然十分盛大，影响所及达于晋东南、晋中、豫北、冀南等地。管理处的程俊义同志告诉笔者，从1979年以来，人数最多的一天达到14000人。

女娲在这里一般被称作"老奶奶"，也有叫"当央奶奶"的，还可根据不同的区域方位而称女娲为"北顶奶奶""东顶奶奶"等，"娲皇圣母"是正式的称呼。去娲皇宫进香，俗称"朝顶"。朝顶是件圣洁的事，虔诚的人上山前要净身洗手。上山时挨别人骂了也不能回嘴，下山可就不同了。"不干净的人"(主要指品德不好、作风不正派的人)被认为是没有资格去朝顶的。如果不能去朝顶，在家里向娲皇阁方向烧香祈祝也有效。但不能受人邀约而不去，而且一去得连续三年不能间断，否则不吉。朝顶的人们携着香纸、几尺红布、几袋饼干，拜神时抓一把饼干、扯一条红布放在像前。这红布条还可以系在山上的树、草上，据说可得吉利。有人还将山上的红布条拴在衣服上带回家去，以示朝顶大吉。山西人常带来小米，撒在功德箱和十八盘山路上，其意有二：一则送给老奶奶喂猫，二则祈求老奶奶保佑五谷丰登。令人注意的是这里卖的香纸除黄色外，还有红、蓝、绿、靛黑，共五色。当地人以为黄纸代表金钱，其他四色代表衣服布匹。这种习俗似乎不见于他处，是否与女娲炼五色石有关，尚待论证。

这里没有担经挑和泥泥狗，其他求子祈福、许愿还愿等活动的形式与淮阳、西华大体相同。据康熙六年(1667年)《重建女娲氏停骖宫记》

记载：女娲阁"旁多石罅，有物如螺而小，隐于沙碛"，过去，来此求子的人们就将此物取回去，云神灵所感，求子必应。也有将石子搁在树杈间或在路旁搭个石塔来表达求子愿望的。三月十四日夜（持此说者，认为第二日是女娲生日），子孙殿的院里常坐满了进香的人，多为妇女，称"坐夜"，以表示对"老奶奶"的孝敬虔诚之心。自称被女娲"附体"的一些"神婆"也在院中又唱又跳，十分热闹。第二日一早要抢烧头一炷香，以求一年顺利吉祥。山上看相算卦的人将所用铜钱称为"当央奶奶钱"，以显示此钱占卦十分灵验。"奶奶顶"（即娲皇阁）上有一烧香的大火池，以前曾有香客爬上娲皇阁往火池里跳，俗称"跳火池"，据说真正有孝心、虔诚心或者贞洁清白的人都不会因此受损伤。

当地人跟"老奶奶"女娲有着特殊的感情，认为自己是"老奶奶"的子孙，所以可以吃供品而不会遭责罚，外地人就不行，他们只能通过跟当地人交换的方式得到这些沾了"老奶奶"灵气的东西。除了庙会期间照例的进香外，涉县的高家庄、石家庄等处的百姓还有每月初一、十五给老奶奶上供的习俗，有些在夏收、秋收之后也要上供，叫"谢夏""谢秋"，以感谢老奶奶的照拂。上供可以择吉日几家一块儿供，也可各家单供。一般就供馍、饼；"全供"则不仅要有菜，还要在大米上放花椒，摆十二碗，再将十五个馍摆作三堆。焚香跪拜完毕，将馍、饼揪几块向四个方向扔出，剩下的则自己吃。无论男女都可以执礼，不过大多是由家庭主妇进行。当地人生了病，还有向女娲"拜药"的习俗。用大米、馍、炒过的花椒摆好上供，再烧三炷香。病人向"奶奶顶"的方向跪着，然后请人用红纸折成圆锥形，在病人头上转三圈，再在青烟头上转三圈，将纸壳中的"东西"倒进水杯中，让病人服下。

这里也有补天节的习俗①，日期在每年的正月二十四日，也称天仓节，人们以为这天是女娲补天日。家家要用麸子磨成黑面，蒸成天仓（补天馍），象征女娲补天时用芦苇灰拌泥土的赤黑色。馍中间的馅儿，用红色的枣、黄色的柿干儿、黑色的软枣、白色的豇豆以及青皮萝卜、葱等做成，代表着女娲补天时用的五色石。当地人从这天起，还要用土石把院子里、道路上、农田中的坑洼不平处填平，以示补天补地。

这里有关女娲显灵的说法很多，例如贞洁的儿媳妇通过跳火池证明了自己的清白，别的地方下冰雹可这里照样丰收，如此等等，不一而足。

有关女娲的神话传说也不少，最普遍的是讲女娲与唐王争地、反埋绣鞋的故事，以解释"唐王崚娲皇宫"的来历。其他讲述女娲补天、造人的神话也带有很浓的地方色彩。例如说女娲在中皇山上支了个大锅，从漳河里捞出五色石子放在锅里熬，现在清漳河里的五色石，就是当年补天时剩下的碎渣；娲皇宫右边的熔五台，就是女娲熔炼五色石的地方，左边的三级飞天降，就是她补天飞升时来回走动的地方（县文化馆李亮转述）。兄妹成亲的神话也很多，但说明其中的兄弟就是伏羲的却很少，事实上笔者问过的许多人都不知道伏羲为何人，有些人则承认：将兄妹说成是伏羲、女娲，乃是受了书本的影响。这种现象值得注意。笔者在这里还搜集到一则《女娲制笙簧》的神话，十分生动，可补古文献资料之不足。

娲皇宫现保存有历代碑刻 75 通。就笔者所看到的，这里的碑刻保存得很好，多系明、清两代所立，内容述及女娲的神话功绩、古代对女

---

① 此处有关补天节的资料，采自前引新文：《中皇山的女娲民俗》。该文还介绍了当地其他一些有关女娲的神话及信仰习俗，可与本节相互补充。

娲的礼祀之隆盛及某处古迹的兴衰史，是研究古代女娲信仰及女娲神话的宝贵资料。

第四节　其他地区的女娲信仰

对于女娲的超自然神力的信仰，在现代中国的其他一些汉民族地区也有存在。从目前搜集到的材料来看，其中女娲势力较大、信仰的习俗也较集中的，还有以下几个地区。

一、陕西骊山地区的人祖庙和单子会

陕西骊山地区也是女娲影响较大的区域之一。这里不仅分布有大量的女娲活动遗迹，而且在群众中还存留着不少的信仰习俗。除上文提到的补天穿活动外，骊山还有人祖庙和老母殿专门供奉女娲。每年还要举行两次祭祀，名为"过会"。一次是农历三月三，要拜人祖、游古迹、洗桃花水。另一次是农历六月，也要拜人祖、游女娲"遗迹"、到温泉洗浴。在这些集会中，最热心虔诚的是妇女，她们往往携儿带女、呼朋引伴结伙而来，顶礼膜拜殿庙，虔诚游观女娲"遗迹"，又在温泉"涤肤洗心"之后，才尽兴而回。① 据有的研究者调查，骊山庙会又称"单子会"，不育妇女往往趁庙会之机，携带着床罩，怀里藏着布娃娃，到骊山拜女神后，夜晚就宿在山林中，附近各村男子晚饭后也多上山，遇到合适的妇女即可同宿。次日清晨，这些妇女回村时，只能低头走路，不能回头

---

① 参见程思炎：《骊山女娲风俗对我们的启示》，见中国民间文艺研究会陕西分会编印：《陕西民俗学研究资料》第 1 集，101 页。

看，否则会冲喜。① 据说 1949 年前，三月三的单子会时，有的媳妇羞于野合之事，不愿前往赴会，做婆婆的还会主动催促儿媳到外面去"风流"一天。②

这单子会，很可能就是古代祭祀高禖女娲时的仲春之会，所以野合习俗长期地存留着，成为民间妇女正当的求子途径之一。

据对当地女娲风俗做过专门考察和研究的张自修介绍：人祖庙的修建之处，就是神话中伏羲、女娲兄妹滚磨成亲的地方。以前每年的七月十五日，四乡的后代要集中于此，举行祭仪来纪念这一对远古的祖先。"文化大革命"时，人祖的遗迹被毁坏，现只剩下刻有"人祖庙"三个大字的五尺古圖。③ 如今的农历六月十三日至十五日，传统的老母会上依然人山人海，这几年的规模甚至超过了七月十五日的"羲氏圣会"，已成为当地珍贵的人文历史资源。④

二、山西交城覃村的"琉璃节"

山西交城义望乡的覃村，是一个生产琉璃制品的专业村。据该村的高钟璋同志介绍⑤：覃村琉璃业源于北魏年间，至今已有 1500 多年的历史。覃村人尊女娲为琉璃匠人的祖师，大约因为女娲炼石补天的神话在我国流传的久远与普遍，炼石与炼琉璃液二者原理上大致相近，故而托附女娲为发明琉璃业的祖师。

---

① 参见宋兆麟：《人祖神话与生育信仰》。
② 参见吴存浩：《中国婚俗》，472 页，济南，山东人民出版社，1986。
③ 参见张自修：《骊山女娲风俗及其渊源》，见中国民间文艺研究会陕西分会编印：《陕西民俗学研究资料》第 1 集，92 页。
④ 陕西临潼张自修提供（私人通信）。
⑤ 私人通信。

　　覃村以前曾有女娲殿，设于关帝庙偏殿中，建于明代，后被拆毁。

　　农历五月初九，有的说是女娲生日，也有的说是女娲炼石补天日。琉璃匠人们每到这天，都要祭祀和纪念女娲，称这天为"琉璃节"。"七七事变"前，匠人们这天都要集资在女娲殿前杀猪羊供奉，还唱三天戏。如果遇上琉璃业不景气，也要唱上一台木偶戏。

　　"文化大革命"中，祭祀一类的活动中断。粉碎"四人帮"后，匠人们又开始过节、唱戏，只是不再进行供奉。

　　当地称女娲为"娘娘"，好像并不知道有伏羲或其他"祖师爷"。

三、台湾的女娲信仰

　　台湾省奉祀女娲娘娘为主神的寺庙，共有 17 座，其中较有名的有台南的清风坛九天玄女庙、台中的朝奉宫九天玄女庙和宜兰的补天宫女娲娘娘庙。[①] 宜兰补天宫的女娲据说十分灵验，能保佑经商的信徒旅途平安，能使信徒身体健康、疾病痊愈，所以香火很盛。此宫的创建据说是因为女娲娘娘神像自浙江漂到宜兰海边，被一个放牛的人捞起来供在家中，不料这位放牛郎从此飞黄腾达，成为当地首富，周围的人们知道了此事，就建了一座宫庙来供奉女娲。

　　在台湾，不少人将女娲与道教的九天玄女混为一体加以奉祀，台中朝奉宫中主要供奉九天玄女娘娘，也有人将她当作女娲合并礼祀。宫内还挂有"炼石补天"的匾额。鹿港天后宫中也供有女娲，作道姑打扮。可见道教对民间女娲信仰的影响。有人还将女娲说成是掌握生儿育女之事的"注生娘娘"，甚至将女娲娘娘和"连理妈"视作同一尊神，供奉从大妈到九妈的九尊神像。制伞业者认为女娲娘娘能将天穹支撑起来，一定是

---

　　① 　此节有关台湾女娲信仰的介绍，均见凌志四主编：《台湾民俗大观》第三册。

她制造了伞盖，所以都奉之为守护神。纺织业者也奉女娲为职业保护神，这大约也是由于她修补了天体的缘故。这与祖国大陆的某些行业如琉璃业、锔缸、锔碗、补锅以及各种塑捏行的人们奉女娲为祖师的做法①异曲同工，都是用古老的始祖神来附会并追溯本行业的起源，以使其历史古老而荣耀。

从以上对女娲在现时生活中存在状况的考察，可以明显地发现，这位古老的大女神并未在现时的生活中消失或变成僵死无用的遗留物。直到今天，她仍然在某些地方生动地存在着，其影响甚至深入人心，人们不仅在口头上讲唱着她的神话业绩，而且因为对其超自然神力的崇信，她仍然对人们的生活发生着多方面的影响。通过信仰，她在民间音乐、民间舞蹈、民间工艺、民俗语言等诸多方面都留下了印迹。

从目前所搜集到的资料来看，女娲信仰的存在范围，似乎不如其神话那样普遍。这自然主要与其信仰习俗在历史发展中的消长、流变有关。不过需要指出的是，以上所考察的只是有关信仰状况的一部分（也许是一些较主要的部分），对其他地区，尤其是历史上曾有过较隆盛的女娲信仰的地方，例如前述山西、陕西、河南三省交界处的风陵渡，如今的女娲信仰状况怎样，由于缺乏相关的调查及文字资料，只得暂付阙如。这方面的工作无疑还处在较初步的阶段。笔者真诚希望本编能有抛砖引玉的作用，以引起各方面对女娲信仰的考察与研究的兴趣，从而将对这一古老女神的有关探讨，推向进一步深入的境地。

---

① 参见《锔缸、锔碗和补锅祖师女娲、老君和饿佛的传说》《塑捏行祖师女娲的传说》，均见雪犁主编：《中华民俗源流集成》（工艺·行业祖师卷），兰州，甘肃人民出版社，1994。

第五章 ｜ 女娲及其神话与信仰的功能

　　"功能"一般是指从客观的角度去考察一个文化现象在行为背景中，对于个人生活和社会群体的存在与发展所起的作用。本章"女娲及其神话与信仰的功能"，主要的论述目的，在于探讨这样的问题：女娲及其相关的神话与信仰习俗究竟满足了个人或社会群体怎样的需要？它们在人们的信仰心理和现实生活中到底发生着哪些潜在的或明显的实际效用？通过这一类探讨，或许能对"女娲对人们具有怎样的意义""女娲顽强的生命力之所在"等问题，有一个更明晰和更深入的认识。

　　在展开正式的考察、分析之前，需要预先做几点说明：第一，对女娲及其神话与信仰的功能的探讨，是应当在一定的历史背景下进行的。从上文以及下面将要述及的有关文字中，可以发现，在女娲及其神话与信仰作为文化现象产生以后，数千年来，它们的内容、形式都不断地发生着大小不同的变化，它们的功能在不同的历史时期也有差异。本章不拟对女娲及其神话与信仰的功能做过多细致的、历史的分析，而将关注的重点放在长期以来有关神话及信仰所产生的较共通的作用上。同时，行文中对其功能的适时变异，也尽量有所兼顾。第二，女娲的神话与信仰有密切的联系，不少神话是女娲信仰的至关重要的组成部分，所以，尽管二者有所不同，但其功能错综复杂，往往有着本质上的共通之处。本章将二者分开来进行论述，只是出于阐述起来方便、侧重点清晰的需要。第三，女娲的神话和信仰的功能是多方面的，这里仅就其中较突出和较重要的一些功能进行分析论述。

第一节　女娲神话的功能

一、解释和证明的功能

神话的一个十分显著的功能，即在于用上古发生的神话事件对已经存在的自然、社会和文化现象的起源、含义、特征等进行解释，并以之为依据对现存的秩序进行证明和肯定。这种解释和证明的功能，常被认为是神话首要的和决定性的功能。①

女娲神话的解释和证明的功能是十分明显、突出的，几乎可以说每一则女娲神话都是关于人类及其他事物发生的神话，因为它们往往通过对女娲造人、补天、制笙簧等活动的叙述，对宇宙及人类现实生活的原

---

① 参见［日］大林太良：《神话学入门》，35 页；［英］K. W. 博勒：《神话和神话学》，见《民间文学理论译丛》第一集，51 页。

初状态进行推本溯源。

这方面涉及的内容十分广泛。较突出的是对包括动物、植物、地理、气象、各地风物等在内的各种自然现象的释源。比如何以"天倾西北，地不满东南"，太阳为何东出西落，天上为什么会出现流星，乌龟壳上的花纹是怎样来的，鳌腿上的软皮是怎么来的，为什么一刮西北风（一说东北风）就冷，清凉山（河南安阳）、石宝寨（重庆忠县）的来历，如此等等。对人类生活中各种社会现象的关注与解释，也是女娲神话的一个重要内容。比如人身上为什么总有泥垢，人世间何以有百家姓，人为什么会有残疾，男人为什么与女人不同，人为什么有美丑、高低、贵贱、智愚之分，为何皇帝能有三宫六院，人世间的悲欢离合是怎样来的，等等。其中又有对后起的各种礼制、风俗的阐释与证明。例如正月初七为何要吃糊面羹（湖北孝感），补天节的习俗是怎么来的，夫妻为何称兄妹，新娘为何顶红布、新郎为何脸上要抹锅黑（浙江、江苏、河北等地），女子缠脚是怎么来的（四川），丧葬中妻子为何哭丈夫喊"青天"（江苏），"哭姊妹"的习俗是怎样形成的（湖北、河南），等等。也有不少是对文物器用的推原，例如笙簧是如何发明的，火车、风鼓是怎样产生的，农民常用的扫竹、探木是怎样产生的（江苏），渔民为何将船舱里的木板叫"娲板"（辽宁）……

这些包罗万象的种种解释，有的可能产生较早，有的则明显是进入等级社会乃至现代化社会后才出现的附会。

原始先民对周围世界，尤其是与自身关系密切的种种现象深感困惑，往往通过神话寻求解答。所以"追本溯源"即对周围世界中的某些实际现象加以源起的追寻，是神话思维至关重要的特征。另一方面，神话所关注并解答的某些问题，如地理和气象特征的形成、动植物的来历、人类各种社会现象的最初产生，尤其是诸如人的命运、人世间的悲欢离合、生死奥秘等，即使对现今社会中具有理性知识的人来说，也依然有一定的吸引力——纯逻辑的解释，并不能带给所有人满意的答复。所以，通过女娲神话而对自然环境和社会生活中诸多现实状况进行的阐释，不仅满足了原始人的好奇心理（当然，这是它产生后至关重要的一个功能），即使在以后长期的文明社会中，它依然可能成为共时性探讨的对象，填补人们对于过去的历史尤其是一些发生学上知识的空白，对人们要求认识事物的心理的满足也提供了一条（有时也许是唯一的）途径。女娲神话之所以有生命力，部分原因亦即在此。

另外十分重要的一点，是女娲神话对各种自然和社会生活现象的阐释，会形成对有关现象的认可和虔敬化。自然环境，尤其是社会生活中具有一定重要性的现实状况，如地势、天气、物产，特别是等级差别、婚礼、丧葬仪式、节日习俗等，都由于追溯到遥远古代的始祖母女娲的最初奠定行为上而获得了肯定或合法化。与荒古大女神的联系使世俗中的事物、行为导入了神圣范畴，因而显得更有价值、更有威望、不同凡响。

人们之所以不断地将周围世界中诸多事物的起源追溯到女娲身上，主要是由于心中存在着对这位人类始祖神的虔信、敬仰之情。在后人因受到世代传承的思维方式和传统信仰观念的影响，而将后来事物附会在女娲神话中以寻得其初源的阐释和认可的做法中，也依然有着一定的敬仰心理的作用。只不过，随着神话神圣性的减弱，神话的证明作用也不免随之日渐淡化了。

二、教化的功能

女性的本原通常被认为与"自然"的范畴相连属。作为恣肆狂放、无拘无束的自然力的代表，与大多数象征自然现象的神一样，女性神也往往具有善恶两方面的品质。在世界上许多民族的古老神话中，大母神——较有名的如美索不达米亚神话中的伊南娜（后来又称伊施塔）、古埃及神话中的伊西斯、古希腊神话中的得墨忒尔、弗里吉亚宗教中的赛比利、中美洲阿兹特克人崇奉的科特利丘，以及印度神话中的雪山神女等，常常是在外貌、性格和神职上兼有双重性的：她们往往集美丽与丑陋、仁爱与专横、光明与黑暗、理智与任性等于一身，是生命与死亡的主宰、创造与毁灭的源头。

中国的大母神女娲则似乎与上述情形有所不同。除去极个别的情况显露出些许她可能具有的双重性端倪之外①，女娲在整个中国民间信仰以及古今神话中所表现出的品质比较单纯一致：她的造人、补天、置婚姻、制笙簧以及后世衍生的一系列创造、驱除凶怪、救助厄难等行为，几乎都围绕着人类而展开，以致力于人类生活的和谐、幸福为主旨，为此不惜含辛茹苦甚至牺牲生命。事实上，我们在不少民间神话以及现代民间信仰的考察中发现，女娲在人们心目中有着较浓厚的悲苦色调。女娲性格、品质上的双重性的缺乏，也许与较早时期文献记载的"书阙有间"以及记录者对神话的剔选有关，不过它反映了一种较普遍的情况：中国的古典神话大都具有教诲格调，对伦理道德十分关注，主人公往往是善的代表、德性的化身。

神话中所表现的女娲的悲苦色调主要体现在以下几个方面：第一，宇宙开辟之初的孤苦。很多民间神话中都讲：开天辟地之后，世上没有

---

① 在现代民间信仰中，女娲偶尔会表现出任性、怨艾、置人类生活于不顾的一面。例如在河南西华的信众叙事中，女娲曾这样对待那些没有为她修庙院的人们："恁不给我把房建，我让恁昼夜不兴、日月不现。让恁太阳去西山，一去西山不回还。看恁儿女怎样办！"（西华采风资料，刘俊讲述）另外，她的蛇身形象及其两汉时期频繁地出现在墓葬中这一现象，也许表露出女娲在更早时期——即她可能作为大地母神的时期——所具有的繁生之外兼司冥世间死亡的神格姿影。

一点生气，女娲感到很孤独、很烦闷，这才有了造人的举动。有的神话中，女娲这时的生活也是十分悲苦的。如在河南西华、淮阳一带妇女中间广为传唱的那首"经歌"《女娲姑娘从南来》中唱道：女娲这时"头没有帽子脚没有鞋，身披着芦衣泪满腮，全心全意修世界……"。第二，兄妹成亲时的无奈。女娲对于兄妹成亲的态度，在民间神话中往往是不同的。有些神话中二人对成亲没有迟疑，心理上也高兴，但比较常见的，是女娲的乱伦行为乃是为繁衍人类而迫不得已的无奈之举，是她曾再三加以拒绝的。笔者在调查中发现，知晓这一神话的人大多对此情节抱有某种"为尊者讳"的态度，并对女娲怀着同情心理。第三，创业的艰辛和牺牲的悲壮。抟土造人、炼石补天一类的神话行为，是以人类相应的劳动经验为想象基础的，因而现实中的心理体验与结局的不完满也往往折射进神话中，于是产生了女娲虽然为神，却难免有力所不能及之事的局限。《风俗通义》中就较早地记载女娲抟土造人时"剧务，力不暇供"，可见造人是辛苦劳累的工作。这一点，在民间神话中有更具体、更生动的描述，前引湖南大庸的《女娲氏造人》（见本书第二章第一节）可为一例。补天是一项更艰巨，也更危险的活动。不少神话讲女娲为补天，不辞劳苦地到处采集五色石，或者又用自己的唾沫和精气把它们炼成补天的材料，历尽千辛万苦，虽然最后终于补好了天上的漏洞，可她自己或者由于劳累过度而死，或者由于关键时刻，在仅缺一块石料的情况下，毅然以身补天，为了救助她的儿女，而做了自我牺牲。[①] 有的神话说女娲死

---

① 这一类神话，可参见江苏苏州《天上的日月云彩是哪里来的》，见苏州市民间文学集成编委会编：《苏州民间故事》；甘肃天水《女娲补天》，见北道区民间故事三套集成编辑部：《中国民间故事集成·甘肃卷·天水市北道区民间故事集》（资料本）；四川德阳《女娲娘娘的眼泪》，见侯光、何祥录编：《四川神话选》；等等。河南淮阳一带，还传说女娲在河南登封太子沟的大山上补天，结果冻死在山上了，如今她还手托着五色石站在那里呢。因为天未补严，所以一刮东北风就冷（淮阳采风资料），也是同类的一则异文。

了以后，还将自己的身体化作了有益于人类的日、月、万物。① 可见，女娲真正是为了人类而竭尽了全力。

"英雄的悲剧"是神话叙事中一种较普遍的模式：为群体和人类谋求福祉的英雄常常不免为此而遭厄难甚至死亡。希腊神话中为人类盗取火种的普罗米修斯，受到宙斯的严惩，被禁锢于高加索的山崖上，日复一日忍受着鹰鹫啄食肝脏之苦；中国哈尼族的英雄阿扎为盗得火种，在与魔怪搏斗中，只得把火种吞进肚里，回家乡后，他剖开胸膛倒出火种，哈尼人从此才有了光明和温暖。② 这类英雄往往代表着群体的共同价值，他们的行为动机源于对人类群体境遇的关注，其行为因而具有崇高的色彩，他们的悲剧性死亡——有时通过化生、升天或者复活使悲剧性得到一定程度的缓和——使英雄的道德人格得到最终的完善，在力图以英雄为楷模的人们那里，他们得到了永远的崇敬，他们所代表的精神、价值也由此得以升华、永存。

女娲的形象与此异曲同工，她的性格及命运上的悲苦色彩，有些是后世人们想象、揣度而添加上去的，是神话适时、适势变异的结果。然而无论怎样变化，女娲的行为主旨基本上是鲜明、一致的：一切为了人类的和谐与幸福。这一超个人范畴的价值取向为其赢得了无上尊崇，因为社会价值的大小往往取决于有益于公众的程度大小。女娲由此成为代表着某种民族共同价值的道德典范，在民间信仰以及后来的文学、艺术创作中备受推崇，并对人们的心理以及现实行为产生着或明显或潜在的影响。

在女娲神话的讲述过程中，女娲的经历、命运上的悲苦色彩，尤其

---

① 参见前引苏州《天上的日月云彩是哪里来的》，德阳《女娲娘娘的眼泪》。
② 参见《阿扎》，载《南风》，1983(1)。

是她为了人类的利益而牺牲的悲剧结局，常常引发人们同情、怜悯、仰慕以至悲壮、崇高的感情。如同笔者在调查中所发现的那样，不少人（主要是妇女）在讲唱女娲神话时常常深受感动，以至泪下哽咽不成语。这种心理上的情绪、能量能激发个人对女娲形象所代表的共同体价值予以理解、认同，对符合这一价值原则的行为予以接受或遵照执行。因此，女娲的形象能对人们产生一定的影响或引导作用，当人们以景仰的口吻讲述起女娲神话时，实际上也是对内蕴于女娲形象中的集团精神、群体价值进行肯定、宣扬，并以此对个体行为进行教化，促使、鼓励个体致力于谋求社会的幸福。神话的反复讲述，又可使这种群体价值得以不断巩固，从而有利于社会的延续。

三、娱乐的功能

原始人是在一种混沌的思维状态中去认识周围世界的，因而他们对世界及自身的阐释，往往借助于具体可感的、有生命的形象来进行，这也是神话的一个显著特征。在女娲神话中可以看到，人类的起源、宇宙秩序的恢复、文化制度的最初奠定、自然万物的出现及其特征的形成等，都由女娲的创造活动得以说明，其中充满着具体、生动的人格化形象和一定的神奇故事情节（如抟土为人、共工折柱、兄妹成婚等）。这些内容，即使在女娲神话被当作严肃的"神的故事"而被讲述的场合中，对人们的历史感和审美感的一定满足，也多少能带给人们一些愉悦之感，只不过这种功能不占主要地位罢了。随着社会的发展，人们对女娲神话所述的神话事件，在主观态度上逐渐有了不同程度的变化，神话的体裁也在世俗化过程中有了向传说或一般故事的演变。如今，在大部分地区，女娲神话已日渐脱离了具体的信仰行为，有的仅作为神话事实而继续存活在人们的信仰观念中，另外相当一部分已完全失去了信仰的色

彩。无论哪种情形，与古典时期相比，女娲神话的娱乐功能都越来越强
了，尤其在后一种情形下，神话的讲述越来越多地出现在消闲、娱乐的
场合中，人们在满足对于民族或整个人类历史知识的热望的同时，也由
神话人物形象的崇高、故事情节的神奇有趣等，得到了一定的审美快
感，精神上由此得到放松和愉悦。在一些儿童读物中出现的女娲神话，
这方面的功能更是明显。不过，神话由于叙述的是神祇的故事，因而它
的娱乐性多少受到一定的限制，比起传说和一般故事来，它还是要严肃
些的。

需要指出的是，女娲神话的诸种功能是彼此相关、经常密切结合为
一体而起作用的。信奉女娲的人在向神话求得对现存秩序的解释与证明
的同时，也得到了精神上的愉悦；少年们在欣赏女娲神话的故事性、趣
味性的同时，也得到了关于宇宙和人类过去的知识以及道德品格上潜移
默化的教育、引导。只是在不同的背景下，各种功能起作用的程度有所
差异。

四、对女娲信仰的个性化、强化作用

功能的分析是应当在一定的行为背景下进行的。那些带有"神圣叙
述"性质的女娲神话，除了具有上述较一般的功能外，还具有一种特殊
的作用：对女娲的信仰观念、信仰行为起到个性化和强化的作用。

中国的民间信仰是十分混杂的。诸神地位、职司大多不明，人们对
他们的礼拜仪式一般也都是求愿、上供、烧香、磕头等，甚至连神力的
显示方式，如香灰治病、跳火池验贞洁等，也常常十分相似，神像的外
表（尤指女神）看来也几乎没有什么区别。在这样的信仰行为背景下，女
娲与观音或王母，伏羲与盘古或关帝，诸神的性格、面貌、神职等往往
彼此含混模糊。适时地讲述神话，就常能将含混加以区分，使模糊变得

清晰。女娲神话虽没有发展为"教义"的形式，但它将宇宙和人类的起源归于女娲，用神话规定着信仰场合中特定行为的内容和意义(例如用神话解释担经挑的来历，用显灵传说解释摸子孙窑及跳火池验贞洁习俗的意义)。在讲述女娲的身世、品格、功业及与人的关系等的过程中，女娲的形象逐渐变得具体、生动、可感，人们在情感上也与她接近。所以，女娲神话的讲述明确了特定场合中信仰行为、信仰情绪的内容和意义，有助于人们分别并确认女娲的特征，因而对相关的信仰习俗起到了"个性化"的作用，使之与其他的神灵信仰区别开来。

同时，在周期性的信仰场合中反复讲述女娲神话，对女娲的信仰无疑也起到了有力的宣传和巩固、强化作用。

事实上，只有在信仰的氛围中，才能真正领会女娲对于人们的意义，其神话内容的真实性也才能成为让人心领神会的东西。

第二节　女娲及其信仰的功能

一、女娲的功能

女娲在人们生活中的功能是多方面的，又是在发展中有所变化的。

女娲的较早形象，比较明显的是"化万物"的始母神。古老的始母神所具有的功能自然并不单一，不过其较基本的职司是主繁衍、生殖。这从本编"古代的女娲信仰"一章可以看到，女娲可以赐子嗣(高禖之神)、救灾殃(补天、治水)、除凶怪(屠黑龙)、兴礼乐(制定婚姻制度、制作笙簧)，她可以止淫雨，还可以起到护佑死者的作用。

女娲的多功能性在现代社会中体现得更为突出。据信她的神力几乎可以使一切崇拜者的任何方面的欲求得到满足：赐子嗣自然是她在人们生活中最普遍地发生效力的功能之一，除此而外，她还保佑庄稼丰稔、雨水调匀，救助人们脱离兵、水、旱、虫、病等种种灾祸的困境，仁慈地赐予人们健康和平安；她能公正地奖善罚恶，使蒙受不白之冤的善良人最终赢得他人的理解和尊重；在改革开放的新形势下，她还照拂那些力图搞活经济的个人或集体迅速发财致富；她甚至还掌管着信众生活中极细小的活动，例如能否嗓音圆润地唱出经歌，或者能否流畅地讲出女娲故事……女娲在现代民间信仰中的神力几乎是没有边限的，她的作用范围，除单纯的信仰活动如礼拜、上供、赶庙会等之外，还深入到崇信者的经济生产（农业或者制伞、泥塑、琉璃等手工业）、家庭生活、社会关系、观念心态等领域的许多方面。

同女娲神话的演变情形一样，女娲功能的变化也有存留、有增添、有亡佚。适应着数千年来各种现实条件下、不同层次人们的各种需求，那些基于人类基本需要的功能一直常兴不衰——对繁衍、平安、健康的要求是响彻整个信仰历史的人类共同的呼声（尽管这功能发生作用的程度、形式等可能有所差异）。而不断发展的现实形势下，人们不断增长的物质与精神生活的需求也需要得到更多、更广泛的满足与填充，于是女娲从原初的主司繁殖，逐渐被增添了各项功能。功能的扩大化，是女娲功能演变过程中的主要方面。另有一些产生于特定的现实条件下人们需求的功能，随着这种条件和需求的更易而变异以至被淘汰，例如女娲对死者的护佑作用，尽管曾作为一种相对稳定的功能形式盛行于两汉以至延续到隋唐，但终究没有发扬光大。从目前所掌握的情况来看，这一功能似乎在人们的生活中已经消失。

女娲的功能主要通过人们的心理现实而实现，一般不需要什么特殊的媒介。人们相信通过请求、祈祷、许愿等方式，能与女娲相沟通。对女娲超自然神力的虔信，使信众将祈愿以后得到的满足（往往有一定的世俗合理性做条件，例如许愿求子常以三年或更长时间为期限，这期间得的子女，都可以认为是老母娘女娲所赐）归结为女娲的灵验，而神的不灵验或失职，也往往被加以合情合理的解释或开脱责任。例如求子的人未能如愿或者不久孩子夭折，就可能被解释成女娲奶奶要管的事太多，年纪又大了，难免照顾不周。[①] 不过更常见的原因，往往可以从祈求人的不诚心或者品德的缺陷上找到。

女娲的功能有时也通过托梦、神灵附体、显示异兆的具体形式而实现。这类现象产生的原因及其实质，在人类学或心理学上尚未获得完满的解释，但似乎可以肯定，它们从根本上也多是心理上虔敬的结果。这里说的托梦，即女娲在信仰者的梦中显现，向他们提出要求或忠告；或授以本领，给现实中的困惑者指点迷津；或对行为不端者施以训诫。神灵附体，指女娲降神，凭附在某人身体上，以此为媒介直接向人们宣扬神意，或显示其神圣的威力。这"媒介"的选择并非随意、无缘故的，他们往往是女娲的热心信奉者，一些人还是给人看病看相的巫婆。通过附体，女娲和她的信众之间打开了一条直接的交流渠道：女娲就"在那里"，聆听人们的祈求，直接授以解决问题的办法，或亲自对纠纷进行裁决等（例如西华的"女娲断案"）。显示异兆，也是女娲起作用的形式之一。"反常的"自然或社会现象，比如长久的干旱或阴雨、健康人的突然生病等，也被信仰者作为女娲神圣威力的象征和标志，往往引起人们的敬畏、恐惧、希望等情绪，从而起到警醒、惩戒或保护等作用。

托梦、神灵附体、显示异兆，是女娲在人们生活中起作用的具体途径。通过这些形式，横亘在始母神与人类之间的时间、空间阻隔被打

---

① 河北涉县采风资料。

破，女娲的神奇活力得以"活化"在现实的生活中，参与信众的生活，并被认为能在其中发挥多方面的作用。

二、女娲信仰的功能

女娲信仰的功能，是指由对女娲的崇信观念或崇拜行为而产生的、对个人或社会群体的存在与延续所起到的作用。它与女娲的功能有密切联系，但二者并非等同。女娲信仰的功能较显著的有以下几点。

（一）对群体的凝聚、维系作用

后世对女娲的信仰，究其本质，无非源于两种因素：一是现实的需求；二是对始祖的感恩。上文已经说过，远古时期的女娲主要是某一氏族或部落信奉的始祖神。而在原始人心目中，某一氏族或部落的范畴无疑即是全部的世界，因此女娲是人类的始祖母，与人类之间有着血亲相依的亲缘关系，她不仅能保佑氏族或部落群体后嗣绵延不断，还能在氏族或部落遭遇重大事情如生产、死亡、疾病或其他危难时帮助、拯救子孙。源于这共同的血缘传承和生存利益的认同感以及相互依存性，在氏族或部落的个体成员之间以及个体与群体之间结成了一条情感的纽带，它将群体结构中的诸成员紧密地联结在一起，彼此互助、协作，在祖先的庇荫下，一同对付生存中可能遇到的问题。

在以后长期的历史发展中，由于氏族、部落间的迁徙或融合，女娲的影响范围也有所扩大，她的始祖地位也有了不同程度的变化。在有的地方，她逐渐与另一位始祖兼文化英雄大神伏羲发生亲缘上的联系，一同成为了生育人类的始祖。战国后期，古史传说中的另两位始祖黄帝、炎帝的地位日渐隆升，女娲也因此受到影响。在有的地方，她的始祖地位被炎、黄取而代之，她的制笙簧的事迹，也被列入黄帝的名下。最后，大约主要是因为信奉炎、黄二帝的势力的巨大影响，以及二帝形象与父权制世俗统治需要的吻合，炎、黄逐渐被奉为华夏族、汉民族以至整个中华民族的始祖，直到今天，仍是感召、凝聚广大中国人民的有力象征。

然而女娲在她的信仰范围内，与其信众之间依然保有始祖母与子孙间的血缘纽带，如同本编第四章中笔者在淮阳、西华、涉县等地所亲见的那样：每年春季的庙会或者平时每月的初一、十五，人们都要赶往有关礼祀地点朝宗敬祖（图35）。庙会上，人们往往通过讲唱女娲造人及其奠定人类生活秩序的各种神话，追溯人类及周围世界的远古历史，并唱经、跳舞或举行其他祭祀活动，以对始祖的养育与护佑之恩表示孝敬与感激之情，并企望这种恩惠能施至永远。这种对共同血缘传承、群体历史的追溯，对共同始祖的追念与感恩，使庙会洋溢着一派亲密、和睦的气氛。各香会中的成员自不必说，无论男女老少都是兄弟姊妹——正如一首经歌中唱的"一会的斋公都是一家。同吸烟，同喝茶，同上西天享受荣华"——就是素不相识的人，相互之间也为一种亲情所吸引。因

图35　河南淮阳人祖庙会上香客们在唱经歌

为这里，无论富贵贫穷、健全残疾，大家都是"一母所养""一个老根"①，都一样是人祖的子孙。

这一类对共同始祖的信仰，使群体成员之间产生了一种基于共同血缘关系的亲和力，以及对所属群体的自豪感、归属感和认同感，从而造成群体内部的凝聚力。这一信仰观念及行为的周期性巩固、强化，又会使凝聚力不断得以维系、加强，从而有利于群体的完整与和谐统一。而群体的凝聚和协调，正是群体得以生存、发展、繁荣的重要前提。

一般说来，大凡信仰观念或由此形成的心理等，都会对群体成员产生团结、聚合的作用。例如对王母娘娘、玉帝、关公的共同信仰，以及各地的蟠桃会、玉皇会、关公会等庙会活动，也都能取得聚合群体社会、和谐人际关系的效果。不过，相比之下，女娲的凝聚功能更多了一条血缘亲情的纽带——这是凝聚力得以产生和维系的最重要、最有力的因素之一。

这一类对女娲或者伏羲、盘古等始祖的崇信在一些地方群体中所产生的凝聚力，与炎黄信仰所产生的整个民族的凝聚力并不矛盾冲突。一个民族中有各种不同方式划分出的群体，这些群体可能各具功能与特色，但只要其与整个民族的发展倾向相一致，便必然有益于总体上的相互联系、相互配合，从而从不同方面、不同角度促进整体社会的整合与良性运转。例如改革开放以来，到淮阳朝香敬祖的不仅有附近各省的群众，还有来自海外的华人，他们不仅带来了寻根拜祖的赤子之情，也带来了对中国现代化建设的热切关心。他们在道义上的热情支持和经济上的有力援助，对当地建设无疑是积极的推动，对整个中国的现代化事业也是十分有益的促进。

---

① 《人祖姑娘经》，河南淮阳采风资料。

（二）对群体成员的规范作用

每一个社会群体都包含一整套成员们或多或少都须共同遵守的规范，借以维持有秩序的群体生活。为保证这些规范能为群体成员所共同遵循，不致因太多个人利益和目标的干扰而造成社会的混乱与分散，群体中必须有相应的机制来对其成员的心态、行为进行规范，例如政权的强制、教育的引导或舆论的褒贬等。宗教信仰也是其中有效的途径之一，不过它起作用的方式与其他途径有所差异：它是通过信仰的力量而起作用的。

在民间信仰中，女娲是全知全能的。她虽然居于天界，却对人们的言行无不知晓；她是理想道德的典范，并致力于维护群体的伦理、道德、正义和秩序。对那些行为合乎群体公认的伦理、道德规范（例如诚实、善良、孝顺、贞洁）的人，女娲会施以福佑，即使他们的行为一时受到不明真相的社会舆论的严厉谴责，可神意的公正裁判最终会使真相大白于天下；而对那些违反这些规范的人，她则会降以疾病、死亡、灾害等，以示惩罚。通过这样的方式，女娲作用于群体成员的心理，并由此对其现实行为进行干预。

在淮阳、西华、涉县等地，信众们普遍相信，女娲能清楚地知道每个人的是非功过，并在适当的时候予以裁决，"儿女们立功大小娘都看见，单等着我皇娘能坐平安，有功有过人决分清干"，那些立了功的虔信者会被女娲用法船渡过沟去。而在涉县娲皇宫曾经流行的跳火池习俗，则建立在这样的信仰观念之上：真正有孝心、有虔诚心、贞洁的人，女娲都会保佑他们平安无事；反之，则有可能烧死或跌伤。当地还广为流传着这样的传说：有叔嫂两个关系不正派，去朝顶时被活埋了；而一位真正孝敬公公的媳妇，虽然被人说了不少闲话，但跳火池后却神奇地得了一块"贞节玉女"的匾①，足见女娲之公正、严明、灵验不爽。有些不孝敬公婆的人、愿望满足后不知还愿的人、朝祖时言行不恭的人，女娲也都会用疾病如腰疼或孩子生病，或其他凶咎以示警告和惩处，直到他们认识并改正错误。

如此之类的观念，在各种信仰场合中被反复灌输，对人们长期影响的结果，会使人们出于敬畏女娲的超自然神力，自觉或不自觉地趋于肯定和遵从那些神所嘉许的原则、规范（往往就是群体所公认的伦理、道义原则），以期得到神的眷顾和护佑，而对违反这些规范的欲望或言行，则予以克制、约束、避免或纠正，以免受到神的惩罚。于是，由于对女娲的信仰，客观上便起到了一定程度的规范、约束人们心态的作用，并最终影响其实际行为朝着社会所规定的方向发展。

这一类对超自然力（包括神、鬼、精怪等）的信仰在传统乡土社会中所产生的规范性影响是十分巨大的，它直接作用于人们的心理，比起政治权力的强制或一般的道德教育来，往往更易取得效果。而且，由于那些原则和规范被认为是神的旨意，它们也就更带有绝对、神圣的性质，并更具有约束力。在政治、法律、教育等机制的作用都相对松弛的农村社会中，它们往往是维持正常群体生活秩序的一种重要手段。

（三）对群体生活的调节作用

由于对女娲的信仰，在一些地方形成了具有一定规模的集体活动场合，如节日活动、庙会等。它们对群体生活产生着一定的调节作用，这主要包括两方面的内容。

第一，对物质生活的调节作用。最初的祭神、拜神一类的集体活动，性质是严肃的，功能也比较单一。然而在发展中，它的功能也发生

---

① 涉县采风资料。

了多样化的转变，原初一些较不明显或不主要的功能（如娱乐功能等），也日益突出，并在现实生活中起着显著的作用。如今，由集体的祭神活动逐渐演化形成的庙会已不仅是人们祈神拜神的场所，还是乡镇生活中人们的社会活动中心和最好的物资交易场所。

以淮阳庙会为例。在河南淮阳的人祖庙会上，最常见的交易商品是祀神祈神时用的香、纸钱、楼子、塑料制的娃娃等，泥泥狗、布老虎等也是主要的商品。在太昊陵，一些小摊上还将伏羲、女娲以及观音等神祇的瓷像明码标价，与其他商品一样销售，这说明商品意识的渗入使信仰也带上了很浓的世俗色彩。这一类商品大都是附近的农民自己制作的，数量不多，质量也较粗糙，不过是小本生意，乘庙会时赚几个钱，以补贴家用。除此而外，庙会期间，陵区内还辟有商业街，以经营农具、食品、纸扎物品、竹木柳编、服饰以及文具、皮货、药品、陶器等项生意。在 20 世纪 30 年代，人祖庙会期间就是商贾云集，各种商品交易活动十分繁盛。[①] 1949 年以后，当地政府曾多次于庙会期间举办物资交流大会。1984 年，大会期间商业成交额达 511 万元，税收 6.6 万元，门票收入 4.5 万元。人祖庙会已成为当时豫东地区最大的物资交流盛会。[②]

这类物资交流活动对乡镇经济生产、生活的意义是不可低估的。个人可以利用庙会的这类"交易"性质做些生意贴补自己的生活，也可以方便地购得生产、生活中的所需品；对当地政府部门来说，这也是一个大可利用的进行贸易交流、促进经济发展的好机会。群众的需要与政府的利益在这一点上相互一致，于是内外呼应、水涨船高。如今在商品经济

---

① 参见郑合成编：《陈州太昊陵庙会概况》，河南省立杞县教育实验区，1934。

② 参见邵士杰、王守德主编：《淮阳县志》，郑州，河南人民出版社，1991。

下各地蜂拥而起的"文化搭台，经济唱戏"热潮中信神习俗的大炽，也与此因素密切相关。

在庙会期间进行的商品交易活动中，世俗的气氛固然浓厚，而信仰的因素并未完全排除。例如买神像时，不能言"买"，而要说"请"；不少人做生意时要焚香，祈求人祖爷、人祖姑娘保佑自己生意兴隆、财源茂盛。可见人祖信仰对经济活动的影响。

第二，对精神生活的调节作用。前文曾述及，高禖之神女娲的祭祀时间，是在每年的春天里。主要活动除祭祀高禖、祈求子嗣外，往往还有男女自由相会或者用香草、桃花水沐浴，或执兰草招魂续魂①，意在祓除不祥。这一类禊饮、沐浴、男女交游活动是带有一定的信仰或巫术色彩的，或者主要是出于信仰或巫术目的的，但它同时多少也具有娱乐性质，这一点，我们从《诗经·国风》中的有关描述中不难认识到。如《郑风》中载："洧之外，洵訏且乐。维士与女，伊其相谑，赠之以芍药。"《初学记》卷一五引《五经通义》云："郑国有溱洧之水，男女聚会，讴歌相感。"在陕西临潼一带，三月三朝拜女娲的庙会上也有洗桃花水等习俗，古老的祛邪之意或者依然存留，但嬉戏娱乐的成分已越来越明显了。

在各地为祭祀、纪念女娲而举行的节日或庙会上，娱乐活动占着十分显著的位置。例如淮阳人祖庙会上，除斋公们自发的唱经、跳担经挑舞之外，还有一些较大的、有组织的或者专业性质的文娱表演。据1934年的统计，当时庙会上计有群众自发组织的高跷会5班、盘叉会1班、狮子会4班、旱船会3班、龙灯会1班；营业性的文艺团体，演梆子戏

---

① 参见《周礼·女巫》郑玄注，及《艺文类聚》四引《韩诗章句》。

的有 3 处、马戏 2 处、道情班 1 个、电影 1 处、洋片 12 处、大鼓书 1
处。[①] 直到现在，有些在祈求人祖之后如愿以偿的人，也常用担经挑、
唱戏或演电影的方式来还愿，以达到娱神的目的。但这娱神的同时往往
也娱人，人神同享，其乐融融。

所以，有关女娲的礼祀活动往往成了乡镇生活中热闹的节日。节日
期间，除了虔信者和大多数抱着"宁可信其有，不可信其无"态度的人之
外，即使那些不信女娲的人，也会呼朋引伴、扶老携幼前来赶会，唱经
看戏、尽情欢娱。平日单调的生活得以丰富、补偿，紧张、艰辛劳作的
神经得以放松、休息。所谓"一张一弛，文武之道"[②]，正道出了这类信
神活动客观上对于劳动人民生活的调节作用所具有的意义。

（四）对于妇女的特殊功能

女娲的形象产生于父权制社会之前，妇女在农业、制陶等方面占据
着生产上的优势，在集体中享有的尊严和地位也与男子并无等级区别，
甚至可能更高些。女娲的形象，就体现出了一定历史背景下妇女具有的
巨大创造力量和美好的品德。这是对妇女价值的赞颂和肯定，它对妇女
会产生积极的心理影响。

这种情势到了父权制社会时有了改变，女娲对妇女的作用程度、作
用方式、作用实质等也随之产生了变化。在中国传统的宗法制社会中，
妇女的地位一般是比较低下的。在整个社会结构中，她们是次要的、无
足轻重的"第二性"，个人的才能很少有机会得到发掘和施展；在家庭结
构中，尽管她们的劳动十分重要，但在地位上，她们是失掉自主性的、
卑微的陪衬，平日里需要恪守"三从四德"，婚姻但凭"父母之命，媒妁

① 参见前引郑合成编：《陈州太昊陵庙会概况》，75～88 页。
② 《孔子家语·本命解》。

之言"，婚姻的目的又往往只是为了"上以事宗庙，下以继后世"，婚后的生活中往往或明或隐地存在着种种不安与危险，比如有可能被夫家以某些理由休弃（"七出"），等等。简单地说来，"幼从父兄，即嫁从夫，夫死从子"（《礼记·郊特牲》），这被动、服从的角色往往是她们一生地位、经历的写照，而各种封建礼教的束缚、压制，使妇女的世俗生活充满了压抑、禁锢、无助乃至于恐惧。

现实的种种欠缺借着女娲（当然，不只女娲）信仰得到了一定程度的填补。

由于对女娲神力的信仰，妇女们现实中需要满足的愿望似乎变得可追求、可企及，被压抑的情感也得到另一途径的抒发、宣泄，心理上也得到一定程度的慰藉和依托。对女娲的信奉，在那些生活于无情世界中的妇女面前，打开了另一番有情而又有威力的神秘天地。譬如对未来的婚姻充满希冀而又有些茫然的女子，作为媒神的女娲可能会保佑她们得配一位如意郎君；对那些祈盼通过生子来维持或提高其家庭地位，而对那神秘莫测又带有相当危险性的生育心怀恐惧的妇女来说，主司生殖的始母神女娲也可以保佑她们如愿以偿、平安顺利……女性神显示出的慈爱与温柔的女性气质，以及基于这性别之上的共通的生活内容，使妇女们可以更自然、更随意、更无掩饰地向女娲娘娘倾诉她们的需求和心底的隐秘。自然，男神的威力也是很大的——例如人祖爷伏羲也可以赐子，但生孩子向来被视为女人的天赋机能，妇女求子也多少带点女性的隐私。所以，尽管人祖爷堂皇地坐在大殿上，求子的女人们却依然主要通过摸子孙窑、在女娲观拴娃娃等方式祈求，甚至在女娲观已不存在后，还向着原基址祈拜。

女娲对这些同性别的信仰者似乎格外眷顾、垂青。祭祀她的担经挑舞蹈便只传女不传男，据说"男的跳得不好看"，"神看了不喜欢"；河北涉县娲皇宫庙会上的"坐夜"习俗，也只能是妇女们进行，"男同志不准在庙里过夜，有些牵着毛驴陪同妻子来烧香的男人，也只能在庙外过夜"[1]；女娲借以显示神意的托梦、附体，也多发生在妇女身上。男性似乎受到女神的冷淡，他们在世俗社会中的优势在这里遭到一定的贬抑。

妇女与女娲何以存在如此密切的联系？上文所说的妇女向同性别的女神更便于倾吐心声、提出要求并获得满足，或可为原因之一。有的人认为，这是母系社会遗留下来的习俗。[2] 当代西方一些学者对于妇女何以需要女神的阐释，也许能给我们一些新的启发。Carol P. Christ 等人认为：父权制统治下，对男性神的低头膜拜，会使妇女们处于依赖男性以及男性权威的心理状态中，这一"心态"（mood）会使之同时对男性在社会结构中政治的、社会的权威的合法性予以认可；而女神的影响则不然，很难否认，女神尤其是那些强有力的、独立的女神，其形象中蕴含着对女性本质和力量的赞美与肯定，有利于使她的女性崇拜者们明确她们的性别、身份，并对她们固有的女性力量（尤其是生殖、创造的力量）予以肯定，从而增强信心，这是对父权制所造成的、女性力量是低等的和危险的观念的抗拒与战胜。[3] 因而通过对女神的信仰，能在妇女们中激发起一种对自身性别和所具力量的自信与欢乐情绪，并由此对她们的社会生活产生积极的影响。这种宗教心理角度的分析，也许道出了女神信仰对妇女所具有的潜在的特殊功能。不过，至少从中国的情况看，这

---

① 参见新文：《中皇山的女娲民俗》。

② 同上。

③ 参见 Carol P. Christ，"Why Women Need the Goddess：Phenomenological，Psychological，and Political Reflections"，in *The Politics of Women's Spirituality*，pp. 73-76；David Kinsley，*The Goddesses' Mirror*，Albany：State University of New York Press，1989，xii。

类积极、主动、自信的情绪所引发的"动力"，即使有，也主要发生在信仰的领域中。

在淮阳、西华、涉县等地的庙会上，很容易发现，平时生活中处于次要、被动地位的妇女，在这里却占着绝大的优势。她们不仅在数量上占据着信众的绝大多数，而且从神情到行为都一反常态，表现得活跃、积极主动和无拘无束。她们可以随心所欲地哭、笑、唱、跳，在过去甚至可以与陌生的男子"野合"，都不会被指责为非礼之举。在变换了日常生活秩序的神圣场地、神圣氛围中，在"神圣"对"世俗"的暂时制胜、摒弃背景下，"世俗"的一切也随之失去了原有的效力，世俗社会中务须恪守的种种礼教、规范被打破，妇女们的种种出格言行，往往因与女娲娘娘神圣的力量、意志相连而显得严肃、别具意义，现实生活中备受压抑的妇女因而获得了片时的解放与自由。女娲（不只女娲，甚至不只女神）信仰的这种功能，使那些不一定虔信女娲的妇女，也会为这种借着"神圣"而获得的自由与轻松氛围所吸引，逛庙会成了妇女们最热心的活动之一。

女娲的梦授与神灵附体，对那些终日生活在狭隘的范围中，家庭与社会地位又比较低下的妇女们来说，意义也不小：这使她们在一定程度上摆脱了卑微的心理，与女娲神圣力量的直接接触，使她们获得了一定的自信与自尊感；日常生活的局限被打破，有限的世界得以扩展；所希求、所梦想的某些东西也似乎可以企及了。

妇女在各地的信众组织——香会中也占着主导地位。不少香会，从会员到会首，主要都由妇女组成。她们彼此之间互称姊妹，平时也相互来往、相互帮忙。庙会期间，她们常同吃同住，关系十分密切。许多妇女将女娲或人祖爷梦授或直接向别人学得的经歌、担经挑舞等在大庭广众中进行表演、宣传，以求"立功"。而这种信仰力量推动下的行为，往往使她们在世俗生活中被压抑、埋没的音乐、舞蹈、演说或组织等才能得以显露、发挥。那些经歌唱得多而且好、舞跳得好的妇女，则不仅会被认为是"真心女"而得到神的奖赏，也会赢得周围人的推崇、敬重。如果一个女会首在集体活动中真正显示了其组织、宣传、筹集资金等方面的能力，她还会成为有一定影响力、感召力的人物，她的意见也会受到当地政府有关机构的一定重视。

总之，女娲信仰对妇女们的作用是多方面的：它使父权制统治下对女性的种种贬抑得到一定的减弱或消除，精神上的茫然无助、恐惧等得到一定的依托和慰藉，世俗生活中积郁而不得抒发的情绪得到一定的宣泄；深受压抑、束缚的妇女，在无情的现实生活之外，得到一定的自由和解脱，被局限的生活范围得以扩展，被埋没的才能得到一定的显露和发挥；使许多妇女得到一种超越自身并服务于他人的方式，个人的存在价值在为神圣、为集体公益服务中得到某种肯定……可见，在传统社会生活中，女娲的信仰对于妇女们来说，绝不是一件可有可无的装饰品，它是"无情世界里的有情"，使失衡的世俗两性世界在神圣的氛围中得到一定的平衡，对妇女的精神生活产生着相当大的调节、润滑作用，从而增添着她们对于现实生活的勇气、信心与希望。这恐怕是女娲信仰经历了数千年的父权制社会，而依然在民间广大妇女中有较大影响的主要原因。

当代西方的一些妇女学研究者认为：女神的力量、自由及其与妇女的亲密，都能朴实地激发她们的生命力和创造力，能够给今天那些赢得经济独立和新的表达自己精神之方式的妇女们以启示；女神作为一种象征，可以为创造一种尊重妇女的力量、身体、意愿和联络纽带的新文化提供许多可借鉴的东西①，应当很好地主动采纳它们，将之运用到现今的生活中去，因而提倡"女神的复归"（The Second Coming of the Goddess）。这种做法在西方是否适用、有效，暂且不论，中国的情形似与西方不同。女神信仰在中国是比较普遍的，也对现实中生存着的妇女产生着或隐或显的一定程度上的积极功效，然而她们的地位始终没有赖此而得以提高。所以广大妇女的最终解放，根本上只能由经济上的独立和理智上的昌明来取得。

　　以上两节文字，考察、分析了女娲及其神话与信仰对于个人及社会群体所起到的各种作用。需要强调指出的是：第一，这种种功能往往是综合发生作用的，即几种功能常同时发挥着作用，只不过因场合不同，各功能发生作用的程度也有差异。第二，女娲神话及其信仰并非孤立地发生作用，它往往与其他的神话或超自然力的信仰，或者政治、法律、文学艺术、道德伦理等交织在一起，构成一套复杂的社会规范和价值体系，共同对社会进行整合，影响着生活在这一世界中的人们的情感、思想和行为。第三，并非有关女娲神话或信仰的每个因素都会对个人或社会起到积极作用。譬如在女娲庙会期间，有的虔信者在长达一个多月的时间里坚持"守功"，不回家，往往耽误了家务、农活和孩子的教育；有的妇女长期在外"跑功"，也会引起一些家庭问题；等等。另外，以女娲的神话及其信仰为有机构成部分的中国民间信仰，有时会妨碍人们对客观世界的理性探求，因而有碍于科学技术的发展。

----

　　① 参见 Bella Debrida，"Drawing from Mythology in Women's Quest for Selfhood"，in *The Politics of Women's Spirituality*，p. 148；Anne L. Barstow，"The Prehistoric Goddess"，in *The Book of the Goddess：Past and Present*，p. 14；Carol P. Christ，"Why Women Need the Goddess：Phenomenological，Psychological，and Political Reflections"，in *The Politics of Women's Spirituality*，p. 84。

第六章 | ## 女娲在中国民族信仰中的地位①

第一节　中国"民族信仰"的内涵及其构成

　　中国的"民族信仰"，是中华民族在长期历史的生存和发展过程中所形成的对于超自然力量的崇拜、信奉状况的整体反映。大体上说，它的构成应当包括该民族集团所共有的信仰观念，如对于天象、山石、水火以及各种动植物的信仰，对于图腾祖先、祖宗、其他神祇、鬼怪以及命运、风水的信仰等，也包括这些观念在口头上、行为上的各种显现，如人们笃信的神话、显灵传说，祈祝、祭祀的各种仪式，宗教性节日，以及占卜、禁咒、驱邪赶鬼的各种巫术手段，

---

① 这里说的"民族"，主要限于历史上的汉民族。对于女娲在苗族、瑶族等少数民族信仰中所具有的影响及地位等，本章暂不涉及。

等等。①

中国的民族信仰并未形成具有明确的组织、仪式制度、宗教经典等的完整信仰体系。作为民族文化的重要组成部分，它往往贯穿在全民族的世界观、人生观以及文学艺术、伦理制度、风尚礼俗当中。

民族信仰也是不断发展、变化的。随着民族集团的兴盛、衰落，或与其他文化的接触、交流等，一些旧有的信仰观念和行为消亡了，或者转换了内容、形式与功能，新的信仰内容也可能不断增添、参与进来。在上层社会的官方祭祀系统中已经渐渐消失的某些信仰观念或行为，却可能在民间依然存留。

如同民族文化中存在着上层与下层的区别一样，民族信仰也不免打着阶级的烙印。从周代到汉代，源自上古的一套祭祀系统不断发展完善，自汉武帝"罢黜百家，独尊儒术"起，这套系统经过儒家思想为主的哲学思想的淘洗、规范，逐渐定型为一种具有相当严密的制度和大体不变的传承，并与国家的政治礼制结合为一体的宗教信仰体系——研究者们称之为"正统宗教""国家宗教"，或者"官方祭祀制度"。② 这套信仰体系或祭祀制度，往往带着"神道设教"的政治目的，礼祀的对象、规模、程序等，都遵循宗法制，在礼祀仪式上也有程序化、奢侈化，神职上也有官僚化等现象。③ 至于社会基层的广大农民及其他劳动人民的信仰，也即我们通常所称的"民间信仰"，它的构成则要庞杂、随意、含混得多。

---

① 道教是中国土生土长的宗教，它与中国民族信仰有着十分密切的联系，并形成具有较明确的名称、神谱、教义、组织及仪式行为等的独立宗教体系。这里说的中国民族信仰，不包括道教在内。

② 参见詹鄞鑫：《神灵与祭祀——中国传统宗教综论》，4页，南京，江苏古籍出版社，1992；严耀中：《中国宗教与生存哲学》，78页，上海，学林出版社，1991。

③ 参见詹鄞鑫：《神灵与祭祀——中国传统宗教综论》，11页。

然而，上层社会中所信奉的神灵及相应的祭祀制度与民间的种种信仰，既来源于共同的各种原始宗教的不断融合，又彼此存在于一个共同的社会中，上、下层的同源异流以及相互交往、互通有无自不必说，在历史的发展中还一同受到外来宗教的影响（虽然影响的程度可能不同），所以在民族信仰内部截然划出一条泾渭分明的上层社会信仰与民间信仰的界限来是不可能的。钟敬文先生曾说过这样的话："民俗文化，既是阶级的，又是民族的。"①在很多文化现象上，民族性要大于阶级性。

女娲的信仰，渊源是很古老的，远在统一的汉民族形成以前，并随着社会的发展而一同进入阶级社会，成为上层官方祭祀及民间信仰中的共同内容。从本编对古代、现代女娲信仰的考察可以发现，女娲在封建官方祭典中和民间百姓的神龛上一样歆享着人间的牲礼和烟火。这一现象表明，女娲的信仰，不仅仅是民间的，也是有一定的民族性的，尽管其民族性的具体表现在不同社会等级的信仰者那里有所差异。

第二节　女娲在中国民族信仰中的位置

女娲在中国民族信仰中的位置，应当放在神灵世界中加以探讨。

中国的神灵世界，是驳杂繁冗的大杂烩。所信奉的诸神，有的产于本土，有的来自国外；既有继承古代各种原始宗教体系的（已多少有了增饰或变形），也有来源于儒、释、道等文明社会中人为宗教的，或者是由世俗社会造设出来的。唐宋以后，儒、释、道三教逐渐趋于合一，

---

① 钟敬文：《民俗文化的民族凝聚力》，见中国民俗学会编：《中国民俗学研究》第一辑，3页，北京，中央民族大学出版社，1994。

各种不同性质、不同来源的神灵更加趋于混合。尤其是在民间，居绝对支配地位的宗教思想从未出现，信仰形态的驳杂更加厉害，到了近世，出现了混合儒、释、道及各种传统神鬼于一体的众神世界。

中国的神灵世界，是人间体制的翻版。与世俗社会中存在着的等级制度、社会分工的日趋复杂化一样，诸神间也有等级差异和一定的职司区别。唐宋以后与古代上帝、天帝信仰结合了的道教中的高级神明玉皇大帝，上升、定型为万神殿中的主宰，统治着宇宙间的一切神灵。在明代著名的神异小说《西游记》中，玉帝高踞于万神殿中至高神的宝座，他下属的文卿武将众多，武将如托塔天王、哪吒太子、四大天王、二十八星宿、七耀星官、五方揭谛、四值功曹、千里眼、顺风耳等，文卿如太白金星、文曲星、丘弘济真人、许旌阳真人等。玉帝还管辖着四海龙王、雷公、电母、风婆，以及地藏菩萨、十殿阎罗。如来佛、观音菩萨、三清道祖等，也都是玉帝统辖下的神国中的成员，不过地位较高罢了（图36）。《西游记》是在民间流传的唐僧取经故事以及已有的话本、杂剧的基础上再创作而成的，其中所描述、刻画的神灵世界有着当时民间信仰形态的投影，只不过在文人的笔下，这神灵世界更有条理和系统。而民间实际上所信奉的神灵队伍远比这更庞杂得多，神祇的谱系也更为含糊和混乱。

事实上，以玉帝为中心的神灵世界远远未形成严格的体系，诸神间的神代关系、等级关系以及职责分工等，也远非明确、稳定。比如"药王"一职，影响较广泛的，就有古代传说中的神农（图37），还有战国时的扁鹊、汉末的华佗、唐代的孙思邈等在后世神化了的历史人物。随着佛教在中国的传播，"药师琉璃光如来"也被纳入民间"药王"一行，被称为"大医王佛"。这些药王之间似乎并没有什么联系，也没有职司之别。河北安国还将当地东汉时的一位太守奉为药王，供在药王殿中，而扁

图 36　电视剧《西游记》中以玉帝为首的神灵世界

图 37　炎帝神农氏

鹊、华佗等人都塑在配殿里。① 可见众神的位置也并非永恒不变，在同一神位上，可能新、老神祇和平共处，也可能新神取代了旧神的位置。在不同的时间、不同的地域，某一神祇在整个神灵世界中的地位，可能大不一样。

---

① 参见燕仁：《中国民神》，122～124 页，北京，生活·读书·新知三联书店，1990。

女娲在中国神灵世界中的位置，同样因时、因地乃至因人而有所变化。前已说过，女娲在较早时候很可能是上古时代某一氏族或部落崇奉的人类女始祖，她的基本功能是主繁衍、生殖。于是我们看到，直到周代，从天子、妃嫔到庶民百姓，仲春时都要礼祀古高禖女娲。汉以后，宫廷祭祀高禖的礼俗逐渐衰微，但祈女娲以求子的习俗却在民间一直盛行着。在汉代，人们还将女娲人首蛇身的形象（或者连同伏羲一道）刻画在墓葬的砖石、绢帛上，以希冀始祖的保佑，求得生命的绵延不绝、子孙万代的隆昌。

女娲的其他文化英雄事迹，大约是同时或稍后产生的。总之，作为创造了人类的始祖和修复了宇宙天体并制定了人间的礼乐制度的文化英雄，女娲在当时特定地域的上古信仰中，地位无疑是极高的。

随着历史的发展，氏族或部落中新的神祇陆续涌现。另外，由于大大小小的原始部落、氏族的融合，许多不同类别的古文化也发生了相应的汇合和混融，来源不同的各方神祇也不得不在新的处境中重新寻找自己的位置，建构与其他神的关系。进入阶级社会以后，神灵世界的等级关系更趋分明。各种人为宗教神灵（包括外来的）的介入，也促使原有诸神之间不断发生着分化、融合，他们在万神殿中的职守和位置也不断变迁、调整。

在这种神祇的不断混合、交融过程中，女娲在神灵世界中的位置总的说来有所下降，而她的功能、职司也随着人们现实需求的扩展而不断丰富。

女娲地位的下降，在封建社会的上层文化和民间信仰中都有所体现，不过在具体的体现形式上又有些不同。

女娲的性质、面貌，在汉代以后统治阶级的神灵崇拜中，具有相当的稳定性，她主要是作为建立了伟大功绩的上古帝皇而出现的，虽然仍未脱尽其原本具有的超自然的神圣威力，但已被纳入了历史化的上古帝皇谱系中。这一做法较早地见于汉儒的各种经纬、注疏中，并从唐宋一直延续到明清。女娲在封建文人笔下或官方经籍中①，大多以"古神女而帝者"的面目出现，甚至以其功高而位充三皇，时代在伏羲之后和神农之前。而且她往往是作为曾经辅佐伏羲治理天下的助手，身份上又是伏羲的妹妹或妻子，原初独立的始母神地位至此已大为降低。

统治者对女娲的信奉和祭祀（如上文所见到的那样），除开纯粹信仰的因素外，强化封建礼制以及致力于帝王谱系的神圣化，是很重要的原因。上文提到的唐代肃宗皇帝遇到女娲携双鲤显灵的传说，就有明显的神化唐皇、强调其"君权神授"的意味。这说明统治者有时也利用女娲信仰的神圣力量，来为一定的政治目的服务。这恐怕也是千余年来女娲在官方祀典中据有一席之地的一个主要原因。

大约从清末以后，女娲在上层文化中逐渐失去了信仰色彩，而主要作为某种规范行为的典范出现在文学、绘画、雕刻等的创作中。作为一位具有神力的古神祇，她的活动范围便主要只是在民间信仰领域了。由于民间信仰中较多地保留着女娲信仰的原始朴野性，更由于女娲的活泼生命力和巨大影响力也主要是长期发生在民间，因此，对于民间的女娲及其神话与信仰的探讨，是研究女娲问题的基础和中心，也是本书始终关注的焦点。

女娲在民间信仰中的地位，相比之下显得更为复杂。因为她既置身

---

① 例如《唐书·乐志》载张说《享太庙乐章钧天舞》曰"合位娲后，同称伏羲"，以伏羲、女娲比高宗、武后，参见《太平御览》卷七八引《帝王世纪》、《古今图书集成·明伦汇编·皇极典》等。

于一个更为庞杂的神祇世界当中，便不免同一些神发生神代、等级、亲缘等谱系关系，她的地位也往往随之发生着或大或小的沉浮、升降。

婚姻的缔结往往标志着古老女性独立神地位的沉降。女娲同伏羲结成的夫妻关系（图 38），是女娲原初至尊的始母神地位有所降低的较早的体现。随着三国时始见于记载的男性开辟神盘古的出现和不断扩大的影响，盘古开天辟地的神话被置于女娲造人和补天等事迹之前，女娲"首出御世"的圣王的神圣位置又一次受到冲击，她在神代关系上不得不屈居盘古之后。唐宋以后，以玉帝为中心的神祇体系逐渐开始形成（虽然远未最终明确定型），古老的女神女娲也被纳入这个体系中，成为玉帝统领下的万神殿中的一员。[①] 从不少民间神话所反映的有关信仰情况看，女娲与玉帝的谱系关系大体上是有序的。女娲多是玉帝的下属，受到玉帝的差遣去补天、造人，功成之后，还会受到玉帝的封赏。强大、有力的始祖母在这一类神话中几乎完全丧失了原来特立独行的自由与主动。不过，女娲补天、造人的神话事实终究深入人心、不可抹杀，加在她身上的种种神代、等级关系也难以掩盖住她与人类的密切关系。玉帝是统辖天界的至高神，女娲则依然是创造了人类的始祖和修补天体的英雄。这一点，无论女娲在神灵世界中的位置怎样变化，始终是比较明确的。所以尽管女娲的地位有所下降，然而从她的神圣功绩中，依然透露出她昔日地位的显赫与崇高。

女娲与诸神并非普遍地发生联系。除去后世个别极为敷衍虚构的民间神话外，一般神话、传说中较常与女娲构成谱系关系的，有伏羲、盘

---

① 将女娲在等级性的神祇世界中加以谱系化的做法，开始也是较早的。西汉时较早地记载女娲神话事迹的《淮南子》中，就有女娲补天后升上九重天，"朝帝于灵门，宓穆休于太祖之下"等说法（《览冥训》）。不过，其中的那个道家理想中的神仙世界还是不很明确的。

图 38　河南淮阳民间神像伏羲与女娲

古、玉帝、王母，也有黄帝、炎帝、共工或祝融等。这些神祇或者在神界中地位较高，或者资格较老，女娲与他们结缘，自然与其原有的古老与崇高相关。在谱系化的神祇世界中，女娲具有了各种各样甚至彼此错出的身份，如伏羲的妹妹或妻子，王母娘娘的下属或姐妹，天后娘娘的母亲，太上老君的母亲或"同僚"，炎黄的妹妹或母亲，如此等等。在有的神话中，女娲是盘古的妹妹、玉帝的媳妇，又有神话说，女娲是盘古的媳妇，两人一起捏了泥人。可见，女娲在谱系化的神祇世界中，虽然原先的地位有所降低，可依然不失为一位享有崇高地位的大神。她与众神的关系，也很少明确固定。

女娲的地位，不仅仅随时间而变化。由于地域的不同，其地位沉浮、升降的程度也有差异，甚至有相当大的区别。在有些地区，女娲可能会被其他具有相当功能或者更大威力的女神或男神所取代，比如在一些地方的神话中，将捏泥造人的主人公说成是王母、玉帝或盘古等，就多少反映出一些这方面的信息。在河南淮阳，女娲虽然依旧享有"人祖"的极崇高、尊贵的地位，但她在当地受到的礼祀却在伏羲之下。可在仅仅百里之隔的西华，女娲就成了最受人尊敬的"天地全神"，她还统领着观音、无极、广生等十二位老母，俨然是神祇谱系中的至尊者，伏羲在庙殿中的位置，恰是女娲的陪衬。在淮阳、西华一些群众的观念中，神界中大大小小、三教九流的神祇是颇多的，例如在一首叫《十上香》的经歌中，所请的众神就有瑶池金母、九斤老母、三教老祖、南海大士、玉皇大帝、齐天大圣、文昌帝君、阿弥祖师、普天大圣等。① 然而他们的存在似乎颇淡远，远不如女娲与人们的生活联系得那样密切。在当地的民间信仰中，女娲无疑是非常有威力、有势力的大神，她在人们心目中的位置，超过了一般神殿上的玉帝、王母等尊神。在河北涉县，娲皇宫雄踞山顶，这是女娲在此享有至高至尊地位的象征。其他如弥勒佛、四大天王、观音菩萨、三官、碧霞元君、广生圣母、吕洞宾等所处的位置均在女娲之下。在陕西岐山，直到 1982 年，民间延请道士举行的祭神活动中，所挂的神图上女娲仍然高居最顶端，玉帝、八仙、关帝、土地爷等，则都在她的位置之下。据考察这一情形的陈子艾教授告诉笔者：在当地百姓的观念中，"没有女娲，哪来的玉皇大帝？这些人都是她生的"。足见女娲至尊、独立的始母神地位，在那里依然十分完整、鲜明地保持着。其他的各方神圣，在融合中不是被置于女娲之前，而是在"始母崇拜"的顽强信仰下，作为支流、后续，被纳入女娲的亲族谱系之下。这一点，是很能说明问题的。

所以，对"女娲在中国神灵世界中的位置如何"这一问题的回答应当充分考虑到时间、地域和信仰者的差异。泛泛的一概而论往往不免有悖于事实真相。

在长期宗法制统治下的中国，出奇地活跃着一大批女神，大到天后地母，小到水神厕神、龙女蛇仙，她们的存在，使中国人的信仰生活增添了不少温柔的世俗气息和明快的色彩。为便于更好地理解女娲的性

---

① 淮阳采风资料。

质、特色及她在神界的位置，现将几位在中国民族信仰中有较大影响的
女神——西王母、观音菩萨、妈祖、碧霞元君等，与女娲进行一番简单
的历史和功能上的比较。

（一）西王母

和女娲相似，西王母（图 39）的渊源也是颇古远的。她最初大约是古
代西部地区处于狩猎阶段的民族或部落的一位神祇，在《山海经》的《西
山经》中较早出现时，还不脱半人半兽的怪模样。它的神格，是执管灾
疠、五刑残杀的瘟神和刑罚之神。大约从战国到汉代，是西王母转型的
一个重要阶段，它不仅在形象上逐渐脱尽了动物特点，从穴居野处的怪
神演变而为天帝之女（《穆天子传》）、一位雍容尊贵的女性神仙，职司、
功能也有了转变和极大的增添，不仅成了掌有不死药和食之使人长寿的
蟠桃的赐寿降福的神，还可以赐福禄、送子、免灾。汉代的卜筮著作
《易林》的卦辞中就有"稷为尧使，西见王母。拜请百神，赐我善子。引
船牵头，虽拘无忧。王母善祷，祸不成灾"[1]。

汉代，西王母被道教化为女仙的至尊者，还配了一位东王公做丈
夫。[2] 在民间，一般称之为"王母娘娘"，不少神话传说中还将王母说成
是玉帝的夫人。可见王母在民间信仰中的地位是比较高的。她的影响也
是全国性的，不少地方都有王母庙会，或称蟠桃会，多在农历的三月初
三举行。届时人们要去王母庙焚香求愿。

在神话中，王母娘娘有时是指使女娲造人、补天的更高神，有时又

---

[1]　（汉）焦延寿：《易林》卷一，转引自马书田：《华夏诸神》，45 页，北京，北京燕
山出版社，1990。

[2]　较早记载西王母与东王公相配之事的是《神异经》。此书旧题东方朔撰，实为六
朝文人所依托。不过，从一些汉代画像石资料来看，东王公配西王母的说法，在汉代就
已出现乃至颇流行了。

图 39　西王母

成了女娲的姊妹。①

（二）观音菩萨

观音（图 40），大概是自佛教传入中国后，在中国人的信仰生活中发生着最大影响的佛教神祇。她在中国百姓中的影响，比佛祖释迦牟尼还要普遍。

观音，梵文名作"Avalokitêsvara"，汉译本作"观世音"，意为众生受苦受难时，一心称颂其名号，观世音菩萨立即会听见其声音，并前往解救，使脱苦恼。唐时因避唐太宗李世民的讳而略去"世"字，简称"观音"，沿用至今。

———————

　①　参见宁夏中宁《骊山老母补天，王母娘娘补地》，见宁夏民研会编：《宁夏民间文学》第十辑。

图 40　观音菩萨

　　观音是"大慈大悲，救苦救难"的。用佛教典籍的解释，"大慈与一切众生乐，大悲拔一切众生苦"，"大慈大悲，常无懈倦，恒求善事，利益一切"①，可见观音法力无边，能去除众生的一切苦恼，也能赐予众生幸福欢乐。观音的这一神格本质，很能满足中国人的信仰心理，所以在中国人中大受欢迎。不过，观音来到中国后，也随着中国人的要求和趣味发生了很大的变化，甚至从男身变成了女性。她的无边法力，在具体表现形式上，也有不少被中国化了。例如观音信仰与中国本土强烈的祈求生殖、繁衍的意识相结合，而产生了民间常见的送子观音，在形象和功能上，与中国众多的送子娘娘并没有太大区分。普陀观音主要是作为海神，保佑那些远航的水手及船只一路平安的。在这一点上，她的作用又与妈祖相同了。

　　观音信仰在中国十分普遍。清代乾隆年间，仅北京城内的观音寺就

---

　　① 《大智度论》卷二七及《法华经·譬喻品》，转引自马书田：《华夏诸神》，461～462 页。

多达 106 座，数量仅次于关帝庙。① 直到今天，很多地方还有观音会，日期一般在农历的二月十九日、六月十九日和九月十九日，据说分别是观音诞生、修道和成道的日子。②

从现实的情况来看，观音信仰的分布范围比女娲要广。观音的传入可能会在一些地方冲淡甚至取代原有的女娲信仰。在神话传说中，这位外来的神祇似乎显得与中国本土的大女神格格不入，二者很少发生联系。在个别神话中，例如前引重庆巴南的《端午节为啥要挂菖蒲陈艾》，观音的神力高于女娲，女娲欲救人类，还需观音的帮忙。在女娲势力极大的地区如河南淮阳，观音信仰也并行不悖地存在着。笔者调查的那个北关香会，会员们在太昊陵内敬伏羲、女娲，回家有事又求观音——会首的屋里就供着观音像，二者似乎也并无职司的分工。有的妇女认为，送给女娲娘娘的小鞋，在三月三烧最好，因为这天是蟠桃会。可是敬女娲的鞋何以烧在蟠桃会、女娲与观音是何关系，信众也说不清。大约是信仰中的观念事实发生了混淆。不过，在当地还是女娲的影响更深入人心。在有的说法中，女娲是包括观音在内的十二位老母的总头领，地位自然高于观音。在河北涉县，从娲皇宫与朝元宫的位置以及女娲在当地的影响来看，女娲的地位无疑在观音之上。

（三）妈祖

"妈祖"，本是福建方言，意为"娘娘""奶奶"之意。她在神界的出现，是比较晚的，对她的信仰，起源可能在北宋或更早些时候。③ 妈祖（图41）是由人而成为神的。关于她的身世，说法颇多，较常见的一种，说妈祖本是闽中青田湄州岛人，是五代时一位姓林的闽都巡检的女儿，

---

① 参见马书田：《华夏诸神》，468 页。

② 另说后二日分别为其成道、涅槃的日子。

③ 参见宗力、刘群：《中国民间诸神》，401 页，石家庄，河北人民出版社，1986。

"生有灵异，幼通悟秘法，预知休咎。比笄不字，能乘席渡海，御云以游岛屿，众呼为龙女"①。可知妈祖的原身或者是一位带有巫觋色彩的卜筮能手，擅长游泳。传说她曾于梦中救助了远航遇险的父兄，以后又多次于海上救护遇险的渔民和商人。所以她死后，莆田地方的人们请她做了航海的保护神，并为她修了祠堂。

图 41　福建湄洲岛妈祖祖庙中的妈祖圣像

　　由于古代航运事业的需要和传说中妈祖的"灵应"，自宋元以至明清，妈祖多次受到封建帝王的册封，她被赐呼为"天妃""圣妃""天后"，对她的祭祀也由民间而升到由朝廷派大臣致祭，并载入国家祀典。统治者的大加提倡，又助长了妈祖在民间信仰中的地位，妈祖成为大受官方与民间推崇的女神，声势极其显赫。妈祖原是一位护航的海神，随着她势力的扩大，她的神圣力量也有了极大的增加，以致凡有"水旱疠疫，

　　①　《魏叔子文集》卷一六《扬州天妃宫碑记》，转引自宗力、刘群：《中国民间诸神》，397 页，石家庄，河北人民出版社，1986。

舟航危急，有祷辄应"，而"尤善司孕嗣"，"凡有不育者，随祷随应"①，也几乎成了一位无所不能的女神了。

妈祖的信仰主要分布在沿海一带。许多与航运、通商有关的城镇，如天津、扬州、南京、平江、周泾、泉州、福州、兴化等地都建有天妃宫。台湾、香港、澳门等地对妈祖的信仰极为虔诚，台湾的妈祖庙、天妃宫有五六百座。随着华人远航的足迹，在东南亚、日本甚至欧美的一些地方，也出现了天后宫。②

据说农历三月二十三日是妈祖的生日。这天，信奉妈祖的地方都有热闹的"娘娘庙会"。

对妈祖的信仰起源既晚，分布也有一定的地域性。妈祖在她的"势力范围"之内，地位是极高的，一些神界中的大神甚至可能成为她的陪侍。比如天津小直沽天妃宫大殿正中供着天后圣母，左右侍立着众多娘娘神，后面则是北方有名的碧霞元君。不过，女娲的情形似乎有所不同。在江苏太仓，虔信天妃娘娘的刘家港的渔民们对女娲也怀着深深的敬意。这里流传着的天妃娘娘神话说：天妃是女娲的女儿，嫁与天帝为妃；女娲补天后，临死前嘱咐她要管好四方海水，不要让它兴风作浪。于是以后天妃就做了海神，保佑人们航海安全。③可见，尽管妈祖在当地信仰中占着突出的位置，可古老的始母神女娲，在神代关系上仍然居于优先的地位。事实上，将妈祖攀附上女娲做母亲，实在是把妈祖的资历提高了许多。

---

① 《铸鼎余闻》卷一，见宗力、刘群：《中国民间诸神》，390、393 页；（宋）佚名：《三教源流搜神大全》卷四，49 页，长沙，中国古书刊印社汇印本，1935。

② 参见马书田：《华夏诸神》，98 页、103 页。

③ 参见苏州市民间文学集成编委会编：《苏州民间故事》。

（四）碧霞元君

"元君"，是道教对神仙的一种尊称。道教史上曾被称作"碧霞元君"
的神仙有好几位，如天妃娘娘、顺懿夫人、《封神演义》中的余化龙等。
不过，近代以后，这一称呼的所指逐渐明晰——专指泰山娘娘碧霞
元君。

碧霞元君（图 42）的起源较晚。她的来历众说不一，较流行的说法认
为她是东岳大帝泰山的女儿，宋真宗时敕封为"碧霞元君"。

图 42　河南滑县木版年画中的碧霞元君像

对碧霞元君的崇拜主要流行在中国的华北地区，尤其以山东泰山地
区为最盛。她的主要功能是送子，因此人们尤其是广大妇女，礼祀她为
"送子娘娘"及保护儿童的神。泰山的碧霞元君祠配殿中还供有送子、眼
光二神。北京妙峰山 1987 年后重修的"灵感宫"中，除供天仙圣母碧霞

元君外，还塑着眼光娘娘、斑疹娘娘、子孙娘娘和送生娘娘，都与送子及保佑儿童健康有关。①

据说四月初八是女神的诞生日。围绕着这个日子，不少地区都有庙会。北京妙峰山的庙会从四月初一到十五，来朝顶进香的人络绎不绝。人们向碧霞元君祈求的不仅有子嗣，还有平安、长寿、健康、财富……据乾隆三十五年（1770 年）所立《天仙圣母感应碑偈》称："圣母灵妙莫测，拯苦救难，感应四方。善男信女，极心向往。"可见她在人们的心目中神力极大，神位也是相当高的。

不知是否由于地望上相接近的缘故，泰山、妙峰山的碧霞元君，与河北涉县的娲皇圣母，似乎很相像。泰山、妙峰山等地广为流传的"娘娘与西天佛爷（或和尚）争地、反埋绣鞋（或簪子）"的故事，以及贞洁儿媳跳火池（或山崖）的传说，也在娲皇宫一带盛传，只不过主人公变成了女娲娘娘，闻之不免使人产生二神相似之感。这两类神话传说可能在其他地方也有流传，不过，也许是结合了当地的信仰或传说，主角已换成别的神了。

在娲皇宫，女娲自然是最尊贵的神，泰山上最受崇拜的碧霞元君，在这里也只好屈尊侍于偏座了。

以上提到的四位女神，在近世以来神界中的地位都是比较高的（当然也有一定的地域性区别），对中国人的信仰生活影响也比较大。她们的起源或者古远，或者晚近；或者土生土长，或者来自异域；其功能开初时或者相当明确单一，或者比较含糊笼统。但随着人们实际要求和兴味的变化、丰富，她们都或多或少产生了相应的变化：形象从朴野到文

---

① 此节有关北京妙峰山碧霞元君信仰情况的资料，俱系笔者 1993 年 6 月的实地采风所获。

雅，功能从单一到多方面满足人们的各种需要，甚至连性别也发生了根本的改变。在这不断发生的改变和功能的扩大中，这些女神彼此之间在形象、个性、职能等方面的区别逐渐变得模糊了。

同这些女神相比，可以发现女娲有如下几个特点。

第一，女娲是中国本土所产生的最古老的神祇之一。她的形象，最初大约是产生自一个处于初步农业经济阶段，妇女在生产劳动和社会生活中均占有较重要地位、享有较大自由和更受尊重的氏族或部落。她的人首蛇身形象，很可能是她同大地以及丰饶、繁衍相关联的实质性内涵的外化。在女娲的身上，带有大地女神的姿影。在以后的发展中，女娲的形象不断朝着人化、世俗化的方向演变，但她的"人类始祖和文化英雄"的神话业绩，早已构成了她神格的骨架。尽管她在以后几千年与各种神祇的混合、交融过程中，原初至尊的地位总的说来有所下降，但她仍然主要是以人类始母神的身份，高居于万神殿中的尊位，甚至由此"化万物者"的身份，将一切神祇都纳入她的族谱中。

妇女的古老神力之源往往与生育繁衍直接相关。女娲古老的始母神神格，使那些后起的、外来的或者兼司繁衍生殖的女神们，相形之下都黯然失色。

第二，女娲的始母神神格使她与信众之间具有一种特殊的亲情。女娲是化孕、创生了人类的始祖，因此天下人都是她的儿女。女娲因此被人们亲切地称作"人祖姑娘""人祖奶奶""老皇娘"，或干脆称"老娘""妈妈"，对她怀有一种母子般的亲情（当然，夹带着信仰的虔敬之情）。在女娲信仰仍然盛行的地方，例如河南西华，大量的口头唱经及民间神话，都极强烈地显示了这一点。例如史全老人唱的《女娲诗卷》："老皇娘在皇城把言来谈，叫一声孩子们细听我言……"整个唱辞、唱腔情真意切、意味深长，仿佛老母亲在诉说家史，听来十分感人。会首刘丽讲的女娲神话中也说：盘古战女娲时，孩子们拦住不叫打女娲，因为母子连心。当地还普遍流传着女娲姑娘下凡来渡她的真心儿女，或请她的儿女们为她修庙院的说法。女娲的始母神神格，在这里的民间信仰中是极鲜明的，人们对她怀有的亲情也很浓厚感人。这恐怕在其他神祇信仰中极少见。

第三，与中国绝大多数的神灵一样，女娲的功能也在发展中不断扩大。上文讲到，女娲适应人们不断发展、丰富的需求，逐渐成了人们信仰生活中一位全知全能的女神——像其他的女神甚至男神一样。

中国的诸神，大多是职司不明而功能繁多的。以求子而言，人们可以向全国性的女神如王母娘娘、观音菩萨等祈求，也可以向地方上的女神如广州的金花夫人、北方的碧霞元君等祈求；更妙的是送子的不仅有女神，还有张仙、送子弥勒等男神；不仅有名义上专司胤嗣之职的（实际上也早已多功能化了，如碧霞元君），更有各类兼司送子的，以至盘古、关帝、岳飞、土地爷等，都可以成为祈子的对象。而他们中的任何一位神祇，在实际的信仰生活中也似乎有足够的神力，可以满足人们的任何欲望和需求。所以，中国的神灵（尤其是较显赫的大神）虽多，但以功能而论，彼此的区别却并不显著。

女娲就在这功能的扩大化过程中，跻身于三教九流、无所不能的一大群神祇中，渐渐地失去了她功能上的个性，也模糊了与西王母、观音菩萨、妈祖、碧霞元君等其他女神以至男神的职能界限。

第三节　形成女娲在民间信仰中位置特点的原因

从以上的探讨中可以发现，女娲在中国民族信仰中的位置，总体来看，表现出这样两个特点：一是在封建统治阶级的信仰中，她的位置是大体稳定有序的；二是在民间信仰中，她的位置是大体上有序，而在具体的时间、空间条件下又是变动、无序的。鉴于女娲信仰影响的普遍与深入主要是发生在民间，而民间神灵信仰又具有不同于上层社会信仰的特征，因而有必要对女娲信仰在民间的存在状况，以及形成女娲在民间信仰中位置特点的原因进行进一步探究。

本编此前对女娲在民间信仰中位置、功能的探讨，已是尽可能删去枝节、取其要旨的，探讨的结果仍是它具体的不确定性、模糊性及功能上的非个性化。这是女娲在整个民间信仰生活中存在状况的客观反映，而它事实上的存在状况远比这要复杂、混乱、无头绪得多。即使在现代女娲信仰依旧盛行的地区，除去乡村中少数具有比较丰富的神怪知识的人（如巫婆、神汉、香会会首或者喜好奇闻逸事、地方掌故的老先生）之外，大多数信众对女娲的来历、职司及她在神界中的位置往往是一知半解，甚至是浑然不晓的。拜罢女娲再拜观音、祈求女娲赐子与祈求岳飞赐子（如同太昊陵中常常见到的那样），在他们看来并没有什么荒谬、矛盾、值得奇怪的地方。

女娲在神界位置的不确定性和她功能上个性的不明确性，与整个中国民间信仰所表现出的庞杂性、含混性、随意性是相一致的。

造成这种现象，自然内中有许多因素，其中比较重要的，可能有以下三点。

一、中国信仰史上的多种文化构成

近些年来在浙江余姚考古发现的河姆渡遗址的新成果，不仅将中国的文明史提前到了 7000 年前，而且表明中华文化是多源的。

的确，中华文化（包括信仰）的形成，是历史上多种文化体系长期交织融合的结果。在统一的华夏族形成以前，黄河、长江流域大大小小的原始氏族、部落已经有了各种形式的交流与融合。在这种交流、融合过程中，各种不同的原始信仰内容也发生着混融。来源各异的始祖、文化英雄、天神地祇等，不免在新的统一体中重新找寻自己的位置（当然，如果它还存在的话），从而构成新的神祇谱系。这类融合在随后的漫长历史过程中不断进行着。源源不断融会到这个神祇世界中的，既有本土神，也有外来神（包括中国其他民族以及外国的神灵）；既有人为宗教中的高级神，也有世俗自造的"人化神"。这支庞杂的神灵队伍在上层的统治阶级那里，经过了增删、淘洗，形成了一定的严密体系和祭祀制度。可在民间，这支队伍却长期处于自发状态，听凭人们相当随意地按照自己的需要、趣味以及信仰的传统，将他们结成松散的谱系。在这样的情况下，某位神灵在庞杂的神界中的位置，就不免因时、因地甚至因人而异了。

但"相当随意"并非完全杂乱无章。原初神圣业绩较显著，或者时代性较强、地位较高的一类神祇，在新的统一体中，大体上仍被置于较高的地位，所处的位置也有一定的次序。比如盘古就大多被置于女娲之前，尽管他们的来源可能是各不相同的原始部落。后起的玉帝成为神界中的领袖后，也总是君临女娲之上。

二、实用的群众心理

宗教信仰产生于人们的需求。人们信仰某位神灵，向其献祭、供奉，大抵总有现实的要求。功利性一般是任何宗教信仰得以存在、发展的主要要素之一。

这种实用的功利目的，在中国人的信仰观念中也有突出的表现。在实际的信仰生活中，我们常常发现这样的情形：人们对神灵之所以发生兴趣，以及兴趣持续时间的长短，抛开传统的因素，往往还源于世俗生活的需要。得子的愿望迫切了，可以很虔诚地向神们祈愿——而且只要于己有用，不管三教九流、何方神圣，都一样恭敬有加、跪拜如仪。不必说那久祈无效的人可能反叛，得了孩子的人信神之心可能增加，礼祀的行为却不免松懈、疏懒，直到又有新的欲望需要满足——好在生活中的欲望是永远不会满足尽的。

朱家潘曾在一篇序文中，举了几个很好的例子来说明中国人很少是无条件信神的：比如戏曲中目连的母亲本来信佛，而在她的生活中得到相反的报应，于是宣布不信；新中国成立前，基督教的教徒常劝中国人信耶稣，一位车夫说"耶稣管饭不管？管饭就信，天天有窝头也行。不管就不信"①。这种对待鬼神的实用态度，在中国人中颇有代表性。俗语常说的"病急乱投医""临时抱佛脚"，就是这一类群众实用心理的写照。

这种实用心理对中国人的信仰生活造成的影响不小。真正虔信某一位或某一体系宗教神灵的人很少，大多数人信仰的神祇是包罗繁杂的：只要有用，尽可信仰，而且为着方便起见，还可以将它加以改变，至于神祇原初的身世、族属、教别、职守、在神界中的位置等，则属无关紧要，不予细究。这样一来，中国神祇世界的庞杂和含混实在必不可免了。

另外，由于这种实用心理，中国的民族信仰也被涂上了一层现世主

---

① 朱家潘：《关于神的杂感》，见马书田：《华夏诸神》序二，6 页。

义和世俗化的色彩。①

　　这种实用的群众心理形成的原因，自然根本上是由于现实生活的实际需求。鲁迅在谈到中国神话仅存断片的原因时，对此提出了他的两点看法。他指出"华土之民，先居黄河流域，颇乏天惠，其生也勤，故重实际而黜玄想"，再者由于"孔子出，以修身齐家治国平天下等实用为教，不欲言鬼神，太古荒唐之说，俱为儒者所不道"②。其中第一点似乎没有太多的证据好加以肯定，不过民族性格的形成，总与其长期所处的地理人文环境相关，这一点倒可以给我们很多启示；鲁迅所指出的第二点，恐怕是道出了一个很重要的原因。两千多年来，被尊奉为统治思想的儒学对待鬼神的淡漠态度和统治者对此的利用，无疑对中国人的信仰观念产生了巨大的影响。

三、混沌的民间思维

　　人类最初混沌未开时的思维，是一种尚未分化的思维，其中有具体，也有抽象；有逻辑的因素，也有原逻辑的因素；有唯物的因素，也有唯心的因素。不过，各因素所占的比重是不同的。著名的法国社会学家列维-布留尔(Lucien Lévy-Bruhl)认为这种原始思维的基本属性包括两方面：1. 神秘的，即在原始人的眼里，无论是什么事物，全具有神

---

　　① 苏联民族学家、历史学家托卡列夫在谈到中国的宗教时，曾指出它的"根深蒂固"的特征是"中国的信者，对神秘主义、抽象的玄学、出世苦修等均漠然置之"，"任何宗教热忱、出世苦修、禁绝肉欲、酒神式的肆狂，均为中国宗教所摈斥"。参见［苏］谢·亚·托卡列夫：《世界各民族历史上的宗教》，魏庆征译，286 页，北京，中国社会科学出版社，1985。这话虽有些绝对——例如我们在西华，就不难感受到对女娲的强烈信仰激情——但多少道出了中国人的实用态度在信仰问题上所表现出的一些重要特点。

　　② 鲁迅：《中国小说史略》，见《鲁迅全集》第 9 卷，164 页，北京，人民文学出版社，1973。

秘属性，而没有自然和超自然的分别；2. 原逻辑的，即它不像我们的思维那样必须避免矛盾，而往往以完全不关心的态度来对待矛盾，它是遵从互渗律的①，一切物体、一切现象全可以是这样同时又是那样，在此处而同时又可在另一处。② 由于互渗律的影响，原始思维与逻辑思维有许多不同，例如，原始思维很不喜欢分析，它不像我们的思维那样运用严格确定的概念进行材料的整理、分类、概括和抽象，集体表象"不为了以后能够被安置在逻辑次序中而进行分解"（分类），"表象的关联通常都是与表象本身一起提供出来的"③。

尽管列维-布留尔对原始思维基本属性的概括有一定的缺陷④，也受到了各种批评⑤，但其"互渗律"一词的提出，的确道出了原始思维的"不分化性"及"它对矛盾律的不关心和它自身的混乱"这方面的本质特征。⑥ 在一定限度内，它是具有一定的对问题的解释力的。

一定的思维类型总是与一定形态的社会生活相连属。随着社会发展的要求，未分化的、混沌的原始思维也开始发生变化。用列维-布留尔的话说：当"经验和逻辑的要求对互渗律占上风时"，真正的所谓"思维"

---

① 参见［法］列维-布留尔：《原始思维》第二章，丁由译，北京，商务印书馆，1981。"互渗律"（Loi de Participation），杨堃以为译作"混沌律"合适些，见《杨堃民族研究文集》，434 页，北京，民族出版社，1991。笔者同意杨堃的意见，但为引用的方便，仍用"互渗律"的译法。

② 参见［法］列维-布留尔：《原始思维》，69～72 页，116～117 页。

③ 同上书，101～102 页。

④ 他对互渗律在原始思维中所占的位置的认识有绝对化倾向。事实上，在原始人那里，对待经验范围内那些熟悉的生产、生活问题，完全可以是有清晰分辨、理性推断的。

⑤ 尤其是"神秘的"这一提法，遭到不少学术上的非议。

⑥ 参见 B.K. 尼科尔斯基：《"原逻辑思维"——列维-布留尔的"工作假说"》，见［法］列维-布留尔：《原始思维》，476 页。

"才开始分化、独立和解放"①。尽管这两种不同的思维类型可能始终共同存在于人们的意识当中，但大体上说，人类的思维是在逐渐减弱原逻辑的因素，朝着更高的思维类型即逻辑思维类型过渡的。②

不过，原逻辑思维的保持程度以及逻辑思维的发展程度，却是随着社会生活形态的不同而有差异的。这些程度往往取决于一定生活状态中人们的需求程度。

在中国的农村社会，混沌的、不喜欢分析探究的思维方式，在相当广泛的生活领域中仍然占据着突出的位置。

费孝通在分析中国传统的乡村社会的结构时，曾述及乡村社会生活中思维记忆的一些特点并论及其形成的原因。他认为：

——中国的乡村社会，是面对面亲密接触的熟悉的社会（face to face group），是定型的、少变动的社会。在这种不分秦汉、代代如是的环境里，人们没有严格地记取历史经验以帮助生活的必要，因为当一个人碰着生活上的问题时，他必然能从一个比他年长的人那里得到解决的有效办法。祖辈们的经验尽可抄袭来作自己生活的指南。对于在这样定型的社会中生活的人们来说，记忆都是多余的。秦亡汉兴，没有关系。乡土社会中不怕忘，而且忘得舒服。在这样的社会里，"历史"也是多余的，有的只是"传奇"。而且，愈是经过前代生活证明有效的方案，也愈值得保守——而且对之不必讲究学理：既然有效，就用不着探究来龙去脉，只要依照着传统的规定去做，就会有福。③

①　［法］列维-布留尔：《原始思维》，103 页。
②　同上书。
③　费孝通：《乡土中国》，1～80 页，北京，生活·读书·新知三联书店，1985。

费孝通所述的乡土社会生活中保有的思维、记忆特点，笔者把它概括为"非历时性"和"非探究性"，即对于按照严格的历史发生、发展次序来记忆不感兴趣，对于客观的人物、事件、行为与目的之间的区别、相互关系、本质、根源等，也不加以探本溯源的理性追究。这正是混沌思维的突出表现。

诚然，人们对于过去所经历的"历史"和自己所生存的周围世界的存在，总是有种好奇心和求知欲的，然而在这样的思维结构中，这种追根究底的好奇心和求知欲是在混沌和想象的状态中得到满足的。"历史"开始于人们讲述他们如何来到这个世界以及现存世界的秩序如何奠定的神话传说，随后发生的各种客观事件也无不被这种混沌的思维纳入其保有的传统中去。历史的倾向就这样在神话、传说、故事的讲述中得以把握，并代代传承下去。所以，乡村社会中丰富的是神话、传说、故事，而把握住客观事物发展的根源和论据的严格意义上的"历史"，则并未取得完全的独立。按照实在的人和物的客观属性和事物之间的因果关系进行记忆、思辨的能力，始终未普遍地发达盛行起来。

这样的思维的运用，带来了中国民间文化的诸多特点，也给中国庞杂、繁冗的民间神灵信仰的产生与存在，提供了丰饶的土壤。

在民间信仰中，人们面对各种来源的神灵，在记忆中常常模糊了他们不同的时代起源，对他们各自的个性差异、具体职守、神界位置等也缺乏分辨和探究的兴趣。虔信女娲的同时又礼拜观音、岳飞、土地爷，在信众们看来没有什么矛盾、不合情理的地方，人们对于其间出现的各种矛盾也不以为意。女娲在神界的位置，也只大体上按照已有的传统，相当随意地与众神结成谱系，至于女娲到底与众神是什么关系，那就无关紧要，不去关心了。如此一来，模糊了时代、个性、功能的神灵，势必形成一个神灵信仰的大杂烩。女娲在神界位置的不固定、不明确，也就实属必然了。

这种混沌的思维，实在是民间神祇世界无序、庞杂、含混的心理源头。

上述三种原因，即中国信仰史上的多种文化构成、实用的群众心理及混沌的民间思维，在中国民间信仰的存在、发展过程中是相互缠结、综合作用的，其结果便形成了民间神灵信仰的庞杂、含混以及有序之中又相当无序的状态。女娲的信仰正是它的"窥豹之管""知秋落叶"。明白了这一点，对于女娲在神灵世界中所处的位置，可能会有更接近于事实真相的理解。

第七章　　结　论

第一节　本编的论述重点及重要结论

一、女娲的神格

从古文献记载、考古学资料以及现代大量的民间口头神话和信仰习俗来看，女娲是属于神话时期的一位兼有"始祖—造物主—文化英雄"神格性质的大女神，而其中又以始母神神格较为基本和突出，这一神格的基本内蕴是繁衍、生殖。从女娲较原初的形象起，在漫长的历史发展、演变过程中，这一神格一直是贯通女娲的重要神话活动的主线。从现代的资料来看，它是广大民众情感和想象力之所系，也是其他神格以及相应的神话传说衍生的基点和中心。这一神格性质使女娲不仅在口头文学以及民间神灵信仰中具有较鲜明的个性而与其他神祇相区别，也使她在时间、空间的不断变易中始终保持着较高的地位。

二、女娲神话的发展与演变

不断变异是女娲神话传承、扩布过程中的主流。

女娲神话自产生以后，就处于时间、空间上的不断传承、扩布过程中。其间除去很少部分被有意或完全偶然地记载下来，从而获得了相对稳定的形式之外，绝大多数的女娲神话都仍然随着所流经的社会文化环境与自然地理环境的改变，而在内容、形式、体裁、讲述功能上发生着或多或少的变化。变化的形式主要有粘连与复合，以及地方化、世俗化、宗教化等。有的变化是局部的，基本上不影响原有核心情节的构成与发展；而有的变化则不仅可能使女娲的神格身份发生极大的变化，还可能改变神话的主题甚至体裁。

在神话的性质与讲述功能上，总的来说，原初的神圣性普遍渐趋淡化，教化、娱乐的色彩日益加强。

不过，这变异的情形又是复杂的、不均衡的。这主要表现在：从时间发展的方面来看，在女娲神话的流传过程中，既有发展较快、变化较显著的一面，也有发展较迟缓甚至停滞的一面；从空间扩布的方面来看，女娲神话发展、变异的程度也存在着地域性的差异。

由此可见，在女娲神话演变的问题上，采取单一进化的态度未免失之简单，因为事实上，女娲神话的发展、变异是多层次的，是停滞与发展、传承与更新、稳定性与变异性的对立统一的过程。只有在这样全部多样化和多层次的现象中，我们才能观察到女娲神话在历史发展中的真正特征和倾向。

女娲神话不断发展、变异，总体来说，使其在结构上逐渐由简而繁，由单而合，情节日渐完整、曲折，女娲的形象也日益丰满、鲜明，所以，女娲神话是在发展、变异中逐渐提高的。

三、女娲在中国民族信仰中的存在状况

女娲远非仅仅存活于口头文学当中。对其超自然神力的崇信，自战国末期见于记载的时候起，经两汉、隋唐以至明清，在民间以及上层社会，一直绵延不绝，在某些阶段、某些地域还显示出十分隆盛的景象。直到 20 世纪 90 年代，在民间某些地方，女娲的影响依然十分显著，甚至深入人心，不仅她的神话事迹广泛地传诵于百姓口头，而且在民间信仰中并通过信仰，在民间节日、饮食、婚丧仪式、民族语言、民间音乐、民间舞蹈、民间工艺等诸多方面，都留下了或深或浅的印迹。

在后世的延续、发展过程中，有关女娲的各种"遗迹"对女娲信仰起着重要的固着和凝聚作用。有关女娲的神话及信仰习俗大多以有关"遗迹"为中心向外散布流传，中心点的神话往往丰富、生动，甚至成系统。有关的信仰习俗越丰富，女娲对人们产生的影响也越显著。

四、女娲及其神话与信仰的功能

女娲及其神话与信仰的渊源是十分古老的，在历史的演进中，尽管它们有失落、有变迁，却并未成为毫无意义的遗留物，而是依然在人们的生活中发挥着多方面的功能。

女娲神话主要产生着解释与证明、教化及娱乐的作用。仍带有严肃神圣性质的女娲神话，还对相关的信仰起着强化以及个性化的作用。

对女娲的信仰，客观上也起到了一定的维系与凝聚群体社会、规范其成员的心态与行为、调节群体的物质与精神生活等作用，并对妇女具有特殊的意义。

女娲在信仰中的功能恐怕始终是多方面的（尽管发生作用的程度、频率等可能不大一致），不过这并不意味着她的功能在内容上始终不变，

而是——与女娲神话的演变情形类似——在历史演进中有存留、有佚亡，也有增添的。鉴于社会发展过程中人们物质和精神需求的不断增长，女娲的功能实际是在存留那些满足人类基本和共通的需要的功能的基础上，又不断有所扩大的。这使女娲在信仰生活中具有了较强的适应性，却也使她在功能上逐渐失去了个性，沦为一般的大神了。

女娲及其神话与信仰的诸种功能往往是综合发生作用的，不过在具体的时间、空间条件下，各功能发生作用的程度可能有所不同。有关女娲的各种文化现象也并非孤立存在，而是与其他的神话传说、神灵信仰、巫术禁忌以及政治、伦理道德规范、法律、传统教育等一道，综合地发生作用，共同织成了一张错综复杂的文化网，影响着生活于其中的人们的观念、情感和行为。

五、女娲在中国民族信仰中的位置

对于女娲的信仰，超出了简单的阶级差别，而表现出一定的民族共通性，因此对于女娲的探讨，应当将其历史地置于中国民族信仰的大背景下进行。

女娲信仰的民族性问题，应当从两个方面去理解。第一，它形成并存在于一定的历史阶段中。在阶级尚未分化、统一的汉民族尚未形成的时代，自然不存在女娲信仰的阶级性、民族性的问题。而大约在清末以后，女娲在上层文化中逐渐失去了信仰的色彩，而主要作为某种行为规范的形象出现在文艺创作中。作为一位具有神力的古神祇，她的活动范围便主要只在民间信仰领域了。其民族性在这一阶段也就起了一定的变化——相当削弱了。由于民间信仰中较多地保留着女娲信仰的朴野性，更由于女娲的活泼生命力和巨大影响力也主要是长期发生在民间，因此对于民间的女娲及其神话与信仰的考察，是本书探讨的基础和中心。第二，对女娲的信仰虽具有一定的民族共通性，但其间女娲所具有的性质、功能、神代谱系、神界位置以及对她的祭祀方式、祭祀目的等，又有着上、下层的分别，因而又是有阶级性的。

女娲在中国民族信仰中的位置，是因时、因地甚至因人而异的。总的说来，她的位置在后世普遍有所降低，不过，由于她的神话业绩早已相对固定了她的神格骨架，所以她仍然得以在众神世界中居于尊位，甚至在某些地方依然保有原初至高、至尊的位置。她在民间神灵世界中的地位，没有像在上层社会信仰中那样大体稳定，而是大体上相对有序，具体表现上又十分无序。这种状态，与中国民间神灵信仰的总体情形相一致。造成这一状况的原因，主要可以从中国信仰史上的多种文化构成、实用的群众心理以及混沌的民间思维等方面找到。

第二节　引发的进一步思考

由上述探讨，还可以引发出如下三点思考。

一、女娲何以具有顽强的生命力

女娲为什么具有如此顽强的生命力？为什么她的神话与信仰能够历经数千载而至今仍然生动地存在甚至深入人心？形成这一现象的原因，主要有三点。

第一，女娲的神话与信仰具有一定的适应性。在文化人类学上，那些不能满足人们的需要，给人们的生活带来不便甚至减少人们生存机会的习俗，被叫作"非适应性习俗"。这类习俗不大可能持续存在，要么被其他习俗所取代，从而使人能够继续生存下去，要么与固守的人同归于尽。另一类适应着特定的自然和社会环境而产生，并能增加人们生存机会的习俗，被称为"适应性习俗"，这类习俗则很可能会持续下去。[①]

女娲的神话与信仰能够历经数千载而至今流传不衰，一个主要的原因，即在于它们具有一定程度的适应性。如第五章所述，女娲及其神话与信仰在人们的现实生活中或显或隐地发挥着多方面的功能。这种种功用所发生的适应性效力是双方面的：一方面，在这些习俗的传承者的心理上，面对周围世界而产生的困惑、好奇、恐惧、希望、焦虑等，会因女娲的神话及信仰而得到一定的解决和满足；另一方面，由于神话的讲述、信仰活动的进行，客观上也维持了群体的规范和秩序，加强了群体内部以及群体之间的团结与联络，对现实系统中的不平衡予以一定的补偿、纠正，一定程度上也促进着群体的物质循环，从而有益于个人与群体的生存。可见，女娲神话及其信仰的适应既具有心理学上的意义，又具有社会学上的意义。

在女娲神话及其信仰的诸功能中，其有效适应性持续时间的长短是不一致的。某些基于人类共通的情感和心理需求的功能，例如满足对宇宙及人类起源的困惑、对始祖的感恩之心、对大公无私地致力于为人类谋幸福的精神的推崇等，其适应性可能长时间存在或者永远会对人类发生效力。而另一些功能，则可能仅在一定时段上有效。比如女娲信仰对妇女起到的慰藉和宣泄作用，主要就是在以男性为中心的社会中发生的，因而随着这一现实条件的改变，这一功能原有的适应性也就失去效力了。

上文提到中国的乡土社会是个较少变动的社会，简单的、自给自足

---

① 参见［美］C. 恩伯、M. 恩伯：《文化的变异——现代文化人类学通论》，杜杉杉译，43 页，沈阳，辽宁人民出版社，1988。

的小农经济长期居于主导地位，血缘宗法制构成了较稳固的社会结构的基础，科学的、理性的现代教育始终没有普遍发达起来，这些都为女娲神话及其信仰的有效适应性的持续提供了现实的土壤。因为在类似的生活环境中，面临着类似的问题与需求，自然也可指望从前代传承的有效观念和行为手段来获得解决。举例来说，女娲神话对现实世界中各种既定秩序的解释，对那些没有受到多少科学教育的人们来说，一直是满足其好奇心与历史感的主要途径之一。① 直至今日，由于更强大、更有力的新观念和新思想尚未能稳固和深入地普遍占据人们的头脑，在广大农村，旧有的模式只好继续被借用——女娲神话与信仰依然是他们"合理地"解释周围世界的起源、特征以及各种"奇情怪事"的颇有效的手段。而对女娲的信仰，也长期为那些处于父权制统治下的妇女起着心理上的慰藉、宣泄、平衡等作用。

总之，女娲神话及其信仰能够在一定程度上显明地或潜在地满足个人与群体生存、延续的多种需要，因而使之可能继续存在；而几千年来中国社会尤其是农村社会的较少变动，又为这些适应性之持续发生效力提供了现实的土壤。于是女娲的神话及其信仰得以在较长时期内富于生命力地存在于人们的生活中。

第二，女娲的神话及其信仰具有一定的变异性和可调适性。女娲神话及其信仰的适应性是在特定的自然与社会环境中发生的，因而随着这种环境的移易、变化，其适应性的有效程度也会发生相应的改变，甚至可能失去适应性。由于中国乡土社会的特殊条件，这一定的适应性长期以来，大体上说，是稳定有效的。然而，由于实际情境的变化多端，这

---

① 当然，受过正规学校教育的人，可能也会缺乏这一类宇宙本源及其终极意义方面的有力知识，因而神话依然是有一定吸引力的解释。不过，两种情形到底是不同的。

较大范围内的普遍有效可能在具体的、特殊的细节上发生问题，变成中性或者不适应。在这种情况下，就会发生本编第二章中所提及的调适与变异，即随着所存在、流经的时代特点、民族特点、自然与其他社会文化环境等的影响，在新形势下变得不适应的部分可能被加以改变、调适，也可能由于增添上了原本没有的内容、形式而获得更进一步的适应。例如女娲神话在流布过程中发生的粘连与复合，以及地方化、世俗化、宗教化，女娲在信仰中功能的更加多样化，就是适应各种变化了的环境而产生的。其结果往往是由此增加或者重新获得了新的适应性，女娲的神话与信仰也就得以继续存在下去。所以，这调适与变异，在女娲神话与信仰的生命力维持上，起着重要的作用。

当然，女娲神话与信仰的演变，并非像有机体会自然生长、变化，而是由于各种不同时代、不同地域、不同民族的人们根据自己的需要与趣味有意或无意地进行的改变。

不过，问题似乎还应有另一个方面。一件物体能够被改变，其自身须得具备相应的条件。譬如我们虽有将一块木头加以雕刻的主观愿望或者需求，但倘若这木头是腐朽的，雕刻自然不能成功。人文现象的改变大抵也有类似的原则存在，所以才会出现"孺子可教"一类的话，女娲的神话与信仰之所以能够被调适、改变，也与其自身具备的某些性质有关。

上文已讲过，主要以口头形式存在、流传的女娲神话，是具有变异性的，它的内容、形式、讲述功能等都并非固定不变，而是可以随着具体的流传情境发生变化，或者增添或者减少；它的人物、题材、情节结构等都具有一定的可分解性和可组合性，这使得神话的变异与调适成为可能。在传承中，可以随讲述人和听众的兴趣和需要，相对自由地进行分解、组合或其他的增减添删，这就使女娲神话在传承过程中表现出很强的张力和调适、容纳的力量。

女娲在信仰中的适应程度也是可以加以调适的，其中的道理比较简单。人仿照自己的形象创造了神，神的形象只是一个象征，在其身上，寄寓着人类的困惑、恐惧、希望和需求，他/她的种种功能乃是由人的现实需求而来，由人所赋予的；其品格、行为以及存在意义，也是由人而获得的。作为神话中"始祖—造物主—文化英雄"一类的大女神，女娲形象的基原主要是原始氏族或部落的始祖，然而她一旦被上升为神，就成为整个人类的智慧、力量、崇高品格的化身，并被赋予了多方面的功能。这位女神的种种象征内蕴自然是由人赋予的。人是象征的操纵者，能根据自己的各种心理或现实的需要制造丰富的符码赋予自己的对象，从而使无意义变得有意义，或者使失去了意义的旧象征重新获得生命力。从本编有关"女娲的功能"的论述中可以看出，虽然其功能很可能自始至终是多方面的，但其间也发生有失落、有存续、有增加的不均衡的演化，即女娲在历史发展过程中，也不断由人类根据自己的复杂而又时有变化的需求，而被赋予着某些新的意义、新的功能。这种改变也使女娲信仰能在变化的环境中保持一定的适应性。

由此看来，女娲神话与信仰的适应性问题应当有两个方面：1. 女娲神话及其信仰适应于一定的人类心理及自然与社会环境而产生，并对个体与群体的生存与完整产生着多种功能；2. 女娲神话及其信仰又是具有变异性和可调适性的，因而在具体变化的环境里，能够随着人类的需求，由人类来进行适当的变易，从而获得新的适应性。

第三，传统的巨大惯性。"传统"一般指那些由历史延续、传承而来的思想、道德、风俗、艺术、制度等。一个人出生时，往往是生活在一个由前人的各种经验所累积而成的文化环境中，对于由前辈的这些有效经验积累而成的相对固定的模式，通常是不加探究地予以接受、照搬的。这样长期相沿承袭的结果，会使传统融化在人们的思想意识和行为规范里，成为深入生活习惯、思维模式、心理定势的部分，制约和指导着人们的现实生活。甚至当形成这些传统的物质基础、文化条件已经发生变化后，旧有的习惯模式依然发生效力。恩格斯在他的一篇著名的批判文章中，谈到宗教的产生与演化时说过这样的话："……一切意识形态领域内传统都是一种巨大的保守力量"①，就是正确地指出了传统的这一特性。20 世纪中期以后在西方名噪一时的新心智史学家所提出的"长时段"理论，也认为人类精神范畴的演进比起物质范畴来更为缓慢，因而更富于惯性。②

女娲的神话及其信仰的产生，是原始初民看待现实世界的观念、情感、思维方式的反映。在以后漫长的流传岁月中，它们逐渐形成一些相对稳定的观念和形式，并成为代代相传的世界观、价值体系、仪式模式、传统知识的一部分。通过口耳相传，以及集体信仰活动的反复进行，使人们在社会化的过程中耳濡目染、潜移默化地承袭着前人有关女娲的口头神话及信仰的观念与行为。对于不可知的神秘力量的敬畏，使人们对女娲的信仰传统多少抱有"宁可信其有，不可信其无"以免招致不幸的心理，这使信仰的传承更加有效了。

这样长期以来传承着的对于女娲的观念以及信仰行为有着巨大的惯性，演变较为迟缓，更改较为不易。这一方面表现在这套观念或行为在受到外界强力的压制、毁坏之下，依然能够顽强地存在。1980 年以后，有关政策一放松，对女娲的信仰立刻再度盛行起来，神话传说也重新在

① 恩格斯：《路德维希·费尔巴哈和德国古典哲学的终结》，见《马克思恩格斯选集》第四卷，253 页，北京，人民出版社，1972。

② 参见田晓文：《唯物史观与历史研究——西方心智学述评》，152～153 页，天津，天津社会科学院出版社，1992。

公开的场合中讲述（虽然对"官方"的调查依然心有余悸）。可见女娲传承终于禁而不止、毁而不灭。另一方面，在现实条件发生变化的情势下，旧有的关于女娲的观念与信仰行为还继续影响着人们，使他们即使在探求一种全新的事物时，也常用所熟悉的习惯模式来进行，或把它夹杂在新形式当中。

女娲的神话与信仰一旦进入大传统，就会具有强大的力量。包括它们在内的传统就仿佛一张错综复杂而又无形的网，形成并构造着生活在其中的人们的观念、情感、思维方式，在他们身上深深地打上它的烙印，并随同他们一同向前行进。

总之，传统的巨大惯性是使女娲的神话与信仰至今仍在一些地方存在并不断向四周流布、向下一代传承的一个重要原因。

综上所述，女娲与其神话和信仰所具有的一定的适应性和变异性、可调适性，以及传统的巨大惯性，使女娲能跨越数千年的时间长河，在历史的传承与地域的扩布过程中，虽不免受到各种各样的影响和冲击，也由此发生着大大小小的各种变异，然而时至今日，依然存活在民间，活跃在人们的口头和心里。

不过，"女娲的顽强生命力"是由过去的长期历史发展得出的，女娲今后的命运怎样？她的生命力能持续多久？这个问题目前尚难断言，不过对此的估计恐怕应当有一定的限度。应当看到，女娲的神话与信仰产生的基本实质是对女娲超自然神力的相信，无论其如何适时、适势产生变化，这一基本点始终或多或少地存在，它将女娲的神话和信仰与古老的、原始的文化发展阶段及其所有的思维模式、观念情感等相联系，尤其是女娲信仰始终不脱较初级宗教信仰的朴野性，这使其与大力发展科学技术的现代化大潮格格不入。而在这股大潮的撼动下，中国长期以来稳固、少变动的传统社会也逐渐发生着日益明显的变化，这将从根本上冲击女娲神话及其信仰赖以存活的现实土壤，虽然它们可能在今后一段时期内（可能还是漫长的）继续存在，甚至还可能由于某种原因而再度兴盛，但从总的趋势看，它们的适应性将逐渐减弱，不适应的矛盾将日益显著和尖锐，它们恐怕将是逐渐消歇的。目前，女娲神话与信仰的主要存留地已多为农村，而由于现代教育的进一步普及，广播、电视、电影等事业的发展，即使在农村，女娲神话的讲述人、传承人也日渐稀少，人们对女娲的笃信程度普遍地说来也有所降低。从这些现象中，我们不难发现其日渐消歇的趋向。另外，希腊、印度、日本等国古神话在活的生活中湮灭的情形，也可以作为其未来命运预兆的参证。

苏联学者托卡列夫和梅列金斯基在谈及神话的发展时，曾说过这样的话：

神话作为社会意识的一种形态，其萌生和繁盛系于生产和精神文化一定的发展水平；而它作为开科学思维之先河的意识阶段，终将历史地自我湮灭。由此可见，试图将神话视为现代社会中确有作用的体系，予以颂扬和复兴，是十分荒诞的。[1]

这段话，不仅对于理解女娲神话，而且对于理解同样萌生和繁盛于一定的生产与精神文化发展水平的女娲信仰的生命力的阶段性，都是有效的。在经过一段漫长的演变之后，由于对女娲神力的笃信程度的减弱以至消失，女娲信仰也许终将不复存在。至于女娲神话，它可能会在研究领域中发挥其对于人类历史的特殊认识价值，不过更主要的是，它可

---

[1]　［苏联］C. A. 托卡列夫、E. M. 梅列金斯基：《世界各民族的神话》绪论（苏联1980—1982年版，两卷集），见《民间文学理论译丛》第一集，19页。

能作为民族传统文化素养的一部分，在哲学、文学或艺术创作中显示其永久的魅力，并为有关的理解、欣赏提供途径。从这个意义上讲，女娲的生命力是永恒的。

二、人类学派所提出的"遗留物"学说是不够全面的

人类学派的"遗留物"学说认为：仪式、习俗、观点等从一个初级文化阶段转移到另一个较晚的阶段，往往会丧失原初具有的实用意义（至少为了礼仪性的目的而曾为人们所遵守），而成为完全无意义的、不可理解的东西。因而考察它们原有的、在今天已经丧失了的意义，可以帮助我们理解这些今天看来已不可思议的诸习惯，从而有益于探求世界文明的历史发展进程。① 这种观点在19世纪后半期拥有较大的影响，至今仍为许多学者所沿用。

"遗留物"学说及其相应的研究方法的提出和运用，是有一定的客观事实为基础的，因而在一定程度上具有合理性。不过，这派理论关注的主要兴趣在于以古释古，或以今溯古，其眼光是历史性的。但如果我们把眼光放得开一些，就会发现用"遗留"的观点考察文化发展有着相当的局限。文化的发展、演进是相当复杂的。一般来说，某种文化现象在其产生之初，是适应其周围的自然、社会环境和人们的需求的。但随着时间的推移、周围环境的变化，它与原初所由产生、存在的背景逐渐不协调了。这时，一般会发生两种情形：一种是不能适应新形势，不再能满足人们的需求，便逐渐消歇、僵死，以至最终消亡——作为完全丧失了功能的"遗留物"，它可能会由于旧势力的惯性而在一定时期内存在，但

---

① 参见［英］爱德华·泰勒：《原始文化》第一、三、四章，连树声译，上海，上海文艺出版社，1992。

一般终不会长久；另一种则是根据人们的新需求、新兴趣，而发生适时、适势的变化，不断在发展中获得调适。这调适、变异的结果，往往使之并未因其渊源的古老而成为完全僵死无用的残留物，它可能在内容、形式上都添加了新因素，担负了新机能，甚至在实质上也发生了根本的改变，借此它获得了新的生命力，并继续在整体结构系统中起作用。

从上文所论述的女娲神话及其信仰的发展演化过程，可以明显地看出这一点。在漫长的历史发展中，女娲神话及其信仰并未成为毫无意义的东西，而是根据不同人们的需要与趣味不断发生着大大小小的各种变化，在这变异、调适中获得了进一步存在与延续的生命力，从而得以长期生动地存在于一些人们的现实生活中，并发挥着多方面的作用。再如常为一些学者所举到的放风筝、演傩戏的习俗，最初本出于巫术的目的，是驱邪的手段，如今它们却并未由于这种巫术性质的丧失而成为完全无聊的旧习惯，而主要已作为有益于身心健康的娱乐形式，活跃、丰富着人们的新生活。所以，用"遗留"的眼光去打量这一类习俗，未免有些迂阔、不得要领了。

"遗留物"的观点曾经受到了一些学者的批判。例如功能学派的代表人物马林诺夫斯基曾尖锐地指出：

> 遗俗的概念是包涵有"文化的安排可以在失去了功能之后继续生存"的意义。一切人类学者所不能了解的事物都可以归入"遗俗"中，作为他们猜度幻想的出发点。我们若对于一文化认识愈深，可称作遗俗的为数也愈少。除非全部人类学是可以建筑在"认识不够"的基础之上，任何进化论的讨究之前，必须先有一番功能的分析。①

---

① ［英］马林诺夫斯基：《文化论》，费孝通等译，12 页，北京，中国民间文艺出版社，1987。

注重"现时"的功能学派对注重"历史"的人类学派的批评的确道出了人类学派的某些严重缺陷。不过，也应当指出，功能学派对于历史的忽视又是其研究中的一个短处。所以，坚持历史的、联系的、具体问题具体分析的态度，充分看到客观事物存在、变化的复杂性，看到其演化过程往往是停滞与发展、稳定与变易、传承与更新、"现时存在"与"历史地形成"等的辩证统一，只有这样，才有可能在多样化和多层次的现象当中，揭示出其中深蕴的历史规律。

三、民俗学方法在中国神话学建设中的意义

神话是一种综合的文化现象，研究和解释神话的方法也多种多样。从取材、分析角度的学科性质讲，有文献学、考古学、文艺学、历史学、文化人类学（包括民族学与民俗学）、社会学、符号学、心理学、宗教学、哲学等；在具体的观点、方法上，又有比较法、心理分析法、功能法、结构分析法等。由于研究对象的复杂性，方法的使用往往不是单一的，而需要交叉并行，多学科综合。

用民俗学的方法来研究神话，这在中国学者中，是自五四运动以后就不断有零星应用的。不过，对民间尚在流传的活态神话给予充分注意并较多地加以运用，则始于 20 世纪 60 年代。[①] 特别是 20 世纪 80 年代初以来，随着中原神话调查工作的较普遍展开，以及在此基础上更大规模地运用民俗学方法所取得的一些较显著的科研成绩的面世[②]，汉民族民间依然存活着的口头神话传说更广泛地引起了国内外神话学界的瞩

---

① 1964 年，袁珂等人在四川省中江县意外地搜集到了六则神话传说。这组消息发表后（见《民间文学》1964 年第 3 期），学术界开始对中国远古神话的现代口头传承感兴趣。在袁珂对古神话的注释以及神话流变研究的论文中，对这类神话资料加以了运用。

② 张振犁著《中原古典神话流变论考》可算是这方面较有代表性的成果之一。

目，因而有的外国学者评论说，"应当承认，注意到神话传说在口头流传的情况，从根本上说是中国神话研究的一个新的方向"①。

神话研究中出现的这一新方法、新角度，其意义是应当予以肯定的。

首先，用民俗学的方法来研究神话，与现代其他文明国家相比，是中国神话学的一大优势。

神话是产生于远古无文字时代的事物。世界上几乎所有的民族，在历史上都曾产生过自己的神话。然而随着时代的演进，这些口头作品的存留与传播范围主要限于那些地域上较偏僻、文明发展较晚进的民族和地区，而一些历史上曾拥有过较丰富的神话财富的文明古国，如希腊、印度等，神话的保存只能主要依赖于文献记载，至今似乎未闻得其尚有大量活形态的神话存在。因此，在一些神话学较发达的国家，神话研究的基本手段主要是文献学、考古学以及民族学（即考察其他民族或地区的资料以资分析比较）的。相形之下，中国的神话学研究则具有明显的优势。1949 年以后，尤其是 20 世纪 80 年代以来，在汉民族中，全国各地都普遍发现了尚在口头流传的古典神话及其各种新形态。这批新发现的现代民间神话，不仅数量丰富（在河南、浙江等省尤为突出），而且形态上千差万别。更珍贵的是，它们依然在人们的生活中有一定的生命力和影响力，并与特定的社会组织、生产方式、宗教信仰、风俗习惯、伦理道德等一道，共同形成了中国民间文化的整体。这些现实生活中活生生存在着的神话传说，不仅为世界广大神话学者提供了可研究的问题，同时也为这些问题的探讨提供了确凿的资料和可能的解决途径。从这个

---

① 《中国古神话研究史试探》，见前引［苏］李福清：《中国神话故事论集》，169 页。

意义上讲，这些活态神话的发现，的确是"我国神话研究者的福音，同时也是世界神话学者的一种奇遇"①。

在这样有利的学术研究条件中，中国的神话研究者应当具有敏锐的眼光，积极利用民俗学方法的优势将中国的神话学研究进一步推向深入。

其次，民俗学方法是中国神话研究中的一种必要的手段。长期以来，中国的神话研究主要是从古代文献记载中获得资料的。这当然是研究古典神话的最便捷的方法。不过中国的古文献对神话的记录存在相当问题。且不说这些神话之见诸文字记录大多出于完全偶然的机缘，因而支离破碎，常常不免零散、断片、不成系统甚至彼此矛盾，就是侥幸被记录下来的神话，也往往被操笔的文人们加以历史化、文学化或哲学化了。② 这些记载上的种种缺陷又因为古代汉语的叙述特点而为研究工作造成了更大的困难。古代汉语叙述上的简约、蕴藉及常有的省略，往往造成意思上的模糊不清。另外，古代汉语中常使用的多义词以及可相互替代的同音同形字较多，也为理解与解释古神话造成了一定困难。这种种记录中存在的问题，造成了中国古典神话研究中一定的不利条件。

材料上的局限往往会造成方法与结论上的局限。长期以来的中国神话研究，主要依靠文献记录进行，因而文献学的、考据学的方法一直是基本的阐释手段。应当承认，这些方法是研究古文献的必要手段，严肃、谨慎地对其加以应用，常常是解决古典神话研究中存在问题的有效途径。然而对这类方法的过于依赖与轻率使用，又常常妨害其结论的可

---

① 钟敬文：《中原古典神话流变论考·序一》，见张振犁：《中原古典神话流变论考》，上海，上海文艺出版社，1991。

② 参见钟敬文：《论民族志在古典神话研究上的作用——以〈女娲娘娘补天〉新资料为例证》，见《钟敬文民间文学论集》（上），154～161 页。

靠性。前引美国学者博德在谈到中国古代神话研究中存在的若干问题时，曾做过这样的评论：

> 叙述的片断性所造成的困难，因中国古文献特点所带来的语文范畴的繁难而变本加厉。其中主要困难在于：多义词以及容易混淆的象形文字极多。因此，寻求可互相替代的语词和字，特别引人入胜。诸如此类所谓寻求，通常基于下列论证：记述 A 中的象形文字 X，在记述 B 中似为象形文字 Y；而象形文字 Y 在记述 C 中似为象形文字 Z；这样一来，记述 A 中的 X 则可与记述 C 中的 Z 互换。为数众多的中国学者借助于诸如此类探寻，在解释古代神话之说时创造了奇迹。这种方法如果滥用，则势必得出完全不可信的结论。①

这一批评是相当中肯的。从女娲神话的研究史中也可以看到，一些中国研究者在阐释神话时，过于依赖考据方法，从古文献中轻巧地得出的结论往往五花八门，同样的事实，做出的结论常常相互矛盾，甚至自相抵牾。这一类的研究，尽管语出新奇，但可靠的程度如何，是大可怀疑的。这一方法上的缺陷至今在神话学领域仍有存在。

在这样的情势下，利用民间流传的活态神话进行研究就显得十分必要了。从本编对女娲神话进行的论述中，不难发现汉民族中丰富的、多层次的民间口头神话，不仅可以对古文献中的相应记载进行印证，还可

---

① ［美］塞·诺·克雷默等：《世界古代神话》，352 页。

以对记载上的种种缺陷进行补充和修正。① 由于其演化过程中的发展不平衡，所以有可能赖此进行古典神话的重构与复原；由于其历时长久、形态复杂，而为一般的神话学理论建设，尤其是神话流变规律的探讨提供了大量可资探索、判断的实证资料；由于其出自本民族中，比起取证于其他民族的方法来，更方便、直接而易切近事理；由于其生动地存活于现实生活中，因而有可能对其实质、特征、功能、生命力等有直观的感知和较立体的认识；某些学术界长期存在的疑点，也可在新的事实基础上得以解决或者检验；传统的文献学、考据学方法，也可因为大量现实的、确凿的材料做旁证，而在一定程度上避免陷于孤证或臆断……

活态神话在学术史上的意义和作用是多方面的，对之加以充分重视和利用，无疑将大大裨益今天中国的神话学建设及其繁荣，并对世界的神话学工作做出一份特有的贡献。

需要指明的是，一定的方法总是在一定的限度内有效的。重视民俗学方法在中国神话研究中的意义，并非意味着这一方法是全能的。作为一种获取材料、处理材料的角度与手段，它对于以往的考据、考古的方法是一个大大的拓宽，也是一个有力的补充和修正，特别在考察古典神话的流变规律时尤具优势。不过，现代民间的活态神话到底已是新形态的神话了，已不同程度地经过了后世的变异，所以在进行古神话研究时是应当慎重采用的，类推的结论也应当是在一定限度内。而且，由于神话现象的复杂性，研究中常常需要综合地采用多种方法，方能阐明一个

---

① 这方面的例证，本编中已很多，不再赘言。另，《中南民族学院学报》(人文社会科学版)1993年第4期上发表的钟年的文章《女娲神话中一个关键细节的复原》，主要采用其他民族有关神话资料，来复原女娲泥土造人的完整过程，以弥补古文献之不足。其思路、结论是较合情理的，只是这一类材料，在汉民族自身的女娲神话中便十分丰富，且更易具有说服力，惜未多加运用。这也可以从另一方面证明民俗学方法的效力。

问题。单靠考据不行，单靠民俗学方法也难以奏效。所以，多方面应用文献学、音韵学、训诂学、考古学、民俗学、社会学、心理学、宗教学等方法进行多学科综合研究，方有可能使我们在面对神话之谜时，能比较接近事实地理解和阐明人类历史上曾经有过的，乃至如今依然存活着的观念、情感、思维方式以及生活形态。

第三节　有待研究的问题

在"女娲的神话与信仰"这一课题中，可供探讨的问题很多。由于笔者的时间、精力及能力所限，以下一些与该课题相关涉的问题只好留待以后，作为继续研究的工作重点。

一、女娲与地母的关系

地母的形象渊源十分古老。一般认为，地母神的出现是与农业经济下的母系制文化相关联的，也有人认为，她的最初出现，甚至当溯自欧洲大陆旧石器时代的狩猎者当中。[①] 地母神是父系社会出现之前最大的神灵，她的职司是包揽一切的，不过最主要的是执掌丰饶与繁衍。她是生命之源、万物之母，往往由她生成了人类以至众神，她使动植物生长、雨水调匀。她的行为还常与文化英雄神格相连属，并主宰着地下的"死者幽冥之国"……随着原始宗教的发展，各种专职神陆续出现，地母的职权往往会分化或削弱。

---

① 参见 Åke Hultkrantz, "The Religion of the Goddess in North America", in *The Book of the Goddess: Past and Present*, p. 203.

女娲的地母神神格，在古文献记载中已难以找到明确、可靠的证据。不过，从她"化万物"（《说文解字》）、"地出"（《抱朴子·释滞》）以及蛇身的形象上，或许还显露出些许地母神的影子。现代民间于个别地区依然存在的夏收、秋收后感谢女娲的习俗①，或者可以作为女娲曾主司大地丰饶与万物繁衍的旁证。

女娲身上有着地母神的姿影，这一点已为一些研究者所指出②，然而似乎尚未有充分有力的证据。从比较神话学与民族志资料来看，这一问题的探讨前景是很广阔的，可留待将来的进一步研究。如果这一设想成为可能，那么女娲的始祖母及文化英雄等神格，很可能原本是统一在其地母的身份上的，后来才随着这一身份的演化，逐渐相对分开（从古文献来看），其始祖母的神格也变得更突出、鲜明了。由此，有关女娲在古代信仰中的许多观念，例如司雨水晴霁、与死者的密切联系等，也都可以由其原初的地母神神格得到较合理的解释。

二、女娲的族属与产生地问题

这是女娲研究史上的热点问题之一，迄今尚无定论。自 20 世纪 30 年代以来，芮逸夫、闻一多、徐旭生等提出伏羲、女娲出自南方"苗蛮集团"，时至今日，这一推断依然占有相当的优势，尽管已有不少学者对此提出过质疑。闻氏等人的"苗人说"的主要依据，一是当时发现的南方少数民族中流传的兄妹婚神话，二是苗人曾祀伏羲、女娲为祖先神。而现在大量民间口头神话则证明：兄妹婚神话在汉民族中也有丰富的贮

---

① 参见本编第四章第三节。

② 如［日］谷野典之：《女娲、伏羲神话系统考》；陈建宪：《女人与土地——女娲泥土造人神话新解》，载《华中师范大学学报》（哲学社会科学版），1994(2)；等等。

量，而且与伏、女并无必然的联系。民俗学考察也证明：女娲在汉民族的一些地区也有着多方面的影响。这些新的发现使 20 世纪 30 至 40 年代的"苗人说"显出了材料上和结论上的局限。从目前所掌握的情况综合来看，女娲的神话及其信仰的主要分布地域是在黄河中下游一带，很可能这一带就是上古时代崇拜女娲的氏族或部落曾经活动的地方。不过，这一问题的最终解决，还需要考察少数民族尤其是苗族、瑶族等民族中存在的女娲信仰情况，并结合民族史、考古学、文化学等进行通力的合作研究。[①]

三、女娲形象产生的文化史背景

这也是女娲研究史上一个老生常谈的话题，不过，其中涉及的某些方面的问题，例如女娲形象与母系社会之间的关系、女娲人首蛇身形象的含义、女娲造人与原始制陶业的关系、炼石补天与灵石崇拜或者原始冶炼业的关系等，有关的探讨有时还陷于有论无证或者尚未充分论证、论证模糊的局面，因而是大可做进一步深入研究的。

四、女娲在中国文化史上的影响

女娲的神话与信仰不仅是文化的产物，也影响并生成着其他的文化现象。就所搜集到的资料看，从古至今，女娲在中国文化史上的影响及于信仰习俗、婚丧习俗、语言、音乐、舞蹈、绘画、雕刻、文学创作等许多方面；既及于上层文化，又在下层的民间文化中有更大的势力；既

---

① 本编撰写完成后，笔者随即对这一起源地问题进行了专门探讨，并出版了《女娲溯源——女娲信仰起源地的再推测》(北京，北京师范大学出版社，1999)一书，可供参考。

有由女娲神话和信仰而产生的，也有先产生而后附会到女娲身上去的。对此加以梳理、考察，对于完整、全面地认识女娲并由此洞悉某些文化规律具有十分重要的意义。

从一粒沙中可以看到整个世界。由于女娲神话及其信仰中蕴含着丰富的神话学、文化学、社会学等的内容，因而，由这个特殊的文化现象作为观察点，我们往往可以获得对人类的古文化史及神话学、文化学基本规律，以及中国的民族文化、民众思维等的较一般的认识。这是一块学术研究上的宝地，完全值得学者们对此进行更深、更广的开掘。

下　编

表演、旅游与电子媒介中的女娲：
　　新实践与新视角

上编综合运用文献研究和田野作业相结合的方法，集中展示了女娲的神话和信仰在数千年的历史长河中及其在 20 世纪 90 年代中原地区流传的状貌，展现了笔者于 20 世纪 90 年代初期探索女娲神话与信仰的理论成果——将女娲置于中国民族信仰的大背景下，从考察其历史上以至 20 世纪末期的存在状况入手，大量采用现代民间流传的女娲神话以及作者亲身的田野调查，对女娲的神格进行重新审视，探讨女娲及其神话与信仰在人们的日常生活中所起的作用、女娲在中国民族信仰中的地位，旨在探寻这一古老神话在几千年历史传承中发展变化的规律。

下编则以女娲神话为窗口，更着力凸显 20 世纪 90 年代以后、尤其是 21 世纪以来，人们在口承神话的表演、遗产旅游、电子媒介以及非物质文化遗产（以下简称为"非遗"）保护等新语境中创造性地运用和重构女娲神话的新实践，并以此检视当代民俗学领域有关表演理论（Performance Theory）、语境研究、非遗保护等理论和话语的启示与不足，倡导神话主义的新视角，拓展神话主义研究的新领域，集中展现笔者近二十年来持续探索女娲神话的较新研究成果。

如果说，上编研究女娲的视角特点是"历史、田野、文本"，方法上注重文献分析和田野作业，内容上更聚焦于女娲神话与信仰的本体，风格上较宏观、追求整体性；那么下编的研究视角则聚焦于"当下、主体、语境"，方法上更为倚赖民族志式田野研究的方法，内容上更常以女娲的神话与信仰为窗口进而反思和推进当代中国神话学和民俗学的理论建设，风格上更体现个案研究的细致入微。上下编两相映照，既鲜明地体现出女娲神话和信仰自古至今在人们的实践中不断变迁而又顽强传承的图景，也反映出笔者 30 年间在追求神话的综合研究道路上研究视角和方法的不断发展，并从一个侧面反映出当代中国神话学和民俗学理论与方法的转换与嬗变。

第八章　　**伏羲女娲兄妹婚神话的表演**
　　　　　　——河南淮阳人祖庙会的个案

　　神话是人类创造的一种重要的表达文化，是有关神祇、始祖、文化英雄或神圣动物及其活动的叙事，通过叙述一个或者一系列有关创造时刻以及这一时刻之前的故事，神话解释着宇宙、人类（包括神祇与特定族群）和文化的最初起源，以及现时世间秩序的最初奠定。[①]

　　在中国神话学领域，长期以来，汉语文献中记录的古代神话一直是学者们关注的核心，依赖古代文献资料，或者辅之以考古学发现，中外学者们对中国古代神话的演变轨迹、原初意旨、神祇的最初形貌等进行了大量考据性的溯源研究，取得了斐然的成就，与此相应，文献学、考据学、训诂学等方法一直是中国大多数神话研究者经常采用的分析视角和手段。相对而言，对现代口承神话——即那些主要以口头语言为

---

　　① 参见杨利慧等：《神话主义：遗产旅游与电子媒介中的神话挪用和重构》，10页，北京，中国社会科学出版社，2021。

传承媒介、以口耳相传为传播方式、在现代日常生活中仍然鲜活地生存着、并担负着各种实际功能的神话①——的考察和研究，尽管被认为是"我国神话研究者的福音，同时也是世界神话学者的一种奇遇"②，"从根本上说是中国神话研究的一个的新的方向"③，但在中国神话学的总体建设中，一直是薄弱的环节，亟待加强。迄今为止，国内对于现代口承神话的些微调查和研究，往往最终流于对现今搜集的神话文本的分析，在方法和资料上常运用跨越广大的时间和空间范围的资料进行比较，而缺乏对一个个特定的社区语境、一个个具体的神话讲述人的细致、深入的考察④，许多重要的问题，都缺乏相应的探讨，例如，作为一种古老的民间叙事文类（genre），神话文本是如何在表演中得以呈现与构建的？相同类型的神话在不同的讲述人那里会发生什么样的变化？神话在具体语境中被讲述和表演的过程怎样？在讲述过程中，讲述人与参与者之间、传统与个人创造性之间如何互动？神话讲述过程中有哪些因素在共同参与表演并最终形塑了神话文本？在一个现代化的社会中，神话传统是否会发生变异以与现代社会相适应？或者说，神话作为传统的文化资源，如何被人们创造性地加以改造和利用，从而为他们今天的现实生活服务？

---

① 参见杨利慧、张霞、徐芳、李红武、仝云丽：《现代口承神话的民族志研究——以四个汉族社区为个案》，1页，西安，陕西师范大学出版社，2011。

② 钟敬文：《中原古典神话流变论考·序一》，见张振犁：《中原古典神话流变论考》。

③ ［苏］李福清：《中国神话故事论集》，169页。

④ 更多相关学术史梳理，可参见杨利慧、张霞、徐芳、李红武、仝云丽：《现代口承神话的民族志研究——以四个汉族社区为个案》。

上述局限，往往使中国神话研究令人常生"只见森林，不见树木"的遗憾——我们纵使知晓了女娲神话在过去几千年中的历史嬗变，及其在全国范围内的地域流布，却依然不清楚其在某个具体的讲述情境中被传承和演变的一瞬间；不明了女娲神话在某一位特定的讲述人口中如何得以呈现，又为何被加以改变；每一个具体的女娲神话文本到底是如何生成的……而这些问题，对于理解女娲神话以至于所有神话及民间叙事的生命力至关重要。

有鉴于此，本章将参照国际民俗学领域里较晚近的学术理论，特别是参照表演理论的视角和方法（见下），对河南周口市淮阳区（2019 年年底以前为淮阳县）人祖庙会上的两次女娲伏羲兄妹婚神话的表演事件进行微观考察和细致描述，通过分析两位讲述人对神话与现行伦理婚姻制度之间，以及故事发展逻辑本身存在的矛盾的不同处理，着重解决两个方面的问题：1. 探讨以下一些目前在中国神话学领域里尚很少被论及的学术问题：作为一种古老的叙事文类，神话文本是如何在表演过程中得以呈现与构建的？在讲述过程中，讲述人与参与者之间、传统与个人创造性之间如何互动？有哪些因素在共同参与讲述过程并最终塑造了神话文本？神话作为传统文化资源，如何被那些具有创造性的个人加以改造和利用，从而赋予他们今天的现实生活以意义？2. 通过这一个案研究，力图进一步突破表演理论的局限，倡导运用"综合研究法"（synthetic approach），结合多种视角和方法的长处，对现代口承神话进行更深入和全面的探讨。

第一节　表演理论

表演理论是 20 世纪 60 年代末 70 年代初在美国民俗学界产生的一种重要的研究视角和方法。其影响在 80 至 90 年代上半期臻至顶峰，至今仍在民俗学领域保持着强大的生命力。同时，它还对世界范围内的其他诸多学科——如人类学、语言学、文学批评、宗教研究、音乐、戏剧、话语研究、区域研究、讲演与大众传媒等——的相关研究产生了影响，从而为民俗学赢得了广泛的声誉。①

表演理论的学者队伍庞大，主要代表人物有戴尔·海姆斯(Dell Hymes)、理查德·鲍曼(Richard Bauman，图 43)，罗杰·亚伯拉罕 (Roger Abrahams)、丹·本-阿莫斯(Dan Ben-Amos)等，其中，鲍曼比较系统地介绍表演理论的论著《作为表演的口头艺术》(*Verbal Art as Performance*)，成为至今被引用最多的表演理论文献。② 与许多学者将"表演"视为"任何交流行为的实践"的普泛观念不同，鲍曼将"表演"视为"一种言说的方式"，是"一种交流的模式"，是对语言上的技巧和效力的展示。

---

① 关于表演理论的更多展示和梳理，参见[美]理查德·鲍曼：《作为表演的口头艺术》，杨利慧、安德明译，桂林，广西师范大学出版社，2008；杨利慧：《表演理论与民间叙事研究》，见该书附录四。

② 该文最初发表于 1975 年的《美国人类学家》杂志上，1977 年增补扩充为单行本问世(Newbury House Publishers)，随后被多次重印，成为表演理论相关著述中被征引最多、最富影响力的一部纲领性著作。参见杨利慧、安德明：《作为表演的口头艺术·译者的话》，以及《作为表演的口头艺术》附录四。

图 43　美国民俗学家理查德·鲍曼

从根本上说，作为一种口头语言交流的模式，表演存在于表演者对观众承担展示自己交流能力的责任。这种交流能力依赖于能够用社会认可的方式来说话的知识和才能。从表演者的角度说，表演要求表演者对观众承担展示自己达成交流的方式的责任，而不仅仅是交流所指称的内容。从观众的角度来说，表演者的表述行为由此成为品评的对象（subject to evaluation），表述行为达成的方式、相关技巧以及表演者对交流能力的展示的有效性等，都将受到品评。此外，通过对表达行为本身内在特质（intrinsic qualities）的现场享受，表演还可被显著地用于经验的升华。因此，表演会引起对表述行为的特别关注和高度意识，并允许观众对表述行为和表演者予以特别强烈的关注。①

总的来看，与以往民俗学领域中盛行的"以文本②为中心的"（text-

---

① ［美］理查德·鲍曼：《作为表演的口头艺术》，12 页。

② "文本"（text）是指一段能够与围绕其四周的话语相分离的话语，它具有内聚性、语义上的粘着性和客观性（例如能够被称呼、命名和谈论等）。更详细阐释可见下编第九章。

centered)、关注抽象的、往往被剥离了语境①关系的口头艺术事象(item-centered)的观点不同,表演理论是以表演为中心(performance-centered),关注口头艺术文本在特定情境中的动态形成过程及其形式的实际应用。"这种'以表演为中心'的方法的核心在于,它不再把口头传统仅仅视为文本性的对象(textual objects),而是将口头传统视为一种特殊的交流行为模式的展示,是实践社会生活的资源。"②具体来讲,表演理论特别关注从以下视角探讨民俗:1.特定情境中的民俗表演事件。强调民俗表演是情境化的,"其形式、功能和意义都植根于由文化所规定的背景或事件中,这些背景或事件为行动、阐释和评价确立了富有意义的语境"③。2.交流的实际发生过程。表演者达成交流的方式、表达的技巧(skills)和有效性(effectiveness,或 efficacy)等往往成为分析的焦点,而不再仅仅限于交流所指称的内容。3.表演事件的结构以及文本的动态而复杂的形成过程,特别强调这个过程是"各种情境化因素系统互动的产物,这些情境化因素包括(但并不限于):参与者的身份与角色;表演中运用的表达方式;社会互动的基本原则、规范、表演的策略及阐释与评价表演的标准;以及构成事件梗概(scenario)的系列行动"④。在各种因素中,讲述人、听众和参与者之间的互动交流常常成为考察的中心之一。旧的故事文本为什么会在新的语境下被重新讲述

---

① "语境"(context)概念有这样的意涵:只有当考察者不孤立地局限于焦点事件,而是超越该现象本身去考察其置根于其中的其他现象(例如文化场景、言语情境、共享的背景知识等)之时,或者说,言谈(talk)自身的特征需要借助于与其后继发的互动性组织相关的背景知识来认识时,该焦点事件才可能被正确地理解、合理地阐释,或者做出相关的描述。更详细阐释可见下编第九章。

② [美]理查德·鲍曼:《作为表演的口头艺术》,102 页。

③ 同上书,87 页。

④ 同上书,87 页。

(recontextualize)？周围的场景如何？谁在场参与？讲述人如何根据具体讲述情境的不同和听众的不同需要而适时地创造、调整他的故事？这些问题往往受到细腻详尽的盘察追索。4. 表演的新生性(emergent quality of performance)。强调每一个表演都是独特的，它的独特性来源于"特定情境中的交流资源、个人能力以及参与者的目的之间的相互作用之中"①，这样一来，"个体的、创造性的因素在情境化行动的语境所体现的辩证关系中，开始具有与传统相等的价值"。5. 表演的民族志考察。强调"作为文化行为，表演模式的形成在每一个社区中都具有可变的方式，这些方式是具有文化特殊性的、跨文化的和历史性的；在某一特定的文化中，这些表演的形式、模式和功能需要经由经验而发现，而不是通过预先的臆想"②。

　　总体上说来，与以往关注"作为事象的民俗"的观念和做法不同，表演理论关注的是"作为事件的民俗"；与以往以文本为中心的观念和做法不同，表演理论更注重文本与语境之间的互动以及文本在实际交流中形成的过程；与以往关注传承的观念和做法不同，表演理论更注重新生性和创造性；与以往关注集体性的观念和做法不同，表演理论更关注个人创造性与集体性的辩证关系；与以往致力于寻求普遍性的分类体系和功能图式的观念和做法不同，表演理论更注重民族志背景下的情境实践(situated practice)。

　　对于神话而言，这一理论视角和方法有十分积极的启示作用，对于现代民间口承神话的研究尤为重要。从这一视角来看，神话不再是洪荒年代流传下来的"文化遗留物"，而是处于不断被创新和重建的动态过程

―――――――――――

① ［美］理查德·鲍曼：《作为表演的口头艺术》，42页。

② 同上书，104～105页。

之中；神话文本不再是由集体塑造的传统和文化的反映，也不是超机体的、能够自行到处巡游的文化事象，而是植根于特定的情境中，其形式、意义和功能都植根于由文化所限定的场景和事件中；神话研究者也不再局限于以文本为中心去追溯其历史嬗变或者个中蕴含的心理和思维讯息，而更注重在特定语境中考察神话的展演及其意义的再创造、表演者与参与者之间的交流，以及各种社会权力关系在表演过程中的交织与协调。

自 20 世纪末、21 世纪初以来，表演理论逐渐引起了越来越多的中国民俗学者的关注，运用相关的视角和概念来探讨中国的神话、传说、民间故事、民间歌谣、民间节日等成为近年来新的研究取向。①

第二节　兄妹婚神话的一般叙事模式

兄妹婚神话，或称"兄妹始祖型神话"，是世界范围内流传相当广泛的著名神话类型。中国的兄妹婚神话数量极其丰富，异文也很多，但它们的基本情节结构还是比较稳定的。笔者依据自己近年来所搜集的 418 则兄妹婚神话，同时参照以往其他学者的概括，将中国各民族流传的兄妹婚神话的一般情节结构构拟如下：

> 1. 由于某种原因（洪水、油火、罕见冰雪等），世间一切人类均被毁灭，仅剩下兄妹（或姐弟）两人。

---

① 相关成果的梳理可参见杨利慧：《语境、过程、表演者与朝向当下的民俗学——表演理论与中国民俗学的当代转型》，载《民俗研究》，2011(1)。

2. 为了重新传衍人类，兄妹俩意欲结为夫妻，但疑惑这样做是否合适。

3. 他们用占卜的办法来决定。如果种种不可思议的事情（滚磨、合烟、追赶、穿针等）发生，他们将结为夫妻。

4. 上述事情发生，于是他们结婚。

5. 夫妻生产了正常或异常的胎儿（如肉球、葫芦、磨刀石等），传衍了新的人类（切碎或者打开怪胎，怪胎变成人类或者怪胎中走出人类）。

大多数兄妹婚神话中的主角都没有名字，往往只交代是"哥哥和妹妹"，有时也有姐弟、姑侄、母子、父女等异式。一些神话中的兄妹也有名有姓，但其名姓往往因地域、文化背景的不同而有所差异。其中较有共通性的是"伏羲兄妹"及其各种异称，如"伏侬兄妹""伏哥羲妹"等。少数异文还交代了"妹"的名字为"女娲"。

如上编所述，女娲、伏羲是中国神话世界中赫赫有名的尊神。女娲的事迹主要包括抟土做人、炼石补天、兄妹结亲繁衍人类等。相传伏羲发明了八卦，制作了婚嫁的礼仪，结绳为网，冶金成器，教民熟食，又是一位春神兼主管东方的天帝。许多学者认为，女娲与伏羲原本并没有联系，而且他们与兄妹婚神话也没有什么关系，他们在汉代的史乘和汉墓画像中才开始被频繁地联系在一起，而他们与兄妹婚神话的粘连，大约更晚（见上编第二章第二节）。

兄妹婚神话在文化史上的出现是很早的，有人认为它产生于原始社会血缘婚姻正在流行或被容许的时期，也有人认为它产生于由血缘婚姻向氏族社会过渡的时期。至于它在中国文献记录中的最早出现年代，目前尚有争议。有人结合汉代石（砖）刻画像，认为可追溯到汉代；也有学者根据对敦煌残卷的阐释，认为这一神话出现于六朝时期。不过多数学者认为其最完备的文字记录，出现在唐代李冗的《独异志》中，其中的故事与兄妹婚神话的常见叙事模式相比，缺少了"洪水为灾"和"孕生人类"的母题，添加了对后世婚姻习俗的释源性解释，其余核心母题则大体一致。

由于这血亲婚配的兄妹二人繁衍（或者重新繁衍）了人类，所以在许多地方，他们被尊称为"人祖爷"和"人祖奶奶"，或者"高祖公""高祖婆"。

第三节　人祖庙会上的两次神话表演事件

淮阳是笔者自1993年以来持续观察中国活态神话与社会之间关系的重要地方，自此以后的30年间，笔者曾先后数次赴当地人祖庙会进行追踪调查。其中第一次田野作业时遇到的神话表演事件饶有趣味，因此常被笔者在研究中列举。1993年3—4月，笔者随同河南大学的张振犁、陈江风、吴效群三位老师，赴河南淮阳、西华和河北涉县进行女娲神话和信仰的田野调查，当时的目的，是搜集相关口头资料，同时实地考察女娲神话和信仰传承的文化环境（见上编第四章第一节）。在太昊陵的人祖庙会上，我们遇到了两次兄妹婚神话的表演事件。

3月22日下午，我们去庙会上考察有关伏羲、女娲神话的传承情况。所遇到的第一位比较重要的神话讲述者是王东莲，一位正在自家手推车旁卖地方小吃的农村妇女，58岁，淮阳东关人。我们先问她知不知道人祖庙的来历，于是她讲了一个朱元璋重修人祖庙的传说。讲述还算流畅，细节也具体生动，不过也常有叙述不清楚的地方，每到这时候她就用含糊的语句带过去，以语音的连续来弥补叙事内容的欠缺和叙述过程的断裂。这一讲述特点和叙事策略在后来她讲述兄妹婚神话时更加明显。

她在给我们四个显然是"外地来的读书人"讲故事时，不一会儿就围上来许多香客，包括下文将要谈到的张玉芝。当我们问王东莲一些问题时，有不少人帮着回答。讲述过程中也有人对她的讲述技巧及其对神话内容的把握表示质疑，从而构成了一个开放、互动的讲述与交流情境，并影响了她的叙事策略以及最终的神话文本形成。

听她讲完人祖庙的传说后，我随即问她知不知道人祖爷伏羲和人祖奶奶女娲的故事，她就给我们讲了一个女娲兄妹结亲的神话。以下是她讲述的文本①：

> 王东莲(以下简称王)：天塌地陷的时候，就没有人烟儿了，对不对？就有两个学生。这个{……}书单上可能有这些事。他就一天拿一个馍，这个———-叫龟吃了，两天拿一个馍，{也叫龟吃了。}他是姊妹俩。撂{到}龟肚＝嘴里叫龟吃了。天塌地陷了，哎，他俩咋弄哎？没有啥啦，就出来一个龟。叫龟**驮住，驮住**他姊妹俩，叫他姊妹俩渡过来。以后咧，人家说{……}那我也是听故事听人家讲的，说这个龟叫馍**衔到肚里啦，**那是假的吧？(哈哈大笑)衔到肚里

---

① 本章的文本誊写是为了尽可能充分展示出特定语境下神话讲述的动态过程及其互动交流，尽量保持其口语和方言特点。限于篇幅，略去了部分与本章论述主旨没有密切关联的叙述。为在书写语言中体现口头性的特点，这里采用了一些符号：**粗体**：表示讲述人的强调；{ }表示在口头叙事中没有说但是按照故事逻辑应该有的内容；[ ]表示讲述人或听众的表情或动作等；---表示打断、插话；＝表示讲述人对讲述的修正；{……}表示犹豫、不连贯；———表示拖长声音；[……]表示讲述中的省略；//表示几个人同时插话。

啦，反正这两个学生基本饿不住。这没有人咋弄哎？这过了几年啦
……反正，天呢，也没有了；地，也陷了；{到处}成水了；没有啥
啦。这咋办咧？没有办法。人家说是{……}到多少时候呢{……}这
个———-天{……}长严了，地下咧有点草了，他俩个就{从}龟肚里
{出来了}。就**龟肚里啦**———-。{在里面呆了}三年吗……也不知道
是多少……这个不详细。**东北角人家说没有长严，**东北角冷
啊———-。人家说，东北咧是掌冰凌茬住的。女娲掌冰凌茬住的，
所以东北冷。

　　陈江风（以下简称陈）：女娲掌冰凌茬住的？

　　王：哎。

　　//张玉芝（女，82 岁）：刮东北风冷，不刮东北风也不冷。

　　//听众三（老太太）：刮东北风———

　　//听众四（老太太）：你别吭气儿啊，他在录像哩＝录音哩。

　　//听众三：怎么不让吭气儿呢？

　　//张玉芝（以下简称张）：他在录音哩。

　　//王：（对张）你老人家来讲吧？中不中？

　　//听众四：她讲的比你讲的详细。

　　杨利慧（以下简称杨）：您说完。

　　王：我这是胡说。

　　杨：（提醒地）女娲———

　　王：哎———这个———-一刮东北风就冷，不刮东北风为啥冷
哎？对不对？

　　杨：女娲就是那两个学生中间的一个？

　　王：哎———-，对了。

　　//听众：---他姊妹俩。

杨：就是人祖爷和人祖奶奶吗？

王：哎。人祖姑娘，不能说"**人祖奶奶**"，人祖爷就没有结亲。

//张：根本都没有结亲。

吴效群（以下简称吴）：那没有结亲怎么会有的人呢？

王：你听啊。他{姊妹俩}上到一座山上，人家说{……}这没有啥了，怎么办呢？姊妹俩不管结亲，姊妹俩咋结亲呢，是不是？山上人家说有一盘磨，有一盘磨咧，往底下推，合住{就结亲}；要是散了，往两边分了的话，它就是为媒人的意思，咱姊妹俩就还是姊妹俩；要是一盘磨推下去合一块，那咱姊妹俩就成夫妻。推下去这盘磨，哪有不散的时候？那**它就没有散**！

//张：---哎，就是散啦，他才没有成两口子哩。

王：散啦？**没有散**！就是一盘磨推下去了，它没有散。那你不能那样说，对不对？因为啥咧？山下面有棵树，（磨被）挡在树上了，就是这样它没有散。

……（下略）

王东莲显然很愿意向我们几个"外地来的读书人"展示她所掌握的传统地方知识，对我们的询问反应积极，配合也很主动。兄妹婚神话在这里成为她用以与我们进行交流的重要文化媒介，这是她将兄妹婚神话的传统知识"再语境化"（recontextualize）的主要原因。她讲述的这则伏羲、女娲的兄妹婚神话大体完整，基本是中原一带汉民族中常见的兄妹婚神话类型。① 故事中主要的母题，例如天塌地陷世界毁灭、兄妹始祖劫后

---

① 参见张振犁、程健君编：《中原神话专题资料》。

余生、滚磨卜婚、血亲婚配并再传人类等，都出现了。只是其中粘连上了补天母题，而且，与兄妹婚神话的常见叙述类型相比，其中兄妹结婚后传衍人类的方式变成了中原一带普遍流行的兄妹捏制泥人，而不是生育了正常胎儿或者怪胎。

兄妹始祖缔结血亲婚姻之后再传人类的方式，是这类神话中特别受到学者们关注和讨论的问题。如上所述，在兄妹婚神话中，最为常见的繁衍人类的方式是夫妻生育了正常或异常的胎儿，传衍了新的人类。但是在一些地区，尤其是在中原一带，兄妹血缘婚姻缔结之后，繁衍人类的方式有时变成了捏制泥人。这在故事自身发展的逻辑上是存在着一定矛盾的。因为在神话讲述中，兄妹之所以血亲乱伦，是为了不得不在大灾难后没有人烟的情形下重新繁衍人类。可是在许多这一类神话中，兄妹结婚后，这一动机似乎被忘记，叙事中也缺乏必要的交代，就直接代之以通过捏泥来造人，从而造成了故事逻辑上的矛盾。有学者认为，这一矛盾出现的原因，是由于此类神话表现了"极强烈地反血缘婚态度"，"是在长期传承的过程中，受了后起的族外婚、封建时代森严的婚姻制度及其伦理观念（'同姓不婚'）等的影响，而使它（指兄妹婚神话——引者按）的面貌、性质起到了或小或大变化的结果"①。从王东莲对于兄妹血缘婚姻的态度来看，这一看法无疑很有见地。王东莲在讲述中，特别是在故事前半部分的叙述中，对兄妹血亲乱伦是强烈否定的，她（也包括其他好几位听众）一再声明不能叫女娲"人祖奶奶"，而要称"人祖姑娘"，坚决认定"人祖爷就没有结亲"，"姊妹俩咋结亲呢"。即使在后半部分述及兄妹结婚、捏制泥人、再传人类的情节后，她依然不顾自己叙

① 钟敬文：《洪水后兄妹再殖人类神话》，见《钟敬文学术论著自选集》，229～230页，北京，首都师范大学出版社，1994。

述上的前后矛盾，坚持对女娲称"人祖姑娘"。在紧随其后发生的第二位讲述人张玉芝老人的讲述中，兄妹婚神话依然与抟土造人神话粘连在一起，而且对于兄妹血亲乱伦也持强烈的反对态度。不过两位讲述人对神话因为粘连和变异而引起的故事发展逻辑上的矛盾有着不同的处理方式，这一点，将在下文中详细讨论。

这一讲述神话的过程显然是由讲述者、研究者和其他听众共同参与、互动协作而构成的，讲述人关于兄妹婚神话的传统知识也在这一动态的、互动协商的交流过程中被具体化，并最终构成了一个"特定"的神话文本。在外来研究者的要求下王东莲开始讲述伏羲、女娲兄妹婚的神话，但是在讲述进行到一半时，几个年龄更大、更会讲的听众对她的某个释源性解释表示不赞同，打断了她的思路，话题被岔开去，她的故事表演似乎就到此为止了。后来是在知晓这一类型神话常见叙事模式的研究者有目的、有针对性的追问下，她才接着完成了另一半重要情节的讲述，即女娲、伏羲滚磨成亲的故事。当听众张玉芝再一次对她讲的"磨没有散，因而兄妹成亲了"的传统说法表示反对时，她除了更频繁地采取"求助于传统"的叙事策略（"过去人家说""那我也是听故事听人家讲的"）外，还特意在叙述中增加了一个解释，以加强自己叙事的合理性：磨被山下的一棵树挡住了，所以没有散。这一解释显然是因为张玉芝的质疑而被临时添加到故事中去的，是想从实际生活知识中寻求帮助，以使自己的讲述能够以"社会认可和社会能够阐释的方式"圆满地进行下去。面对自己对于"兄妹到底是否成亲了"的前后自相矛盾的说法和研究者的一再追问，她也求助于实际生活知识，想出了一个比较勉强的解释力图自圆其说：女娲虽然结婚了，但不好意思，所以还是叫"人祖姑娘"，而不是"人祖奶奶"。

总之，在这个特定的表演事件中，讲述者、听众和研究者怀着不同

的目的和知识、能力，一同参与到讲述过程中来，并积极互动、协商和
创造，不仅共同塑造了这一神话传承和变异的时刻，也最终一同重新构
建了一个特定的、新的神话文本。

特别值得注意的，是王东莲对于神话中兄妹是否成亲了的前后矛盾
的说法。这实际上反映了她在面对这一类神话中反映出的血亲乱伦做法
与后世的伦理观念和婚姻制度之间，以及兄妹血亲婚姻与捏泥造人神话
之间产生的巨大矛盾时，解决问题能力的有限。

相反，张玉芝对这两个矛盾问题的处理，则与王东莲形成了对照。
从张玉芝的神话讲述中，我们不仅能看到神话讲述过程中的交流与互
动，更可以发现富于创造力的个人如何与神话讲述传统，与现代社会及
其伦理道德、科学观念之间进行互动与协调。

张玉芝是我们紧跟着采访的第二位神话讲述人（图44）。她在王东
莲讲述神话的过程中只言片语的插话，已充分显示出她是一位积极主动
的传统承载者①。下面是她讲述的兄妹婚神话：

> **姊妹们为啥不成亲呢？这就是他⌈俩⌋兴下的。她**（指王东莲）**讲
> 得不详细。哎，姊妹们不能成亲就是因为人祖爷兴下的。**为啥哩？
> 老鳖不是沉⌈……⌋她不是说了吗，叫学生拿的馍吗，就在它肚里
> 哩。这老鳖说啦，它说："眼看天塌地陷的时候啊，你来找我。"它
> 说你拿的馍都搁这放着哩，它说待长三天四天你看天一变，你**赶紧**
> 来找我。她说的天塌罢了，天塌罢了不就叫姊妹俩漏里头了吗？还

---

① 参见杨利慧、张霞、徐芳、李红武、仝云丽：《现代口承神话的民族志研究——以四个汉族社区为个案》，23～24 页。

图 44　张玉芝老人正为田野工作者表演担经挑舞

没有天塌的时候哩。眼看天都不一样了，他姊妹俩就朝外跑，朝着就找这个老鳖去了。一到老鳖那个地方，老鳖那个嘴啊———-，张得像个<u>簸箕</u>一样，簸一样，那大张着，大得很哪。（笑）咱也听人家讲的，老年人都是听人家讲的。大得很，谁也没见，谁见啦，是吧？老鳖说："<u>赶紧哪，赶紧上肚里钻哪，赶紧赶紧赶紧。</u>"他上肚里一钻，那两趸子馍都在那搁着的，你看那时候可不短啦———-。一到那点儿一看，天哩眼看就快长起来了，他那姊妹俩赶紧吧……

//张的一个熟人：还不回去？

张（笑了一下）：搁那叫我哩。我这说---说迷信话哩。

杨：没有没有。这挺有意思的。

张：哎它说那个{……}它说你姊妹俩该出来了，它说这个馍馍吃完，天天吃个馍，天天吃个馍……到末了啦，该出来啦，天长成啦，"<u>赶紧，赶紧出来，天马上就要长成</u>"。东北角里没有长严，掌那个大冰凌褶（补）的。到末了，他俩咋弄哎？……那身上都<u>沤烂完啦——没有衣裳啦</u>。光个肚子。俩人咋弄啊？身上穿的净树叶子。

（看见王东莲也走过来听，便说）听你讲罢再叫我录一遍。〔……〕在
它肚里吧，这个天快长出来啦，快长出来以后，咋弄哩？他说：能
叫俺俩配夫妻，这个磨啊，哎，说个大实话，就叫天下有人；你要
不叫俺俩配夫妻，这个磨啊————分两半。叫这个磨啊，朝那个
山底下一推，嗯，两半散啦。因为这，底下人跟他姐跟他弟弟跟他
哥不管配夫妻，就是他兴下的。**姊妹们不管配夫妻就是他俩兴下
的**。这以后了咋弄哩？到以后了，（看见几个熟人走过来，问她在
干什么）讲着玩哩，搁这地儿。讲老迷信的话哩。

　　……

　　张玉芝的讲述行为，是在把自己能够讲述的同一类型神话与王东莲
所讲的进行了对比之后发生的，作为听众，同时也是一位积极的故事讲
述者，她对王东莲讲述的评价是"她讲得不详细"，而她对王东莲讲述中
的多处的质疑、批评和修正，表明她同时还认为王东莲的一些讲法"不
对"。这意味着她认为自己具有更高的讲述能力和更权威的对神话知识
的把握。这种对自己讲述水平和讲述能力的自信，使得她的神话讲述从
一开始就直接进入了"完全的表演"（full performance），也就是说她充分
意识到，而且愿意接受包括研究者和一些香客在内的听众对其神话知
识、讲述能力和交际能力的品评。此后，除了个别情况外，她的讲述一
直保持完全表演的状态，描述细致生动，讲述流畅，大量使用了副语言
特征（特别是通过声音的长短、加重语气以强调叙事重点）、比喻（"老鳖
的嘴啊，张得像个簸箕一样"）、平行方式（例如用好几个"赶紧"形成平
行叙事、重复好几遍"他也捏她也捏"等）、求助于传统（"咱也听人家讲
的，老年人都是听人家讲的"）等叙事策略和交际手段。这些都表明，她
愿意在研究者和其他听众面前承担完全的责任以展示自己的叙事技巧和

交流能力，并期待着观众对她的讲述和表演予以特别强烈的关注。

但是她的讲述中间有两次"表演的否认"（disclaimer of performance）①，即在回答熟人的询问时，她说自己是在讲"迷信话"。她对表演的否认，与王东莲的否认表演（"｛我｝讲不好""咱这又没有文化，又没有水平的"）一样，都承担着设定其表演框架（performance frame）的功能，同时表明讲述者不愿意承担完全展示自己交际能力和讲述技巧的责任。但是，她的否认与王东莲又有所不同，它是以 1949 年后相当长的一段时期官方意识形态和国家权力对民间信仰的抑制为"背景"的，而并非是缺乏交际能力和知识的结果。她的自认在讲"迷信"，显示了国家权力的隐形在场，显示了民间对官方意识形态和政治权力长期以来抑制民间信仰（包括神话）的服从。用这样的策略，她实际上是在熟人面前，也在外来的研究者和其他听众面前，主动承认（至少在表面上）自己"思想"的落后，承认所讲述的是与官方意识形态相抵触的内容，并通过这种积极的、自嘲式的、低姿态的自我否定，达到（或者期望达到）一定的自我保护作用。

作为同一个神话类型的讲述者，张玉芝与王东莲比较起来，显然更具有创造性。她讲述的神话，与兄妹婚神话的常见讲述模式相比，至少发生了两处重大的变异。一处是神话中兄妹滚磨卜婚，但磨散开了，所以亲兄妹最后没有能够成亲，而是用捏泥人的方式来重新繁衍了人类。这一个改动，虽然与兄妹婚神话的传统情节不相符合，但对故事的自身发展逻辑以及古老神话在现代社会中的适应而言则具有非同小可的意义：1. 它成功地化解了古老神话中始祖血亲乱伦的做法与后世伦理法

---

①　即表演者否认自己的交际能力，声明自己不愿对听众承担展示自己的交际能力和交际有效性的责任，这一手段在一些地方的民族文化中已成为标定某些民间叙事文类的重要表演手段。见［美］理查德·鲍曼：《作为表演的口头艺术》，25～26 页。

则、婚姻制度之间的矛盾，女娲因此可以顺理成章地保有她的女儿身；
2. 它使得兄妹婚神话与抟土造人神话的黏合在故事情节发展的逻辑上
也合情合理，无懈可击。

　　另一个重大的变化出现在神话的释源性结尾。按照张玉芝的说法，
兄妹刚捏出来的人长得像毛猴，"以后慢慢儿变慢慢儿变才变成人形了，
毛啥的都没有了，越生小孩越好看"。在有关人类起源的神话中，有一
部分讲到人是由猴子变来的。这一类神话，有的是古老的"动物变人"信
仰和叙事传统的延续，有的则是受后世进化论影响而出现的释源性解
释。① 张玉芝将人类的起源与毛猴联系起来，几乎可以肯定，是受到了
进化论的影响。这不仅是因为"人由猿猴进化而来"的进化论观点随着唯
物主义在中国的广泛普及而几乎家喻户晓，还因为在她的讲述中有一个
重要的"中介叙事"（metanarrative），"你看书上不是（说）毛猴变〔变人〕
啊"。② 这里的中介叙事，一方面起着传达信息来源、证明自己说法的
合理性的重要作用：书上说人是从毛猴变来的，我这么说是符合书上的
说法的，因而是合理的、权威的；另一方面也起着沟通讲述者和听众的
作用：我知道你们几个是读书人，你们应该知道，书上说人是从毛猴变
来的，所以，我这么说是符合你们的趣味的。更为重要的是，她的这一
适应进化论观念而对神话所做的改动，实际上再一次消解了传统神话知
识体系中"人是泥捏的"的观念与后世进化论所主张的"人是从猿猴演变

---

　　① 参见杨利慧：《生民造物的始祖与英雄——谈猴神话》，见《中国民俗学年刊》，
229～233页，上海，上海文艺出版社，1999。
　　② "中介叙事"一词，按照芭芭拉·巴伯考克（Barbara A. Babcock）的论述，是专门
用在叙事表演和叙事话语范畴中，指那些叙事中对于叙事者、叙事行为和叙事本身的评
论策略，它们既可以作为信息（message），又可以作为代码（code）。Barbara A. Babcock,
"The Story in the Story：Metanarration in Folk Narrative," in Richard Bauman, *Verbal Art
as Performance* (Rpt. Illinois：Waveland Press, Inc. , 1984), p. 67.

而来的"之间的矛盾，从而使得古老的兄妹婚神话与后世的人类起源论相适应。所以，张玉芝这里不仅是把她所知道的兄妹婚神话作为文化资源，来与想了解这一神话的研究者和其他听众进行交流，而且也在交流中显示了自己对神话知识和文化传统更权威的把握以及高超的讲述能力（与王东莲相比），并表达了自己对人祖的信仰和对人类起源的认识。

上文从表演的视角，对淮阳人祖庙会上的两次伏羲、女娲兄妹婚神话的表演事件进行了考察。从中我们可以得到这样一些认识。

第一，神话文本并不是一个自足的、超机体（super-organic）的文化事象和封闭的形式体系，它形成于讲述人把自己掌握的有关传统文化知识在具体交流实践中加以讲述和表演的过程中，而这一过程往往受到诸多复杂因素的影响，因而塑造了不同的、各具特点的神话文本。淮阳人祖庙会上的两次兄妹婚神话表演事件，就是一个动态的、有许多复杂因素（例如信仰的、伦理道德的、科学的、政治的等）共同作用的过程。其中，一些制度性因素的作用是隐形的、潜在的，例如官方权力对民间信仰的长期抑制；一些社会文化因素的作用是明显的，例如对人祖的信仰、禁止血亲乱伦的伦理道德原则、所谓"科学"地解释人类起源的进化论；等等。另外，参与表演事件的各种角色之间，例如讲述人与研究者之间、讲述人与一般听众之间、第一个讲述人和第二个讲述人之间等，都充满了交流、互动和协商。这些或明或隐的诸多社会文化因素、表演者和参与者的互动交流等都纵横交织在一起，同时对神话的讲述活动产生影响，从而共同塑造了特定语境下的神话表演行为，并最终塑造了两个特定的神话文本。

第二，从上面的个案研究中，我们可以看到，神话为何以及如何被一次次重新置于不同的语境下加以讲述，那些富有创造力的个人如何在传承神话的同时又对它加以某种程度上的再创造，从而为他们今天的社会生活服务。两位讲述人都在进行神话讲述的表演，伏羲、女娲兄妹婚神话对于她们而言，都是她们与外来的研究者及其他一般听众之间进行交流的文化资源，通过神话的讲述和表演，她们不仅是在与民俗学者和听众的交流互动中展示自己的讲述才能和对传统知识的把握，同时也是以此方式传达自己对于人祖的信仰，对于伦理、科学、人类起源和宇宙特性（例如为什么刮东北风就冷）的认识。因此，讲述伏羲、女娲神话成为她们表达自我、建构社会关系、达成社会生活的必要途径。所以，神话的意义并不限于其文本内容和形式，它也体现在神话的社会运用中，是功能、形式和内在涵义的有机融合。同时，我们还可以发现，讲述人的个人创造力是有差异的，而创造力的强弱在很大程度上决定了文本变异幅度的大小。第一位讲述人面对神话叙事传统与后世伦理原则和婚姻制度之间存在的矛盾冲突，缺乏充分的解决矛盾的艺术能力，最后只好勉强地把两种类型的神话牵连在一起，再求助于现代生活知识和伦理原则，给神话加上一个牵强的解释。第二位讲述者的表演则明显具有更大的灵活性和创造性。她的讲述不仅仅是在传承古老的、祖祖辈辈传下来的知识，而且对古老的兄妹婚神话讲述传统进行了创造性的改变，这些改变消解了古老神话中包含的乱伦和"非科学"问题，从而使古老神话与现代社会的伦理原则、婚姻制度以及科学的人类起源观念相适应。

第三，现代口承神话的讲述与表演是一个充满了传承与变异、延续与创造、集体性传统与个人创造力的不断互动协商的复杂动态过程。为此，笔者倡导采用"综合研究法"，这一方法主张在研究神话时，要把注重长时段的历史研究和注重"情境性语境"（the situated context）和具体表演时刻（the very moment）的视角结合起来；把宏观的、大范围里的历史—地理比较研究与特定社区的民族志研究结合起来；把静态的文本阐释与动态的交流和表演过程的研究结合起来；把对集体传承的研究与对个人创造力的研究结合起来。①

　　神话是一种复杂的文化现象，仅仅倚赖一个视角、一种方法去考察，难免以偏概全，很难洞见其完整的真谛。对此，早有许多学者指出，对神话的研究应当采用多种方法、从多个角度来进行。日本神话学家大林太良曾在为《神话学入门》中文版所写的序言中，深深地感喟说："神话世界实在是过于复杂而且庞大，难以用一种观点阐释所有的问题。所以，要想深刻地理解神话，必须要有广阔的视野和灵活的方法。"②美国民俗学家阿兰·邓迪斯（Alan Dundes）虽然对精神分析学说情有独钟，但是也清醒地认识到必须对民俗进行综合的研究，他在评论汤普森（Stith Thompson）对星星丈夫故事的历史—地理学研究时，明确地指出："历史起源与传播路线的研究，只是整个研究的一部分，一个重要的部分，而心理根源与功能的研究，也是其中的一部分。将这些研究统一起来，才能对民俗特质有更充分的认识。"③

　　对中国神话研究而言，表演的视角尽管有诸多启示，但也存在一些明显的局限，比如注重特定情境中的新生性创造，对历史传统则多少有些轻视或忽视的倾向。而中国有着悠久的历史，许多神话类型都有着丰富的文献记录或口述传统，忽视历史、忽视这些珍贵的文献或者口述传统，显然无法深刻地理解和认识中国的社会和文化。因此，如何能既积极吸收表演理论以及其他国际前沿的神话学和民间叙事学理论与方法，

---

　　①　参见杨利慧：《从神话的文本溯源研究到综合研究》，载《民间文化论坛》，2005(2)。

　　②　［日］大林太良：《神话学入门》，1页。

　　③　［美］阿兰·邓迪斯编：《世界民俗学》，陈建宪、彭海斌译，560～561页，上海，上海文艺出版社，1990。

同时又能立足于中国本土的实际，发展出适合中国民间叙事（包括神话）研究的方法，是笔者近年来一直努力探索的问题。

"综合研究法"即是这一探索的初步尝试。如果说以往的中国神话研究多集中于分析和追溯某一神话文本的原初形态和历史演变脉络的话，那么综合研究法则试图在梳理某一神话文本背后的叙事传统的基础上，将其置于某一特定的讲述情境中予以凸显，也即在一个具体的时间和地域范畴中，对其受到讲述人和听众的相互影响，受到该语境中诸多复杂因素的协同影响，并形成某一特定文本的文本化过程加以细致的考察和研究。

本章为综合研究法提供了一个初步探索的范例。我认为，只有通过综合研究的方法，才能更全面地了解神话的传承和变异的本质，以及其形式、功能、意义和表演之间的相互关系。

第九章　　　语境的效度与限度
　　　　　　——河南淮阳、山西侯村和重庆走马镇
　　　　　　个案的总结与反思

　　　　　　　　　在 20 世纪 80 年代中期以来的近 40 年时间里，
随着中国民俗学内部田野调查和研究工作的广泛开
展，同时，受到表演理论、反思人类学、后现代史学
（尤其是"被发明的传统"）等西方学术话语的影响，中
国民俗学的研究范式出现了一些重要转变，涌现出了
一些新的研究取向。"语境"（context）逐渐成为民俗研
究的关键词，尤其是自 20 世纪 90 年代中期以来，传
统的文本分析方法（textual analysis）逐渐为语境研究
法（contextual studies）所取代，对当下各种语境中发
生的民俗实践的考察和探究成为当代中国民俗研究的
主导性研究范式。①

　　　　　针对语境研究范式的盛行，本章将以三个社区的

---

① 参见刘晓春：《从"民俗"到"语境中的民俗"——中国民俗学研究的范式转换》，
载《民俗研究》，2009(2)；杨利慧：《语境、过程、表演者与朝向当下的民俗学——表演
理论与中国民俗学的当代转型》。

神话传统的田野研究为基础，力图进行进一步细致考辨：语境对于民俗的传承和变迁到底有多大影响？语境研究对于民俗——尤其是具有特定语言艺术形式的口头艺术——的探索到底具有多大程度的有效性？

三个个案均来自笔者于 2000—2010 年所主持并带领研究生共同完成的科研课题"现代口承神话的民族志研究：以四个汉族社区为个案"（图 45），其中两个个案聚焦于女娲的神话和信仰。关于淮阳的伏羲、女娲神话和信仰的状貌，上编第四章和下编第一章中已有较详细的介绍，此不赘述。侯村位于山西省临汾市洪洞县赵城镇东南，村中建有一座女娲庙，该庙在宋、元、明、清时代曾享受皇家祭祀。20 世纪 40 年代的国内战争，使这里曾经十分兴旺的庙会逐渐衰落，至"文化大革命"时完全中断。90 年代中期，侯村人重新修复了女娲庙（图 46），并于 2000 年农历三月初十举行了新的庙会。司鼓村（化名）位于重庆市走马镇西北，是国内闻名的故事村，这里流传着丰富的神话传说，本章主要列举的是

图 45 《现代口承神话的民族志研究——以四个汉族社区为个案》一书封面

这里的大禹治水神话，目的是与其他案例中的女娲神话相参照，以更立体、多元地探察相关问题。

图 46　山西洪洞县侯村的娲皇宝殿

在开始下文的论述之前，有必要对文中涉及的两个核心概念——"语境"（context）和"文本"（text）进行界定。作为交流民族志（ethnography of communication）、语言人类学、语用学等领域的核心概念之一，"语境"一词的涵义和范畴历经变化和发展，不同学者对之的阐释往往有或多或少的差异。Charles Goodwin 和 Alessandro Duranti 在所编的卓有影响的《语境的再思考：作为互动现象的语言》（*Rethinking Context*：*Language as an Interactive Phenomenon*）一书的"导论"中指出：语境问题的提出意味着这样的典型认识：只有当考察者不孤立地局限于焦点事件（focal event，即被语境化的现象），而是超越该现象本身去考察其置根于其中的其他现象（例如文化场景、言语情境、共享的背景知识等）之时，或者说，言谈（talk）自身的特征需要借助于与其后继发的互动性组织相关的背景知识来认识时，该焦点事件才可能被正确地理解、合理地阐释，或者做出相关的描述。所以，语境是一个框架（frame），它包围着被考察的事件，并为它的合理阐释提供参考。① 至于语境所牵涉的维度，学者们的论述则往往见仁见智，不尽相同。② "文本"（text）是指一段能够与围绕其四周的话语相分离的话语，它具有内聚性、语义上的黏着性和客观性（例如能够被称呼、命名和谈论等）。Michael Silverstein和 Greg Urban 在《话语的自然史》（"The Natural History of Discourse"）一文中指出：文本的观念允许文化研究者把一段正在发生的社会行为（话语或者一些非话语的但仍然是符号性的行为）从其无比丰富的和极度详细的语境中抽取出来，并为它划定边界，探讨它的结构和意义。③ 上述阐释为本章的论述提供了基础。

第一节　语境的效度：语境对神话传统产生的影响

通过对神话传统在以上三个社区中的传承和变迁状况的民族志研究，笔者发现语境的确对神话传统的某些方面产生着至关重要的影响。具体说来，包括以下几个方面。

---

① 参见 Alessandro Duranti and Charles Goodwin, eds. *Rethinking Context：Language as an Interactive Phenomenon*, Cambridge University Press, 1992, p. 3.

② 例如 Richard Bauman. "The Field Study of Folklore in Context." in *Handbook of American Folklore*, ed. Richard Dorson, Indiana University Press, 1983, pp. 362-386; Alessandro Duranti and Charles Goodwin, eds. *Rethinking Context：Language as an Interactive Phenomenon*, pp. 6-8.

③ 参见 Michael Silverstein and Greg Urban, eds. *Natural Histories of Discourse*, The University of Chicago Press, 1996, p. 1.

一、语境影响着神话文本的构成与变化

笔者在上一章中曾详细分析了自己随同中原神话调查组于 1993 年在淮阳人祖庙会上遇到的兄妹婚神话表演事件。其中，那位卖小吃的农民王东莲应我们的要求，讲述了一个当地常见的伏羲、女娲兄妹婚神话。在她讲述的过程中，许多香客围上来旁听，不断有人对她的讲述技巧和对神话内容的把握表示质疑；当我们问她问题时，不少人帮着回答，从而构成了一个开放的、流动的、协商性的交流活动，这影响了她的表演叙事策略，并最终形成了一个特定的神话文本。在这个特定的表演事件中，讲述者、听众和研究者带着不同的知识和能力，一同参与到讲述过程中来，并积极互动和协商，不仅共同塑造了"这一个"神话传承和变异的情境，也最终一同重新构建了一个特定的、新的神话文本。可见，口承神话文本并不是一个完全僵化的形式体系，而是形成于讲述人把自己掌握的有关传统文化的知识在具体交流实践中加以讲述和表演的过程中，而这一过程往往受到诸多复杂因素的影响，因而塑造了各具特点的神话文本。

张霞在司鼓村的个案中，重点研究了一位当地著名的故事讲述家魏大爷（图 47）。在比较了魏大爷 13 年（1988—2002）中讲述的五则大禹治理洪水神话的异文之后，她发现魏大爷对表演情境有着高度的敏感性，他可以根据不同的时间、地点、听众、环境等对故事进行语言、内容、结构甚至主题上的改动，而每一次讲述都使原有的母题发生一些变化，并导致了大量异文的产生。[①]

---

① 参见张霞：《讲述者与现代口承神话的变异——重庆市司鼓村的个案》，见《现代口承神话的民族志研究——以四个汉族社区为个案》，81~82 页。

图 47　张霞对魏大爷进行访谈

二、语境影响着神话的讲述场合

我们在研究中发现，中国的政治环境和国家意识形态对于神话传统的传承具有重要影响，尤其直接影响着神话的讲述场合，包括是否具有讲述场合，以及具有什么样的讲述场合。比如在司鼓村，魏大爷在"文化大革命"中几乎没有讲过一次故事、唱过一次山歌，因为当时的极左意识形态视旧传统为封建迷信。但是 1980 年以后，随着国家的开放，官方意识形态对民间传统的态度有所变化。1983 年，由中国文化部批准，中国民间文艺家协会开始酝酿在全国进行"中国民间文学三套集成"的普查和搜集工作(该工程于 1984 年正式启动，2004 年初步完成)。当时走马镇的一位干事受命采录民间文学作品，找到了魏大爷。魏大爷一开始有顾虑，不肯讲。这位干事多次向魏大爷宣传"三套集成"的目的和意义，甚至动员自己的母亲先讲故事，然后把她的录音放给魏大爷听。魏大爷被打动了，记忆中的故事不断被回想起来，尘封多年的神话传统在老人的口头讲述中重新绽放出生机。①

　　仝云丽在淮阳的研究中发现，1949—1976年，淮阳的人祖信仰以及相关的神话讲述活动，同样被贴上了"迷信"和"封、资、修"的标签，逐步从社区公开的集体活动场合销声匿迹。然而，这并未摧毁当地根深蒂固的人祖信仰：没有了香火会的组织，信众们就把公开的集体烧香敬祖活动分解为私下场合里隐秘的敬拜活动。讲述神话的传统也未被完全禁锢，人们依旧以口耳相传的方式讲述着人祖的功德，只是讲述场合变得隐蔽化，主要在家庭或家族、亲朋邻里等私密场合中传承。20世纪80年代以后，人祖信仰和神话终于摆脱了这种状态，甚至逐渐被视为民族文化的重要根基，获得了更为广阔的传承空间，不仅重新作为民间传统出现在日常生活中（图48），而且成为整个社区共享的公共文化财富。②

图48　20世纪80年代的淮阳人祖庙会

① 参见张霞：《讲述者与现代口承神话的变异——重庆市司鼓村的个案》，见《现代口承神话的民族志研究——以四个汉族社区为个案》，59页。

② 参见仝云丽：《神话、庙会与社会的变迁（1930—2005年）——河南淮阳县人祖神话与庙会的个案》，见《现代口承神话的民族志研究——以四个汉族社区为个案》，295～296页。

除政治的影响外，经济以及社会文化的变迁也对神话的讲述场合造成了影响。徐芳发现，侯村的故事（包括神话）讲述场合在近30年间出现了极大的萎缩，而造成其衰微的因素主要有这样几个方面：一是"以经济为中心"的发展模式对村民日常生活的影响。如今村民们关心的首先是经济利益，而多种经营的生产模式也使人们没有了统一的作息时间，于是，村民们既没有多少兴趣讲故事，也很少有闲暇聚在一起。二是大众传媒的迅速发展对神话传统的传承也有一定影响。侯村如今家家户户都有了电视，儿童和青年人都不愿再听老人讲故事了，正如讲述人申继亮说的，电视里播放的是"有声有色"的故事，"咱讲的不如电视讲得好"。①

由此可见，政治、经济和社会文化语境都从不同方面影响着神话的讲述场合，其中国家政策和意识形态的干预是重要的因素之一。

三、语境影响着讲述者与听众的构成与规模

据全云丽对淮阳的调查，"文化大革命"时期，家中的长辈和村里的长者构成了神话讲述人的主流。长辈们在家中讲述神话既安全，又增添了家人茶余饭后的乐趣。一些虔诚的老人也会偷偷向村里的年轻人传播自己所知道的神话。当时在很多村里都曾出现过一个以"老师傅"为中心的小社交圈子，他们在这个小圈子里秘密地教唱经歌，也传播神话。很多这样的老人后来成为20世纪80年代复兴地方民间信仰的核心人物。与此同时，也有一些积极的神话传承者（creative bearers of myth tradition）因为政治的原因，变为了消极传承者（passive bearers of myth tra-

---

① 参见徐芳：《民间传统的当代重建——山西洪洞县侯村女娲神话及其信仰的个案》，见《现代口承神话的民族志研究——以四个汉族社区为个案》，192～193页。

dition)①，神话讲述活动减少甚至完全从其个人生活中消失。比如李安（化名）是一位优秀的讲述人，由于他1949年以前做过地方小官，中华人民共和国成立后受到了处罚。在这段时间里，他的个人生活完全被政治运动所充斥，他虽然有讲述神话的能力，却没有讲述的兴趣和条件。这种状况一直持续到"文化大革命"过去。②

徐芳发现，20世纪90年代侯村女娲庙重修之前，当地的女娲信仰已大为淡化，女娲神话也没有人讲了，当然也没有听众。而女娲庙的修复事件促使一些原本不大了解神话传统的人成为了积极的神话讲述者，并"创造"出了神话传统的听众。比如申继亮因为自己是修复工程的负责人（图49），有责任知道女娲的故事，所以经常翻看书籍、走访长者，掌握了许多关于女娲的神话故事，并在讲述过程中糅合进自己的理解和创造。庙宇修复之后，侯村重新成为邻近地区女娲信仰的中心，前来赶庙会的人，不仅有本村的村民，还有附近县乡的信众。人们在祈福、求子、听戏、看热闹的同时，也借机聆听女娲神话，交流女娲信仰的经验。听众的存在，使侯村的女娲神话从无人讲、无人听的"消极存在"变

---

①　人们对神话传统知识的把握并非是均等的。相对而言，社区中对地方掌故、区域历史以及民间传统怀有兴趣的老人、民间精英以及虔诚地信仰相关神灵的香会会首或者一般信众，所具有的神话知识通常更加丰富，能讲述的神话往往更多，也更愿意主动讲述。他们的知识和讲述才能也常常得到社区内部成员的肯定，成为当地知名的"讲述能手"或"故事篓子"。这一类人，我称之为"神话传统的积极承载者"。除这类人外，另有一些这样的讲述者：他们也知晓一定的神话故事，但是相对而言，其神话知识较少，往往只能叙述故事的核心母题，而无法完整、生动地讲述完整的神话，而且在生活中一般并不主动讲述这些神话知识。我称这类讲述人为"神话传统的消极承载者"。当然，在一些情况下，消极承载者与积极承载者之间也可能互相转换。参见杨利慧、张霞、徐芳、李红式、仝云丽：《现代口承神话的民族志研究——以四个汉族社区为个案》，22～24页。

②　参见仝云丽：《神话、庙会与社会的变迁（1930—2005年）——河南淮阳县人祖神话与庙会的个案》，见《现代口承神话的民族志研究——以四个汉族社区为个案》，289～291页。

成了有人积极讲、有人热心听的"积极存在"。①

图 49　侯村女娲庙修复工程的主要参与者

四、语境影响着神话的功能与意义

最后但同样重要的一点是，在不同的语境中，神话的功能和意义也不断发生变化。淮阳的个案表明，20 世纪 30 年代，国家意识形态对地方人祖信仰和神话的控制相对松弛，相关信仰和神话处于"放任自流"的状态。以散文体的故事和韵文体的经歌文体形式传播的人祖创世神话以及人祖惩恶扬善的灵验传说，不仅表达着人祖信仰，而且也是民间社会进行历史和道德教育、规范地方社会秩序的重要途径。1949 年以后，与民间信仰相交织的神话受到官方意识形态的抑制，原有的功能和意义逐渐减弱，"文化大革命"时期尤其萎缩。20 世纪 90 年代以来，随着人祖信仰的复兴，相关的神话和传说重新成为表达人祖信仰、凝聚和教育

---

①　参见徐芳：《民间传统的当代重建——山西洪洞县侯村女娲神话及其信仰的个案》，见《现代口承神话的民族志研究——以四个汉族社区为个案》，207～210 页。

地方社会的重要资源(见上编第五章)。同时，与以往相比，神话还增添了一些新的功能和意义，例如在地方政府和知识分子的共同努力下，人祖神话和信仰被塑造成地方悠久历史的佐证，成为促进地方经济发展、吸引市场和商业投资的重要文化资本(图50)。徐芳在侯村的个案中同样发现，女娲神话成为了当地政府和民间精英复兴庙会、发展旅游产业的重要依凭。[①] 显然，神话的当下传承常常打上了深深的市场经济的烙印，尤其是在一些地方政府和民间精英那里，神话的政治性与其文化经济特性裹挟一道，成为获取各种资本的重要资源和修辞手段。

图50　人山人海的淮阳人祖庙会

上述种种情形说明，在一定程度上，神话确可被视为"不断变动着的现实民俗"[②]，它们与人们的现实生活息息相关，并且经常由人们根

---

① 参见徐芳：《民间传统的当代重建——山西洪洞县侯村女娲神话及其信仰的个案》，见《现代口承神话的民族志研究——以四个汉族社区为个案》，207～210页。

② 杨利慧：《神话的重建——以〈九歌〉、〈风帝国〉和〈哪吒传奇〉为例》，载《民族艺术》，2006(4)。

据当下的情境、需要而被重新建构，处于不断变迁的动态过程之中。因此，神话传统的确在诸多方面受到语境的形塑。

第二节　语境的限度

但是，上述情形只是神话传承与变迁图景的一个方面。另一方面，我们也发现，语境对神话传统的影响并非毫无限度，尤其就文本的基本形式结构和核心内容而言，语境的影响显然有限。

笔者在淮阳的研究中发现，尽管伏羲女娲兄妹婚神话在每一次讲述中黏合的母题以及描述的细节都有大大小小的差异，但是核心母题和母题链的组合、类型和基本情节却维持着强大的稳定性。比如，郑合成等在《陈州太昊陵庙会概况》里记录了一则20世纪30年代在淮阳地区流传极广的兄妹婚神话：

　　——太古时代，天塌地陷，世界上的人类都死完了，只有伏羲和他的妹妹还活着。不知这样过了几多年代，天和地才分开。后来妹妹大了，就和哥哥商议，要兄妹结为夫妇。可是伏羲觉得兄妹不应该结婚，不过又没有别的男子，万般无奈，才允许了她，但要看神意是否答应。方法是把两个磨扇，从山上向下滚，如果滚到下面，两扇磨合和在一块儿，便算神答应；若两扇磨不能相合，就是神不答应。二人便各自山巅执磨扇一方，向山下推滚。天上的月宫认为世界上不能无人，便暗暗助了一力：两块磨扇，滚到山根，拢在一起了。兄妹从此结为夫妇。

　　二人闷得无聊，便去抟泥作人。忽然一天雷电交作，二人恐怕将泥人淋坏，即急急的向室内搬，把泥人的手足眼鼻，碰坏了不少。现今世界上的人类，便是他俩捏成的泥人；每天能捏成多少，即降生多少孩童。残废不完的人，便是搬时碰坏了的。①

在上一节中，笔者曾展示了 1993 年王东莲在人祖庙会上讲述的同一类型文本。2005 年，仝云丽在庙会期间也记录了李安讲述的同一类型神话：

——有两个学生是姊妹俩。他俩上学吃剩下的馍就喂给一个龟。那个龟有一天说："马上就该混沌了，天塌地陷。"这一天，这个龟拦住路不叫他们走，说："已经到天塌地陷的时候了，恁先藏我肚子里，过去这一阵子恁再出来。"他姊妹俩当时就钻它肚子里了。

过了一阵子，那龟张开嘴叫他俩出来。乌龟说："恁可以慢慢儿生产人，两个人搁山上滚磨，这圆石头滚到一块儿，恁两个就可以结婚。"

他哥说："那不中！咱是亲姊妹们！"

妹妹说："世界上不就咱俩么？"

后来他们把两个石头一滚，结果合到一块儿了。

他俩就结婚了。婚后他们生小孩儿。伏羲说："这太慢了。"他俩就捏泥人儿。天下雨嘞，赶紧往屋里收吧，两个人赶紧搬，把泥人碰烂嘞，所以现在瞎子、瘸子都有。

_____

① 郑合成编：《陈州太昊陵庙会概况》，17～19 页。

三个文本的记录时间前后跨越了70多年。仔细比较三个文本，会发现很多细节和母题上的差异。例如1934年的异文中没有出现"乌龟预告洪水的来临"（杨利慧、张成福 No. 921①）、"躲在乌龟肚子里从洪水中逃生"（No. 984）、"乌龟做媒"等母题，但是添加了"月宫做媒"这一比较晚起的母题，结尾还有对"他俩每天能捏成多少泥人，世间便降生多少孩童"的溯源性解释。1993年的异文中添加了用冰补天的母题（No. 1082.6），并对为何刮东北风就冷的自然现象进行了释源性解释（No. 574.1），故事中还对两扇石磨为什么能够相合增加了细节上的解释。而在2005年的异文中，出现了中国兄妹婚神话中常见的乌龟形象，相应地添加了"乌龟预告洪水的来临""躲在乌龟肚子里从洪水中逃生""乌龟做媒"等一系列母题。这些差异有些与故事的讲述语境的确有着密切的关系（例如1993年的异文中即时添加的对两扇石磨为何没有散开的解释），不过，这些有差异的母题和细节，往往属于"附属性的装饰"，它们的存在，会使故事叙事更加丰满曲折，富于个性，但是通常并不影响叙事内容的完整性，在这一类型神话的形式结构中无关宏旨。更为重要的是，三个异文中的核心母题和核心母题链的组合、类型和基本内容，都呈现出强大的稳定性。三个异文中均出现了如下母题：

    1. 天塌地陷，宇宙毁灭。（No. 1032）

    2. 始祖兄妹从灾难中逃生。（No. 1051）

    3. 用滚磨的方式占卜婚姻。（No. 153.1）

    4. 始祖兄妹结婚。（No. 152）

---

① 如无特别说明，本书下编中的母题编号均见杨利慧、张成福：《中国神话母题索引》，西安，陕西师范大学出版社，2013。

5. 用抟制泥人的方式重新传衍了人类。（No.1051）

6. 雨中损坏的泥人成为残疾人的由来。（No.1239.1）

　　这六个核心母题稳定不变，母题链的组合顺序也稳定不变，构成了该神话最主要的形式结构和基本内容，神话类型也没有改变——无论这70年里神话传统生存的社会、文化和个人的语境有多少变化，讲述人和听众有多么不同。这情形正如一句中国谚语所描绘的那样："万变不离其宗。"

　　也许有人认为，这种稳定性与神话这一文类（genre）有关。这当然有一定道理：在口头艺术诸文类中，神话通常被认为具有神圣性，因而更具稳定性。[①] 但是，不少学者在其他文类的研究中也有类似的发现。例如安德明在梳理中国古代谚语史时发现，尽管谚语的使用有着多种多样的语境，但是许多谚语在千百年的历史传承中，其形式和内容均呈现出较大的稳定性。[②] 芬兰民俗学家安娜·丽娜·斯卡拉（Anna-Leena Siikala）在其著作《口头叙事的阐释》（*Interpreting Oral Narrative*）中，也比较了同一讲述者对同一故事的不同讲述文本以及不同讲述者对同一故事的不同讲述文本，她发现，尽管叙事内容会受到语境的影响，但是对于情节至关重要（essential to the plot）的那些内容原料（contentual material）却并没有随着年代而发生变化，而是一再重复出现（recurrence）。[③] 事实上，早在 20 世纪 70 年代，美国民俗学家史蒂文·琼斯（Steven

---

[①] 参见［英］雷蒙德·弗思：《神话的可塑性：来自提科皮亚人的个案》，见［美］阿兰·邓迪斯编：《西方神话学读本》，朝戈金等译，255～256 页，桂林，广西师范大学出版社，2006。

[②] 参见安德明：《中国民间谚语史》，石家庄，河北教育出版社，2019。

[③] 参见 Anna-Leena Siikala, *Interpreting Oral Narrative*, Helsinki: FF Communications, No.245, 1990, pp.81-82.

Jones)就曾旗帜鲜明地断言："民俗事象的社会语境也许会变化，但是
文本自身保持不变。换句话说，某一特定的民俗事象（例如一则谚语、
一个笑话，或者一个故事）会出现在许多不同的情境中。"①这一论断虽
然因缺乏对文本变化的细致分析而不免有些偏颇，但并非全无道理。

第三节　讨论与结论：检视语境视角的有效性

　　语境视角的提出对民俗学学科具有巨大意义，直接促成了 20 世纪
60 年代末以后世界民俗学研究范式的转移。

　　　　由于"景境（context）"被纳入民俗学研究视野，文本为重（text-
　　based）的搜集阐释及相应的历史地理学派、功能主义、结构主义等
　　的研究方法被当今民俗学界在不同程度上加以反思。民俗学的核心
　　不再被认为是搜集整理来的定格资料。相反，它的意义和生机在于
　　民众日常生活中如何不断地创造、表演（perform）和接受它。这种
　　流动性的、联系性的视角不仅使研究者注意在民俗学自身的"生长"
　　环境中去观察民俗学的运用，从而更深地理解民俗学在民众生活及
　　社会文化形成发展中的意义，而且它还促使了对学科的一些基本概
　　念进行再定义和再理解，比如"真实性（authenticity）"、"传统（tra-
　　dition）"等等。②

---

① 　Steven Jones，"Slouching Towards Ethnography：The Text/Context Controversy
Reconsidered"，*Western Folklore*，1979(1)，p. 45.
② 　李靖：《美国民俗学研究的另一重镇——宾夕法尼亚大学民俗学文化志研究中
心》，载《民俗研究》，2001(3)。

　　20 世纪 90 年代中期以后，中国民俗学出现了同样的范式转移：从研究抽象的文本转变为研究"语境中的民俗"，学者们纷纷"强调田野调查，强调在田野中观察民俗生活、民俗表演的情境、民俗表演的人际互动、民俗表演与社会生活、社会关系、文化传统之间的复杂关联等等，呈现出民族志式的整体研究取向"①。

　　语境视角为中国民俗研究带来了新的洞察力。就神话研究而言，长期占据主导地位的、以古典文献中记录的神话文本为中心的研究方法受到了反思，学者们开始关注以往被忽略的其他维度，例如文本在日常生活的特定语境中生成过程的流动性与复杂性、神话的当代性、讲述人和听众的主体性，以及神话与特定社区和族群连带关系的特殊性等。② 本章通过检视三个社区中的女娲、伏羲以及大禹神话传统，发现语境在形塑神话文本、规定神话讲述场合、确立讲述人与听众的构成及其规模、构建神话的功能和意义等方面均具有重要作用，其中国家政治制度和意识形态，重大的社会、经济和文化变革，都深刻地影响着神话传统的讲述和传承方式、规模与呈现形态。

　　但是另一方面，笔者发现，语境对神话传统的影响具有一定的限度。兄妹婚神话的核心母题及其母题链的组合、类型和基本内容，都呈现出强大的稳定性，并不随翻天覆地的语境变化而发生巨大变化。或者，更确切地说，文本及其文本化实践有着多重指向，其形式、内容、功能和意义均具有多重性，其中一部分会随着语境的不同而发生相应的变化，而另一些部分则保持着相对的稳定性，它们形成了口头艺术可以辨识、命名和谈论的那些文类特征，也构成了民俗研究的资料库

① 刘晓春：《从"民俗"到"语境中的民俗"——中国民俗学研究的范式转换》。

② 例如杨利慧、张霞、徐芳、李红武、仝云丽：《现代口承神话的民族志研究——以四个汉族社区为个案》。

(source)和个体民间艺术家（比如故事篓子、笑话大王、民歌能手、史诗艺人等）的语料库（repertoire）的核心内容。就此而言，语境研究的视角具有一定的局限性，而目前中国民俗学界盛行的追求语境的描写、弱化文本的分析，甚至完全流于语境描述而忽视文本细读的做法，无疑存在着盲目性和片面性。

近40年前，美国民俗学家丹·本-阿默斯在一篇倡导同人"在语境中界定民间文学"的著名文章中，已敏锐地指出：民间文学形式既是超有机体的——它们一旦被创造出来，便不再依赖于其本土的（indigenous）环境和文化语境而继续生存；同时也是有机体的——它们还是文化的有机组成部分，社会语境、文化态度、修辞场景、个人能力等，都会造成口语性的、音乐性的以及雕塑性的作品在最终结构、文本以及文本肌理（texture）上的不同。① 这一看法无疑富有见地，对我们今天的口头艺术研究依然深富启示作用。

对于语境的限度和语境研究法的局限，中国民俗学者并非没有自觉。21世纪初，神话学者陈建宪就曾明确倡导中国民间文艺研究应该"回归文本"，他认为，语境会时过境迁，而神话文本却始终存在并且内容相对稳定，因此，片面强调对语境进行田野研究，只是在对神话进行"外部研究"，不仅无助于神话学的本体研究，而且会因为研究对象与目的泛化而导致民间文艺学学科特性的消解。这一主张曾引起了青年学者

---

① 参见 Dan Ben-Amos, "Toward a Definition of Folklore in Context," in *Toward New Perspectives in Folklore*, eds., Américo Paredes and Richard Bauman, Bloomington：Trickster Press, [1972] 2002, p. 4. 该文的中文译文可参考[美]丹本-阿默斯：《在承启关系中探求民俗的定义》，张举文译，载《民俗研究》，1998(4)。

们对文本与语境关系的激烈论争。① 2004 年，笔者曾在一篇向中国同行介绍美国民俗学表演理论的论文的结尾，反思过同样的问题。② 2009年，刘晓春在《从"民俗"到"语境中的民俗"——中国民俗学研究的范式转换》一文的结尾，向自己也向国内同行提出了类似的疑问：当我们执着于多样的民俗个案研究，是否意味着我们对于民俗事象的整体解释能力正在弱化？是否意味着告别以民俗事象为中心的研究范式？以民俗事象为中心的研究范式真的不具有学术阐释的力量了吗？③ 不过，总体说来，上述反省的声音比较微弱，未能引起中国民俗学界足够的关注和进一步的深入讨论。

那么，如何真正将文本自身的研究与对语境的研究结合起来？如何在文本与语境的动态互动过程中揭示文本独具的、内在的形式和意义？从现有的研究状况看，这些问题并未得到有效的解决。即使是丹·本-阿默斯本人，在那篇文章中注重的依然是"在语境中界定民间文学"；而以表演理论为代表的当代民俗学研究在批评以往的传承理论、转而注重文本与语境的互动关系时，也似乎过于关注文本的变异性，而多少忽视了文本的稳定性。④ 那么，有可能将文本内在的阐释与对语境的研究真正结合起来吗？或者，如何在文本与语境的动态互动过程中揭示文本独具的、内在的形式和意义？这些问题显然有待民俗学者的进一步探索。也许，在语境研究范式盛行的今天，我们有必要重新思索 200 多年来民

---

① 参见陈建宪：《走向田野 回归文本——中国神话学理论建设反思之一》，载《民俗研究》，2003(4)；《略论民间文学研究中的几个关系——"走向田野，回归文本"再思考》，载《民族文学研究》，2004(3)。

② 参见杨利慧：《表演理论与民间叙事研究》。

③ 参见刘晓春：《从"民俗"到"语境中的民俗"——中国民俗学研究的范式转换》。

④ 参见周福岩：《表演理论与民间故事研究》，载《鞍山师范学院学报》，2001(1)；杨利慧：《表演理论与民间叙事研究》。

间文学研究领域一个反复被探询的问题：为什么一些口头艺术文本能够
跨越时间和空间的边界而代代相传、不断重复？[①]

　　当然，没有一种理论视角是万能的，语境视角也是如此。对此，倡
导多种视角和方法的结合很有必要。笔者曾针对语境以及表演视角的长
处与局限，提出了一种"综合研究法"，并进行了初步的研究实践（见第
八章）。这一方法目前仍然处在探索阶段，还有待更多实践的检验和发
展，尤其是如何把语境的视角与文本中那相对稳定的内核的探究相结
合，尚有待未来更深入的思考和实践。

---

　　① 参见刘魁立：《历史比较研究法和历史类型学研究》，见《刘魁立民俗学论集》，
92～119 页，上海，上海文艺出版社，1998。

第十章 遗产旅游与女娲的神话主义

——河北涉县娲皇宫景区导游词底本与导游叙事表演的个案

上一章提到，2000—2010 年，我与所指导的研究生一道，完成了一项教育部课题"现代口承神话的民族志研究"。在该课题的田野调查中，我们发现了一些新现象：在当代中国的一些社区里，导游正在成为新时代的职业神话讲述人，并且成为当地神话知识的新权威①；而且，电子媒介传播正日益成为年轻人知晓神话传统的主要方式。② 这些现象是以往的神话研究较少关注的。为此，2011 年，我申请了国家社科基金课题"当代中国的神话主义——以遗产旅游和电子媒介的考察为中心"，力图从民俗学和神话学的视角，对中国神话传统在当代社会——尤其是在遗产旅游和电子媒介领域——的利用与重建状况展开更细

---

① 参见杨利慧、张霞、徐芳、李红武、仝云丽：《现代口承神话的民族志研究——以四个汉族社区为个案》，总论。

② 同上。

致的民族志考察。该项目成果后以《神话主义：遗产旅游与电子媒介中的神话挪用和重构》为题出版。① 与前一个课题主要聚焦于庙会、祭仪、闲谈（例如"摆龙门阵"）等社区日常生活语境、调查地点一般为有着明确空间边界的实体乡镇、访谈对象往往是中老年人不同，本研究更加关注现代和后现代社会中受到文化产业和信息技术的影响而产生的大众消费文化、都市文化和青年亚文化。

我参照国际民俗学界有关民俗主义（Folklorism）和民俗化（Folklorization）等概念的阐发②，把在遗产旅游以及电子媒介（包括互联网、电影电视以及电子游戏）等新语境中对神话的挪用和重建，称之为神话主义（Mythologism）。具体地说，我重新界定的"神话主义"概念，是指20世纪后半叶以来，由于现代文化产业和电子媒介技术的广泛影响而产生的对神话的挪用和重新建构，神话被从其有机生存的社区日常生活的语境移入新的语境中，为不同的观众而展现，并被赋予了新的功能和意义。神话主义既指涉现象，也是一种理论视角——该概念含有这样的意涵和追求：自觉地将相关的神话挪用和重构现象视为神话世界整体的一部分；看到相关现象与神话传统的关联性，而不以异质性为由，对之加以排斥。提出这一概念的目的，是使学者的目光从社区日常生活的语境扩展到在各种新的、特别是商业化的语境中被展示和重述的神话——它们正在我们身边越来越频繁地出现，并把该现象自觉地纳入学术研究的

---

① 参见杨利慧等：《神话主义：遗产旅游与电子媒介中的神话挪用和重构》。

② 在国际民俗学、人类学、社会学等领域，类似的概念还有"传统化""新传统主义""新历史主义"等。对于相关概念和理论的更多学术史梳理，可参见杨利慧等：《神话主义：遗产旅游与电子媒介中的神话挪用和重构》，15～20页。

范畴之中并从理论上加以具体、深入的探讨。[①]

在下文的分析中，笔者将以河北涉县娲皇宫景区的旅游业对女娲神话的挪用、整合和重述为个案，尤其聚焦于导游词底本以及导游个体在具体实践中对神话的叙事表演，以此展示遗产旅游语境中神话主义的具体表现，探讨神话主义的特点、导游叙事表演的光晕以及神话主义的性质。

第一节　旅游产业中的女娲神话重述

河北涉县娲皇宫及其周边地区是笔者近 30 年来持续研究女娲神话和信仰的最为主要的调查点之一。涉县地处太行山东麓、晋冀豫三省的交界处，县境总面积 1509 平方千米，辖 17 个乡镇、1 个街道办、308 个行政村，总人口 43 万。[②] 涉县的女娲信仰十分盛行，如今全境大约有近 20 座女娲庙。建于城西中皇山山腰处的娲皇宫是其中历史记载最为悠久、建筑规模最为宏大的一座女娲庙。如同上编第四章第三节所描述的，娲皇宫的整体建筑群分为山下、山上两部分，多为明清时期所重修。山上的主体建筑是娲皇阁，通高 23 米，有四层，第一层是一个石窟，石窟顶上又建起三层木质量结构的阁楼，分别叫作"清虚阁""造化阁""补天阁"，里面供着女娲造人、补天等的塑像。山上和山下的主要建筑由十八盘山路相连接。每年农历三月初一到十八会举行娲皇宫庙会。据咸丰三年(1853 年)《重修唐王峧娲皇宫碑记》记载："每岁三月朔

---

① 有关"神话主义"概念的由来、含义以及更多相关学术史梳理，可参见杨利慧等：《神话主义：遗产旅游与电子媒介中的神话挪用和重构》，11～20 页。

② 参见 http：//www.shexian.gov.cn/zjsx/，查阅日期：2021 年 7 月 20 日。

启门，越十八日为神诞。远近数百里男女丛集，有感斯通，无祷不应，灵贶昭昭，由来久矣。"可见当时庙会的盛况。如今这里的庙会依然十分盛大，来自附近方圆数百里以及山西、河南、河北等地的香客纷纷前来进香，有时一天的人数最多可达到 14000 人。2003 年以后，当地政府陆续斥资在景区里新修了补天广场，广场上矗立着高大的娲皇圣母雕像，雕像的四面基座上刻绘着女娲抟土做人、炼石补天等功绩的浮雕。2006 年，中国民间文艺家协会授予涉县"中国女娲文化之乡"的称号，同年，这里的女娲祭典也被国务院公布为首批国家级非物质文化遗产。2013 年，景区里新增了补天湖、补天谷等景点，新建了伏羲的塑像。

作为大众现象的娲皇宫的遗产旅游兴起于改革开放之后。1979 年，这里设置了管理处，隶属文物保管所管理，主要任务是进行文物的修缮和保护，但同时也竭力设法扩大香客数量，吸引更多的进香人群。2001 年，文物保管所和旅游局合并，成立了涉县文物旅游局，标志着遗产旅游成为涉县政府日益重视的文化产业。2009 年春节"黄金周"期间，包括娲皇宫景区和附近的一二九师司令部旧址景区在内的县旅游业为该县财政创收 50 余万元，同比增长 50%，接待游客近 50000 人次，同比增长 170%。[1]

笔者对娲皇宫的女娲神话和信仰的关注始于 1993 年（见上编第四章第三节），从那以后，娲皇宫便成为我追踪考察女娲神话及其当代传承的最为重要的场所之一。2006 年和 2008 年，我来此调查时，注意到了新近出现的现象：娲皇宫的导游对当地女娲文化具有显著影响。于是，2013 年 3 月，我带领所指导的两名研究生再赴娲皇宫，着力考察了导游们的神话讲述，采访了导游小岂和小张，并全程跟踪调查了小岂的讲

---

[1] 参见孙建东：《涉县春节黄金周旅游红红火火》，载《邯郸日报》，2009-02-09。

解。2015年8月6日—11日，我再次对娲皇宫开展了为期六天的集中调查。炎热的八月里，我和数位导游一起，每天在娲皇宫景区内上上下下，在娲皇阁内登高爬低，跟踪导游们对普通游客的讲解，观察她们在不同语境中的表演，也和娲皇宫里的普通售货员、卖凉粉的老大妈聊天，聆听她们讲述女娲的神话，还对游客进行了问卷调查，并随机和一些游客进行了访谈。2016年4月，借开会之机，我又对娲皇宫导游与游客之间的互动交流进行了考察。本章及随后相关章节的撰写即立足于以上数次田野研究的基础之上。①

据时任娲皇宫管理处负责人王艳茹介绍(图51)，管理处自成立之初就开始了对导游的培养，当时的导游大都是兼职，直接从职工中选拔，一般学历较低，普通话基本过关就行，讲解的内容以神话传说为主，相对比较单一。2001年8月，全县公开招聘了第一批共计10名职

图51　笔者对王艳茹进行访谈

① 这里要特别感谢涉县王旷清、王艳茹、刘艳凤、冯蔚芳以及全体导游对我的调查工作的大力帮助！

业导游，此后的 2003 年、2005 年、2007 年、2009 年、2010 年又陆续招聘了五批导游，对导游的要求也日益提高。现在招聘导游分为笔试和面试两个环节，对导游的基本要求是必须具备大专以上学历，身高 1.6 米以上，普通话标准、音质优美，气质好，身体健康，学习旅游、中文和历史等专业者优先考虑。导游在景区除了担任讲解工作外，还负担有挖掘、研究、整理景区的历史和文化资料的任务。如今在岗的导游共计 18 名。导游的收费标准是每次收费 100 元人民币。

导游们在正式上岗解说之前，都会拿到一份作为基础和范例的导游词，可称为"底本"。底本一般由了解情况的地方文化专家撰写，其作用是为导游们提供需要掌握的基本知识。多年来，娲皇宫景区的导游词底本一直是由王艳茹撰写的，根据她自己的陈述以及笔者对她撰写的导游词的文本分析，可以发现底本依据的资料来源主要有三种：第一是地方的口头传统，用王艳茹的话说，是"老辈人口口相传的讲述"；第二是相关的古文献记录，例如《淮南子》《风俗通义》等的记载；第三是专家学者的著述。在她撰写的底本中，口头传统与书面传统呈现出高度融合的状态，这一点，下文还将进一步论述。

导游词底本对神话的呈现一般相对稳定。我比较了王艳茹在三年间撰写并发给导游们的三份底本，发现其中变化较多的是对神话的阐释以及对景点的介绍，而女娲神话大体没有变化，正如她自己所说："我们对神话不做修改和延伸，我们讲的神话或者是（来自）古文献中的记载，或者是（来自）当地流传的民间传说，都是原版哦！"下面是三个底本中呈现的在造化阁和补天阁中讲述的女娲造人和补天神话。

2010 年版

说起女娲抟土造人的故事自然要先了解一下女娲的身世。古书中记载，女娲和伏羲是人首蛇身的兄妹俩，他们的母亲是上古神话中的一位女神，叫华胥氏，当兄妹俩出生后不久世界上便发生了举世罕见的大洪水，所有生灵被荼毒殆尽，只剩伏羲、女娲兄妹两人幸免于难，于是他们便兄妹成婚，生儿育女繁衍后代。两人结婚后过着甜蜜幸福的生活，但时间不长，女娲开始发起愁来，她说："靠我一个人十月怀胎、一朝分娩，什么时候才能孕育那芸芸的众生来管理这个世界呢？"女娲猛然间看到河里自己的影子，灵机一动，开始了她抟土造人的伟大工程：她用黄泥捏成小泥人，摆满整个清漳河畔，轻轻地一吹，小泥人都变成了活蹦乱跳的真人。时间长了，女娲捏累了，就用柳枝蘸着泥点往地上甩，甩出来的泥点也都变成了真人。女娲本不经意地这么一捏一甩，却被后人加上了阶级分化的内容：精心捏制的人是富贵之人，而泥点甩出来的则是贫贱之人，这也说明"人的命，天注定"的道教思想在古代中国人的心中已根深蒂固……

这里是最高的一层，叫补天阁，相传女娲就是在这里炼石补天的……传说神农在画八卦时，一不小心捅破了天，于是"四极废，九州裂；天不兼覆，地不周载"，人世间一派水深火热、生灵涂炭的惨象。就在这种历史背景下，女娲从容应战，取来五色神石（颜色是青、白、红、蓝、紫），耗尽所有精力，历时七七四十九天补好了天上的窟窿……

2011年版

说起女娲抟土造人的故事自然要先了解一下女娲的身世。古书中记载，女娲和伏羲是人首蛇身的兄妹俩，他们的母亲是上古神话中的一位女神，叫华胥氏，当兄妹俩出生后不久世界上便发生了举世罕见的大洪水，所有生灵被荼毒殆尽，只剩伏羲、女娲兄妹两人幸免于难，于是他们便兄妹成婚，生儿育女繁衍后代。两人结婚后过着甜蜜幸福的生活，但时间不长，女娲开始发起愁来，她说："靠我一个人十月怀胎、一朝分娩，什么时候才能孕育那芸芸的众生来管理这个世界呢？"女娲猛然间看到河里自己的影子，灵机一动，开始了她抟土造人的伟大工程：她用黄泥捏成小泥人，摆满整个清漳河畔，轻轻地一吹，小泥人都变成了活蹦乱跳的真人。时间长了，女娲捏累了，就用柳枝蘸着泥点往地上甩，甩出来的泥点也都变成了真人。女娲本不经意地这么一捏一甩，却被后人加上了阶级分化的内容：精心捏制的人是富贵之人，而泥点甩出来的则是贫贱之人。看得出来，各位应该都是捏出来的。

在东汉应劭所著的《风俗通义》中有相关记载：俗话说天地开辟，未有人民。女娲抟黄土作人。剧务（劳动非常辛苦），力不暇供（供应），乃引绳于泥中，举以为人。故富贵者，黄土人；贫贱者，引绳（绳，粗绳索）人也。

……

这里是最高的一层，叫补天阁，相传女娲就是在这里炼石补天的……传说黄帝部落的后代颛顼与炎帝部落的后代共工，为维护各自的利益大动干戈。结果共工战败，愤怒之下一头撞向了不周山，将不周山这根撑天大柱撞成了两截，天空出现了一个大窟窿，导致"四极废，九州裂；天不兼覆，地不周载"，人世间一片生灵涂炭的惨象。就在这种背景下，女娲从容应战，取来五色神石（颜色是青、赤、白、黑、黄），耗尽所有精力，历时七七四十九天才补好了天上的窟窿……

2012 年版

　　说起女娲抟土造人的故事自然要先了解一下女娲的身世。古书中记载，女娲和伏羲是人首蛇身的兄妹俩，他们的母亲是上古神话中的一位女神，叫华胥氏，当兄妹俩出生后不久世界上便发生了举世罕见的大洪水，所有生灵被荼毒殆尽，只剩伏羲、女娲兄妹两人幸免于难，于是他们便兄妹成婚，生儿育女繁衍后代。两人结婚后过着甜蜜幸福的生活，但时间不长，女娲开始发起愁来，她说："靠我一个人十月怀胎、一朝分娩，什么时候才能孕育那芸芸的众生来管理这个世界呢？"女娲猛然间看到河里自己的影子，灵机一动，开始了她抟土造人的伟大工程：她用黄泥捏成小泥人，摆满整个清漳河畔，轻轻地一吹，小泥人都变成了活蹦乱跳的真人。时间长了，女娲捏累了，就用柳枝蘸着泥点往地上甩，甩出来的泥点也都变成了真人。女娲本不经意地这么一捏一甩，却被后人加上了阶级分化的内容：精心捏制的人是富贵之人，而泥点甩出来的则是贫贱之人。看得出来，各位应该都是捏出来的。

　　……

　　这里是最高的一层，叫补天阁，相传女娲就是在这里炼石补天的……传说黄帝部落的后代颛顼与炎帝部落的后代共工，为维护各自的利益大动干戈。结果共工战败，愤怒之下一头撞向了不周山，将不周山这根撑天大柱撞成了两截，天空出现了一个大窟窿，导致"四极废，九州裂；天不兼覆，地不周载"，人世间一片生灵涂炭的惨象，就在这种背景下，女娲从容应战，取来五色神石（颜色是青、赤、白、黑、黄），耗尽所有精力，历时七七四十九天才补好了天上的窟窿。

　　……

上述三个版本的底本中呈现的女娲造人和补天神话，都有如下两个明显的共同点：第一，口头传统与书面传统的有机融合——底本中的神话故事情节既有对《风俗通义》轶文中女娲造人神话以及《淮南子·览冥训》中女娲补天神话的直接化用或引用，也融合、挪用了当地口头传统中女娲在清漳河边造人、神农画八卦捅破了天的说法，口头与书面传统彼此衔接，水乳交融，熔铸成新的女娲神话异文。第二，神话的基本情节均稳定不变，尤其是女娲造人故事，从主要母题链到次要母题的构成，几乎没有变化。

但是"稳定传承"并非全无变化，比较明显的是女娲补天神话。2010年异文中的一个次要母题——天崩地裂的原因是神农画八卦不小心捅破了天①，在 2011 年、2012 年的版本中，却都变成了古代文献中更常见的"共工怒触不周山"的情节，可见底本在稳定传承过程中也会发生变化，而非完全僵化不变。对三个底本的分析表明，底本最常发生的变化是对神话和民俗、文物的阐释，神话故事的基本情节则保持稳定传承，但是也会出现细节上的变化。这也与民间口头艺术的一般传承规律相吻合：在传承过程中，民间叙事的核心母题及其母题链的组合、类型和基本内容，都呈现出强大的稳定性，而次要母题则常有变化，并导致大量异文的产生（详见第九章）。

---

① 2013 年我们在娲皇宫调查时，导游岂佳佳也有这样的说法，据她说这是当地流行的解释"天崩地裂"原因的说法之一。

第二节　导游的神话表演

社会上和学术界有不少人对旅游业抱有很深的成见，一个重要的理由是认为导游们照本宣科得厉害，他们固守底本，使鲜活丰富的传统文化日渐僵化。那么，导游个体在实际工作过程中，会完全照搬底本吗？还是会有所创造？他们的表演又具有什么样的特点呢？这里需要说明，按照前述表演理论的主要代表人物理查德·鲍曼的界定，表演是一种口头语言交流的模式，它存在于表演者对观众承担有展示自己交际能力的责任之时。从表演的视角看，导游的叙事显然是一种表演模式的交流：导游在与游客面对面的口头交流中，尽力展示自己对传统知识的把握和解说技巧，而他们"讲得好"或者"讲得不好"，往往成为游客评论其导游质量的重要内容。

笔者在调查中发现，尽管导游们人手一份导游词底本，但在实际工作中，她们并不完全依赖该底本。她们对底本的创造性贡献主要体现在三个方面。

第一，根据自己的理解和查找的资料，对底本文稿进行书面的补充和改动。比如导游呰佳佳给我看的她的那份底本上，密密麻麻写满了补充文字，她解释说"这个导游词（底本）全部都是精缩的，都是精炼整理了的，有一些不懂的地方，还要专门拿出来找；别人（游客）问到的地方，也需要解释，比如说这个人是谁，姓什么、住哪里等，都要自己去查阅"。

第二，主动在生活和工作中搜集相关知识，充实丰富自己个人的"语料库"。她们的知识来源不受媒介的限制，书本、网络、游客、乡里的长者甚至一道工作的同事，都是她们汲取信息的有效源头。按照王艳茹的说法："她们的神经都很敏感，她们的触角无孔不入，只要有关于女娲的信息她们是从不放过的。(比如)景区有很多做小生意的商贩都是周边村镇的百姓，他们在娲皇宫待了二三十年了，经过、看到的烧香还愿以及所谓灵验的事例很多，因为是亲身经历，说起来很传神。"导游们经常听，也在解说过程中不断将鲜活的经验补充进去。当我问："你喜爱讲的这些神话是从哪里看到的？书上吗？"导游张亚敏回答说：

> 书上啊，我们也会看书，查电脑，找一些资料。还有就是一些老人告诉我们的。我们去村里的时间不多，一般会和对女娲比较了解的老人聊天，经常去跟他们聊，结果就会听他们讲一些神话故事。除此之外，游客其实也是我们的老师，游客有的时候也知道很多东西，有的时候也会跟我讲一些。这个不会就不会呗，我不知道的话，就学习，这无所谓的。游客懂得挺多的。[①]

第三，最为重要的一个创造性贡献，是导游在实际解说过程中，会根据情境和游客的需要而主动调整叙事内容和策略，体现出"以情境和游客为中心"的表演特点。

比如导游的讲述往往密切结合眼前的情境而展开，一般不会无边无际，过于游离散漫。尽管娲皇宫景区的大多数景点都与女娲有关，但是导游们通常并不会在每个景点都讲述女娲神话，相关神话的基干情节一般会在补天广场的娲皇圣母雕像基座的浮雕前一带而过地讲给游客(图

---

① 受访人：张亚敏；访谈人：杨利慧、包媛媛、杨泽经；时间：2015年3月9日；地点：娲皇宫景区。本章下同。

图 52　导游在娲皇圣母雕像基座的浮雕前讲述女娲神话

52），更详细的故事讲述则发生在娲皇阁的造化阁和补天阁内，面对女娲造人和补天的雕像或是四周的壁画而讲解，体现出很强的情境化的表演特点。这个特点，笔者在对河南淮阳太昊陵里导游讲述的伏羲创世神话进行考察时，也有类似的发现——那里的神话讲述也主要是在庙里刻绘的伏羲功绩的浮雕前讲述。情境化表演的另一个表现，是导游们会根据情境，选择不同的讲述内容和文类。张亚敏说：上山朝圣时，解说一般比较正式、严肃，介绍的知识比较正规；下山的时候就比较轻松，可以说说野史或者笑话。

　　与日常生活中神话讲述的听众不同，导游服务的对象主要是来自社区外部的游客（当然有时也有少数本地人出资请导游做详细的讲解），因此导游的表演带有明显的"以游客为中心"的特点：他们会根据游客的兴趣、身份和疲惫程度等的差异，主动调整自己的表演内容和叙事策略，比如讲还是不讲、讲的内容的深浅、语言的通俗程度等。比如张亚敏的做法：

我们讲完一个神话之后，游客可能就会说"接着说，接着说"，肯定他们也挺喜欢的呀。如果说他想听个有趣一点的事儿，我就会给他讲讲一些野史性的东西；他并不完全知道的话，我就具体地讲讲，既然游客提出来了。

杨：这里不太提倡讲伏羲、女娲兄妹结婚的故事，对吧？

张：这是需要解释解释吧……如果游客不提出这个问题的话，我可能就不讲，就直接略过去了。但是如果游客继续追问的话，那我还是会讲一讲的。很多时候一般一句话带过，就在伏羲庙那里。走正常的道路的话，一般在补天广场会有这样一句话。

导游岂佳佳的做法也是这样：

杨：你看到这些壁画，是一个个给大家讲呢？还是笼统地讲？

岂：这看情况，要是游客感兴趣的话就讲，如果听累了，就不讲。

杨：那你每次讲这个炼石补天和抟土造人，都是一样的内容吗？还是说也会有变化？

岂：不太一样的。

杨：那为什么会不一样呢？

岂：因为有时候讲出来的内容就比较好理解一点，有时候又比较深一点。我喜欢每天都讲不一样的内容。

申金如（地方学者）：我觉得啊，就是针对不同的人群，要采取不同的讲演。这个老百姓，可能就会讲得比较通俗易懂；这个资历深一点的，你就要讲那个高深一点的，有礼有节的。是不是？

岂：嗯，对的。不同的讲解场合，不同的对象，（讲解）有时多，有时少，有时快，有时慢，所以每次都不太一样。主要的区别还在于，一个难，一个浅，语言上、内容上，有时复杂一点，有时简单一些。

由此可见，导游的表演并非照本宣科，而是根据情境和游客的需要而不断调整其叙事内容和策略。

一次实际的导游过程会更清晰地显示出这一点。2013 年 3 月 9 日，我带着研究生包媛媛和杨泽经一道去了娲皇宫，年轻的导游岂佳佳为我们做了全程导游(图 53)。我们事先说明了身份是研究女娲文化的，所以很明显，她随后的讲述适应我们的兴趣增加了很多内容，许多都是底本中没有的。比如在简略地介绍了浮雕《抟土造人》的基本内容之后，她想继续讲下一幅浮雕《炼石补天》，但是我的一个追问打断了她："女娲娘娘是怎么造人的呀？这个在当地有什么说法呢？"于是她讲述了下面这个神话故事：

> 她造人是在和伏羲成婚之后，(因为)繁衍速度较慢，所以女娲想起抟土造人，就是在这座中皇山下、清漳河畔，从这个清漳河里面捏出一把黄土，抓出一把黄土之后，仿造自己的小模样捏成小泥人，然后摆在这清漳河畔。只要有风一吹，这些泥人就变成了活蹦乱跳的真人。但是，时间一长，女娲捏累了，就干脆拿柳条沾着泥点往地上甩，甩出来的泥点也成了活蹦乱跳的真人。但是这捏出来的和甩出来的，被后人加上了阶级分化的内容，认为用手捏出来的是富贵之人，被甩出来的是贫贱之人。这就是抟土造人。

这个故事与底本中的女娲抟土做人故事类型相同，但是细节上更加

图 53　导游小岂一路上给我们讲述着女娲的神话与信仰习俗

生动，地方化的特色也更加鲜明。看我们对女娲神话有浓厚的兴趣，并且打破砂锅问到底，所以在介绍下一幅浮雕时，她不再像底本中的那样一笔带过，而是主动详细地讲述起了女娲补天的故事。

　　相传有水神共工和火神祝融，这两位经常以争斗来争霸天下，（一次）两位激战之后，水神共工被祝融打败，他一气之下，就向西北极的擎天大柱不周山撞去，顿时就出现了一个窟窿，所以猛兽从窟窿里面钻出来袭击百姓，而且还有洪水泛滥，民不聊生。在这种背景下，女娲才挺身而出来炼石补天。而且这个石头，就是从清漳河里面取出的五彩神石。（女娲）耗尽所有精力，历经七七四十九天，把五彩神石熔炼成五彩祥云，从而补住了天上的窟窿。这个（神话的来源）有老人说的，也有自己查阅资料后得出的，我将两者融合在一块了吧。

这个女娲补天神话的异文与底本相比，口头表达的特点更加突出，细节描述也更加生动。接下去她介绍女娲制笙簧的浮雕时，我接着问里面有没有什么传说故事，她讲述了一段底本中没有、我也从未听过的异文——女娲派助手紫霞元君和碧霞元君创造了笙簧。

> 最初的时候人们成婚之后，男人和女人并没有感情，所以女娲派她的两个助手，就是紫霞元君和碧霞元君，让她们分别去北天和南天，取来笙和簧，将笙簧结合在一起，创造出了笙和簧的乐器，通过这个笙簧传达出来的美妙音乐，使人类产生快乐和爱情，使男女产生爱慕之情，世世代代繁衍生息。
>
> 杨：这是你从书上看来的，还是从哪里听来的？
>
> 岂：书上，主要还是古书。

在从山下往山上走的半路上，看见对面有一座山，她又讲了一段伏羲、女娲兄妹婚的神话，也是底本中没有而当地民间广泛流传的：

> 这个山后面的八个村当中，有一个村的历史是最悠久的，叫作磨盘村。这是女娲和伏羲滚磨盘的故事的发生地。因为他们是人首蛇身的兄妹俩，世界上发生了一场大洪水，所有的生命都被淹死了，只剩下女娲、伏羲二人幸免于难。兄妹二人为了繁衍后代，决定兄妹成婚。但是兄妹成婚是要合乎天意的，两个人就从中皇山的两个山头滚下来两个磨盘，如果说这两个磨盘滚下来之后能够合在一起，就说明这是顺应天意，就能够结婚。最后这两个（磨盘）还真滚在了一起，两人就成婚了……这个磨盘滚下来之后，就滚到了磨盘村，这个村庄就因这个磨盘得名，就叫磨盘村。

　　这一次的导游实践清楚地表明：导游在实际的解说和表演过程中，尽管有底本做参照，但是他们并不完全照本宣科，与社区里的故事讲述家和歌手一样，他们也会根据情境和游客的需要不断调整叙事内容和表演策略，从而使其表演保持流动的活力。从这一点上说，遗产旅游并不一定像许多人所批评的那样，会导致传统文化的腐蚀和僵化。①

第三节　讨论与结论：神话主义的特点与性质

　　上文以涉县娲皇宫景区对女娲神话的挪用、整合和重述为个案，以导游词底本以及导游个体的叙事表演为中心，比较详细地展示了遗产旅游语境中神话主义的具体表现方式及其特点，指出导游词底本往往具有口头传统与书面传统有机融合的特点，其对神话的呈现在稳定传承中又有些许变化，这也与民间叙事的一般传承和变异规律相吻合；而导游个体的叙事表演具有以情境和游客为中心的特点，与社区里的故事讲述家和歌手一样，他们在具体实践中并不完全依赖底本，而是会根据具体的情境和游客的需要而调整叙事的内容和策略，从而使其表演保持一定的流动活力，因此并不一定会导致传统的僵化。

　　从上面的个案还可以进一步引发对下面几个重要问题的思考。

---

　　① 对于这一社会和学界流行的深刻成见，美国著名旅游人类学家纳尔逊·格雷本（Nelson Graburn）和民俗学家约翰·麦克道尔（John H. McDowell）等学者都曾予以反驳，参见［美］Nelson Graburn：《人类学与旅游时代》，赵红梅等译，311～326页，桂林，广西师范大学出版社，2009；John H. McDowell, "Rethinking Folklorization in Ecuador: Multivocality in the Expressive Contact Zone." In *Western Folklore*, Vol. 69, No. 2, Spring 2010, pp. 181-209.

一、遗产旅游语境中神话主义的特点

当神话被从其原本生存的社区日常生活的语境中（例如庙会期间香会会首讲给香会成员或者邻里乡亲，平时的祭拜场合父母讲给子女，或者晚上入睡前爷爷奶奶讲给孙子）移植出去，挪入其他新的语境中，为了不同的观众而展现时，会发生哪些变化？具有哪些新的特点？这些问题是研究神话主义时应该深入思索的内容。从娲皇宫景区的遗产旅游实践来看，底本以及导游们讲述的神话文本都具有这样几个方面的特点：第一，口头传统与书面传统有机融合。这一点上文已经有较多论述，这里再赘言几句。口头传统在不断流播过程中，很难保持纯粹的口头性，而往往与书面传统彼此渗透、相伴相生。在遗产旅游领域，这一特点表现得更加突出，导游们往往有意识地综合口头传统和文字记载，扩大信息来源，丰富解说内容，使导游词呈现出鲜明的口头与书面传统高度融合的特点。第二，叙事表演以情境和游客为中心。这一点上文已分析较多，不再赘述。第三，神话更为系统化。中国古典神话一般比较零散，尽管系统化的工作早在先秦时期已经开始，但是始终未能形成一个有机的中国神话体系。[①] 旅游业却致力于整合碎片化的民间知识。不必说底本的撰写者，即使每一个普通的导游，也好像是当地民间传统的荷马，他们会将口头传统与书面文献中零散的神话加以串联和整合，并在具体的解说过程中娓娓道来，使神话呈现出系统化的特点。女娲神话在文献中的出现原本是零散的，但是经过了底本和导游们的整合，已经形成了一个有着一定的内在逻辑性的体系化的故事。第四，神话的地方化更加

[①]　参见杨利慧：《神话与神话学》，121～126 页，北京，北京师范大学出版社，2009。

凸显。口承神话在流播的过程中日益地方化，是神话变异的一个规律（参见上编第二章），但是导游叙事的一个重要特点便是凸显遗产的地方性，将遗产塑造成地方（或者族群、国家）的象征物①，所以在遗产旅游的语境中，被挪用的神话往往会打上更鲜明的地方烙印。这一点在上文例举的神话文本中也有突出体现。

二、导游叙事表演的光晕

德国文化批评家瓦尔特·本雅明（Walter Benjamin）曾经针对机械复制时代复制艺术对传统艺术的冲击，提出了著名的"光晕消逝"理论。在他看来，传统艺术具有膜拜价值、本真性和独一无二的特性，因而具有无法复制的"光晕"（aura，一译"灵晕"）。用他充满诗意和暗喻的风格说：

> 如果当一个夏日的午后，你歇息时眺望地平线上的山脉或注视那在你身上投下阴影的树枝，你便能体会到那山脉或树枝的灵晕。②

本雅明用光晕艺术泛指整个传统艺术，光晕可以体现在讲故事的艺术中，也可以体现在戏剧舞台上的生动表演和独特氛围里。③ 与传统艺术不同，机械复制时代的复制艺术却只具有展示价值，其本真性和独一

---

① 美国民俗学家 Barbara Kirshenblatt-Gimblett 指出："遗产"是以出口"当地"（the local）为目的的产业，是生产"这里性"（hereness）的方式之一。参见其"Theorizing Heritage"，*Ethnomusicology*，Fall 1995，39（3），pp. 367-380.

② ［德］本雅明：《机械复制时代的艺术作品》，见［德］汉娜·阿伦特编：《启迪：本雅明文选》，张旭东、王斑译，237 页，北京，生活·读书·新知三联书店，2012。

③ 方维规：《本雅明"光晕"概念考释》，载《社会科学论坛》，2008（9）。

无二性不复存在，因而随着复制艺术的崛起，传统艺术的光晕便逐渐衰微。本雅明在《讲故事的人——论尼古拉·列斯克夫》一文中，明确断言"讲故事的艺术行将消亡"①。

对本雅明的光晕消逝说，不少学者表达了相反的意见，例如阿多诺（Theodor W. Adorno）认为光晕正是当代艺术（例如电影）的基本组成部分。②

在一个将遗产作为消费品的大众旅游时代，如何认识导游叙事表演的艺术性？它们还有光晕吗？

我认为，尽管导游们人手一份复制的导游词底本，导游的叙事表演依然富有光晕。造成其光晕犹存的一个主要原因，是导游一般来自于社区内部，对于本社区崇拜的神灵以及尊奉的价值观大多比较尊重，这使得该社区遗产旅游语境中被挪用的神话并未完全失去其膜拜价值而彻底沦为可交换的商品。例如在娲皇宫景区，尽管导游们每次解说需要收取100元的费用，但是他们对女娲多抱有敬畏之心，对于相关的神话也多遵循传统而不敢随意乱编乱造。另一个更主要的原因还在于上文指出的，导游的解说都是在与游客面对面交流的情形下进行的，具有以情境和游客为中心的特点，这使其表演具有现场交流的亲切感、灵活性和流动性，因而往往是独一无二的"这一次"的表演。本雅明曾将富有光晕的舞台艺术与光晕消失的电影艺术进行对照，认为舞台艺术的魅力便在于"舞台演员的艺术表演无疑是由演员亲身向公众呈现的，……电影演员缺少舞台演员所有的那种机会，即在表演时根据观众的反应来调整自己"，在该艺术中，观众能"体验到与演员之间的个人接触"③。导游的

---

① ［德］汉娜·阿伦特编：《启迪：本雅明文选》，95～118 页。
② 参见方维规：《本雅明"光晕"概念考释》。
③ ［德］汉娜·阿伦特编：《启迪：本雅明文选》，246 页。

表演也有与舞台艺术表演类似的特点——导游们站在遗产旅游的舞台上，面对通常来自社区外部的大众游客，挪用、整合并亲身传播社区内部的本土知识，并根据情境和游客的需要和反应来及时调整自己的叙事内容和表演策略。这样的讲述，无疑带有独一无二的、灵动的光晕。

三、神话主义的性质：神话的"第二次生命"

该如何从理论上界定神话主义的性质呢？导游表演的神话还可以被叫作"神话"吗？对这些问题，芬兰民俗学家劳里·杭柯（Lauri Honko）提出的"民俗过程"（Folklore Process）的观点，有重要的启发性。

杭柯指出，当今时代的民俗学者必须置身于一个比我们自己的研究更宽广的语境中，必须能够用比从前更广的理解来看传统，"民俗过程"的概念即是一个整体性的理论框架。他把民俗的生命史细腻地划分为22 个阶段，其中前 12 个阶段属于民俗的"第一次生命"（first life）或者从属于它，剩下的 10 个组成了它的"第二次生命"（second life）。第一次生命是指"民俗在传统共同体中自然的、几乎感觉不到的存在。它没有被注意、认识或强调，因为它是发生的一切的一个有机组成部分"，而"第二次生命"则意味着"民俗从档案馆的深处或者其他某些隐蔽之地的死而复生"，"它将在通常都远离其最初环境的一个新的语境和环境中被表演"，这"第二次生命"中就包括了民俗的商品化。杭柯号召民俗学家把传统和民俗看作一个动态的过程。①

以"民俗过程"的视角来看，神话主义显然属于神话生命史中的"第二次生命"：神话被从其原本生存的社区日常生活的语境中挪移出去并

---

① 参见［芬兰］劳里·杭柯：《民俗过程中的文化身份和研究伦理》，户晓辉译，载《民间文化论坛》，2005(4)。

被整合运用，在大众旅游的语境中，为通常来自社区外部的观众而展现，并被赋予了商品的价值。但是，这里我想补充的是，所谓"第一次生命"和"第二次生命"的划分不应该截然对立、水火不容，在新语境中被挪用和重构的神话，也可能重新回流进入社区，成为社区内部表达自我认同、增进社区交流的表达性手段（详见本编第十二章）。对于研究者来说，应该将神话的整个生命过程综合起来进行总体研究，而不仅仅限于探察其"第一次生命"，只有这样，才能更好地理解神话的生命力以及人类的创造力。

第十一章　　**女娲的神话与神话主义之比较**
　　　　　　——河北涉县娲皇宫景区普通讲述人与
　　　　　　导游叙事表演的个案

　　近年来，我在研究并讨论神话主义时，最常被读者和听众问及的一个问题是：在不同的讲述语境中，神话与神话主义的呈现到底有哪些区别呢？对于这个问题，上章已有所分析，不过，这里力图再次集中探讨：当讲述语境发生了变化、当神话变为神话主义而呈现时，哪些元素保持没变？哪些变了？变化的原因在哪里？本章将继续以娲皇宫景区为个案，展开细致而微的民族志考察。

第一节　普通人讲述的女娲神话

2015 年 8 月 7 日，一个烈日炎炎的周五，景区内游客寥寥，香客也不是很多。我和一同前去调查的安德明研究员一道，在景区内随机考察。接近中午，我们走过一处卖凉粉的小摊。摆摊的是一位六七十岁的大妈（以下简称"凉粉大妈"），看见我们走近，立刻热情地招呼我们吃凉粉。我们坐下，边吃边和她聊起了娲皇宫地区的女娲神话和信仰（图54）。大妈一边手脚麻利地给我们抓凉粉、放佐料，一边津津有味地给我们介绍女娲。她的讲述都使用当地方音和方言，声音平缓沉稳，手势不多，不过讲到伏羲、女娲兄妹在附近南山、北山上滚磨成亲时，她也用手指着附近的山峰让我们看。大妈说，她就是本地人，在这里卖了 20 多年凉粉了，有一段时间曾经去外地做生意，但是身体总生病，非常难受，也不知道为什么。后来一个老头儿给她看病，说她不应该待在外

**图 54　大妈一边卖凉粉，一边热情地向我们介绍
当地的女娲神话与信仰**

地，应该回到娲皇宫去，她就回到这里，继续摆摊卖凉粉，从此她的身体好了很多，也成了更虔诚的信徒。在她给我们讲述女娲神话的时候，又有几个香客从娲皇阁下来，也坐下吃凉粉，其中一位年长的妇女（以下简称"香客大妈"）也随即参与到讲述过程中，用当地方言不时插话，表达自己作为"内部人士"的知识和见解。总之，整个讲述场景构成了娲皇宫当地社区中的寻常一幕，也形成了民族志田野工作者常见的调查语境。

下面是本次讲述的文本。为了分析方便，我根据语气的停顿和语意的变化，把大妈讲述的部分神话文本做了分段处理。此外，本章中讲述事件的文本誊写均参考了民族志诗学（Ethnopoetics）的理论与实践[1]，以尽可能充分地展示出特定语境下神话讲述的动态过程及其互动交流。为在书写语言中体现口头性的特点，这里沿用第八章的做法，采用了一些符号："**粗体**"：表示讲述人的强调，着重语气的讲述；"——"：表述放慢语速；"[ ]"：表示语言表达中多余的字词；"{ }"：表示虽然在口头叙事中没有说但是按照故事逻辑应该有的内容；"- - -"：表示讲述过程中的停顿；"＝"：表示讲述人对讲述的修正；"{……}"：表示犹豫、不连贯；"——- -"：表示拖长声音；"//"表示几个人同时插话；"＿"：表示方言。

　　杨：大妈，女娲是什么人呢＝女娲奶奶是什么人呢？

　　凉粉大妈：女娲奶奶就是女娲奶奶嘛，不能说是"**什么人**"。

　　//凉粉大妈、杨：她是神。

---

① 有关民族志诗学的更多介绍，可参见杨利慧：《民族志诗学的理论与实践》，载《北京师范大学学报》（哲学社会科学版），2004(6)。

安：今天我听导游说，女娲是甘肃天水人？是从天水起源的？

凉粉大妈：（不满地）瞎讲，导游都是给你瞎说的。

杨：那咱们当地都是怎么说的呀？

凉粉大妈：唔———-当地就是———-奶奶就是**玉皇大帝**的闺女嘛，唐王峧老奶奶。开头---就说她是---唐王峧老奶奶，后来就称她是"娲皇宫老奶奶"。原来人们都说她是"唐王峧老奶奶"，现在的年轻人不知道，都说她是"娲皇宫老奶奶"。

杨：哦。那这位娲皇都做了些啥事情呢？

凉粉大妈：奶奶？奶奶就是造人嘛！

1 世界上［就是］很久以前，人太少太少，没有了。没有人---老奶奶就是**造人**。

2 伏羲老爷爷就是女娲（的）老哥哥，女娲老哥哥，他｛们｝本来就是兄妹，他是兄妹。

3 说是世上人**太少**，女娲造人---

4 就说是在南山拉①有个磨盘（指指南边的山峰），北山拉有个磨盘（指指北边的山峰），撂腰脚下来②，要是能合着了里儿，③ 那就能成为夫妻；要是合不着里儿④，那就不能成亲。

5 就是，两人就从山上往一起**撅**⑤，**撅下来**就合着里儿了。合着里儿了那就女娲跟伏羲姊妹成亲。

6 这是女娲造人。

---

① 方言，意为"那里"。
② 方言，意为"从山上扔下来"。
③ 方言，意为"合在一起"。
④ 方言，意为"合不到一起"。
⑤ 方言，意为"扔"。

7 说是女娲造人---不是慢｛嘛｝，就是捏泥人，在那河边挖了那黑土捏泥人。

8 世上也有全的，也有跛的，也有缺胳膊少腿儿的，他们就说是女娲奶奶和伏羲老爷在河边捏泥人，嫌世上人太少。

9 捏了捏了泥人，看老天爷刮风下雨，（<u>中间一句方言我们完全不懂</u>）有的是把胳膊夹啦，有的是把<u>腿没啦</u>。

10 这不---从那个说起是女娲造人。

那你要导游给你说这个，她就不知道。

安、杨：哦。

凉粉大妈：（来了兴头）还有说奶奶占了唐王峧。（香客大妈一行四人走过来吃凉粉。两位大妈向我们说了很多当地女娲奶奶灵验的故事。）

杨：大妈，您刚才讲了造人，这里讲女娲和伏羲是兄妹俩吗？

凉粉大妈：是兄妹俩，也是夫妻俩。

香客大妈：兄妹也不是亲兄妹。

杨：他们滚磨是在磨盘村吗？

凉粉大妈：也不是磨盘村，就是南山和北山。这边是南，这边是北（用手指两边的山峰）。

杨：是说她也在这里补的天吗？还是在哪里补天的？

凉粉大妈：就在这下边（指山下）补的天。前边有了像，女娲手里拿着绶带，补天，天就不烂了。那是补天奶奶。

杨：天怎么了？

凉粉大妈：

1 天可能就是｛……｝出灾难了，这边儿下雨那边儿下雨，人都<u>没</u>办法了。

2 奶奶就拿起五彩绸云来把天补上了。（杨：五彩绸？石头啊?)

3、嗯,是石头,叫五彩绸云。

我就说你要叫导游给你说,你根本就听不到。

安:您这是小时候听来的?

凉粉大妈:我在这儿卖凉粉 20 多年了。你知道是谁把我留下来的?就是老奶奶把我留下来的。

香客大妈:我来进香也 30 多年了,我每年都来,每年最少都有好几次。今天有事儿又来了。

凉粉大妈:她都是有事儿才来。一路平安!下回还来!

香客大妈:一路平安!下回再来!你们继续坐着啊。

香客大妈一群人走后,凉粉大妈又给我们讲了女娲和唐王爷争占唐王峧、用反埋绣鞋的办法获胜的传说,该传说在当地流传非常广泛,我们 1993 年来娲皇宫调查时,几乎人人都会讲这个传说。该传说常被用来解释一句俗语的来历:为什么说"好男不跟女斗"。我们听完后,已经到了午饭的时间,就和大妈告别,下山了。

第二节 导游讲述的女娲神话

和凉粉大妈的讲述形成鲜明对照的,是娲皇宫景区的导游们对女娲神话的讲述。二者的比较构成了本章分析的核心与反思的基点。

2015 年 8 月 8 日是个星期六,山上的游客明显比平日多,香客也略多于前几日。当天前往山上景点进行讲解的导游是李静和江英。两人的讲解各有各的特点。这里的分析以李静的讲解为例。

上午，李静带着六七位游客来到造化阁内，自己先面向游客在女娲塑像前站好，待游客到齐后，她便双手相握，用流畅的语速、洪亮的声音、标准的普通话和抑扬顿挫的节奏开始了神话的讲述（图55）。

图55　李静在造化阁中讲述女娲造人神话

这里呢是——第二阁，它叫——**造化阁**，那也叫——"抟土造人阁"。（右手举起指向塑像）我们看到女娲的手中托着一个男婴，所以各位，这个很明显是求子的。而且［这个］据老百姓传呢，说这个娲皇宫呢它求什么的都有，但是求子——**特别的**灵验。这是为什么呢？我们都知道，女娲的（竖起右手食指）**第一大功绩**，那就是**抟土造人**。（看着游客，面带微笑，用询问的口气）这是一个怎样美丽的传说呢？咱们来简单地了解一下。

传说上古时期，（右手向上举起）盘古开天辟地，当时这个世界上只有两人：**女娲**，还有伏羲。他们长大以后觉得——非常寂寞，所以兄妹结亲，繁衍生息。但是各位，我们知道**兄妹结亲**是违背——**天理**的，所以当时他们就想了一个办法来占卜天意：他们呢（双手做出从两边向中间滚的样子）就**同时**从两个山头往下滚石磨，最终呢两块石磨合在一起，他们顺应天意，——**兄妹**成婚，繁衍生息。但是结婚十二年呢，各位，只生了（竖起五指）五个孩子。（双

手从中间向两边划，比划"很大"之意）这么大一个世界，用这样的
速度它显然[它]是不够的。于是呢，（手指着女娲塑像）女娲就开
始——**抟土**造人。说女娲呀就是在我们涉县人民的母亲河——叫清
漳河——边，挖着泥、蘸着水、对着自己的影子来捏泥人的（一些
游客微微点头）。她把人捏好以后呢，把它晾干，然后轻轻地（做吹
样）吹上一口仙气，这些泥人呢，眨巴眨巴眼睛，舒活舒活筋骨，
就——**变成**了我们今天这些活蹦乱跳的人。那捏泥人啊，各位，它
也是非常慢、非常辛苦的，所以后来呢，她也（右手做甩状）用了柳
条去甩，会溅出——**许多许多**小泥点。她把它〈们〉晾干、吹气，
〈它们〉也都变成了真人。所以到了后来呢，关于我们人类的起源就
有一种说法，说（指着自己）咱们人呢都是泥做的。您看我们夏天出
汗的时候，（右手做搓状）一搓呢会搓出很多泥，而且是越搓越多；
人在去世以后呢，（双手下按）要埋在土里头，这叫——**回归大自
然**。这就是——**入土为安**。

从造化阁再往上爬一层，就是补天阁了，里面供着女娲手托五彩石
的雕像。小李先上来，站在女娲像侧面，同样面向游客。待游客到齐
后，她又开始讲起女娲补天的神话来。

好的，各位，这里呢是**最高的**一阁了，它叫**"补天阁"**，传说这
里呀就是女娲炼石补天的地方。传说上古时期呢炎帝的两个后裔共
工、颛顼，他们为**争夺**帝位呢不停地打仗。而**共工**这个人呢不得人
心，所以他**屡战屡败**。他最后一次战败的时候呢，——**一怒之下**，
（右手举起）——一头撞向了不周山。天塌了一个大窟窿，"四极废，
九州裂"，人间一片生灵涂炭。（右手指女娲像）女娲为了保护她的

子民呢，所以她炼石补天。说女娲当年呢，就是从清漳河中取了一种石头，哎，叫五色石，然后呢（转身朝向女娲像前的五色石，双手比划大熔炉样）在一个——**大的熔炉里呢**，熔炼了**七七四十九天**，炼成了她手中所托的——**五彩绸云**。（右手指向墙壁上绘的补天图）然后您可以看到那幅补天图，（右手上举）**双手高举**，用五彩绸云补住了天上的窟窿，最后呢又砍下了一个怪兽——叫鳌——它的四只脚，（右手分别指东西南北四个方向）支撑在这个天的**东西南北、四方四极**。所以呢，咱们现在的人都说，说（右手分别指天和地）天是圆的、地是方的，那就是由此而来……

讲解完这一处，李静的工作就基本结束了，她与游客道别，让游客自行祭拜或者四处参观。

第三节　神话与神话主义的比较

社区日常生活语境中普通人讲述的神话与遗产旅游语境中训练有素的导游所生产的神话主义之间，到底有哪些联系和差异呢？将凉粉大妈和李静讲述的文本放在一起进行比较，会一望而知她们讲述的是相同类型的神话：伏羲、女娲兄妹婚神话以及女娲炼石补天神话。就兄妹婚神话而言，两个文本呈现出更多的相似性，均包含了如下母题：

1. 造人的原因。（No. 1073）

2. 兄妹用滚磨的方式占卜婚姻。（No. 153.1）

3. 始祖的兄妹（或姐弟）婚。（No. 152）

4. 神用泥土创造了人。(No. 1074. 1)

这四个核心母题稳定不变，构成了该神话最主要的情节结构和基本内容；母题链的组合顺序也稳定不变，从而保持着神话类型的稳定性。

两个补天神话的异文则差异较大，凉粉大妈的讲述比较简单，显得十分碎片化，而导游讲述的文本则完整、生动很多。但是，凉粉大妈的讲述虽然简短，仅有寥寥数语，却也包含了与导游所述文本相同的核心母题。

1. 世界大灾难。世界的现存秩序遭到极大破坏，或被毁灭。(No. 850)

2. 补天。天空残毁或缺漏，文化英雄设法补天。(No. 990)

3. 炼石补天。(No. 992. 2)

这三个核心母题的存在及其母题链的相同顺序组合，保证了该神话类型的同一性。

但是，很明显，两次讲述事件所生产的文本在总体上存在着诸多差异，除了诸多叙事细节以及次要母题的不同之外，还有一些差异则较为鲜明地凸显了社区日常生活语境中普通讲述人的神话讲述与遗产旅游语境中训练有素的导游所生产的神话主义之间的重要区别。

一、口语表述与文字内化后的口语表述

凉粉大妈不怎么识字，她的神话讲述完全使用当地的方音和方言（突出体现在第 4、5、9 段），运用口语来讲述，充满了口语交流中常见的赘言（多余的字词）、讲述中的停顿、自我修正、犹豫不决，以及多人

同时插话，使其整个过程保持了口语交流的灵活性和随机性。运用民族志诗学方法誊写得到的其讲述文本，鲜明地体现出了这一特点。美国学者沃尔特·翁（Walter Ong）在《口语文化与书面文化：语词的技术化》（*Orality and Literacy：the Technologizing of the Word*）中归纳了以口语为基础的思维和表述的一些特点，它们与源于书写传统的表述形成了对照。比如，口语思维以及表述是累积性的而不是附属性的——口语社会里的人往往将输入的信息条目相加，而不是把它们组织成金字塔型的等级结构，酷似儿童讲故事的倾向："然后……然后……然后……"，只罗列而不加解释，相反，读写社会里的人往往把各种嵌套关系引进话语；口语表述是冗余的或"丰裕"的——吟诵、交谈、讲故事的时候，口语文化里的人不得不经常重复，以便澄清自己的意识，以帮助听话人理解和记忆。① 凉粉大妈的讲述即带有这些口语表述的典型特点，尤以兄妹婚神话的讲述最为明显。讲述中有大量语词和句意的重复，比如从第1—7段连续出现的"就是""说是""就说是"，都是以累积出现连接词的方式显示着故事的进程；而第1段的"没有了。没有人"，第2段的"他〔们〕本来就是兄妹，他是兄妹"，以及第1、2、8段的"世上人太少"，是讲述中的句意重复，一方面用以澄清讲述人自己的意识，另一方面也帮助听众理解和记忆所聆听的内容。连接词的累积以及句意的重复都承担着保证叙事连续性的功能，彰显出该叙事的口语特征。

　　凉粉大妈讲述的补天神话比较片断，但也体现了日常口语交流的特点：由于讲述人记忆的碎片化或特定情境下对讲述活动的心不在焉，导致了叙事文本的碎片化；讲述往往是在与听众的互动中完成的，从而共

---

① ［美］沃尔特·翁：《口语文化与书面文化：语词的技术化》，何道宽译，27～31页，北京，北京大学出版社，2008。

同生产了一个特定的神话文本（参见第八章）。

　　导游的讲述则与上述的口语表述形成了鲜明的对照。由于上岗之前早已熟练背诵了书面的导游词底本，并且在跟随师父实习的过程中将导游词"内化"于心，所以导游虽然也依赖口头表述与游客进行面对面的交流，但其口头表述却是在文字背诵的基础上展开的，是口头传统和书写传统的有机融合（详见第十章），因此，其讲述过程独立、完整，其表述流畅、凝练、干净、准确，几乎没有口语交流中常见的赘言、停顿、自我修正、犹豫不决以及听众的插话，而且手势较多，表演性更强。这一特点，在其誊写后的文本中也有鲜明的体现。李静对我们解释说："导游的解说都是要在有限的时间里完成的，不允许导游有大量的重复、犹豫和模糊，传达的也必须是'正确'的知识，不能够自己瞎编。"将地方文化专家撰写的书面导游词加以记忆、背诵、内化，然后通过口头表述加以表演，保证了上述目的的有效实现。可以看到，李静在解说中大量使用了书面语，比如"心生色念""残害忠良""祸害百姓""生灵涂炭"……使其讲述富于浓厚的书面文化气息。此外，小李在讲述中很注意规避口头禅，她说自己以前很喜欢用"咱们"，老是"咱们咱们"的，后来自己觉得这样太口语化，太随意，语言不够干净，显得讲解"不正规"，之后她就注意改正，不再说了。由此可见，口语表述与文字内化之后的口语表述存在着明显的差异。也正因为如此，导游的讲解往往招来"背词""千篇一律""固化传统"等批评，凉粉大妈也认为导游"只会背书"——文字的内化成为其异质性的源头之一，也成为本章反思的一个主要问题点（详见下文）。

二、有机性与精致化

　　"有机性"是指讲述人的叙事表演往往只是其社区日常生活的有机组

成部分，是对地方传统的直接再现。比如作为虔诚女娲信徒的凉粉大妈
在其寻常摆摊的生活场景中，使用方音和方言向我们讲述女娲神话，也
自然而然地向我们讲述与此相关的女娲和唐王争占唐王峧以及女娲奶奶
在当地的各种灵验传说——女娲神话无疑是作为当地女娲信仰的整体的
一部分而被展示的。与其说凉粉大妈在讲述女娲神话，毋宁说她更在表
达自己对女娲奶奶的信仰。神话的讲述即是她的日常生活的一部分。
"日常生活的精致化"是目前大众文化、文化批评领域流行的一个表述，
用来指随着现代化特别是都市化的发展，人们将日常生活审美化，使其
日益精巧细致。本章使用"精致化"，是指在新的语境中被展示的导游叙
事文本常常经过了地方文化专家对底本的精心打磨，是对寻常的日常生
活进行选择、加工、提炼、标准化和升华后的结果。娲皇宫导游们的讲
述全部使用普通话，尽管她们在日常生活中都使用当地方言，但是一旦
上岗，立刻自动"切换"为普通话。李静说："因为我们服务的对象来自
五湖四海，普通话人人都能听得懂。"切换为普通话，立刻使其表述与寻
常的社区日常生活拉开距离，自觉地为更广大的公共空间中的游客服
务。另外，导游们讲述的文本虽然也是以当地口头传统为基础形成的，
但并不是对地方传统的直接再现，而是经过了选择、加工、提炼和升
华。娲皇宫管理处负责人、多年来的导游词底本的撰写人王艳茹说：
"那咱们要面对公众，不能把老百姓的东西都往外说。比如我们在写底
本之前，采访了很多老年人，请他们给我们讲讲女娲，他们讲了好多，
不过好些都是女娲老奶奶显灵啦，谁谁谁不生孩子，结果一求就生儿子
啦……好多都是这些。但是我们不能讲这些，这些还是老百姓的迷信。
我们要讲的还是'高大上'的东西，要传达女娲的精神。"

在这里，也许借鉴旅游社会学和旅游人类学领域里常用的"前台"和

"后台"的表述[①]，创造出"前台的文本"(front-stage text)与"后台的文本"(backstage text)这一对概念，会对我们理解神话主义和神话的差异有所帮助。所谓"前台的文本"指的是发生在前台——公共表演空间——里的各种口头艺术和民俗表演的交流实践，它们往往与主流话语相一致，是东道主与游客一道协商、共谋的产物。而"后台的文本"指的是在社区日常生活中展开的各种口头艺术和民俗表演的交流实践，它们以丰富的内容、多样化的形式，反映着日常生活的复杂性，与"前台的文本"形成一定的差异。凉粉大妈讲述的神话无疑是"后台的文本"，它在社区日常生活的语境中讲述，以未加遴选与改编的内容，或完整或碎片化的多样形式，呈现着日常生活的复杂性，是日常生活的一部分。而导游生产的神话主义则显然是"前台的文本"，在将神话从后台(社区日常生活)挪移至前台(公共表演空间)的过程中，其内容和形式都经过了东道主——考虑到游客的趣味之后——的遴选、改编与提升，成为了精致化的产品，既反映了地方传统，又传达着来自社区外部的主流价值观。

不过，需要注意的是，"前台的文本"与"后台的文本"之间，存在着密切的互动关系，可以互相转化。[②]

三、地方性与全观在地化

口承神话在流播的过程中日益地方化，是神话变异的一个规律（详

---

① 相关论述很多，例如：［美］迪恩·麦肯奈尔：《旅游者：休闲阶层新论》，张晓萍等译，102～107 页，桂林，广西师范大学出版社，2008；Regina Bendix, *Backstage Domains: Playing "William Tell" in Two Swiss Communities*，New York/Bern: Peter Lang，1989.

② 参见 Regina Bendix, *Backstage Domains: Playing "William Tell" in Two Swiss Communities*，New York/Bern: Peter Lang，1989，pp. 226-242.

见第二章）。凉粉大妈对伏羲、女娲兄妹滚磨之处（"南山拉"和"北山拉"）以及女娲补天发生地点（"这下边"）的认定，使她讲述的神话打上了鲜明的地方化烙印。导游的讲述也往往带有地方化特点，其叙事的一个重要特点便是凸显遗产的地方性，将遗产塑造成为地方（或者族群、国家）的象征物（详见第十章）。在遗产旅游的语境中，被挪用的神话常被用以凸显地方特色。这一点在李静讲述的神话文本中也有突出体现——女娲是在清漳河边抟土造人和炼石补天的。不过，导游叙事的地方化与普通讲述人的地方化不同：由于查阅并融汇了口头、书面以及电子媒介中的各种相关知识，导游的地方化往往建立在对全观——整体的中国女娲神话和信仰——的把握之上。比如，以李静的解说为例，导游讲述的结尾，总是会把涉县娲皇宫的意义放置在"全中国"的背景下加以介绍。

> 女娲的功绩非常多……所以她被尊称为是——**"华夏始祖"**。因此呢，从古到今，很多地方的家家户户、村村落落，它都有供奉女娲。但是发展到现在呢，很多女娲遗迹地呢，都已经遭到了破坏，甚至是消失。经过专家考证，那涉县的这个娲皇宫呢，是所有古建群中面积最大、时间最早的……所以在 2006 年，把我们涉县评定为"中国女娲文化之乡"，成为咱们全中国人民寻根祭祖的这样一个地方。

其他导游，比如小张，在结尾时也会说："据专家考证，现在全国有 60 多所女娲庙，但是涉县娲皇宫是其中……"

这一个"全观在地化"的特点，是和一般神话具有的地方化十分不同的。

以上三点差异，彰显出不同语境中产生的神话与神话主义的主要区别，也显示出将二者适当区分的必要性——只有根据对象的不同特点而施以不同的研究，我们的学术才能向更精深的境地迈进。

第四节 讨论与结论：反思神话主义的异质性

对于遗产旅游在当代社会中的迅速兴起，很多人都持有负面、消极的态度，比如美国人类学家戴维德·格林伍德（Davydd Greenwood）提出的"文化的销售（culture by pound）"的概念，就集中体现了一度占据主导地位的"文化商品化"的视角——旅游被视为异质性、威胁性的外来因素而被从文化变迁过程中割裂出来。① 许多民俗学者、人类学者都认为，遗产旅游会不可避免地导致传统文化的腐蚀和僵化。② 不过，法国人类学家米歇尔·皮卡尔（Michel Picard）在 20 世纪 90 年代提出的"旅游文化化"（touristic culture）的概念则体现了一种研究方向上的转变：通过研究旅游化如何成为目的地社区生活构成的一个内在方面，扭转了把旅游化视为异质性的外来因素而从文化变迁过程中割裂出来或者对立起来的理论导向。这种内在化的研究视角在近年来对中国语境中的民族以及民族节庆旅游的研究中也得到了具体的呈现。③

神话主义在目前的学术研究领域同样遭受着偏见的白眼——常被视为异化的、与社区神话传统相割裂、相疏离的异质性的文化现象，而被

---

① 参见李靖：《印象"泼水节"：交织于国家、地方、民间仪式中的少数民族节庆旅游》，载《民俗研究》，2014(1)。

② 对于这一流行的成见，前引美国旅游人类学家纳尔逊·格雷本和民俗学家约翰·麦克道尔等都曾予以反驳。

③ 李靖：《印象"泼水节"：交织于国家、地方、民间仪式中的少数民族节庆旅游》。

排斥在神话学探究的范畴之外。与这一保守的态度相反，我以为，神话主义的研究可以在诸多方面为我们提供启示。这里仅集中阐释以下两个方面。

一、关于书写对口头传统的影响

长期以来，在民间文学的研究领域，存在着对"口头性"的痴迷。不识字的或者识字不多的群众，往往被视为理想的研究对象。尽管很多时候研究者也意识到口头性与书写性在民间文学的实际创作和传承过程中存在着密切的互动关系，但是口头性常被看作是主导性的、第一义的特征，而书写性仅只是辅助性的、第二义的。[①] 但事实上，民间生活中实际呈现出的口语与书写的关系，远比这个简单的断语要复杂多样得多。比如，史诗通常被视为口语文化的代表作品，由职业吟游诗人在宫廷或军营里演唱，然而，像《荷马史诗》和《吠陀》这样的史诗，其实都早已被书写下来，其文本通常被用于记诵，由专业的吟游诗人将它们背诵下来，将其内化，然后在首领与战士们聚会时将其口头叙述出来。[②] 中国传统说书艺人的表演也有可以依据的底本：一种是只有几条纲式的简略记载，叫作"条纲"（或称"条书""道儿话"），大部分书需要艺人凭脑子记忆；另一种则是有详细的底本，叫作"墨册"（或称"墨刻"）。不过这些底本仅是说书艺人们的记忆依凭，"只有笨拙的说书匠才在书场上生硬地背诵。优秀的艺人，总是根据自己的生活阅历、艺术素质，以及听众的

---

① 参见钟敬文主编：《民间文学概论》（第二版），24页，北京，高等教育出版社，2010。

② 参见［英］杰克·古迪：《神话、仪式和口述》，李源译，43～44页，北京，中国人民大学出版社，2014。

反应情况、说书的环境，进行生动的再创作"①。可见，民间文学研究的所谓口头传统(oral tradition)，其实很多与书写传统密不可分。所以，根据导游们"背书"、记诵导游词底本，就将其视为与口头传统格格不入的异质性存在而加以排斥，是没有道理的。英国社会人类学家杰克·古迪(Jack Goody)曾因此批评一些保守的神话学者说："很多民间神话研究者主要研究农民文化，即有书写能力的复杂社会里'未受启蒙'、'不识字'的那部分人的文化，他们倾向于把自己的研究对象看做落后、没有进步、'传统'的一部分人"，但是实际上，"有文字文化同时并存可能会在很多方面影响到'口语'形式"，"随着书写的到来，讲故事的本质已然发生巨变"。② 考察遗产旅游语境中导游生产的神话主义文本，向我们揭示出了口头、书写、记诵之间多层次的密切纠葛关系。

二、关于业余与职业的讲述人

凉粉大妈和小李，集中体现了业余讲述人与职业讲述人的区别。在民间文学研究领域，导游往往因为其职业化的特点而受到轻视，但在笔者看来，导游无疑是新时代里的职业民间文学讲述人③，与导游相类的职业讲述人，其实并不鲜见。在钟敬文主编的那本影响深远、奠定了新时期中国民间文学教学和研究基本理论框架的教材《民间文学概论》中，民间故事讲述家被划分为三类：传统故事讲述能手、故事员以及职业故事艺术家。其中前两类是业余的，讲述者大都是在主要谋生手段之外，在业余生活中，见多识广，博闻强识，逐渐积少成多、融会贯通，成为

---

① 钟敬文主编：《民间文学概论》(第二版)，102 页。

② ［英］杰克·古迪：《神话、仪式与口述》，72～73、114 页。

③ 参见杨利慧、张霞、徐芳、李红武、仝云丽：《现代口承神话的民族志研究——以四个汉族社区为个案》，24 页。

民众中讲故事方面的佼佼者；而后一类则是以讲故事为谋生手段的职业故事家，他们大都曾拜师学艺、经过严格的训练，经历一段时间反复的学习、实践之后，才能正式出师。① 除汉族的说书、评话、相声艺术等通常需由职业艺术家表演之外，彝族的毕摩以及歌手的史诗演唱，满族的萨满对于神话传统的传承和讲述，也往往需要经过较长时间的学艺和培训历程。篇幅较长的民间文学文类，通常更需要艺人经历这种职业化的培训过程。娲皇宫的导游们，无疑应该被视为这类职业化的讲述人中的一部分，应该被自觉地视为"新时代的职业神话讲述人"，而不该因为其作为谋生手段的讲述活动具有商业性和职业性，就将其作为异化的存在而排斥在讲述人的行列之外。令我感到欣慰的是，这样的觉醒正在导游群体内部出现，正如李静认真地对我说的："我们这些讲解员也是传播女娲文化的重要力量！"

---

① 参见钟敬文主编：《民间文学概论》（第二版），96～105 页。

第十二章　女娲神话与神话主义之互动
——河北涉县娲皇宫景区旅游产业的个案

神话主义与社区日常生活语境中的神话传统之间具有怎样的关联？从日常生活语境中挪移出来的神话主义，是否能够重新进入社区，并成为其当下文化创造的新资源？在本章中，笔者将继续以河北涉县娲皇宫景区对女娲神话的挪用、整合和重述为对象，进一步细致考察社区内部的神话传统（即神话的"第一次生命"）与旅游产业生产的神话主义（神话的"第二次生命"）之间存在的交互影响与密切互动，以进一步充实神话主义的相关研究，并从这一特殊的视角，修正国际民俗学领域有关民俗生命观的研究成果的缺陷与不足。

第一节　新形态的民俗与直线性的民俗生命观

如果要对 20 世纪后半叶以来国际民俗学领域里的热点话题和概念做一个总结的话，那么"伪民俗"（fakelore）、"民俗主义"（folklorism）、"民俗化"（folklorization）以及"民俗过程"（folklore process）大概都应在其中据有一席之地。这些概念的提出和热烈论争反映出民俗学史上的两个事实。第一，随着社会的迅猛发展，民俗学家们注意到"民俗"（包括神话）正迅速以两种不同的形态存在于人们的日常生活中：一种是民俗依然生存于原有社区，在其中被创造和传承，是社区生活的有机组成部分；另一种，民俗被从其原本生存的社区日常生活中剥离出来，作为商品、文化象征或者其他资源，被移植到了新的语境中，并被赋予了新的功能和意义。后一种形态在世界各地日益流行，而且种类繁多，形式多样，无法忽视，民俗学家们分别将其冠以"伪民俗""民俗主义""民俗化"或者——直到最近——"类民俗"（the folkloresque）等不同称谓，以标示其与原有"民俗"的区别。为避免用语的累赘，本章暂且将后一种形态统称为"新形态的民俗"。

第二，对于新形态的民俗，民俗学者的态度颇有分歧，而且，这种分歧一直延续至今。其中长期占据主导地位的是批评性的、负面的态度。这派态度以"伪民俗"的观念为代表，在有关民俗主义、民俗化以及"民俗的商品化"的论争中，也都有鲜明的体现。例如，在"伪民俗"一词的发明者、美国民俗学者理查德·多尔逊（Richard Dorson）看来，像保罗·班扬（Paul Bunyan）一类被流行作家、歌厅歌手、广告商和迪士尼等加工并改造的民间英雄及其所谓的"民间故事"，都是"伪民俗"，它们出于商业或政治的目的而被创造，冒充真正的传统，对大众有误导的作用，因此应当与"真正的"民俗相分别。① 在诸如德国等一些欧洲国家以及美国、日本、中国等民俗学界（以及更广泛的学科领域）自 20 世纪 60 年代以来陆续兴起，一直延绵至今的有关"民俗"与"伪民俗""民俗主义""民俗化"的大讨论中②，很多民俗学者也主张有区别地对待二者，不要"让非学术的应用玷污民俗学之名"③。美国民俗学者约翰·麦克道尔（John H. McDowell）在其 2010 年正式发表的《在厄瓜多尔反思民俗化：表达接触带的多声性》一文中，也列举了来自人类学、民族音乐学以及民俗学等不同学科的诸多学者的著述，用以批评学界对于民俗化——指出于艺术的、旅游的、商业的、政治的或者学术的目的，将地方性的、有机的（organic）文化表达加工成为媒介化的文化展示——所持的简单的消极态度："学术研究的重点集中在强调（民俗化）过程的腐蚀和抑制作用，认为这一过程彰显了外部目标，却以牺牲地方创造性为代价。"他将

---

① 参见 Richard M. Dorson, "Folklore and Fakelore", *American Mercury*, 1950 (3), PP. 335-342.

② 相关论争的更多介绍，可参见杨利慧：《"民俗主义"概念的涵义、应用及其对当代中国民俗学建设的意义》，载《民间文化论坛》，2007(1)；周星：《民俗主义、学科反思与民俗学的实践性》，载《民俗研究》，2016(3)；王霄冰：《中国民俗学：从民俗主义出发去往何方？》，载《民俗研究》，2016(3)；［日］福田亚细男：《日本现代民俗学的潮流——福田亚细男教授北师大系列讲座之四》，王京译、鞠熙、廖珮帆整理，载《民间文化论坛》，2017(1)；［德］瑞吉纳·本迪克斯（Regina Bendix）：《民俗主义：一个概念的挑战》，宋颖译，见周星主编：《民俗学的历史、理论与方法》（下），北京，商务出版社，2006；［美］罗杰·D. 亚伯拉罕：《新展望之后：20 世纪后期的民俗研究》，宋颖译，见周星主编：《民俗学的历史、理论与方法》（下）；John H. McDowell, "Rethinking Folklorization in Ecuador: Multivocality in the Expressive Contact Zone", *Western Folklore*, Vol. 69, No. 2, Spring 2010, pp. 181-209.

③ ［美］罗杰·D. 亚伯拉罕：《新展望之后：20 世纪后期的民俗研究》，见周星主编：《民俗学的历史、理论与方法》（下），735 页。

对民俗化的批评话语归纳为造假、疏离、停滞、僵化，以及最终的——民俗实践的腐化。① 正由于"伪民俗""民俗主义""民俗化"等语汇在很多人眼中带有如此多的负面意涵，为避免其负累，2015 年前后，美国民俗学者迈克尔·福斯特（Michael Dylan Foster）又创制了"类民俗"（the folkloresque）这一中性的概念，来指涉在流行文化中普遍存在的对民俗的挪用或重新发明现象。2016 年，福斯特与印第安纳大学民俗学博士生杰弗里·托伯特（Jeffrey A. Tolbert）合作，出版了《类民俗：流行文化世界对民俗的重构》（*The Folkloresque：Reframing Folklore in a Popular Culture World*，图 56）一书，该书将"类民俗"界定为："当流行文化挪用或者重新发明民俗性主题、人物和形象时所创造的产品"，"它指涉创造性的、通常是商业性的产品或文本（例如电影、图像小说、视频游戏），它们给消费者（观众、读者、听众以及玩家）留下这样的印象：自己直接来源于现存的民俗传统"。编者认为，"这一类被制造（manufactured）出来的产品传统上不被学术性的民俗研究考虑在内，但是'类民俗'为理解它们提供了框架，这一理解植根于该学科的话语和理论之中"。②在 2015 年的美国民俗学会年会上，四位民俗学者曾组织了一场有关"类民俗"的讨论。据到场的安德明研究员介绍，当时他问福斯特博士为何没有使用现成的"民俗主义""民俗化"等概念，福斯特博士回答说：因为这些概念在很多人眼中带有贬义，所以他想重新创造一个中性的概念来指涉相关现象。

---

① 参见 John H. McDowell，"Rethinking Folklorization in Ecuador：Multivocality in the Expressive Contact Zone," *Western Folklore*，Vol. 69，No. 2，Spring 2010，pp. 181-209.

② Michael Dylan Foster and Jeffrey A. Tolbert，eds. *The Folkloresque：Reframing Folklore in a Popular Culture World*，Logan：Utah State University Press，2016，p. 5.

图 56　《类民俗：流行文化世界对民俗的重构》一书封面

与这一类负面的、消极的批评意见相对的，是一些民俗学者表现出的宽容、理解和积极进取的态度——他们主张将民俗的种种新形态纳入民俗学的严肃研究范畴之中，以此拓宽民俗学的传统研究领域，给民俗学在当代和未来社会的发展创造新生机。在这一派学者中，很多人尝试将民俗的不同形态理解为民俗生命的不同发展阶段。比如德国民俗学者赫尔曼·鲍辛格（Hermann Bausinger，图57）将"民俗主义"定义为"现代文化产业的副产品"，它标示着"民俗的商品化"以及"民俗文化被第二手地体验的过程"（the process of a folk culture being experienced at second hand）。① 德国民间音乐研究者费利克斯·霍尔伯格（Felix Hoerburger）

———————————

① 参见 Hermann Bausinger，*Folk Culture in a World of Technology*，trans. by Elke Dettmer，Bloomington：Indiana University Press，1990，p. 127.

图 57　德国民俗学者赫尔曼·鲍辛格与笔者在柏林的学术会议上

博士将民俗的第一种形态叫作民俗的"第一存在"(first existence)，后一种形态叫作"第二存在"(second existence)。① 前文述及的著名芬兰民俗学者劳里·杭柯则进一步把民俗的生命史细腻地划分为 22 个阶段，其中前 12 个阶段属于民俗的"第一次生命"或者从属于它，剩下的 10 个组成了它的"第二次生命"。第一次生命是指"民俗在传统共同体中自然的、几乎感觉不到的存在。它没有被注意、认识或强调，因为它是发生的一切的一个有机组成部分"，而"第二次生命"则意味着"民俗从档案馆的深处或者其他某些隐蔽之地的死而复生"，"它将在通常都远离其最初环境的一个新的语境和环境中被表演"，这其中包括民俗的商品化。② 杭柯批评道：长期以来，民俗学者更为关注的是民俗的第一次生命，而对其第二次生命则相对忽视。"再利用民俗(the recycling of folklore)的独立目标设置一直没有获得充分的注意。人们采用了一种反对和吹毛求疵的态度来对待民俗的第二次生命……"，"我这样说不会错：学院派的职业

---

① 转引自 Venetia J. Newall，"The Adaptation of Folklore and Tradition (Folklorismus)"，*Folklore*，1987（98），p. 131.

② 参见［芬兰］劳里·杭柯：《民俗过程中的文化身份和研究伦理》。

民俗学者的兴趣是相当狭窄的：主要涵盖第一次生命的前12个阶段"。①
为弥补民俗学的缺陷，杭柯提出了"民俗过程"的概念，倡导当今时代的
民俗学者必须置身于一个比我们自己的研究更宽广的语境中，必须能够
用比从前更广的理解来看传统，将民俗的整体生命过程纳入我们的研究
范畴之中。

　　但是，在笔者看来，无论是积极还是消极、支持还是反对，上述两
派态度似乎都将"民俗"与新形态的民俗（不管叫作"伪民俗""民俗主义"
"民俗化"还是"类民俗"）截然区分开来，尽管他们也看到二者的彼此融
合，但更多强调的是二者之间的差异，而对它们的内在关联进行着力探
索的成果相对较少；而所谓"第一"和"第二"生命阶段的划分，也多少有
些简单和僵化，有直线进化论的明显印记，比如在杭柯的模式中，从
"第一次生命"到"第二次生命"便标示着民俗的生命阶段从低到高的不断
"进化"（evolutionary）②，尽管他声明这22个阶段的顺序在现实中可能
会有差异（平行或者省略等）。其实，民俗与新形态的民俗、"第一次生
命"与"第二次生命"之间无法截然分开，更无法对立，而是相互影响、
彼此互动，呈现出一种循环往复、生生不息的状态。正如麦克道尔在厄
瓜多尔的操盖丘亚语（Quichua）的鲁纳人（Runa）中所发现的：被印刷媒
介和压缩光盘加工和重构过的民间信仰和音乐，也可能重新回流进入社
区，并成为社区内部表达自我认同、重振社区力量的表达性手段。③

　　近年来，笔者曾借鉴杭柯的观点，将神话主义的性质归结为神话的

---

　　①　Lauri Honko,"The Folklore Process", *Folklore Fellows' Summer School Programme*, Turku, 1991, pp. 34, 43.

　　②　Lauri Honko,"The Folklore Process", p. 32.

　　③　John H. McDowell,"Rethinking Folklorization in Ecuador: Multivocality in the Expressive Contact Zone", *Western Folklore*, Vol. 69, No. 2, Spring 2010, pp. 181-209.

"第二次生命",不过,我也力图同时修正其中的不足,主张民俗的生命阶段不应该是直线进化,而应该是循环的,不同的生命阶段彼此交流、互动(参见第十章),但是限于不同的论述内容,我并未充分运用民族志案例来阐明这一点。

这一不足构成了本章的出发点。

第二节　以社区神话传统为基础的导游词

导游词在旅游景点的形象建构及其传播过程中起着至关重要的作用,因此往往成为地方旅游产业建设的重要环节之一。如同第十章所述,河北涉县娲皇宫景区的导游们在正式上岗之前,往往会拿到一份作为基础和范例的书面导游词,这份导游词的作用是提供景区的历史、相关景点的基本知识以及讲解规范,它构成了导游日后工作的基础。导游从实习到正式开始工作往往要经过一段时间的培训,这期间她们做的最主要的事情有两件:第一便是背诵并熟记导游词;第二是跟着有经验的导游("师父"),观察其实践,在不断聆听和观察的过程中,逐渐领会、内化并活用导游词,把握做导游的基础知识和讲解技能。这一过程正像小郝说的:"来了以后就先背导游词,背熟了以后跟着老导游,老导游讲,你听,然后再过一段时间就是你讲,老导游来听,看你哪方面儿有不足的地方,给你指出来。"[①]

导游词底本一般由了解情况的地方文化专家撰写。多年来,娲皇宫

---

① 被访谈人:小郝;访谈人:杨利慧、安德明;访谈时间:2015年8月7日;访谈地点:娲皇宫景区导游管理处。本章所引访谈资料均由张世萍和霍志刚根据录音整理,特此致谢。

景区的导游词底本一直是由王艳茹撰写的，根据她自己的陈述以及笔者对她撰写的导游词的文本分析，可以发现底本依据的资料来源主要有三种：第一是当地的口头传统，用王艳茹的话说，是"老辈人口口相传的讲述"；第二是相关的古文献记录，例如《淮南子》《风俗通义》等；第三是专家学者的著述。

那么，导游词的形成是如何汲取当地的神话传统的？二者又是如何融合在一起的呢？王艳茹详细介绍了 2002 年左右自己开始搜集资料并撰写导游词的经过：

> 王艳茹（以下简称"王"）：2002 年，我们开始整理导游词。我印象特别深，因为当时就我们家有台电脑而且上着网，我可以搜到一些信息，但是很少，太少了！我当时就是用百度，搜不出来这些东西。咱们这儿书店里的书也有限……所以我们当时就是去索堡，到老百姓那里去采访，去采访水旺大爷。听水旺大爷讲，听老百姓讲，就是以神话为主，就是怎么炼石补天的，取来了什么五色石，还提到紫霞和碧霞……
>
> 杨利慧（以下简称"杨"）：那你们导游词里主要的神话传说是来自于书上？还是说跟老百姓的口头的这些说法结合在一块儿了？
>
> 王：老百姓说的挺多的。其实这么说吧，就像那个补天的故事，我们把书上的跟老百姓说的结合了一下，因为这样故事叙事得更完整。
>
> 杨：那么，当地老百姓经常怎么讲补天的神话呢？天塌了然后……
>
> 王：从天塌了开始的，包括炼了七七四十九天啊，紫霞、碧霞怎么帮着她一块儿弄石头啊炼石头。还有就是，天塌了以后，炼石

头之前，灾难的场景，包括到最后了，天上的石头不够了，不够了，女娲就化身为一个石头，把自己补上去，就牺牲了自己。

杨：这些都是当地老百姓说的？

王：都是当地老百姓说的。

杨：哦，这个挺好的！

王：就是天塌了，洪水啊，猛兽啊，一起出来。像官方的那种说法哈，就比较文绉绉的，当地老百姓一说起来，就跟个战争场景一样！我那时候就说跟个战争场景一样！这家伙弄的这个！老百姓说得很生动，描述这个故事的细节非常生动。故事的经过是这样的，但是我们可能会更注重完整性，比如天为什么塌了？我们增加上共工和颛顼打仗。然后就是语言的精炼。最后对这个做法要拔一个高度，凝练一种精神，而且这种精神要跟咱们中国传统文化，比如说包孕万物、以人为本、心系社稷等的主流思想扣在一起，有一个现实意义……①

可见，由于当时能够查阅到的网络和书本信息有限，在该地进行大规模旅游产业开发之初，在将女娲补天神话写入导游词的过程中，制作者主动来到距离娲皇宫较近的索堡镇采访当地百姓（特别是当地很会讲故事的陈水旺大爷，图58），而且认为民间的讲述特别生动，甚至比"官方的说法"更为优越："当地老百姓一说起来，就跟个战争场景一样……老百姓说得很生动，描述这个故事的细节非常生动""官方的那种说法哈，就比较文绉绉的。"尽管在后期的加工整理过程中，为了追求叙事的

---

① 被访谈人：王艳茹；访谈人：杨利慧；访谈时间：2015年8月11日；访谈地点：娲皇宫景区导游管理处。

图 58　陈水旺大爷向笔者讲述当地的女娲文化

完整性、语言的凝练以及与主流思想的一致，制作方对采集来的文本进行了一定的加工，增加了开头（解释天塌的原因）和结尾的阐释，但是，故事的主体基本沿用了民间原有的说法。

那么，导游词的制作方又是如何加工另一个女娲、伏羲造人神话的呢？

王：老百姓讲的，就不注重（这个）细节，或者是断片儿，就是中间断了。我们就把这些支离破碎的东西接起来，没有往里边儿强加什么东西。这跟那个补天就不一样了，补天我们可能要说个首，说个尾。这个故事他们会说：伏羲和女娲呢，他们是人首蛇身的兄妹两个。但是我们在这个前面儿还说，"在什么什么中记载，女娲和伏羲是人首蛇身的兄妹两个，他们的母亲是上古时期的一个女神，叫华胥氏"，这段儿是我们加的。

杨：哦，加上这段儿，后边儿再把老百姓讲的加上。

王：对，接下来就讲"当时只有他们兄妹两个人，女娲怎么怎么抟土造人了"，然后就开始了。

杨：就衔接上了哈。

王：对。然后还有一部分是加进去的，就是老百姓认为女娲是生活在天上的，就是说"先有神仙后有人"，女娲创的人。而我们讲的时候不是这样讲的，我们讲的时候就是说：当时发生了一场大洪水，所有的生灵都被荼毒殆尽，只有女娲、伏羲两个人幸免于难，于是他们兄妹成婚，生儿育女繁衍后代。我们是这么讲的。就是这点儿不一样。

杨：就是不想把她当成是个神是吧？

王：不愿把她当成神。但是所有的故事之后就开始接了：女娲照着清漳河边自己的影子开始捏泥人，捏泥人捏累了就开始拿着树枝往地上甩，甩出的小泥点以后都变成了真人……这些东西都是根据老百姓的叙述以及书上所说的，凝练了语言之后，弄出来的。

杨：那是不是咱们就是在民间这几大块儿的基础上，在细部上面衔接它们，开头啊，结尾啊，身子部位的一些细节啊……稍微让它变得更（王：完整！）完整、更周密一些，都能说得通，是吧？

王：对！①

可见，对于伏羲、女娲造人神话，制作方采取的挪用和改编策略也大体一致，也是"把这些支离破碎的东西接起来，没有往里边儿强加什么东西"，基本的叙事情节（洪水、兄妹婚、女娲抟土作人）仍是以当地民间口承神话为主体，"都是根据老百姓的叙述以及书上所说的，凝练

_____

① 被访谈人：王艳茹；访谈人：杨利慧；访谈时间：2015 年 8 月 11 日；访谈地点：娲皇宫景区导游管理处。

了语言之后，弄出来的"，只在局部（比如根据书面记载，把伏羲、女娲的身份明确为华胥氏之子等）加以适当增改。

娲皇宫景区导游词对女娲补天和造人神话的重述，鲜明地体现了神话主义生产的特点：以建立并促进旅游产业的发展为动机，对神话进行挪用和重新建构，神话被从其原本生存的社区日常生活的语境移入遗产旅游的语境中，作为被展示的客体和被销售的商品，为通常来自社区外部的游客而展示。但是，从上面的访谈资料及其分析可以发现，神话主义的生产过程及其结果——导游词对于女娲补天以及伏羲、女娲造人神话的挪用、加工和重述过程——并未与原有的神话传统相脱离，而是直接来源于社区内部百姓口述的神话，并以此为改编的基础和主体；制作方的加工往往只在"细部上的衔接"，例如添加"合适"的开头、结尾以及一些连接性的细节，交代主人公的身份和来历，以便让叙事在整体上变得"更完整、更周密"。另外，重构的内容还包括了语言的凝练以及主题思想的"升华"。可以说，在这一个案中，制作方的工作只像是加入的些许黏合剂和催化剂，而整个产品的主体依然是社区内部的神话传统。

由此可见，尽管旅游产业中不断制造神话主义现象，但是，神话主义并非是异质性的、与神话传统格格不入的，而是往往来源于社区内部的神话传统，甚至以此为构成的根基乃至于主体，二者存在着密切的关联，无法截然区分开来。

第三节　导游与游客的互动

神话主义的生产和传播离不开其实践主体。对景区导游以及游客之间互动关系的考察，对我们深入认识神话与神话主义之间的循环模式至关重要。所谓"第一"和"第二"生命的直线进化观，正是在这里显出了简单和僵化。

前文已曾指出，导游在工作中往往并不是简单地背诵和照搬导游词，而是会根据游客的需要以及具体的讲述情境，不断调整叙事内容和表演策略，从而使其叙事表演保持流动的活力（详见第十章）。笔者在田野调查中发现，实际上导游的工作过程往往并不是一方单纯地讲、一方被动地听，而是导游与游客彼此互动。在此过程中，一方面，民间口承的神话及其各种异文会进一步传递给导游；另一方面，反过来，被旅游产业挪用和加工过的神话主义，也会重新传播给游客，从而回流进入社区，并且存在向更广大的范围流播的潜力。

先说第一个方面。导游在工作过程中，会接触到天南海北来的游客，这些游客也会把自己了解或者改编的神话讲给导游听，从而丰富导游的语料库。导游在工作中（图59），有时也会将从游客那里听来的神话故事，再转述给其他的游客听。比如笔者对导游小郝的访谈中体现的：

图 59　导游小郝在向游客介绍娲皇宫

杨：像关于女娲的这些信仰啊、神话啊，别的游客讲给你听的，你会把它用在自己的工作里面吗？

郝：会呀，就像前两天。我一直讲的是捏泥人的故事，捏完以后甩泥点嘛。前两天在讲的过程中，有个游客告给我说——那个游客比较胖，跟我开玩笑说了（这么）一个："导游啊，在甩的过程当中我是甩出来的那个比较大的泥点儿。"（杨笑）所以，有时候我讲到区分人的过程当中，我也会讲到这个：人长得矮了就是小泥点儿。

杨：哦，也会把这个用起来。

郝：其实，在给游客讲的过程当中，游客的想法是不一样的，他会告给你，然后我会把这个加到自己的讲解过程中去。[1]

可见，尽管有写定的导游词底本做基础，但是导游的知识来源依然是开放而非僵化的，她们会在工作中积极汲取其他游客传播或改编的神话，并及时将其中有趣和"应景"的部分，重新回馈、传播到更广大范围的游客中去。

再说另一个方面。旅游产业制造的神话主义会导致神话传播的终结以及神话的腐化吗？笔者的田野研究表明，其实并不一定，因为此间往往存在着动态的循环往复过程——导游通过讲解，会将神话主义（以社区内部的神话传统为基础和主体）传播给游客，而游客听完导游的讲述以后，也可能把它再讲给其他人听，从而促成神话从社区到旅游产业，再从旅游产业回流进社区（包括原来的社区以及更广大范围的社区）的循环。这一流动过程在笔者对娲皇宫景区的田野研究中得到了诸多印证，

---

[1] 被访谈人：小郝；访谈人：杨利慧、安德明；访谈时间：2015年8月7日；谈谈地点：娲皇宫景区导游管理处。

比如 2016 年 4 月 23 日笔者偶遇的一次导游与游客的互动事件，便鲜明地证实了这一点。①

当天上午，我带着两名研究生，请娲皇宫景区内的资深导游、目前从事景区管理工作的冯蔚芳，为我们做些讲解。我们沿着上山的路边走边聊。一路上冯蔚芳陆续讲述了兄妹婚、造人、补天等神话。下面是她讲述的造人神话的一部分：

> 还有更有意思的说法，说女娲刚开始捏泥人，捏出来泥人都是放在太阳底下晒干嘛。但是遇上连阴天了，没有办法晒干。她就拿到山洞里边儿，烤起火，让火去熏它。刚开始掌握不住火候儿呀，火候儿大了，烤出来都成黑的啦！所以黑种人是这么来的。
>
> 杨：（哈哈大笑）
>
> 冯：那赶紧把火候调小一些吧。（结果）火候儿又太小了，力度又不够，所以就是白人。嘿，像我们这黄种人，就是火候儿正好的，所以我们说黄种人是最漂亮的人种，哈哈。

冯蔚芳的讲述十分生动亲切，毫无生搬硬套导游词的感觉，手势也大方自然。当天山上的游客并不多，所以很快我便注意到，冯蔚芳的讲述吸引了跟随父母和弟弟一道上山游玩的一名小学生，他一直在旁边跟着我们，很专心地聆听小冯的讲解，当冯蔚芳讲到黑种人、白种人和黄种人的由来时，他也随着我们一起笑起来（图 60）。随后他一直跟着我们上山，我也借机对他进行了访谈。

---

① 限于篇幅，此处呈现的访谈内容有所删减。

图 60　冯蔚芳向跟随着我们的小学生讲述女娲神话

杨：（你知道）女娲造人和补天是怎么讲的？你是从你的小学课本上学来的，是吧？

小学生：我们没有讲过补天，我们讲的是造人。

杨：那里头是怎么讲的，你还记得吗？

小学生：嗯……我记得不太清了，就记得后面。

杨：那后面是怎么讲的呢？

小学生：就是说在河边拿水（泥）造泥人，就跟你（向冯蔚芳）讲的一样。

杨：姐姐讲的怎么去烧这个（泥人），你没有听过，是吧？

小学生：没有听过。

杨：能记得刚才姐姐讲的是什么吗？

小学生：讲的是她（女娲）捏好了泥人，在阳光下晒干，然后有一天阴天，（她）就搬到山洞里用火烧，将泥人烧干，就是想把它烧干，结果火太小了，烧不干。然后就把火弄大，将它（泥人）扔进去，将它烫黑了。

冯、杨以及研究生等：（哈哈大笑）

杨：那黑了以后就怎么样呢？

小学生：就变成黑人儿了。（在场的听众又大笑）

杨：那其他的人儿呢？

小学生：其他的人儿是白的。

杨：哈哈，你看他的记性真的是很好（小学生的妈妈也微笑着，带着小儿子在旁边听着采访）……你回家讲给弟弟听吗？……

小学生的弟弟：哥哥说的我都记到脑子里了。

在上述事件中，导游讲述的女娲烧制泥人以及不同人种起源的神话，成功传递给了游客——小学生，他不仅记住了该神话的类型以及主要的细节（捏泥人、晾晒、烧制、调整火候的大小、不同人种的起源等），而且还能用自己的语言重新讲述。同冯蔚芳的准确表述比如"晒干"泥人、"掌握不住火候儿"、"把火候调小"、把泥人"烤"黑等不同，小学生的讲述用语是"将泥人烧干"、"把火弄大"、把泥人"烫黑"，明显带着稚嫩的表述印记。可见，该神话成为了他表达自己并与他人进行交流的资源。不仅如此，他讲述的神话还成功地传递给了他的弟弟（"哥哥说的我都记到脑子里了"）。

总之，这一个案例充分而生动地证明，神话主义并不一定意味着神话传承链条的中断及其生命发展阶段的终结，相反，它会经由导游的讲述而传播给游客，并可能再经游客的重述而回流进入社区。

这一结论在笔者对娲皇宫景区游客的问卷调查中也得到了证实。2015年8月7日、8日两天，笔者在景区内共获得有效问卷15份。从结果来看，所有游客都承认导游的讲解有助于自己更完整、深入地了解女娲神话；绝大多数游客（12人）都表示，以后只要有合适的机会，他们都会把从导游这里了解到的女娲神话再讲述给其他人。

第四节　讨论与结论：民俗生命的循环

本章通过娲皇宫景区的田野研究个案，细致考察了神话与神话主义之间的互动关系。该个案生动地表明：旅游产业制造的神话主义往往来源于对社区内部的神话传统的挪用和加工，甚至以此为构成的根基和主体；神话主义并不一定意味着神话传承链条的中断以及其生命发展阶段的终结，相反，导游在工作中不会固守神话主义，他们会积极汲取游客传播或改编的神话，并将之重新回馈、传播到更广大范围的游客中去。另一方面，对本章的研究目的而言更为重要的一点是，经由导游的讲述而传播给游客的神话主义，会成为游客表达自己、与他人进行交流的资源，神话主义在此环节中回流进入社区，重新成为鲜活的再创造的文化资源。

通过这一个案，笔者在此尝试提出一种"循环的民俗生命观"，这一观念主张：民俗与新形态的民俗（"伪民俗""民俗主义""民俗化""类民俗"等）之间，神话与神话主义之间，存在着内在的关联，无法截然分开和对立；民俗的生命发展阶段并非简单的直线进化，而是相互影响、彼此互动，呈现出一种循环往复、生生不息的状态。

上文提到，对于"伪民俗""民俗主义""民俗化"等新形态的民俗，学界长期持批评的态度，将之与造假、腐蚀、抑制、疏离、僵化等特质相关联。在国际民俗学界，经过半个多世纪以来的不断论争，这类消极观念有所减弱，但是并未消失，最近又引发了"类民俗"的讨论。在中国社会和广大学术界，这类消极观念至今依然盛行，对"伪民俗"的批判和对"原汁原味""原生态"民俗的执着追求，在民俗学、人类学、艺术学、非物质文化遗产保护等诸多领域仍很常见。对待神话主义，学界的态度也是一样。有不少学者认为，神话主义对于神话的"本真性"和"原生态"是一种冲击，将不可避免地导致神话传统的腐化和式微。

在笔者看来，这类消极观念显露出一种本质主义的民俗观。所谓本质主义的民俗观，按照王杰文简明扼要的概括，"就是想当然地、固执地认为存在着某个'本真的'传统，并把考证、界定与维护这种'传统'作为民俗学的学术任务"①。对于"本真性""原生态"的民俗的追寻和维护以及对于各种新形态的民俗的批判，正是这一观念的鲜明体现。而"循环的民俗生命观"恰好对上述本质主义的民俗观提出了挑战。在循环的生命观看来，后者将民俗与新形态的民俗、神话与神话主义截然区分甚至对立起来，强调二者之间的差异性，尽管也道出了一部分事实，但是却忽略了另一个重要维度，即二者之间存在着密切的互动关系，无法截然分割开来，因此，学界应当将二者同等地放置于完整的民俗生命过程中加以考察，而不应以异质性为由，将前者排斥在严肃的学术研究领域之外。

另一方面，与本质主义民俗观的简单否定态度相比，"第一手""第二手""第一次生命""第二次生命""民俗过程"等观念，显然更加包容和开放，但也有进一步修正的必要。本章的研究表明，所谓"第一"与"第二"生命阶段之间是相互影响、彼此互动的，整个过程呈现出一种循环往复、生生不息的状态，因此直线进化论的民俗生命观也有些片面和僵化之处。

对于民俗与新形态民俗之间的关联，不少学者已有所指出，但往往

---

① 王杰文：《"朝向当下"意味着什么？——简评"神话主义"的学术史价值》，载《民间文化论坛》，2017(5)。

点到即止，并未加以认真论证。将二者之间的关联作为研究重点，并指出其中存在着循环关系的民俗学者相对较少，因而值得我们特别关注。美国老一代民俗学家琳达·戴格（Linda Dégh）在 1984 年发表的一篇讨论民俗主义的论文《文化认同的表达：新旧国家中的匈牙利人对民俗的运用》中，曾运用她所谙熟的匈牙利个案，论证民俗的循环（the circulation of folklore）过程。她认为这一循环过程有三个方面：一是民俗的研究；二是民俗的应用；三是民俗作为娱乐资源回归民众，并重新受到保护和重建，其间存在着学者、使用者、外行、创造者、小贩和消费者等的共生关系。[①] 上文提到的美国民俗学者福斯特也以日本著名动画电影《千与千寻》为主要分析对象，指出尽管民俗与"类民俗"存在着区别，但是二者的生产过程彼此密切相关，今天的"类民俗"可能成为明天的民俗，而明天的民俗又可能成为后天创造"类民俗"的资源，他由此提出了"类民俗之圈"（the folkloresque circle）的概念。[②]

　　本章是对上述观点的呼应和支持，并从中国神话主义研究的特殊视角出发，进一步明确主张树立一种"循环的民俗生命观"。这一生命观有助于进一步破除学界和社会长期以来固守的本质主义以及直线进化论的民俗生命观，重新检视民俗与"伪民俗"/"民俗主义"/"民俗化"/"类民俗"、神话与神话主义之间既相互区别又彼此关联、循环往复、生生不息的关系，从而以更开放的态度来对待新形态的民俗，并从中更深刻地洞见民俗的生命力。

---

　　① 参见 Linda Dégh, "Uses of Folklore as Expressions of Identity by Hungarians in the Old and New Country", *Journal of Folklore Research*, 2/3(21), 1984, pp. 187-200.

　　② 参见 Michael Dylan Foster and Jeffrey A. Tolbert, eds., *The Folkloresque: Reframing Folklore in a Popular Culture World*, Logan: Utah State University Press, 2016, pp. 41-59.

第十三章

女娲神话在当代电子媒介中的挪用
与重构

长期以来，世界神话学领域着力研究的主要是古代文献中以文字形式记录下来的"典籍神话"，也有部分学者关注到了在乡村中以口耳相传形式传承的"口承神话"。[①] 但是，一个不容置疑的新社会事实是：随着电子媒介时代的到来，神话的传承和传播方式正变得日渐多样化，尤其在当代青年人中，电子媒介的传播起着越来越显著的作用。

前文曾提及，2000—2010 年，我与所指导的研究生一道，完成了"现代口承神话的民族志研究"的课题。在田野研究中，我们发现，神话的传播方式正日益多样化，一种新的趋势正在出现——书面传承和电子媒介传承正日益成为青年人知晓神话传统的主要方式。比如，李红武在陕西安康伏羲山女娲山地区的调

[①] 对于相关神话学史的梳理，可参见杨利慧、张霞、徐芳、李红武、仝云丽：《现代口承神话的民族志研究——以四个汉族社区为个案》；杨利慧：《神话与神话学》。

查中发现，书面传承和电子媒介传承在口承叙事传承中占的比重越来越大。他进而预测，随着乡村现代化步伐的加快和教育水平的提高，现代口承神话的传承将越来越多元化，现代媒体在传承神话方面将起着越来越重要的作用。[①] 仝云丽在河南淮阳人祖神话的个案研究也有类似的发现：广播、电视、电脑等正逐渐走入人们的日常生活，为口承神话提供了更为快捷、辐射范围更广的传播方式，尤其是庙会期间，越来越多的青年人和中老年人都可以从电视中便捷地获知地方政府和媒体所大力宣传的地方掌故和人祖神话，这些知识反过来影响着他们对人祖神话的接受和传承。[②]

　　这些研究结果在笔者对北京师范大学文学院本科生的调查中也得到了进一步的证实。2010 年，面对"你主要是通过哪些途径（比如读书、观看电影电视、听广播、听老师讲课、听长辈或朋友讲述、听导游讲述、网络浏览等）了解到神话的？"的问题（允许多项选择），参与调查的103 名中国学生中，选择了"读书"方式的约占总数的 96%（99 人）；选择了"听老师讲课"方式的约 93%（96 人）；选择了"观看电影电视"方式的约占 82% 的人（84 人）；选择了"听长辈或朋友讲述"的约占 73%（75人）；选择了"听导游讲述"的占 41%（42 人）；选择了"网络浏览"方式的约占 36%（37 人）；选择了"听广播"方式的约占 3%（3 人）；另有 13 人选择了"其他方式"。很显然，在这些"80 后"的大学生中，神话的传播方式多种多样，其中，书面阅读与面对面的口头交流（包括教师授课、长辈或朋友讲述、导游讲述等）无疑是这些当代大学生了解神话的最主要的两条途径，而观看电影电视则成为他们知晓神话传统的第三种主要方式。

---

　　① 参见杨利慧、张霞、徐芳、李红武、仝云丽：《现代口承神话的民族志研究——以四个汉族社区为个案》，144 页。

　　② 同上书，283～284 页。

多元媒介的影响显然为当下和今后的神话研究提出了挑战——迄今为止，神话学界对当代社会、尤其是青年人当中多样化的神话存在和传播形态，显然缺乏足够的关注，对那些通过电影电视、网络、电子游戏以及书本、教师的课堂和导游的宣介等途径传播的神话传统，未予充分重视，这不仅加剧了神话学在当今社会中的封闭、狭隘情势，也减弱了神话学对青年人的吸引力。未来的神话学研究，应当在这一方面有所加强。有鉴于此，2011 年，我申请了国家社科基金课题"当代中国的神话主义——以遗产旅游和电子媒介的考察为中心"（结项成果后以《神话主义：遗产旅游与电子媒介中的神话挪用和重构》为题出版，图 61），力图从民俗学和神话学的视角，对中国神话传统在当代社会——尤其是在遗产旅游和电子媒介领域——的利用与重建状况展开更细致、深入的民族志考察。笔者将"神话主义"界定为 20 世纪后半叶以来，由于现代文化产业和电子媒介技术的广泛影响而产生的对神话的挪用和重新建构，神

图 61 《神话主义：遗产旅游与电子媒介中的神话挪用和重构》一书封面

话被从其原本生存的社区日常生活的语境移入新的语境中，为不同的观众而展现，并被赋予了新的功能和意义(见第十章)。

前文第十、第十一、第十二章均以河北涉县娲皇宫景区大众旅游产业对女娲神话的挪用和重述为案例，对遗产旅游语境中神话主义的特质、表现、与社区日常生活语境中普通人讲述的神话的不同及其与神话传统的互动等进行了分析。本章则将以女娲神话的挪用和重构为主要考察对象，同时兼及神农、夸父、黄帝等的神话，对当代中国电影、电视和电子游戏中呈现的神话主义的主要形式、文本类型、生产特点以及艺术魅力等，进行总体上的梳理和探讨。

第一节　电子媒介中的神话主义

尽管中国早期的电子媒介——电影——诞生于 20 世纪初叶，不过以电影和电视为传播媒介对中国神话进行的展现，直至 20 世纪 80 年代才较多地出现。1985 年，上海美术电影制片厂拍摄了一部水墨动画电影《女娲补天》，片长 10 分钟。该片几乎没有台词，而是以简洁凝练的画面，生动直观地展现了女娲造人和补天的神话事件的全过程。上古时代，没有人烟，女娲感到很孤独。于是仿照自己映在水中的模样，用泥巴做成了小人。小人们男女结合，不断繁衍，过着幸福快乐的生活。忽然有一天，火神和水神打了起来，世间到处是烈焰和洪水。水神和火神还把天撞出了巨大的裂缝，碎石不断落下，砸伤了许多小人。女娲焦急万分，她炼出五彩巨石，托上天空，填补一个一个漏洞。然而大风吹来，石头又从漏洞纷纷落下。最终，女娲把自己的身体嵌进了裂缝中，渐渐与石缝融为一体。世界从此恢复了宁静。女娲补在天空的五彩石化为了璀璨明亮的星座。动画片洋溢着生动清新的气息，给人以美的启迪，同时又十分注重教化意义。本片于1986年获法国圣罗马国际儿童电影节特别奖。

从此以后，随着电视的日益普及，中国神话开始在电视媒介上更普遍地出现——直至今日，电视一直是展现中国神话最多的电子媒介之一。1999年，由中华五千年促进会、中央电视台动画部共同出品的一部14集动画电视剧《中华五千年历史故事动画系列——小太极》，算是中国神话在电视媒介中较早、较集中的呈现。该系列电视剧以人首鸟身的精卫鸟以及虚构人物小太极和大龙为主人公，不断穿越神话传说时代的中国历史，每集讲述一个神话故事，依次呈现了盘古开天辟地、女娲炼石补天、仓颉造字、仪狄造酒、神农尝百草、炎黄战蚩尤、后羿射日、嫦娥奔月、夸父追日、燧人氏钻木取火、大禹治水等神话故事。该片在"90后"以及部分"80后"的青年人中产生了较大影响，成为他们了解中国神话的重要来源。

再往后，电子媒介对神话的表现越来越多，形式也更加多样。其中最为常见的承载形式有如下三种。第一种是动画片。这一类形式主要针对的观众是少年儿童，拍摄的目的主要是传播中华历史文化传统，弘扬优秀的民族精神和品德，寓教于乐的特点十分突出，神话往往被注入比较浓厚的教化色彩。52集大型国产动画片《哪吒传奇》（2003）以小英雄哪吒的故事为线索，编织进了诸多神话传统中的叙事情节和人物形象，例如女娲、盘古、祝融、共工、夸父、后羿，以及三足乌等，或简要或详尽地讲述了盘古开天辟地、女娲造人补天、夸父追日、三足乌载日等神话故事。《中华五千年》（2004）是中国第一部动画历史纪录片，其中第二集以动画再现和播音员讲解相结合的方式，讲述了盘古开天辟地、女娲造人补天的神话。《故事中国》（2012）中讲述了大禹治水、神农尝百草、精卫填海的神话故事。10 集动画片《精卫填海》(2007)则融汇了共工怒触不周山、女娲补天、西王母与不死药、夸父追日、精卫填海等神话故事，讲述了一个新版本的、高度系统化了的精卫神话。

第二种形式是真人版的影视剧。与动画片相比，由演员饰演的影视剧主要针对的是成年观众，所讲述的故事在整体上往往更为曲折、复杂。例如 23 集电视连续剧《天地传奇》(2009)，主要依据流传在河南淮阳地区的伏羲、女娲创世神话，讲述了始祖艰难曲折的创业历程，在一波三折的情节进程中，编织进了伏羲和女娲洪水后兄妹成亲、抟土造人、定姓氏、正人伦，以及伏羲发明八卦、结网捕鱼、兴庖厨、肇农耕，女娲炼石补天等一系列神话。伏羲、女娲的创世过程及其忠贞、曲折的爱情故事成为该剧的主线。《仙剑奇侠传三》(2009)是根据同名RPG 电子游戏改编的真人版电视连续剧，讲述的主要是武侠世界爱恨情仇的故事，其中的一条主线是女娲神族的后人紫萱和长卿纠缠三世的爱情故事，剧中通过紫萱和卖面具的小贩之口，生动地讲述了女娲七日创世以及伏羲、女娲在昆仑山上兄妹结亲的神话。

第三种形式是更晚近出现的电子游戏。电子游戏常利用各种传统文化元素来建构游戏世界，其中一些也有意识地利用神话来营造游戏背景、氛围和叙事线索。例如，台湾大宇资讯股份有限公司制作发行的电脑游戏《仙剑奇侠传》，以中国神话传说为背景、以武侠和仙侠为题材，是当代传播和重建神话的重要网络游戏。该游戏系列首款作品发行于1995 年，迄今已发行 7 代单机角色扮演游戏、1 款经营模拟游戏、1 款网络游戏，曾荣获两岸无数的游戏奖项，被众多玩家誉为"旷世奇作"，初代及三代还相继于 2004 年和 2008 年被改编成了电视连续剧。

《仙剑奇侠传》以女娲神话作为游戏的基本叙事框架：女娲抟土为人、炼石补天后，人间洪水泛滥，女娲又下凡诛杀恶神，平定洪水。但是此事令天帝大为震怒，将女娲逐出神籍。从此女娲留在了苗疆，成为苗族人民的守护神。女娲的后世子孙被称作"女娲神族"，她们每代只生一个女儿，拥有绝世美貌和至高无上的灵力，秉承女娲的遗志，守护着天下苍生，却背负着最终要为天下苍生牺牲的宿命。

除此基本叙事框架外，游戏还大量运用其他中国神话元素，塑造出"六界"的世界观。例如，盘古于混沌中垂死化生，其精、气、神分化为伏羲、神农、女娲"三皇"，其体内的"灵力"逸散，分解为水、火、雷、风、土"五灵"，散于天地之间。而盘古之心悬于天地之间成为连接天地的纽带，因清浊交汇而生"神树"，成为天界生命之源。三皇分别以不同形式创造生灵。伏羲以神树吸收神界清气所结的果实为躯体，注入自己强大的精力，创出"神"，居于天，形成"神界"。神农以大地土石草木为体，灌注自身气力，创造出"兽"（包括走兽昆虫）。女娲以土、水混合，附以自身血液和灵力，用杨柳枝条点化，依自己模样塑造，造出"人"。另有"鬼界"作为人、兽等生灵的轮回中转之所。蚩尤残部在异界逐渐修炼成魔，"魔界"也逐渐形成。在游戏中，玩家扮演着求仙问道、济世救民的仙侠和剑客等角色，与六界之中的各类角色发生关联，女娲的后代是玩家的同伴，神农、蚩尤等神话人物或其遗留在世间的宝物也不时出现，陪伴着玩家的游戏历程。

除《仙剑奇侠传》外，《轩辕剑》《天下贰》《古剑奇谭：琴心剑魄今何在》等电子游戏也都在故事情节设置、角色设置、场景设置、道具及装备设置等方面，大量利用了中国神话元素，使电子游戏成为传播中国神话的一种重要媒介。①

---

① 关于神话在电子游戏中呈现的具体形式及其特点和作用，可参见包媛媛：《电子游戏中的神话主义——以国产单机 RPG 游戏〈古剑奇谭：琴心剑魄今何在〉为个案》，见杨利慧等：《神话主义：遗产旅游与电子媒介中的神话挪用和重构》第七章。

第二节　"以传统为取向"的文本之细分

美国民俗学家马克·本德尔(Mark Bender)在《怎样看〈梅葛〉："以传统为取向"的楚雄彝族文学文本》一文中，曾参照美国古典学者约翰·迈尔斯·弗里(John Miles Foley)和芬兰民俗学家劳里·杭柯等人的观点，依据创作与传播中的文本的特质和语境，将彝族史诗划分为三种类型：1. 口头文本(Oral Text)，即倚赖口头、而非依凭书写(writing)来传承的民俗文本；2. 源于口头的文本(Oral-Connected Text)，或称"与口传有关的文本(Oral-Related Text)"，是指某一社区中那些跟口头传统有密切关联的书面文本；3. 以传统为取向的文本(Tradition-Oriented Text)，这类文本是由编辑者根据某一传统中的口头文本或与口传有关的文本进行汇编后创作出来的。通常所见的情形是，将若干文本中的组成部分或主题内容汇集在一起，经过编辑、加工和修改，以呈现这种传统的某些方面，常常带有民族性或国家主义取向。它们正处于从地方传统(包括口头和书面两种样式)移译到"他文化"空间的呈现(representation)与接受(reception)的民俗过程(Folklore Process)中。①

尽管本德尔等人所谓的"以传统为取向的文本"主要限于书面文本，但是对研究电子媒介中神话主义的文本类型不无启示。在我看来，电子媒介制造的神话主义的文本，总体上亦属于"以传统为取向的文本"，它们往往是由编剧和制作者根据中国神话的口头文本或与口传有关的书面

---

① 参见[美]马克·本德尔：《怎样看〈梅葛〉："以传统为取向"的楚雄彝族文学文本》，付卫译，载《民俗研究》，2002(4)。

文本进行汇编后，加工、创作出来的，以呈现该传统的某些方面。但是，就电子媒介中的神话主义而言，"以传统为取向的文本"的提法显然过于笼统——如果细查不同作品对神话传统的利用情况，会发现实际的情形比这更加复杂多样，值得对之做进一步的细分。笔者认为，依据电子媒介对神话传统的采纳和改动的方式和程度，可以将其文本类型分为三类：援引传统的文本（Tradition-quoted Text），融汇传统的文本（Tradition-gathered Text），重铸传统的文本（Tradition-rebuilt Text）。

援引传统的文本，是指编剧和制作者直接援引神话的口头文本或与口传有关的书面文本而创作出来的电子媒介文本。这类文本与口头文本或者与口传有关的书面文本十分贴近，神话传统在此一般变动不大。例如电视剧《仙剑奇侠传三》中，紫萱面对小贩和围观的听众，娓娓讲述了一段伏羲、女娲兄妹婚的神话：

> 伏羲和女娲呢，他们原本是一对兄妹，可是，宇宙初开的时候，只有他们兄妹两个人，他们住在昆仑山底下。当时没有其他的子民。他们俩就想结为夫妻，可是他们又很害羞。那怎么办呢？（观众议论纷纷，仿佛被难住了）（紫萱一拍手，流露出事情被解决了的畅快之情）于是，他们就爬到昆仑山上，问上天："上天啊，如果你愿意我们俩结为夫妻的话，就把天上的云合成一团吧；如果你不愿意我们俩结为夫妻的话，就把云散开吧。"结果你们猜，怎么样了？哇，天上的云真的已经结合在一起了！于是，他们俩就结为了夫妻，生了好多好多的孩子。现在我们大家都是他们的子孙后代啊！（观众热烈鼓掌："好啊，好啊！"）

这一段故事，完全出自唐代李冗的《独异志》卷下所记载的同类型故事，是对该文献记录的精确白话文转译。

> 昔宇宙初开之时，有女娲兄妹二人，在昆仑山，而天下未有人民。议以为夫妻，又自羞耻。兄即与妹上昆仑山，咒曰："天若遣我兄妹二人为夫妻，而烟悉合；若不，使烟散。"于烟即合。其妹即来就兄。

融汇传统的文本，是指编剧和制作者将若干"援引传统的文本"贯穿、连缀起来，融汇成一个情节更长、内容更丰富、色彩更斑斓的电子媒介文本。这类文本的结构好像"糖葫芦"，每一个单独的神话故事大体还是它自己的模样——与口头传统和书面文献中的神话相去不远。原本零散的中国神话传统在这样的文本中，往往呈现出更为"系统化"(systematization)的特点。例如上海美术电影制片厂的动画电影《女娲补天》，汇集了《风俗通义》中有关女娲抟土做人、力不暇供、用绳索蘸泥土举以为人的神话，《淮南子·天文训》中关于共工与颛顼争为帝、怒而触不周之山，以及《淮南子·览冥训》中女娲熔炼五色石以补天缺等书面文字记录，同时也广泛吸纳了民间口承神话里关于女娲造出了女人和男人、令其自相婚配、繁衍人类，以及用自己的身体填补了天空的漏洞、其补天的五彩石化为天上星空的说法，融汇成为一个更为系统化的女娲造人补天神话。14集动画电视剧《中华五千年历史故事动画系列——小太极》，在总体上也基本属于这种文本类型，精卫鸟、小太极和大龙组成了故事的线索——好比糖葫芦的"棒儿"，贯穿起了盘古开天、女娲补天、仓颉造字、神农尝百草、炎黄战蚩尤、后羿射日、嫦娥奔月、夸父追日、燧人氏钻木取火、大禹治水等神话故事的"果儿"，每一个单独的神话故事都基本有据可循，它们汇聚在一起，最终形成了一个关于中国上古神话传统的系统化叙事。

重铸传统的文本，则是指编剧和制作者利用神话的口头文本或与口传有关的书面文本，大力糅合、改编后，重新创作出新的人物形象、"于史无征"的故事情节。神话传统在此常会发生较大的改变。比如电子游戏《仙剑奇侠传》中运用中国神话元素塑造其"六界"世界观时，盘古的精、气、神分化为伏羲、神农、女娲"三皇"，三皇分别以不同形式创造生灵并形成了最主要的三界——"神界""人界""兽界"。这样的神祇谱系关系以及叙事情节，不见于以往的口头文本或与口传有关的书面文本，是制作方的全新创造，但又与神话传统存在一定的关联，它们在新的叙事结构系统中被重新糅合、铸造成了新的故事。动画电视连续剧《哪吒传奇》《精卫填海》，真人版电视连续剧《天地传奇》《远古的传说》《仙剑奇侠传》，以及电子游戏《轩辕剑》《天下贰》《古剑奇谭：琴心剑魄今何在》等，制作出的大体都是这一类型的文本。

需要指出的是，上述三种文本类型各有特点，但也彼此关联，尤其是融汇传统的文本，往往不免牵涉神话的改动和重编，不过，总体说来，与重铸传统的文本相比，其改动的程度较小，整体上更贴近传统。有时在一个特定的电子媒介作品中，例如《仙剑奇侠传三》中，同时存在这三种取向的文本类型。

第三节　当代文化生产模式

神话主义不应仅被视为技术发展、媒介变迁的产物。作为当代大众媒介制造和传播的对象，它更是由当下中国的社会形势、意识形态、文化策略以及市场经济等因素共同作用而产生的一种社会文化现象，其生产过程往往牵涉复杂的政治、经济和社会文化动因。换句话说，神话主义的生产在本质上是"借古人之酒杯，浇今人之块垒"，是"一种以过去为资源的当下新型文化生产模式"①。

比如在大型国产动画片《哪吒传奇》中，以往传统里不相关联的三足乌和夸父追日神话被串联、复合起来，出现了三足乌被缚、夸父救日、夸父追日的系列神话事件。由于这样的串联、复合和重新建构，夸父的故事更加丰富，他的一系列行为（包括追日）的动机变得非常清晰——为了解救被缚的三足金乌，以恢复世间正常的自然和社会生活秩序，所以夸父救日；为了阻止太阳自沉、不使人类和万物落入永远的黑暗和死亡当中，所以夸父追日。他为此付出了生命的代价，即使死后也要化成一片绿洲，继续泽被人间。在这一新神话的讲述中，夸父的形象显得前所未有地崇高，他不再是"珥两黄蛇，把两黄蛇"（《山海经·大荒北经》）的"异类"，不是不自量力或者"好奇"的"小我"，而是一个大公无私、富于自我牺牲精神、坚韧不拔的伟大英雄，是善良、正义、勇猛、无私的化身。这使他的形象以及追日神话被赋予了浓厚的道德教化色彩。为什么该剧要如此演绎夸父和三足乌神话呢？仔细考察其制作背景以及制作方对自己生产动机的宣称，会发现这种对神话传统的重构与中国近30年来的社会经济和文化政治语境紧密相关，具体地说，造成上述重构的一个重要因素，与国产动画片在当今时代面临的外来文化的压力以及由此激发起来的民族主义情绪和反全球化思潮有关，与当前社会语境下拍出"富有民族性""讲述中华民族的优良传统，弘扬民族精神"的作品的目的

---

① Babara Kirshenblatt-Gimblett, "Theorizing Heritage", in *Ethnomusicology*, Fall 1995: 369-370.

和需要有关。此外，与国外动画片争夺国内的消费市场，也是该剧生产的一个主要动机。①

而 10 集动画电视剧《精卫填海》的制作，也突出体现了神话主义生产过程中主流意识形态和文化价值观、地方主义以及市场经济等因素彼此裹挟、协作共谋的复杂关系。该剧由中共山西省长治市委、长治市人民政府出品，北京动漫乐园国际电视传媒有限公司承制，山西省动画艺术协会、中国传媒大学动画学院联合制作。据主创方称，该片以山西长治地区的精卫填海神话传说为蓝本，糅合进了共工怒触不周山、女娲补天、西王母与不死药、夸父追日、精卫填海等神话创作而成，"通过丰富而极具想象的创作手法，揭示了正义必将战胜邪恶这一亘古不变的人类主题，是一部紧跟时代潮流与主旋律、弘扬中华民族灿烂文化、宣传社会主义精神文明主题的经典动画片"②。对此，该片的策划制片人兼美术总设计王冀中的话，道出了其生产动机的复杂性：

> 长治素来就有"神话之乡"之称，作为中国十大魅力城市之一，"神话"是长治的特色资源。这是我们之所以会想到做《精卫填海》动画的动因，也是一个城市走特色之路的探索……
>
> 在国际上，动漫产业是非常发达的，拿日本来说，动漫产业的产值位居全国第三，甚至超过了汽车、钢铁。从《精卫填海》来说，我们也想到了后续开发，但现在显然还不成熟，如果这个片子可以

---

① 关于该片的生产及其对神话传统的重构与当下中国社会中全球化和反全球化思潮之间相互关联的更详尽分析，可参见杨利慧：《全球化、反全球化与中国民间传统的重构——以大型国产动画片〈哪吒传奇〉为例》，载《北京师范大学学报》，2009(1)。

② 《精卫填海》[动画片]，"百度百科"，http：//www.baike.com/wiki/，查阅日期：2014 年 2 月。

从今天的 10 集变成 50 集，它的影响力增强之后，后续的开发我们一定会做。①

上述两个案例有力地表明，神话主义绝不仅仅是借由新技术将古老的神话传统在新媒介上简单地加以再现，相反，神话主义是当下的一种文化生产模式，其生产动因往往与当代中国的政治、经济和社会文化语境密不可分②，其生产过程折射出当代大众文化生产和再生产的复杂图景。

第四节　神话主义的艺术魅力

上文曾提及，德国文化批评家瓦尔特·本雅明曾经针对机械复制时代复制艺术对传统艺术的冲击，提出了著名的"光晕消逝"理论。在他看来，传统艺术具有膜拜价值、本真性和独一无二的特性，因而具有无法复制的"光晕"。与传统艺术不同，机械复制时代的复制艺术却只具有展示价值，其本真性和独一无二性不复存在，因而随着技术复制艺术的崛起，传统艺术的"光晕"便逐渐衰微。本雅明把对古典艺术和现代艺术的接受方式，区分为"专注凝神的方式"和"消遣的方式"，"消遣与专心构

---

① 《精卫填海》［动画片］，"百度百科"，http：//www.baike.com/wiki/，查阅日期：2014 年 2 月。

② 陈汝静在《影视媒介中的神话主义——以〈远古的传说〉〈天地奇〉和〈哪吒传奇〉等为个案》中，比较详细地讨论了影视媒介生产神话主义的四种动机：民族主义、地方化、艺术性与商业化。参见杨利慧等：《神话主义：遗产旅游与电子媒介中的神话挪用和重构》。

成一个两极化的对立"①。随着机械复制时代的到来，艺术的消费方式也发生了变化：传统中占主导地位的对艺术品的"专注凝神""全神贯注"的接受，越来越被"消遣的方式"所取代。对本雅明的"光晕消逝"说，不少学者表示了相反的意见，例如阿多诺认为，"光晕"正是当代艺术（例如电影）的基本组成部分。②

如何认识电子媒介所展示的神话主义的艺术性？我认为，神话主义的叙事艺术尽管与传统的口耳相传方式的讲故事艺术具有不同的特点，但是它也富有与传统艺术不同的"光晕"。在这里，电子媒介能够在多大层面上激起观众"专注凝神"的审美体验是其是否拥有"光晕"的关键。

口头讲述的神话，运用的是口语媒介，主要诉诸听众的听觉，通过讲述人在特定情境中的现场表演，借助其辅助性的表达手段如表情、动作、语域高低、声调变换等，激发听众的想象，使之领会到神话所描绘的远古祖先、神祇和宇宙创造的过程。讲述者的言语，仿佛"长翅膀的语词"（winged words），出口即逝，但又富于力量、自由无羁，使人摆脱平凡、粗俗、沉重和"客观"的世界。③ 文字媒介确立了"脱离情境"的语言④，建立起一个视觉的崭新感知世界，"印刷术把语词从声音世界里迁移出来，送进一个视觉平面，并利用视觉空间来管理知识，促使人把自己内心有意识或无意识的资源想象为类似物体的、无个性的、极端中性的东西"⑤。电子媒介则是在上述两种媒介的基础上生成的，它强调视觉和听觉等感官的整合功能，从而改变观众对世界的感知方式。

---

① ［德］本雅明：《机械复制时代的艺术作品》，见［德］汉娜·阿伦特编：《启迪：本雅明文选》，260～262 页。

② 参见方维规：《本雅明"光晕"概念考释》。

③ 参见［美］沃尔特·翁：《口语文化与书面文化：语词的技术化》，58 页。

④ 参见［美］沃尔特·翁：《口语文化与书面文化：语词的技术化》，59 页。

⑤ ［美］沃尔特·翁：《口语文化与书面文化：语词的技术化》，100 页。

以电子媒介形式展现的神话主义，其优秀作品往往能通过精细的人物形象描绘、生动逼真的画面、富有感染力的音响效果，立体、直观地再现远古的神话，打破横亘在现代人和古老洪荒年代之间的时间和空间距离，令人产生身临其境的逼真效果，令观众在"专注凝神"的接受中领略神话的魅力。

2014年年初，笔者在为北京师范大学文学院2011级本科生讲授"民间文学概论"课程时，曾询问学生对于民间文学在当代社会中（例如民俗旅游、电子媒介等领域）被重新利用和建构的看法。对这个问题学生们各抒己见。有不少学生在回答中专门谈到电影、电视和电子游戏在再现神话上所具有的特殊感染力。一位吴姓同学以电子游戏《仙剑奇侠传》为例，谈到她所感受到的电子媒介所传达出的无与伦比的神话魅力：

> 神话人物的无所不能、洪荒年代的神秘与壮美、仙侠生活的惊心动魄与荡气回肠，在电脑游戏的画面与音效的双重烘托下得到了极好的表现……电脑游戏对神话的重构产生的作用是其他形式不可替代的。人们不仅从游戏中了解、传承了神话，更重要的是，还亲身参与到了本来遥不可及的神话中去，亲身体验到了令人心驰神往的神话世界。

电视和电影在再现神话场景、营造艺术魅力方面，也产生了同样的效果。2014年夏，我在为北京师范大学文学院本科生讲授"神话学"课程时，曾请学生记述其生活中印象最深的一次听/看神话的事件。一位姓张的同学回想起小时候看过的动画电视剧《中华五千年历史故事动画系列——小太极》，称至今记忆犹新，特别是对其中的《后羿射日》和《夸父追日》两集故事印象深刻。

这两集的情节简直历历在目。我如今脑海里还会清晰地浮现当年那个夸父的模样……画面上就见在一轮大太阳前面，肤色黝黑的壮汉夸父一直追着太阳奔跑，沿路挥洒好多汗水……最终他在马上要接近太阳的一刹那倒地不起了，但太阳的光辉十足地照耀着他，照着他躺在大地上，看着他的眼睛变成明月，身体变成森林、山岭、海洋，成为一幅生机勃勃的景象……

一位网友在谈到动画电影《女娲补天》对自己的触动时说：

这个动画片不到十分钟的样子，但是在我的记忆中占了很重要的位置，很感人的，记得看到激动之时我都快哭了……再后来，不管在什么节目里出现女娲，都觉得是最感人的形象。①

可见，电子媒介所传达的神话魅力与以往的讲故事艺术虽然不同，但是，利用视觉、听觉等感官综合作用的新技术手段，也能（如果不是更容易的话）激起观众全身心地投入观影体验中，感受那种令人"专注凝神"地接受的审美体验，激发其对神话及其所代表的洪荒年代的心驰神往。从这一点上说，大众媒介时代所产生的神话主义，富有特殊的艺术"光晕"。

100多年前，思想家卡尔·马克思曾经预言，随着科技的发展，神话必将成为明日黄花："在罗伯茨公司面前，武尔坎又在哪里？在避雷

---

① 《我们小时候的国产动画电影不垃圾》，http://www.u148.net/article/6562.html，查阅日期：2014年4月。

针面前，丘必特又在哪里？在动产信用公司面前，海尔梅斯又在哪里？"①如今一个多世纪过去了，相信科学魅力的人们并没有见到神话的消亡，相反，随着科学技术的发展，特别是电子和数字技术日新月异的推进，神话借助大众媒介的力量，传播得更加广泛、迅捷。

本章以女娲神话为考察中心，同时涉及其他中国神话，分析了神话主义在当代电子媒介中的三种主要承载形式——动画片、真人版影视剧和电子游戏，并将神话主义的文本类型划分为三类：援引传统的文本、融汇传统的文本与重铸传统的文本。研究指出，神话主义不应仅被视为技术发展、媒介变迁的产物，作为当代大众媒介制造和传播的对象，它的生产与中国当下的政治、经济和社会文化语境密切相关；神话主义尽管与以往的讲故事艺术不同，但也富有特殊的艺术"光晕"。

在梳理电子媒介中呈现的神话主义时，一个值得注意的现象是神话的顽强生命力：诸多神话形象、神话母题和类型，反复出现在口语媒介、文字媒介和电子媒介之中，形成"超媒介"形态的文化传统。透过新媒介的形式，观察这些既古老又年轻的神话主义现象，既可以看到根本性的人类观念的重复出现，又可以洞见当代大众文化生产和再生产的复杂图景。

---

① 马克思：《〈政治经济学批判〉导言》，见《马克思恩格斯选集》第 2 卷，28～29 页，北京，人民出版社，1995。其中罗伯茨公司是 19 世纪英国的一家著名机器制造公司；武尔坎为古罗马神话中冶炼金属的神，能制造各种精良武器和盾牌，在古希腊神话中叫作赫淮斯托斯；丘必特是古罗马神话中的雷神，具有最高的权威，相当于古希腊神话中的宙斯；动产信用公司是 19 世纪法国的一家大股份银行；海尔梅斯为古希腊神话中的商业之神。

第十四章

内价值与官民协作：女娲信仰的保护历程与经验

—— 河北涉县女娲信仰的个案

本书在第十至十二章中，主要以女娲神话为窗口，集中探讨了当代中国遗产旅游和电子媒介等新语境中产生的神话主义。本章将引导读者重回河北涉县娲皇宫的历史现场，但将以此探讨另一个新话题——检视当前非物质文化遗产保护话语的不足。

21世纪初以来，"非物质文化遗产"（下文通常简称"非遗"）逐渐成为中国社会及学术界广泛关注和讨论的一个热点话题，研究成果迄今已十分丰硕。不过，在我看来，相关的研究话语在总体上存在着两个明显的不足：第一，常常将联合国教科文组织在全球范围内发起的非遗保护工程与近百年来的中国文化发展进程，尤其是对待传统文化态度较为激进的新文化运动和"文化大革命"时期做比较，而缺乏对更为长时段的历史，尤其是本土文化保护的整体历史的关照。第二，与上一不足相应，联合国教科文组织框架下的非遗保护工程往往被视为新生事物，与中国本土的文化观念相对照，有时甚至对立起来，在"新"与"旧"的对比中，强调二者之间的差异性。①对于联合国教科文组织发起的非遗保护工程对于中国文化、社会以及学术产生的重大意义，我十分认同。毫无疑问，非遗工程的开展为中国现代文化观念的重塑创造了新契机，也带来了诸多新变化。不过，我认为一些论述多少忽视或者低估了另一个维度——中国本土非遗保护实践的历史——的重要性。显然，非遗保护并非是从联合国教科文组织开始的，远在该工程之前，中国本土社会的类似保护实践已经展开（尽管使用了不同的名称）。对于这一点，迄今的非遗话语大多较为忽视，中国历史上不同的行动主体（政府、知识分子以及普通百姓等）在相关方面的长期工作，没有得到应有的梳理和呈现。尽管也有一些相关人士意识到

---

① 比如，高丙中在其卓有影响的《中国的非物质文化遗产保护与文化革命的终结》一文中，指出"非物质文化遗产保护……以浓墨重彩重绘了中国的文化地图，创造了新的历史。它带着新的话语进来……重新高度肯定原来被历次革命所否定的众多文化事项的价值；它开启了新的社会进程，以文化共生的生态观念和相互承认的文化机制终结中国社会盛行近百年的文化革命，为近代以来在文化认同上长期自我扭曲的文化古国提供了文化自觉的方式……"[高丙中：《中国的非物质文化遗产保护与文化革命的终结》，载《开放时代》，2013（5）]此外，户晓辉在《〈保护非物质文化遗产公约〉能给中国带来什么新东西——兼谈非物质文化遗产区域性整体保护的理念》一文中也指出："联合国教科文组织（UNESCO）的《保护非物质文化遗产公约》通过新术语的使用和界定可能为中国乃至世界带来新框架、新伦理、新思维和新举措……"[户晓辉：《〈保护非物质文化遗产公约〉能给中国带来什么新东西——兼谈非物质文化遗产区域性整体保护的理念》，载《文化遗产》，2014（1）]

了这一维度的重要性①，但是这些阐述大多点到为止，缺乏有针对性的着力论证。② 显然，相关研究亟待补充——非遗保护工程及其产生的意义，需要放置在更长期的本土非遗保护的整体历史中，在非遗工程与本土实践的关联性中加以考察，只有这样，才能获得对该工程的更加全面和准确的认识。

上述反思构成了本章的出发点。下面笔者将继续以自己对河北涉县娲皇宫地区女娲信仰的长期研究为基础，以相关碑刻为资料来源，从中梳理自明代迄今长达近四百年的历史进程中，当地政府、知识分子、香会会首以及普通信众，为保护女娲信仰所付出的诸多努力，力图从中呈现地方社会的文化保护实践的较完整历程，从中透视非遗保护工程与中国本土实践之间的内在关联。

在开始正式的论述之前，有几个关键问题需要提前交代。

①　比如项兆伦在 2017 年 6 月 10 日召开的"第六届成都非遗节国际论坛"上，在谈及"中国非物质文化遗产保护的理念与实践"时，便指出"1979 年开始，中国开展了对民族民间文艺现象的调查，迄今已收集资料约 50 亿字，出版了《十大民族民间文艺集成志书》318 卷，约 4.7 亿字"（项兆伦：《中国非物质文化遗产保护的理念与实践》，见"中华人民共和国文化部"官方网站，http://www.mcprc.gov.cn/whzx/whyw/201706/t20170610_496236.html，查阅日期：2017 年 10 月 1 日）。此外，安德明在《非物质文化遗产保护的中国实践与经验》一文中，也指出自 20 世纪 80 年代初期开始启动、前后延续近 30 年的"民间文学三套集成"以及"十部中国民族民间文艺集成志书"，"为非遗保护工作在中国的顺利开展，奠定了扎实的观念基础，也培养了广泛的作者队伍［安德明：《非物质文化遗产保护的中国实践与经验》，载《民间文化论坛》，2017(4)］。

②　美国民俗学者苏独玉（Sue Tuohy）曾于 2014 年 10 月 22 日在北京师范大学做了一场题为《对建构传统和遗产过程的反思——以"花儿"为例》的学术报告，主要针对的问题便是迄今的非遗话语，往往忽略历史上不同机构、团体和个人在保护方面的长期工作。她以"花儿"研究为例，生动、细腻地展示了"花儿"从"野草"到"非遗"的变迁历程，其中充满了不同的话语实践及组织工作。遗憾的是，此文至今没有正式发表。其演讲信息可参见：《苏独玉（Sue Tuohy）博士谈西北"花儿"》，http://wxy.bnu.edu.cn/xwdt/2014/96996.html，查阅日期：2017 年 9 月 20 日。

第一，按照联合国教科文组织颁布的《保护非物质文化遗产公约》（2003，以下简称《公约》）中的界定，非遗指的是"被各社区、群体，有时是个人，视为其文化遗产组成部分的各种社会实践、观念表述、表现形式、知识、技能以及相关的工具、实物、手工艺品和文化场所。这种非物质文化遗产世代相传，在各社区和群体适应周围环境以及与自然和历史的互动中，被不断地再创造，为这些社区和群体提供认同感和持续感，从而增强对文化多样性和人类创造力的尊重"[1]。在河北涉县以及中国广大地域范围内流传的女娲信仰，长期为各相关社区和群体所珍视，并为其提供了认同感和持续感，是重要的非物质文化遗产。2006年，涉县的女娲祭典被列入第一批国家级非物质文化遗产名录。

需要注意的是，非遗不仅仅指那些被专家和权威机构遴选、认定的"认知遗产"（heritage in perception），也包括更广泛的，没有被认定并列入各类非遗保护名录，却在普遍意义上具有历史和艺术的内在价值的"本质遗产"（heritage in essence）。[2] 很多人以为"非遗"一词指的仅仅是被列入各类保护名录的项目，其实是一种误解。本章所说的"非物质文化遗产"概念遵循了《公约》的界定，不对"本质遗产"和"认知遗产"进行界分。

第二，非遗和物质文化密不可分。如上所引，在《公约》的界定中，明确指出"非遗"既指涉非物质性的"各种社会实践、观念表述、表现形

---

[1] 联合国教科文组织：《保护非物质文化遗产公约》，见中华人民共和国文化和旅游部国际交流与合作局编：《联合国教科文组织〈保护非物质文化遗产公约〉基础文件汇编》（2018 版），8 页，2020。

[2] 燕海鸣曾借鉴并使用"本质遗产"一词，来指那些在普遍意义上具有历史和艺术的内在价值的历史遗存，而用"认知遗产"来特指那些在当代遗产标准框架下"认定"的遗产，如"世界遗产""全国重点文物保护单位""国家级非物质文化遗产"等。参见燕海鸣：《从社会学视角思考"遗产化"问题》，载《中国文物报》，2011-08-26。

式、知识、技能"，也牵涉物质性的"相关的工具、实物、手工艺品和文
化场所"，二者往往结合在一起，才构成完整的、可知可感的非物质文
化遗产。对于女娲信仰的维护和传续而言，庙宇构成了最为重要的物质
实体，不仅体现并承载着信众对女娲的信仰，也为信仰行为的具体实施
提供了实体的文化场所（图 62）；娲皇宫里矗立的一通通石碑，表达着不
同时代信众对娲皇圣母的信仰观念和情感，记录着一次次鲜活的保护事
件，不仅构成了女娲信仰的相关实物，也为考察历史上女娲信仰的保护
状况，提供了弥足珍贵的档案（图 63）。由于作为非物质遗产的女娲信仰
的历史存在状貌迄今已然邈不可及，因此，本章对于历史上涉县地方社
会对女娲信仰的保护情况的考察，将主要通过考察相关物质实体——庙
宇和碑刻——中记录的历史事件来展开。

图 62 河北涉县娲皇宫是承载当地女娲信仰的主要文化场所之一

第三，本章的资料来源。娲皇宫中至今保存有从明代万历三十七年
（1609 年）直至 2004 年共 395 年间刊刻的近 80 通石碑，除最早的万历三
十七年石碑之外，明代的碑另有万历四十四年（1616 年）、天启六年
（1626 年）、崇祯元年（1628 年）所立者，共计 4 通；另有 1992 年和 2004

图63　河北涉县娲皇宫中的碑林

年所立的两通当代石碑，其余则均为清代和民国时期所立。① 这些珍贵的石碑延续了中国古代庙宇石碑刊刻的传统——每有新建、重修或其他重要事件，必立碑记录。碑文中既记录地方社会对女娲神话和信仰的看法、娲皇宫及其附属建筑重修的原因和过程，也记录维修的主体、经费来源、捐款者的姓名和捐款数量等，展示了自明代、清代、民国直至当代的女娲信仰的盛况，以及此间不同主体采取的保护办法，为了解自明迄今四百年间女娲信仰的保护历程提供了重要的依据。本章将从这近80通石碑中遴选出 8 通，其中明代 2 通，清代 3 通（其中有两碑同记一事，可视为一体来分析），民国 1 通，当代 2 通。遴选一方面考虑到各时代之间选用的碑文数量尽量均衡，另一方面也考虑到官方与民间力量的均衡——制作讲究、保存较好的石碑及其碑文不可避免地反映了更多官府的声音，因而笔者也将个别制作简陋、地位较低的镶碑纳入分析的范围。总之，8 通石碑的碑文成为本章分析的主要文本。

----

① 参见马乃廷：《涉县娲皇宫历史沿革考》，见涉县地名办公室编：《女娲文化》，76 页，香港，天马出版社，2003。

第一节　四百年保护历程

前文已对涉县的女娲信仰情况做过很多描述，这里便不再赘言，仅就与讨论问题相关的内容略做一点交代。娲皇宫是涉县境域内最大的供奉女娲的庙宇，香火一直很盛。据清代咸丰三年（1853 年）的《重修唐王峧娲皇宫碑记》记载："每岁三月朔启门，越十八日为神诞。远近数百里男女坌集，有感斯通，无祷不应，灵贶昭昭，由来久矣。"可见娲皇宫庙会在历史上的盛况。如今这里的庙会依然十分盛大，来自附近方圆数百里以及山西、河南、河北等地的香客纷纷前来进香，有时一天人数可达上万人。2006 年，中国民间文艺家协会授予涉县"中国女娲文化之乡"的称号，同年，这里的"女娲祭典"也被国务院公布为首批"国家级非物质文化遗产"。

至于女娲信仰在当地何时肇始、娲皇宫最初建于何时，至今都已无法考证了。对娲皇宫的初建，当地人有多种说法。一种说法是建于汉代，主要依据是清嘉庆年间（1796—1820 年）《娲皇圣帝建立志》碑文记载："有悬崖古洞，追汉文帝创立神庙三楹，造神塑像，加崇祀典，其初谓之中皇山。"一些学者因此推断此庙应当是汉文帝时（前 179—前 155 年）创立。我以为这一说法不无道理，因为汉代是女娲信仰十分活跃的时期，很多地方出土的墓刻画像中都有女娲的形象，她的神庙在这时得到初建，是很有可能的。

不过，当地也有不少人认为，娲皇宫是北齐文宣帝（550—559 年在位)所建①，依据是清嘉庆四年(1799 年)的《涉县志》记载："传载文宣帝高洋自邺诣晋阳……于此山腰见数百僧行过，遂开三石室，刻诸尊像……上有娲皇庙，香火特盛。"我认为这一说法不是很可信。这段记述只表明文宣帝在此大兴佛教，并没有表明他修建了女娲庙，因此文宣帝与娲皇宫的修建可能并无直接关系。

总体而言，对于涉县地区的女娲信仰在明朝万历年以前的保护情况，由于文献记载的缺乏，如今已无法确知详情了。但是，从明代迄今的保护历程，有赖于娲皇宫中保留的碑刻，则较为清晰。

下面我们来看看八通石碑及其碑文中记录的本土保护历史。

明代

明代的第一通石碑(明碑 1)是万历三十七年(1609 年)所立，其上刻有《重修娲皇庙碑记》，碑文为直隶阳府通州官王希尧所撰，记录了约四百年前，涉县当地的女娲神话和信仰观念、习俗以及重修娲皇庙的原因和经过。由于女娲正婚姻、抑洪水、炼石补天、制笙簧弦瑟等显赫功绩，加之神威巨大、灵验不爽，所以远近的信众纷纷前来朝拜进香，娲皇宫的香火非常兴盛。不料 1608 年正月，娲皇宫遭遇火灾，"寸木片瓦俱成灰烬"。当时的县令潘公不忍心看到这样的局面，于是命令一些官员和住持道人召集工匠，重建大殿一座。结果大殿还未修完，潘县令去世。新来的张县令决定继续前任未竟的事业，最后使娲皇宫巍峨壮丽，"焕然改观"②。

明碑 2 为崇祯元年(1628 年)所立的一块镶碑，贡生张襄野撰写了碑

---

① 例如马乃廷：《涉县娲皇宫历史沿革考》，见涉县地名办公室编：《女娲文化》，70～71 页。

② 政协涉县委员会编：《涉县寺院》，102～103 页，内部发行，2004。

文《创建娲皇阁记》①，记载了民间与官方通力协作、修建娲皇阁的事情。由于女娲氏"别姓氏，通殊风，灭共工而息洪水"，所以得到天下人的礼祀敬奉。天启甲子年（1624 年），当地人开始修建娲皇阁，崇祯元年落成，其中主事者包括"聚财鸠工有苑存顺、赵可英也；发愿住持张常庆、专清募化人陈一枝也"，县衙也出资援助了这次修建工程（"邑侯三公则悉付之公直收掌，作阁上费用"）。

清代

清代的石碑较多，有的为官府所立，有的为普通信众所立。所记录的事件也有大有小，大者如重建整个娲皇宫建筑群，小者如凿池蓄水，为香客提供煎茶和休憩之所，或者打造几张供桌等，不一而足。

本章遴选的清碑 1 为嘉庆十三年（1808 年）所立，也是镶碑，碑文题为《创建正殿栏杆石 重建梳妆楼殿台碑记》②，为当地秀才崔梦雷所写，文辞比较粗糙，却清楚地记述了当地百姓自发修建娲皇阁正殿的栏杆石并重建梳妆楼殿台以及前后两代人对于娲皇阁的维护。大约是因为该工程较小，所以整个事件没有官府的参与，完全是维首（香会会首）、信众以及相关道人协力完成。事件的大致经过是：乾隆五十八年（1793 年），有道人三家、老维首十家、附近维首数十家，推举出总维首二家，开始修建娲皇阁正殿的栏杆石并重建梳妆楼殿台。工程由索堡村郭子珍、石家庄石子国敬二人督工，大家一起努力，花费了十几年的时间而大功告成。此后众维首卸职，只有老维首与道人一起，每年对娲皇阁进行维

---

① 参见涉县地名办公室编：《女娲文化》，161～162 页；政协涉县委员会编：《涉县寺院》，103～104 页。

② 参见涉县地名办公室编：《女娲文化》，174～175 页。笔者引用时对其中句读中的明显错误稍有修正。

护，屡次增修。后来郭氏去世、石氏年老，石氏的长子石和便继承其位，"代父之劳乐善不疲，尽己之责公而忘私"。

清碑2、3均为咸丰三年（1853年）所立。这两通石碑矗立于娲皇阁台基两侧，位置显赫。石碑的内容说的都是同一件事：咸丰二年（1852年），因祭祀不慎，娲皇宫被火焚毁，县令李毓珍组织重建了娲皇宫。所以这两碑可以视为一体来对待。南侧的石碑为李毓珍撰书的《重修唐王峧娲皇宫碑记》，记录了当时重修娲皇宫的整个过程。火灾之后，祠宇尽毁，县令不忍心看到"神灵不妥，古迹就湮"，于是选择了当地十多位老成练达的乡绅和商人，有的负责募集资金，有的负责督办工程，邻近的村庄也都乐善好施。一年多以后，被焚毁的建筑全部焕然一新，而且比从前更为壮观。此外还新修了牌坊、碑林，将布施者的名字以及工程的状况一一记录其上。

北碑则是当时涉县的"台顶司事绅商士庶"各阶层人士为纪念李毓珍的功德而树立的"功德碑"，夸赞李县令在娲皇宫重建工程中尽心尽力。特别值得注意的是，功德碑的背面刻有县衙发布的官方公告，颁布了12条对娲皇宫的保护措施，公开声明：虽然娲皇宫的重建"大工告竣"，但是以后每年还需要继续维护，因此制订了12条措施，以使娲皇阁的保护有可持续性（"详定章程，昭垂永久"）。这12条措施包括：

> 开庙门时，该道士派人谨防香火。
>
> 咸丰四、五、六三年之内，顶上香资，停骖宫、广生宫、朝元宫三家共同经理。每年享殿以内并妆楼下布施香钱，尽数归公，其余按股均分。以后各管一年，周而复始。每年所收享殿、妆楼下布施香钱，发外生息，不得私用，以备修补之用。
>
> 三年修理一次……

　　各处男女进香，晚间不准顶上住宿，违者禀究。

　　无论各色人等，不得在顶上聚赌，违者重处，并究值年道士。……①

对这些保护措施，下文中将展开进一步分析。

民国时期

　　笔者见到的民国时期石碑的资料不如清碑的多，目前能看到的仅有两通，其碑文的撰写风格与清代一脉相承。一通为民国四年（1915年）所立，记录的是重修广生宫的事。鉴于其并未直接体现女娲信仰的保护情况，所以这里略去不谈。另一碑为民国五年（1916年）所立，记述了当地重修停骖宫的事件。② 停骖宫是娲皇宫的重要组成部分，达官显贵到此必须下马，以示虔敬；男女老少在此稍事休憩休整，"则神志以凝，仪容以肃"，然后上山拜女娲。由于风雨摧蚀，"庙貌倾秃"，所以维首们齐心协力，募集钱财，陆续加以修葺，一年多时间始告完成，停骖宫重新"金碧辉煌"。工程花费"千有余金"，全部来自于各方捐款。

　　自此以后的70多年里，碑刻数量显著减少。造成这一现象的主要原因是战争和政治运动频仍：1937年，日军入侵华北，朝元宫正殿和近殿的部分建筑被日军焚毁，长期流传的敬拜娲皇圣母的"摆社"习俗③

---

① 《重修停骖宫碑记》，见涉县地名办公室编：《女娲文化》，177～179页。

② 参见政协涉县委员会编：《涉县寺院》，127～128页。

③ 娲皇宫附近的白泉水等八个村落，每年要轮流坐庄，于农历二月二十七日从娲皇宫请一尊女娲奶奶的小塑像回村里，沿途经过的其他村子都要敲锣打鼓表示欢迎。神像请回村庄以后，要连续唱几天大戏，其他村的人也来观看，三月初一再将神像送回娲皇宫。参见王矿清、李秀娟编著：《女娲的传说》，17页，石家庄，河北人民出版社，2016。

也被迫停止，1949 年以后始得恢复；20 世纪 50 年代的"破除封建迷信"运动中，又拆掉了部分庙宇，砸毁了各殿的泥塑神像；1966—1976 年的"文化大革命"中，殿脊上的陶兽和殿内珍贵的壁画被毁坏，"摆社"习俗再度终止。[1] 不过，尽管如此，女娲信仰其实并未断流，而是依然顽强传承，老百姓也想方设法，保护自己的信仰传统。在涉县，广泛流传着女娲老奶奶显灵，保护刘邓大军的首长和普通百姓摆脱日军搜捕的传说[2]，也流传着诸多老百姓与"文化大革命"时期的"造反派"斗智斗勇、保护女娲神像和圣物的传说[3]，都从一些侧面反映了那些特殊年代里女娲信仰的存续和保护状况。正因为文脉不断、薪火相传，所以，20 世纪 70 年代末，娲皇宫重新对外开放时，便立刻香火鼎盛、香客云集。此后地方政府也重新加强了对娲皇宫的保护，陆续修葺了所有殿阁，1987 年又重新彩绘了所有塑像，使得娲皇宫内焕然一新。

当代

正是在这样的背景下，娲皇宫里新增添了两块十分显著的当代碑。其中第一通石碑为 1992 年涉县文物保管所所立，时任县委常委的马乃廷撰文，碑文题为《修葺续建娲皇宫记》。碑文的书写风格与明、清、民国三代保持着明显的一致性，以扼要而清晰的文字列举出近半个世纪以来娲皇宫遭遇的主要灾祸，包括"风侵雨蚀，雪欺霜凌，兵燹战火，人

---

[1]　参见王矿清、李秀娟编著：《女娲的传说》，17 页。

[2]　参见《鬼子难上中皇山》《吓退鬼子》等，见王矿清、李秀娟编著：《女娲的传说》。

[3]　例如《藏女娲》讲，"文化大革命"时期，"造反派"到处搜寻小女娲像，把它当成封建迷信来对待，结果女娲像被一位张老汉藏到了村口大槐树的老野雀窝里，"造反派"找不着，只好走了。改革开放以后，张老汉才把女娲像拿出来。参见王矿清、李秀娟编著：《女娲的传说》，17 页。

为祸害"，表彰了县文物保管所所长程耀峰在复兴女娲信仰、重建娲皇宫过程中的首要功劳，他"求拨款于政府，募锱铢于黎庶"，花费了15年时间，共耗资45万元，重修了殿阁，重塑了神像，终于使娲皇宫面貌一新。[①]

当代碑2是2004年所立，时任县委书记王社群、县长崔建国撰文，题为《2004年重修娲皇宫碑记》。此碑文与前面所引7篇迥然不同，写作采用了现代汉语，不过内在的叙事结构依然与旧体碑文暗合，清晰地记录了十多年前县委、县政府重新规划并修葺娲皇宫的事件："公元二〇〇一年以来，中共涉县县委、涉县人民政府大力实施文化强县战略……建设旅游景区，打造知名品牌，创建生态旅游城。全县旅游业蓬勃兴起。几年来娲皇宫景区……总投入三千余万元……修建娲皇补天文化广场……山下塑花岗石女娲塑像母仪雍容，山上娲皇宫内重塑娲皇金身慈祥端庄……经二〇〇四年八月国家旅游局验收被评定为 AAAA 旅游景区……"

对上述碑文中记录的保护事件及其内在的关联性，下文将展开详细分析。

第二节　保护经验与特点

上面所引的八通石碑只是娲皇宫现存石碑的十分之一，它们同其他石碑一样，镌刻着自明迄今的四百年间，涉县地方社会从政府官员、知识分子、维首到普通信众为维护女娲信仰的存续所付出的大量心血和努

---

① 参见涉县地名办公室编：《女娲文化》，185～186页。

力，鲜明地呈现出不同历史阶段的保护实践之间存在的内在关联性，也反映了其与联合国教科文组织框架下的非遗保护工程之间的联系。

也许绘制一张表格，可以更方便读者发现这八通碑中显露出的一些主要保护因素的关联以及差异。

表 14-1　八通石碑主要保护因素一览表

石碑	时间	保护动机	主要保护主体	保护措施	经费来源	保护效果
明碑 1	1609	女娲氏"德泽灵爽"，使人畏敬	潘县令、张县令；管工官王世昆等；住持道人	兴土木，建殿	主要是县政府	庙宇焕然改观
明碑 2	1628	女娲氏"别姓氏，通殊风，灭共工而息洪水"	聚财鸠工苑存顺等；发愿住持张常庆、专清募化人陈一枝等	修建娲皇阁	四方募集，包括县政府的支持	娲皇阁落成
清碑 1	1808	未提及	道人数位；维首若干家；索堡村郭子珍、石家庄石子国敬；石氏之子石和	修建娲皇阁正殿栏杆石，重建梳妆楼殿台；以后每年维护，屡次修葺	民间集资	工程完成
清碑 2、3	1853	女娲"无祷不应，灵贶昭昭"	县令李毓珍；绅商之老成练达者十余人；	重修娲皇阁；新建牌坊、碑房等；提出 12 条保护措施	"募化"，官民共同出资	娲皇阁得以重建，更为壮观
民国碑 1	1916	"娲皇为世界补其缺陷，厥功甚伟"	维首；"首事诸公"	重修停骖宫	募化；所费千有余金，皆出自捐输	停骖宫金碧辉煌，更加壮丽

续表

石碑	时间	保护动机	主要保护主体	保护措施	经费来源	保护效果
当代碑1	1992	娲皇"孕育万物，抟土造人……功德同辉日月，遂得民之奉祀"	县文物保管所首任所长程耀峰；政府；黎庶	整修女娲、停骖、广生三宫，重塑各殿神像等	求拨款于政府，募锱铢于黎庶	宝刹灵宫，迥非当年景象
当代碑2	2004	女娲氏炼石补天、抟土造人；建设旅游景区，创建生态旅游城	涉县县委、涉县人民政府	娲皇宫景区重建、改造、扩建	县政府投资	娲皇宫被评为4A级旅游景区

从上表提纲挈领的归纳中，我们可以发现过去约四百年间，涉县地方社会在女娲信仰保护方面呈现出的关联性具有如下几个特点。

一、保护动机长期注重内价值

在前七通碑中，除清碑1未明确提及修建缘由以及作为"功德碑"的清碑3之外，其余都十分明确地陈述了保护的动机——源于对女娲信仰的尊重。一方面，女娲抟土造人、炼石补天等，"功德同辉日月"；另一方面，其神威浩大，"无祷不应，灵贶昭昭"，"所以使人畏敬奉□也"。主事者往往因庙宇（或其部分）被毁或者残破不堪，不忍"使神灵不妥"，于是开始相应的保护行动。这就是说，其保护的初衷，完全是基于对女娲信仰所具有的内价值的认识和尊重。这里所说的内价值，按照刘铁梁的界定，指的是"局内的民众所认可和在生活中实际使用的价值"，也是"民俗文化在其存在的社会与历史的时空中所发生的作用"；而与之相对的外价值，则是指作为局外人的学者、社会活动家、文化产业人士等附加给这些文化的观念、评论，或者商品化包装所获得的经济效益等价值。① 与上述几碑相比，2004 年的石碑内容则有较大不同。虽然其中也提及女娲是"中华始祖"以及她炼石补天、抟土造人的神话业绩——说明其内价值并未完全被忽视，但是整个碑文所凸显的，主要是对于外价值的强调，也即是对旅游产业及其经济效益的追求。从这里可以看出当代的文化商品化浪潮给民间信仰的保护和再生产带来的显著影响。

二、保护主体的多元化

　　就非物质文化遗产的传承与存续而言，保护主体往往具有至关重要的地位，那么，在涉县女娲信仰近四百年的传承过程中，谁是保护的主体？从八篇碑文中不难发现，因时代和社会环境的不同，保护主体的构成及其运作的方式具有十分鲜明的多元化特征：有时候完全是地方政府为主导，有时候则主要是民间力量自发行动，但是更经常的，是官民协作的模式，参与者既包括地方政府以及各级官员、知识分子和商人，也包括维首以及普通的信众，在这一协作模式中，官方往往处于主导的地位。这种保护相关方的多元构成状况及其运作模式，至今在中国的非遗保护工程中仍然十分常见。而且，就碑文来看，不管是哪种保护主体，都对女娲信仰的持续传承发挥了积极有效的作用。

---

　　① 刘铁梁：《民俗文化的内价值与外价值》，载《民俗研究》，2011(4)。

三、丰富多样而又具有鲜明本土特色的保护措施

约四百年间，针对出现的不同问题，人们采取了多样而又具有鲜明本土特色的保护措施，其中，最主要的有以下三种。

1. 修庙。前文说过，非物质文化遗产的存在和保护，离不开实在的物质文化的承载，二者相辅相成，一体两面。对于信仰而言，庙宇的存在至关重要。从本章所引述的碑刻中可以看到，涉县地方社会对于女娲信仰的维护和传承，主要表现在对信仰活动赖以存在的根本性文化场所——庙宇——的修葺和保护方面。除清碑 1 之外，其余碑文都涉及娲皇宫（阁）的重修、扩建和增建（包括附属建筑）。事实上，为相关的非遗项目提供生存或表演的文化场所，直到今天依然是国际国内非遗保护领域常见的举措。例如，2015 年被列入人类非遗代表作名录的哈萨克斯坦和吉尔吉斯斯坦联合申报的阿依特斯即兴口头艺术项目（Aitysh/Aitys，art of improvisation），在申报书中就把为该口头艺术的实践提供场所，列为地方政府所采取的保护措施中的一项重要内容。①

2. 立碑。按照《公约》的规定，"记录"（documentation）是非遗保护的主要手段之一（《公约》第 2 条第 3 款）。在本个案中，"勒石以垂永久"显然成为涉县地方社会最常采用，而且一直沿用至今的颇富有中国本土特色的记录方法。碑文所记述的内容，既有时人的女娲信仰观念与习俗，也包括保护事件的起因、经过和结果等。它们为后人了解相关非遗项目的知识、增进对它的理解，以及保护事件和历程的存档，都具有重大的意义。

---

① 参见 UNESCO 官方网站，https：//ich. unesco. org/en/RL/aitysh-aitys-art-of-improvisation-00997，"Nomination form"，p. 8，查阅日期：2017 年 10 月 1 日。

3. 制订保护措施。在清碑 3 中，县政府制订了十分详细而且有针对性的保护措施，既涉及维护现有娲皇阁的安全（比如谨防香火；不得在山顶聚赌及庙院内施放鸟枪、铁炮；不得砍柴、牧放牛羊等）、状貌（不得擅自在娲皇阁等处的前檐挂匾；勿得残毁碑上字迹；甚至连统一裱糊窗户纸也考虑在内），也考虑到了以后的可持续发展——比如每三年修理一次娲皇宫；规定维修资金的来源和分配（比如"每年享殿以内并妆楼下布施香钱，尽数归公，其余按股均分"等）。措施的规定十分具体，有很强的针对性，也包括严厉的处罚措施（违者"严究""重处"，有时还一并追究当值道士的责任）。这种由官府制订并颁布的保护规则，显然具有比一般民间契约更强的权威性和约束力，这可以说是中国本土较早的、自觉的非遗保护实践的十分重要的组成部分。类似的思路和举措，至今仍在传续——官方立法无疑是今天非遗保护当中最强有力的举措之一。中国政府于 2011 年正式通过并开始实施的《中华人民共和国非物质文化遗产法》，就是这方面的明证。

四、多元的经费来源

这八通碑显示，在当地女娲信仰的保护与娲皇宫的维护过程中，经费的来源多种多样，有时候完全是地方政府的投入（比如 2004 年碑中所记事件），有时候是民间集腋成裘的结果，但更经常的是官民协作，"四方募化"，"求拨款于政府，募锱铢于黎庶"。这一模式，在我国当前许多地区的非遗保护工作中也经常能够看到。

当然，上述保护特点中，有的也许具有特定的历史阶段性（比如立碑作为记录方法），但大多均具有较强的模式性和可持续性，因而在不同历史阶段的本土保护实践中长期传续，也与今天联合国教科文组织框架下非遗保护工程之间保持了内在的关联。

第三节　内价值与官民协作

本章以河北涉县娲皇宫及其女娲信仰为个案，以八通石碑的碑文为文本，梳理了自明代、清代、民国直至当代的本土非遗保护实践的历程，凸显了历史上不同的行动主体在相关方面的长期工作，并以此反观其与联合国教科文组织发起的非物质文化遗产保护工程之间的内在关联性。由此可以在以下三方面得到结论。

一、中国本土的非物质文化遗产保护实践有着漫长的历程，它为 21 世纪初联合国教科文组织发起的非遗保护工程在中国顺利生根、开花并迅猛生长，提供了本土的肥沃土壤，构成了不可或缺的内因

认识到此点，不仅有助于我们正确看待和评价联合国框架之下的非遗保护工程的功能及其意义，也有助于我们树立起文化自信，从自身丰厚的历史积淀中汲取养料，进而裨益今天的非遗保护实践。显然，联合国非遗保护工程产生的新功能和新意义，应当放置于本土非遗保护的整体历史中加以评估。如果忽视中国本土长期以来对自身文化传统的珍视以及保护，仅强调近现代以来对传统文化的破坏（其实本章的个案显示，即使在激进的"文化大革命"时期，文化保护的努力也一直延绵不断），在"旧"与"新"、"破坏"与"保护"的二元对立中凸显联合国教科文组织非遗保护工程的革命性意义，在笔者看来，多少有失片面和公允。

二、不同历史阶段的本土非遗保护实践之间及其与联合国教科文组织框架下的非遗保护工程之间，存在着内在的关联性

涉县的女娲信仰保护个案充分地显示，在从明、清、民国以至当下约四百年的历程中，在保护动机、保护主体、保护措施、经费来源等诸多方面，均存在明显的关联性，比如多元主体的参与；修庙以为女娲信仰活动保持根本性的文化场所；立碑是长期沿用的富有本土特色的记录方法；官方颁布法规、制订保护措施，更是今天非遗保护强大有力的手段。它们为涉县女娲信仰在四百年间的传承发挥了根本性的作用——该信仰之所以能够在当地持续存在、代代相传，其祭典之所以能够于2006年成功列入第一批国家级非遗保护名录，同过去漫漫历史长河当中地方社会所付出的诸多保护努力密不可分。同时，诸多本土非遗保护模式至今在联合国教科文组织框架下的非遗保护工程中广泛运用，也说明当下的各项非遗保护措施与政策并非横空出世，而是往往有着长期的历史实践经验的积累。换句话说，今天在中国轰轰烈烈开展的非物质文化遗产保护运动，在一定程度上是对本土延绵不断、生生不息的文化保护传统的进一步推进和深化。

三、中国本土淬炼出的非遗保护经验，为今天的非遗保护工程提供了有益的借鉴

就本章的个案而言，保护动机注重内价值以及保护过程中的"官民协作"模式尤其值得重视。在《公约》及其衍生文件中，特别强调社区、群体或个人是生产、认定、保护、延续和再创造非遗的关键性主体；非遗保护的目的，便是确保非遗在该人群内部并通过该人群而得以继续实

践和传承①，因此，对作为局内人的社区民众"所认可和在生活中实际使用的价值"的认识和尊重，应当成为非遗保护工作的基本原则。不过这一点似乎并没有为很多相关从业人员充分注重，对经济利益等外价值的热衷和追逐成为当前非遗保护中的全球性问题②，"遗产化"（heritagization）过程中产生的内价值削弱、外价值增加的现象，也引发了不少学者对当前非遗保护运动的诸多批评。③ 有鉴于此，中国本土实践历史中长期注重内价值的经验，可以为当今的非遗保护工作提供宝贵的启示。

另外，本章个案中所呈现出的多元主体共同参与、官民协作、常以政府为主导的保护模式，不仅在涉县的约四百年保护历程中被证实十分有效，而且至今在中国以及其他一些国家的非遗保护实践中仍然十分常见。这一模式与《公约》及其衍生文件所主张的"以社区为中心"、反对"自上而下"（top-down）的保护精神并不完全一致，但是这些在国家的具体语境中施行起来更具现实可行性，它对联合国教科文组织非遗保护政策中的相关理想化理念④，提出了实际而有效的补充，彰显出本土非遗保护实践的创造性。

---

① 参见杨利慧：《以社区为中心——联合国教科文组织非遗保护政策中社区的地位及其界定》，载《西北民族研究》，2016(4)。

② 笔者自 2015 年以来，连续三年作为 UNESCO 非遗审查机构——中国民俗学会专家团队的一员，参与了教科文的非遗评审工作，发现在《操作指南》等相关文件中最常警示各缔约国的一个问题，便是对非遗项目的过度开发和商业化。

③ 例如，刘铁梁：《民俗文化的内价值与外价值》；燕海鸣：《从社会学视角思考"遗产化"问题》；Barbara Kirshenblatt-Gimblett, "Theorizing Heritage", *Ethnomuscicology*, Vol. 39, No. 3, Autumn, 1995, pp. 367-380.

④ 《公约》及其衍生文件中提出了不少理想化的理念，再如"无价值评判"原则，它在现实中同样遭遇了困境，造成了"遗产化"过程中普遍出现的新文化等级化。参见杨利慧：《新文化等级化·传承与创新——中国非物质文化遗产保护的成就与挑战以及韩国在未来国际合作中的角色》，载《民间文化论坛》，2016(2)。

主要参考文献

一、古文献与考古资料

1.（汉）王逸：《楚辞章句》，长沙书堂山馆本，光绪九年。

2. 袁珂：《山海经校注》，上海，上海古籍出版社，1980。

3. 杨伯峻：《列子集释》，上海，龙门联合书局，1958。

4.（东汉）王充：《论衡》，上海，上海人民出版社，1974。

5.（汉）应劭撰，王利器校注：《风俗通义校注》，北京，中华书局，1981。

6.（唐）司马贞：《史记索隐》，广雅书局本，光绪十九年。

7.（宋）罗泌：《重订路史全本》，罗苹注，酉山堂本，嘉庆六年。

8.（清）赵翼：《陔余丛考》，湛贻堂本，乾隆五十五年。

9.（清）俞正燮：《癸巳存稿》，灵石杨氏刻本，道光二十八年。

10.（清）瞿中溶：《汉武梁祠堂石刻画像考》，希古楼刻本，1926。

11. 容庚：《汉武梁祠画像考释》，北平，燕京大学考古学社，1936。

12. 南阳汉画馆：《南阳汉代画像石刻》（续编），上海，上海人民美术出版社，1988。

13. 闪修山等：《南阳汉画像石》，郑州，河南美术出版社，1989。

二、主要理论参考

（一）中文著述

专著

1.［美］阿兰·邓迪斯：《西方神话学读本》，朝戈金等译，桂林，广西师范大学出版社，2006。

2.［英］爱德华·泰勒：《原始文化》，连树声译，上海，上海文艺出版社，1992。

3. 安德明：《中国民间谚语史》，石家庄，河北教育出版社，2019。

4.［德］本雅明：《机械复制时代的艺术作品》，汉娜·阿伦特编：《启迪：本雅明文选》，张旭东、王斑译，北京，生活·读书·新知三联书店，2012。

5.［美］D. L. 卡莫迪：《妇女与世界宗教》，徐钧尧等译，成都，四川人民出版社，1989。

6.［美］C. 恩伯、M. 恩伯：《文化的变异——现代文化人类学通论》，杜杉杉译，沈阳，辽宁人民出版社，1988。

7.《常任侠艺术考古论文选集》，北京，文物出版社，1984。

8.［日］大林太良：《神话学入门》，林相泰、贾福水译，北京，中国民间文艺出版社，1989。

9.［美］戴维·利明、埃德温·贝尔德：《神话学》，李培茱等译，上海，上海人民出版社，1990。

10. 费孝通：《乡土中国》，北京，生活·读书·新知三联书店，1986。

11.［英］杰克·古迪：《神话、仪式和口述》，李源译，北京，中国人民大学出版社，2014。

12.〔美〕雷蒙德·弗思:《人文类型》，费孝通等译，北京，商务印书馆，1991。

13.〔美〕理查德·鲍曼:《作为表演的口头艺术》，杨利慧、安德明译，桂林，广西师范大学出版社，2008。

14.〔苏〕李福清:《中国神话故事论集》，北京，中国民间文艺出版社，1988。

15. 李子贤:《探寻一个尚未崩溃的神话王国——中国西南少数民族神话研究》，昆明，云南人民出版社，1991。

16. 黎澍:《马克思恩格斯列宁斯大林论历史科学》，北京，人民出版社，1980。

17.《刘魁立民俗学论集》，上海，上海文艺出版社，1998。

18. 刘志远等:《四川汉代画像砖与汉代社会》，北京，文物出版社，1983。

19.〔法〕列维-布留尔:《原始思维》，丁由译，北京，商务印书馆，1981。

20.〔英〕马林诺夫斯基:《文化论》，费孝通等译，北京，中国民间文艺出版社，1987。

21. 马书田:《华夏诸神》，北京，北京燕山出版社，1990。

22. 南阳汉代画像石学术讨论会办公室:《汉代画像石研究》，北京，文物出版社，1987。

23.〔美〕Nelson Graburn:《人类学与旅游时代》，赵红梅等译，桂林，广西师范大学出版社，2009。

24.〔美〕R.M. 基辛:《文化·社会·个人》，甘华鸣等译，沈阳，辽宁人民出版社，1988。

25.〔美〕塞·诺·克雷默:《世界古代神话》，魏庆征译，北京，华夏出版社，1989。

26．宋兆麟：《生育神与性巫术研究》，北京，文物出版社，1990。

27．[美]斯蒂·汤普森：《世界民间故事分类学》，郑海等译，上海，上海文艺出版社，1991。

28．王孝廉：《中国的神话世界——各民族的创世神话及信仰》，台北，时报文化出版企业有限公司，1987。

29．[美]沃尔特·翁：《口语文化与书面文化：语词的技术化》，何道宽译，北京，北京大学出版社，2008。

30．[美]威廉·J. 古德：《原始宗教》，张永钊等编译，郑州，河南人民出版社，1990。

31．[苏]谢·亚·托卡列夫、叶·莫·梅列金斯基等编著：《世界各民族神话大观》，魏庆征编译，北京，国际文化出版公司，1993。

32．《闻一多全集》第 1 卷，北京，生活·读书·新知三联书店，1982。

33．温济泽：《马克思恩格斯列宁斯大林论思想方法和工作方法》，北京，人民出版社，1990。

34．徐旭生：《中国古史的传说时代》，北京，科学出版社，1960。

35．严耀中：《中国宗教与生存哲学》，上海，学林出版社，1991。

36．《杨堃民族研究文集》，北京，民族出版社，1991。

37．杨利慧：《神话与神话学》，北京，北京师范大学出版社，2009。

38．杨利慧等：《神话主义：遗产旅游与电子媒介中的神话挪用和重构》，北京，中国社会科学出版社，2021。

39．杨利慧、张成福：《中国神话母题索引》，西安，陕西师范大学出版总社有限公司，2013。

40．杨利慧、张霞、徐芳、李红武、仝云丽：《现代口承神话的民族志研究——以四个汉族社区为个案》，西安，陕西师范大学出版社，2011。

41. [苏]叶·莫·梅列金斯基：《神话的诗学》，魏庆征译，北京，商务印书馆，1990。

42. 袁珂：《古神话选释》，北京，人民文学出版社，1979。

43. 袁珂：《中国神话史》，上海，上海文艺出版社，1988。

44. 詹鄞鑫：《神灵与祭祀——中国传统宗教综论》，南京，江苏古籍出版社，1992。

45. 张振犁：《中原古典神话流变论考》，上海，上海文艺出版社，1991。

46. 钟敬文：《民间文学概论》（第二版），北京，高等教育出版社，2010。

47. 《钟敬文民间文学论集》（上），上海，上海文艺出版社，1982。

48. 《钟敬文学术论著自选集》，北京，首都师范大学出版社，1994。

49. 《马克思恩格斯选集》第四卷，北京，人民出版社，1972。

50. 《民间文学理论译丛》第一集，北京，中国民间文艺出版社，1986。

51. 周星：《民俗学的历史、理论与方法》，北京，商务出版社，2006。

52. 朱可先、程健君编：《神话与民俗》，郑州，中原农民出版社，1990。

53. 宗力、刘群：《中国民间诸神》，石家庄，河北人民出版社，1986。

期刊论文

1. 安德明：《非物质文化遗产保护的中国实践与经验》，载《民间文化论坛》，2017(4)。

2. 陈建宪：《走向田野 回归文本——中国神话学理论建设反思之一》，载《民俗研究》，2003(4)。

3. 陈建宪：《略论民间文学研究中的几个关系——"走向田野，回归文本"再思考》，载《民族文学研究》，2004(3)。

4. 程思炎：《骊山女娲风俗对我们的启示》，见中国民间文艺研究会陕西分会编印：《陕西民俗学研究资料》第 1 集，1982。

5. 方维规：《本雅明"光晕"概念考释》，载《社会科学论坛》，2008(9)。

6.［日］福田亚细男：《日本现代民俗学的潮流——福田亚细男教授北师大系列讲座之四》，王京译，鞠熙、廖珮帆整理，载《民间文化论坛》，2017(1)。

7. 高丙中：《中国的非物质文化遗产保护与文化革命的终结》，载《开放时代》，2013(5)。

8.［日］谷野典之：《女娲、伏羲神话系统考》，沉默译，载《南宁师院学报》，1985(1、2)。

9. 户晓辉：《〈保护非物质文化遗产公约〉能给中国带来什么新东西——兼谈非物质文化遗产区域性整体保护的理念》，载《文化遗产》，2014(1)。

10.［芬］劳里·杭柯：《民俗过程中的文化身份和研究伦理》，户晓辉译，载《民间文化论坛》，2005(4)。

11. 李靖：《印象"泼水节"：交织于国家、地方、民间仪式中的少数民族节庆旅游》，载《民俗研究》，2014(1)。

12. 刘铁梁：《民俗文化的内价值与外价值》，载《民俗研究》，2011(4)。

13. 刘晓春：《从"民俗"到"语境中的民俗"——中国民俗学研究的范式转换》，载《民俗研究》，2009(2)。

14. [美]马克·本德尔：《怎样看〈梅葛〉："以传统为取向"的楚雄彝族文学文本》，付卫译，载《民俗研究》，2002(4)。

15. 芮逸夫：《苗族的洪水故事与伏羲女娲的传说》，见中央研究院历史语言研究所：《人类学集刊》第 1 卷第 1 期，上海，商务印书馆，1938。

16. [日]松原孝俊：《洪水型兄妹人祖神话》，陈晓林译，载《南风》，1987(1)。

17. 宋兆麟：《人祖神话与生育信仰》，载《中州民俗》，1988(2)。

18. 王杰文：《"朝向当下"意味着什么？——简评"神话主义"的学术史价值》，载《民间文化论坛》，2017(5)。

19. 王霄冰：《中国民俗学：从民俗主义出发去往何方?》，载《民俗研究》，2016(3)。

20. 新文：《中皇山的女娲民俗》，载《民间文学论坛》，1994(1)。

21. 燕海鸣：《从社会学视角思考"遗产化"问题》，载《中国文物报》，2011-08-26。

22. 杨利慧：《神话的重建——以〈九歌〉、〈风帝国〉和〈哪吒传奇〉为例》，载《民族艺术》，2006(4)。

23. 杨利慧：《"民俗主义"概念的涵义、应用及其对当代中国民俗学建设的意义》，载《民间文化论坛》，2007(1)。

24. 杨利慧：《全球化、反全球化与中国民间传统的重构——以大型国产动画片〈哪吒传奇〉为例》，载《北京师范大学学报》，2009(1)。

25. 杨利慧：《语境、过程、表演者与朝向当下的中国民俗学——表演理论与中国民俗学的当代转型》，载《民俗研究》，2011(1)。

26. 袁珂：《古代神话的发展及其流传演变》，载《民间文学论坛》，1982(1)。

27.［美］丹本·阿默斯：《在承启关系中探求民俗的定义》，张举文译，载《民俗研究》，1998(4)。

28. 张自修：《骊山女娲风俗及其渊源》，见中国民间文艺研究会陕西分会编印：《陕西民俗学研究资料》第 1 集，1982。

29. 张自修：《丽(骊)山女娲风俗与关中民间美术》，见宁宇、荣华主编：《陕西民间美术研究》(第一卷)，西安，陕西人民美术出版社，1988。

30. 钟敬文：《洪水后兄妹再殖人类神话》，见《中国与日本文化研究》第一集，北京，中国大百科全书出版社，1991。

31. 周福岩：《表演理论与民间故事研究》，载《鞍山师范学院学报》，2001(1)。

32. 周星：《民俗主义、学科反思与民俗学的实践性》，载《民俗研究》，2016(3)。

(二)外文著述

1. Bausinger, Hermann, trans. by Elke Dettmer. *Folk Culture in a World of Technology*. Bloomington: Indiana University Press, 1990.

2. Bendix, Regina. *Backstage Domains: Playing "William Tell" in Two Swiss Communities*. New York/Bern: Peter Lang, 1989.

3. Dorson, Richard. "Folklore and Fake Lore", in *American Mercury*, 1950 (3), pp. 335-342.

4. Dorson, Richard, ed. *Handbook of American Folklore*. Bloomington: Indiana University Press, 1983.

5. Duranti, Alessandro, and Charles Goodwin, eds. *Rethinking Context: Language as an Interactive Phenomenon*. Cambridge: Cam-

bridge University Press, 1992.

6. Falk, Nancy Auer, and Rita M. Gross, eds. *Unspoken World*: *Women's Religions Lives*. California: Belmont, a Division of Wadsworth Inc. , 1989.

7. Foster, Michael Dylan, and Jeffrey A. Tolbert, eds. *The Folkloresque*: *Reframing Folklore in a Popular Culture World*. Logan: Utah State University Press, 2016.

8. Honko, Lauri. "The Folklore Process", in *Folklore Fellows' Summer School Programme*, Turku, 1991.

9. Kinsley, David, ed. *The Goddesses' Mirror*. Albany: State University of New York Press, 1989.

10. Kirshenblatt-Gimblett, Barbara. "Theorizing Heritage", in *Ethnomusicology*, Fall 1995, 39(3), pp. 367-380.

11. McDowell, John H. "Rethinking Folklorization in Ecuador: Multivocality in the Expressive Contact Zone", in *Western Folklore*, Vol. 69, No. 2, Spring 2010, pp. 181-209.

12. Olson, Carl, ed. *The Book of the Goddess*: *Past and Present*. New York: Crossroad, 1983.

13. Paredes, Américo, and Richard Bauman, eds. *Toward New Perspectives in Folklore*. Bloomington: Trickster Press, [1972] 2002.

14. Silverstein, Michael, and Urban Greg, eds. *Natural Histories of Discourse*. Chicago: University of Chicago Press, 1996.

15. Spretnak, Charlene. *The Politics of Women's Spirituality*. New York: Doubleday, 1982.

三、民俗志和地方志资料(未正式出版的内部资料皆只刊年份，其中有些书名并未固定)

1.《黑龙江省北安市民间文学集成》，1987。

2.《黑龙江省鸡西民间故事集成》，1989。

3.《黑龙江省林甸民间文学集成》，1988。

4.《黑龙江省友谊民间文学集成》，1987。

5.《吉林省民间文学集成·桦甸县卷》，1987。

6.《吉林省民间文学集成·梨树县故事卷》上册，1987。

7.《吉林省民间文学集成·舒兰县卷》，1988。

8.《中国民间文学集成·辽宁卷·本溪县资料本》，1987。

9.《中国民间文学集成·辽宁卷·大洼资料本》，1987。

10.《中国民间文学集成·辽宁卷·抚顺县资料本(一)》，1986。

11.《中国民间文学集成·辽宁卷·清原资料本》，1987。

12.《中国民间文学集成北京卷·门头沟卷》(送审稿)。

13.《中国民间文学集成·抚宁民间故事卷》(第一卷)，1987。

14.《中国民间文学集成·石家庄地区故事卷》第一卷《耿村民间故事集》(第一集)，1987。

15.《中国民间文学集成·石家庄地区故事卷》第二卷《耿村民间故事集》(第二集)，1988。

16.《中国民间文学集成·石家庄地区故事卷》第七卷《耿村民间故事集》(第五集)，1990。

17.《中国民间文学集成·高邑县卷本第二卷·万城民间故事集》(第一集)，1989。

18. 程殿臣：《中国民间文学三套集成·邯郸地区故事卷》上册，北京，中国民间文艺出版社，1989。

19.《中国民间故事集成·河北临城县分卷》，1987。

20. 李亮、王福榜：《娲皇宫的传说》，北京，中国民间文艺出版社，1989。

21. 王矿清、李秀娟编著：《女娲的传说》，石家庄，河北人民出版社，2016。

22. 郝宝铭：《中国民间文学集成·邢台地区故事卷》，北京，中国民间文艺出版社，1989。

23.《中国民间故事集成·山西卷》，北京，中国 ISBN 中心，1999。

24.《中国民间故事集成·上海卷·青浦县故事分卷》，1989。

25.《中国民间文学集成·梁山民间故事卷》，第一、二、三卷，1988、1989、1990。

26.《山东省曹县民间故事》，1989。

27. 常州民间文学集成编委会编：《中国民间文学集成·常州民间故事集》(二)，台北，佳恩有限公司出版社，1992。

28.《中国民间文学集成·淮阴市卷》上册，1989。

29.《中国民间文学集成·涟水县资料本》，1987。

30. 江苏省南通民间文学集成办：《南通民间文学集成·南通民间故事选》，北京，中国民间文艺出版社，1989。

31. 金煦主编：《苏州民间故事》，北京，中国民间文艺出版社，1989。

32.《中国民间文学集成·浙江省杭州市淳安县故事、歌谣、谚语卷》，1988。

33.《中国民间文学集成·浙江省温州市洞头县故事卷》，1988。

34.《中国民间文学集成·浙江省杭州市富阳县卷》，1988。

35. 海安县民间文学集成办：《南通民间文学集成·海安县民间故事选》，北京，中国民间文艺出版社，1989。

36.《通元民间文学》，1988。

37. 董校昌主编：《浙江省民间文学集成·杭州市故事卷》（上），北京，中国民间文艺出版社，1989。

38.《中国民间文学集成·浙江省丽水地区丽水市故事、歌谣、谚语卷》，1989。

39.《中国民间文学集成·浙江省嘉兴市平湖县故事、歌谣、谚语卷》，1990。

40. 章寿松：《浙江省民间文学集成·衢州市故事卷》，北京，中国民间文艺出版社，1989。

41.《中国民间文学集成·浙江省丽水地区庆元县故事、歌谣、谚语卷》，1988。

42.《中国民间文学集成·浙江省丽水地区遂昌县故事、歌谣、谚语卷》，1988。

43. 绍兴市民间文学集成办公室：《浙江省民间文学集成·绍兴市故事卷》上卷，北京，中国民间文艺出版社，1988。

44.《中国民间文学集成·浙江省绍兴市诸暨县故事卷》（上册），1988。

45. 钟伟今搜集整理：《吴越山海经》，上海，上海人民出版社，1989。

46.《中国民间文学集成·浙江省杭州市萧山县故事、歌谣、谚语卷》，1989。

47.《中国民间文学集成·浙江省台州地区玉环县故事卷》，1989。

48.《中国民间文学集成·浙江省温州市永嘉县故事卷》，1989。

49.《中国民间故事集成·安徽卷·亳州传说故事》，1990。

50.《滁州民间故事》，1987。

51.《中国民间故事集成·安徽卷·铜陵民间故事》，1987。

52.《中国民间故事集成·福建卷·建宁县分卷》，1987。

53.《中国民间故事集成·福建卷·建阳县分卷》，1991。

54.《中国民间故事集成·福建卷·闽清县分卷》，1989。

55.《中国民间故事集成·福建卷·顺昌县分卷·谟武村卷》，1990。

56.《武夷山民间传说》，福州，福建人民出版社，1981。

57.《南昌民间故事集成》，1985。

58.《江西省民间文学集成·宜春市故事卷》，1987。

59. 胡万川：《台中县民间文学集·石冈乡闽南语故事集》，台中县立文化中心印行，1993。

60.《河南民间文学集成·安阳市卷》（审定稿）。

61.《河南民俗传说故事》上册，1987。

62.《河南民俗资料》第一集，1987。

63. 王广先：《龙源传说》，郑州，中原农民出版社，1990。

64. 范牧主编：《南阳民间故事》（上卷），郑州，中原农民出版社，1992。

65.《中国民间故事集成·河南新野县卷》，1987。

66. 河南新郑民间文学集成编委会：《轩辕故里的传说》，郑州，中原农民出版社，1990。

67. 张楚北：《中原神话》，郑州，海燕出版社，1988。

68. 张振犁、程健君：《中原神话专题资料》，1987。

69. 陈连忠主编：《河南民间文学集成·周口地区故事卷》，郑州，中原农民出版社，1991。

70.《湖北民间故事传说集·黄冈地区专集》，1981。

71.《湖北民间故事传说集·荆州地区专集》，1981。

72.《湖北民间故事传说集·郧阳地区专集》，1982。

73.《中国民间故事集成·湖南卷·大庸市资料本》，1988。

74.《中国民间故事集成·湖南卷·石门县资料本》，1986。

75. 董咏芹搜集整理：《岳阳楼的传说》，长沙，湖南人民出版社，1981。

76.《中国民间故事集成·广东卷·开平县资料本》，1987。

77. 丘均主编：《肇庆民间故事》，广州，广东人民出版社，1989。

78.《中国民间文学三套集成·博白县民间故事集》，1987。

79.《中国民间文学三套集成·广西卷·南宁民间故事集》（第一辑），1988。

80. 侯光、何祥录编：《四川神话选》，成都，四川民族出版社，1992。

81.《四川民间文学丛书》编委会编：《四川风俗传说选》，成都，四川民族出版社，1992。

82.《中国民间故事集成·重庆市巴县卷》（上），1989。

83.《四川省德昌县傈僳族民间文学资料集》，1988。

84.《德阳县三套集成·故事卷》，打印稿。

85.《中国民间文学集成·四川凉山州德昌县资料集》（第一、二卷），1989、1991。

86.《三台县民间文学集成·故事卷》，1987。

87. 四川省遂宁市民间文学集成领导小组：《中国民间文学集成·四川省遂宁市卷》，北京，文化艺术出版社，1990。

88.《中国民间故事集成·四川省万县地区卷》，1988。

89.《中国民间文学集成·西充县资料卷》，1987。

90.《中国民间文学集成·荥经县资料集》，1986。

91.《四川省盐亭县三套集成·故事卷》，1987。

92.《中国民间故事集成·贵州遵义地区余庆县卷》，1989。

93.《中国民间故事集成·陕西卷·汉中民间故事集成》，1989。

94. 王仲一、洪济龙编：《民俗趣味故事》，西安，陕西旅游出版社，1993。

95.《中国民间故事集成·甘肃卷·泾川民间故事》，1991。

96.《中国民间故事集成·甘肃卷·天水市北道区民间故事集》（资料本），1989。

97.《中国民间故事集成宁夏卷资料丛书·平罗民间故事》（上卷），1987。

98.《中国民间故事集成宁夏卷资料丛书·彭阳民间故事》，1987。

99. 丁世良、赵放编：《中国地方志民俗资料汇编》，北京，北京图书馆出版社，1989、1990、1991。

100. 谷德明编：《中国少数民族神话》（上、下），北京，中国民间文艺出版社，1987。

101. 涉县地名办公室编：《女娲文化》，香港，天马出版社，2003。

102. 政协涉县委员会编：《涉县寺院》，2004。

103. 郑合成编：《陈州太昊陵庙会概况》，河南省立杞县教育实验区印行，1934。

杨利慧的女娲神话研究

刘锡诚①

张紫晨和钟敬文共同的学生杨利慧的博士论文《女娲的神话与信仰》②对女娲神话的调查与追溯，与她的老师钟敬文的"重构"女娲神话的意图相符，与她的老师的论述相比，在女娲神话的口承文学资料即神话、传说之外，开拓了"多方面的民间传承文化体系（例如关于女娲的各种习俗、方言、礼仪、游艺）"的领域，而"民间关于她（指女娲——引者注）的信仰、祭祀，不但是这个传承文化体系里的重要方面，而且跟语言、文学的传承密切相关"③。开拓和认定女娲神话的多种方式叙事，是杨著的特点和贡献。

女娲是中华民族多民族共有的神话和信仰中的创

---

①　本文作者为中国文联研究员、当代文艺评论家。

②　杨利慧：《女娲的神话与信仰》，北京，中国社会科学出版社，1997。

③　钟敬文：《女娲的神话与信仰·序言》，参见本书。

世母神。作者在她的第一部书《女娲的神话与信仰》里已经对该神话的文本和信仰的内涵做了较为充分的阐释。在这第二部书《女娲溯源——女娲信仰起源地的再推测》里为自己提出的命题是"女娲信仰起源地的再推测"。而这个命题不仅是她自己曾经接触到的，而且也是许多前辈人文学者多有论述的，如民族学家芮逸夫，如文艺学家闻一多、常任侠，如历史学家徐旭生、吕思勉等。要解决这样的"硬"问题，只能靠超出前人的丰富翔实的材料和在材料基础上的逻辑推理与合理论证，舍此没有他法可循。而如此一种论述之作，与当下民俗学界流行的民俗志式的、以罗列资料为特征的著作，有着显然的差异，既是多数人所不愿意做，也是为多数人力所不逮的。此书在文风上，颇得她的老师钟敬文的真传，而在论述方法上，也可看作是实证研究较早出现的一个成功范例。

探测女娲神话和信仰的起源地这一命题实在并不算很大，但很艰难，而且需要的是深度。在这位外貌单薄稚嫩的年轻女学者面前站立着的，又是几乎占据压倒地位的女娲神话"南方说"的学术大师们，如前面提到的闻一多和芮逸夫等。她选择了"南方说"论者两个薄弱的侧翼（甚至不是侧翼，而是主要阵地），即女娲与兄妹始祖型神话的"一元论"的漏洞和女娲神话与信仰的发生地的臆断性，广泛涉猎1980年以来全国民间文学搜集者为编辑全国"民间文学集成"所搜集的文字资料，以年轻学者陈建宪所搜集的433篇和她自己所搜集的418篇洪水神话为基础，进行统计学和类型学等多学科的类比和分析，并借助于谷野典之和王孝廉等学者的"武器"和结论，直击"南方说"的要害，使"南方论"的"伏羲女娲即苗族、侗族等南方民族神话中的洪水遗民兄妹"说，处于左支右绌之势。接着，她又再跨进一步，在古文献学、地理历史学的基础上，引进芬兰学派和日本学者的传说"中心地"理论，引进我国考古学成就和方法，如以出土于甘肃省甘谷县西坪乡的仰韶文化庙底沟类型的彩陶罐上的鲵鱼纹等，论证了女娲神话和信仰最初肇始于西北部，并更具体地指明了应为甘肃省的天水地区。我们不敢说作者的结论就是在这一问题上的"终极"结论，但我们确信她的研究无可辩驳地动摇了论者们半个多世纪以来所持的女娲神话与信仰起源于南方少数民族地区的结论，使"北方说"在学理上更为有据了。但民俗学、神话学中的起源地问题毕竟是一个难于确指的问题，不像"一加一等于二"那样简单，除非有考古学的确指性的文物出土。女娲的滥觞时代和原始产地，似乎也还有待于学术界的继续探讨和文物、文献等有力证据的新发掘、新发现。

作者在研究中转而吸收和采用多学科的研究方法，特别是引进考古学的最新成就和研究方法，与民俗学原有的描述和比较方法相配合，弥补民俗学方法的不足和缺陷，用以解决如女娲神话和信仰的滥觞和远古起源地区这类繁难的民俗学问题，增强了理论阐述的穿透力和信服力，取得了相得益彰的效果。为了完成女娲研究的课题和这部著作的写作，作者还走出书斋，到河南、陕西、甘肃、河北等经历过历史风尘而残留至今的女娲遗迹所在地进行了田野采访，取得了第一手民俗资料。这些材料的价值，对于其他研究者来说，也许并不一定比她的论述和结论更少。田野调查是民俗学研究的题中应有之义，本毋须赘言，但这些第一手的民俗资料，显然使她的研究变得色彩斑斓、信而有征。

（本文选自刘锡诚：《20 世纪中国民间文学学术史》，776～777 页，

开封，河南大学出版社，2006）

一本不乏新见的著作
——评杨利慧《女娲的神话与信仰》①

[俄]李福清②

　　1997 年，女学者杨利慧的专著《女娲的神话与信仰》在北京出版。这是一本不乏新见的著作，它大量利用了 20 世纪 70—80 年代中国民间文艺家收集的文献，因为这是"供内部使用"的，所以各国学者难以得到(在外省和外地出版的大量的"中国民间文学三套集成"有两千多册，甚至中国的民俗学家都难以收集齐，可能只有北京的中国民间文艺家学会才有整套)。杨利慧不但利用了上述材料，也利用了她在中国各省调查得到的田野资料。她运用于分析女娲形象的既有古籍，也有民间留存的神话传说的现代记录，还有各种民族志材料(有关仪式、信仰、节庆的材料)，还有此前的学者的著作，比如《从神话到小说》(李福清，

① 题目为引者所加，收入本书时对其中明显的印刷错讹之处稍有修正。
② 本文作者李福清(B. Riftin, 1932—2012)为俄罗斯科学院院士、当代汉学家。

1979年)中讨论伏羲、女娲的章节。这位女学者专注于比较材料,她运用了波利尼西亚、美洲印第安人和西伯利亚民族的神话。杨利慧没有去解读楚帛书,因为她认为,最早女娲是作为始祖女神出现的,若干世纪后出现了女娲与伏羲结合为夫妻的神话,后来又出现了与大洪水后兄妹乱伦神话的混合。在分析新采录的关于女娲的神话时,杨利慧展示了古代神话母题的复杂混合,如取土造人母题与乱伦生子母题的混合。

杨利慧提出了一个有趣的问题,为什么女娲总是被雕刻在墓葬之处,或在墓道,或在祠堂前的石柱上,或在石棺上,在吐鲁番还被绣在覆盖尸体的罩上。这位女学者认为,女娲被当成造物主、人物和万物的始源、恢复天下秩序(补天)的神圣。由对她这种崇拜出发,产生出了对她的另一种崇拜,即将她当作最强有力的神祇,认为她能发挥守护神的功能,借助于她,亡灵能够转生于另一个世界。

杨利慧认为,不管雕刻的是单独的女娲,还是与伏羲相配的女娲,女娲神像的基本的、隐含的内容即是宗族延绵,所以会向女娲和祖先祈求保佑子孙,令其昌盛。由此伏羲和女娲象征着阴阳和谐。重庆沙坪坝墓葬的发掘证实了这个推断。那里发现了两个石棺,大的石棺上雕刻着手捧日轮的伏羲,另一个雕刻着手捧月轮的女娲,考古学家和古代艺术研究家指出,墓中葬着一男一女。由此杨利慧得出了结论,女娲的雕像具有家族延绵不绝的象征作用。她还注意到了女娲的蛇身。蛇蜕皮的神话在东南亚和太平洋岛上被认为是跟死有关联的,人们相信蜕皮的蛇长寿,相信古人也能蜕皮成仙,在还没有变成蛇的时候蜕皮是非常痛苦的,此类故事在中国很多省(陕西、广西、安徽、江苏)都很流行。在广西还流传着这样的传说,古人成仙与女娲有关,女娲靠法术造了人,使他们成为不死的仙人。这些让杨利慧产生这样的看法:在石棺上和墓道上雕刻女娲与古代成仙和延续家族的观念相关。

　　在汉代的墓葬里不仅雕刻伏羲和女娲，还雕刻其他神话人物：西王母、东王公、治水的大禹、春秋之神蓐收（1997 年在陕西北部神木县发现的汉墓中就雕刻了这些神话人物）。由此产生了一个问题，为什么在新疆的唐代的墓葬中，我们熟知的神话人物就只剩下人身蛇尾的伏羲和女娲？

　　将女娲当作送子女神来崇拜的信息引起了人们的兴趣（在中国具有相似功能的女神有不少，从送子娘娘到观音菩萨和文王的王后都是）。杨利慧非常细致地描绘了河南淮阳传统仪式舞蹈。舞蹈只能由成年妇女表演。她们被认为是古代的"龙花会"节庆的传播者。在举办"龙花会"的时候，大龙象征伏羲，小龙象征女娲。跳舞的女人拖着长长的彩绸。跳起舞来时，她们背对背跳着，彩绸就交汇起来，学者们认为，这象征着伏羲跟女娲的交媾，就像在汉画像中他们的蛇尾的交媾一样。

　　杨利慧详细描述了淮阳民间艺人制作的泥塑作品：突出女性性征的泥人，背着几只猴子的老虎，背着几只小猴的猴子。泥塑叫"泥狗"，或者叫"陵狗"，杨利慧没有解释这样的名称。不排除这样的可能性，这样的名称与当地流传的这样的传说有关：女娲补天后误入恶狗村，变成了黑狗（泥塑的主要颜色是黑色）。这自然是较为晚近的，与佛教的轮回观念有关的传说，但它可以补充说明女娲形象在中国民俗学中的细节——她偶然充当了狗的神灵。

　　杨利慧还描绘了庙里的女娲和伏羲的塑像。在河南聂堆镇思都岗村的女娲宫里，女娲的泥塑高约一米，以树叶为裙（从明代开始女始祖就被塑造成这样的装束）。与佛教的菩萨相类似，女娲坐在莲花座上，手捧太极图，下面有另一尊塑像——伏羲手捧八卦。不难发现，这两样画像取代了汉画像上的日轮和月轮。

（本文选自［俄罗斯］李福清：《神话与民间文学——李福清汉学论集》，44～45 页，北京，北京大学出版社，2017）

女娲研究的新视野

吕微①

女娲是上古以来中国民众信仰的一位大女神。有
关女娲的神话、故事千百年来在我国民众中间传承不
衰。先秦时代就有学者开始记录女娲神话以及人们对
于女娲的信仰行为。"五四"以后随着中国现代民间文
学和民俗学科的建立,对女娲神话的研究更成为学者
们集中关注之所在,并取得了丰硕的现代科学研究成
果。杨利慧的博士学位论文《女娲的神话与信仰》对上
述成果进行了全面的总结,并运用新的材料和方法,
进一步拓宽和深化了女娲神话研究的领域和程度,是
截至目前我国民间文学和神话学界关于女娲神话研究
的集大成之作。更为重要的是,以往的女娲研究多偏
重神话方面而较少涉及信仰方面,杨利慧的研究将女
娲信仰的研究置于与女娲神话研究比肩而立的地位,
不能不说是对以往女娲研究的重要超越,从而将女娲

① 本文作者为中国社会科学院文学研究所民间文学研究室研究员。

研究推向了一个新的阶段。全书集中讨论了女娲的神格，女娲神话的发展与演变，古代和现代的女娲信仰，女娲神话与信仰的功能，女娲在中国民族信仰中的地位等女娲研究中的重大问题。

运用新的材料和新的方法是学术进展的重要途径，而新的方法往往又与新的材料结伴而生。半个多世纪以来，凡女娲神话研究取得进展无不是在上述两个方面首先在新材料的掌握方面实现了突破，如芮逸夫运用民族学材料、闻一多运用考古学材料都曾使女娲研究面目一新。而杨利慧的女娲研究则得益于民俗学的新材料。近年随着我国民俗学的复兴和进展，大量女娲神话和信仰仪式的田野资料被发掘出来（如中国民间文学故事、歌谣、谚语"三套集成"的编纂，中原神话故事的调查等）。杨利慧以其敏锐的学术眼光捕捉到这些材料的重要学术价值，并及时地将其引入自己的学术研究之中，使自己的研究较前人建立在更为坚实和新颖的资料基础之上，开阔了思考背景，达到了较前人更高的理论抽象程度，从而使自己在验证和修正前人旧说或成说时的结论具有更强的可信度。

新材料的占有必然引发新方法的使用，而更值得肯定的是，杨利慧的民俗学方法并非简单地将田野资料与文献资料相互印证，而是亲自从事田野调查并通过参与观察以获得对女娲神话与信仰功能的"同情了解"。杨利慧作为民俗学博士，训练有素，熟练掌握了田野调查的策略与技术，这就使得她亲手采录的材料具有更高的科学性，她对女娲神话与信仰的研究也就由此获得了"本质直观"的能力，于是得以最终熔铸"客观实证"（王国维）方法与"主观体验"（陈寅恪）方法于一炉，取得了令人瞩目的成绩。

该书中的许多具体结论真是处处引人入胜，如对"兄妹婚型洪水神话南方一元说"的质疑，如对女娲始母神主要神格的判断，如对女娲神话演变形式和女娲信仰功能的归纳，如对经典人类学"遗留物"理论的修正，无不发人深省。如果说本书还有不足，那就是我国少数民族与域外民族的女神神话与信仰的民族学、人类学材料在本书中只是作为研究视野的背景材料，未能更多地引用以加入到论证的过程之中，但此遗憾不足以掩盖本书所取得的学术突破，相信著者今后会以别的形式继续展开其后续研究。

（本文发表于《民间文化论坛》1999 年第 1 期）

神话信仰研究中的民俗学方法

——评杨利慧博士关于女娲的研究

陈泳超[①]

　　神话，无论怎样进行广义或狭义的界定，它本身总是在可知与不可知的界面上游移飘荡，它的学术意韵及其可能性便因之而充满魅力，它几乎可以胜任各种观点、方法来"一试身手"，所以神话学的受欢迎也是当然的事了，甚至几成"显学"。实在地说，神话研究既好做又不好做。说不好做，是因为做不好，这对于任何一门严肃的学问来讲都是如此；说好做呢，是因为不怕没的做，神话的久远与神秘使它的研究相对而言少有确解，所以有些研究尽管连自己都未必相信，但别人真想要去反驳时，却发现并不那么容易。看多了左一个揭秘右一个破译，以及 A 约等于 B，B约等于 C，C 约等于 D，因此 A 就约等于 D 甚至就是D 式的研究，我对于神话学的学术品格有时不免怀疑

---

　　①　本文作者为北京大学中文系民间文学专业教授。

起来，至少，对于那些从来说不清楚的神话，一下子被说得眉清目秀、条理分明以至形同亲历似的，我总是拒绝相信，但这或许只能表明自己成见的顽固也说不定呢。

好在总有人愿意好好做，比如杨利慧博士和她的女娲研究。我当初对杨利慧博士的慕名，是听说她已基本完成了关于女娲神话的研究，而我那时正准备做尧舜的研究，很想获得些同类研究以做参考，所以辗转请托，终于识荆。她很慷慨地将其博士论文《女娲的神话与信仰》示我——当时还是打印稿，后由中国社会科学出版社于 1997 年以同题出版，为"中国社会科学博士论文文库"之一。我记得花了一整天时间认真拜读一过，得出的印象是朴质工稳，这与她本人给我的印象正相符合。我这里说朴质工稳，绝不是说因此就有欠精彩，而是觉得这整体意义上的朴质工稳，远比各章各节的精彩更加难得。按理说，对女娲的研究，已经有很长的历史，而且取得过许多至今仍不失典范的成绩（该书"关于女娲神话与信仰的研究史略"中有详细介绍，读者可自检），但似乎没有人将有关女娲的神话及信仰作为整体进行过研究，大多只是研究女娲的某一问题，比如产生时地、族属等之类。杨利慧博士是要对女娲进行整体的研究的，这用"填补空白"一类的话来形容也未尝不可，但这并不是怎么了不得的词，因为常规的学术选题不是深化就是新建，填补空白的事几乎天天发生。我想说的是，她通过对资料的全面占有，对女娲神话的一些基本问题给予了确实的说明。比如女娲的神格到底怎样，她在书中就对女娲的各种神格一一进行介绍，并总结出女娲神格的基点与中心是"始母神"。这样的说明看上去很平常，似乎很少有发挥才情或新人耳目的可能性，但它是一切相关研究的根本所在，比如原有的关于女娲族属与发源的争论，又何尝不与对女娲基本神格的误解有关呢！相反，有了这样的全面了解，再对各项子命题进行研究，就会显得高屋建瓴，也就可能更有效地减少裁断上的偏颇。这是它的第一项好处。

它的第二项好处，也是我最佩服的，是民俗学方法的成功运用。所谓民俗学方法，在她的课题里，按她自己的重点归纳，乃是："第一，运用本民族的现代民间口承资料来进行本课题的研究；第二，运用田野作业法，来搜集并立体地考察现存于民间的活态女娲神话及其信仰习俗。"这里所谓"本民族"，我想她指的是中华民族而非仅指汉族。前面我说的她对资料的全面占有，就包括文献资料与活态资料两方面，她对于女娲神话及其信仰的许多基本论断，都是在综合考察了这两方面资料后权衡而做的，因而分外显得有说服力。即便在主要论述古代女娲神话的时候，她对于现代女娲活态资料的掌握，依然或明或暗地显现着不可或缺的作用。至于对女娲信仰的研究，则主要凭依于现代活态资料，尤其是第二类所谓的"田野作业法"，而她关于女娲信仰所做的田野作业也的确十分出力，因而成绩也特别突出。当然，对于民俗学方法的使用，并非杨利慧博士的首创，20 世纪 30 年代，芮逸夫、闻一多等就曾对湘黔苗民的神话信仰做过调查，并由此对女娲神话做出了崭新的研究。但是，由于历史的原因，他们的调查不仅数量有限，而且偏于一隅，因而得出的结论如今看来，未免大有偏颇。现在的条件明显要优越得多，尤其是全国性的集成工作，为民间文化工作者提供了远远超越前人的有利条件，这是明摆着的事实，杨利慧博士能搜集到 500 余条有关女娲的民间材料，又能进行那么多的关于女娲信仰的实地调查，其得益于此自不待言。可是，条件对每个人来说都一样存在，但杨利慧博士的成绩，就我有限的见识来看，是做得最出色的，这不能不归功于她个人的勤勉与才识了。

不过，老实说，我那时对于她的博士论文，也还有些不满足感：有了这么好的全面研究，理应在此基础上做出些比较深入的专题研究，这本博士论文好像只是一个"上编",我总觉得她能做出更加精深的"下编"来。这一点,杨利慧博士大概是有考虑的,该论文在最后的"余论"中就留下了几个准备继续研究的重点课题:1. 女娲与地母的关系;2. 女娲的族属与产生地问题;3. 女娲形象产生的文化史背景;4. 女娲在中国文化史上的影响。博士毕业后,她紧接着又进了博士后流动站,在钟敬文先生指导下继续其女娲的研究。后来,她的新作《女娲溯源——女娲信仰起源地的再推测》,便是她博士后期间的研究成果。

这本由北京师范大学出版社出版、被列为"中国民间文化探索丛书"之一的著作,其实就是上述第二个课题"女娲的族属与产生地问题"的最新研究结论。关于女娲信仰的起源,20世纪三四十年代芮逸夫、常任侠、闻一多、徐旭生等人共同倡导"南方苗人说"。这一学说的主要依据有二:一是当时在南方少数民族中发现有大量的兄妹婚神话流传;二是苗人曾经将伏羲、女娲作为祖先神加以祭祀。在这一民俗学方法的主线上,再辅以文献学、考古学、社会学等方法,他们的结论显得意外地新奇动人而又颇具说服力,因而自20世纪30年代以来一直风头甚劲。杨利慧博士在这本著作的并不很长的篇幅里,运用同样众多的方法,对这派学说的各个方面加以辩驳。其中最锐利的武器便是通过她本人以及当今各地民间文化的工作成果,她发现女娲神话及其信仰的留存,在北方汉族中要远比在南方少数民族中来得多。她不仅列出了她所掌握的丰富的活态资料,而且还利用这些资料画出了几张分布图,让人在数量对比和直观感受两方面都对她的驳论甚表赞同。具体的论证过程诸位尽可亲自阅读,不必我来饶舌。

在此我想着重说明的是,以女娲产生地问题为例,从20世纪30年代的芮逸夫等到20世纪90年代的杨利慧博士,他们的研究都是以民俗学方法为主要支撑的,他们研究成绩的递进,主要也在于这一方法的进一步严密与完善。这里我所谓的进步与完善，又不单指数量与范围的扩大，而是以数量与范围的扩大为标志，进而对民间活态资料的性质及其运用有了更深刻的领会。民间活态资料是一种特殊的研究原料，它非但自身具有强烈的变异性，而且搜集整理者的态度、方法的不同又加重了它的不稳定性，这些特点是与传统的文献考古资料大异其趣的，因而使用起来也应该有其特殊的原则。按我个人的体会，民间活态资料个体的价值要远远低于类型、情节单元、母题等的价值，局部的价值又要远远低于全体的价值。这样的总结似乎放到别的资料上也适用，但对于民间活态资料而言，非但概率更高，而且是决定性的。比如你从文字资料中发现某地搜集到了一则你所感兴趣的民间故事，可是你很难确定它是个人的编造还是有广泛的流传，是确实在当地流传的还是偶然由一个人从老远的地方带来的，是土生土长的还是辗转贩卖的，是原汁原味的还是被加工改造过的，等等。而假如某一地区有相当数量的同类故事流传，或者某一类故事在很多地区有大同小异的记录，那么其可信程度就显然获得了更多的保障。再者，民间活态资料不像其他资料那样对于每个使用者来说都无差别地存在，它很多时候得由研究者亲自操作，而任何亲自操作的有限性是可想而知的，20 世纪三四十年代"南方苗人说"的成绩与失误，很大程度上均由此亲自操作前在地决定了。当然，杨利慧博士所集民间活态资料的全面性也并非无懈可击，她以各地集成本为主的资料来源本身的科学性、全面性是参差不齐的，但书中她对于所用资料进行辨析的文字似乎并不很多，更何况实际运作中又不可避免地带有研究主体的局限与偶然呢。这一情形让我很自然地联想到 20 世纪 20 年代顾颉刚关于孟姜女研究中民间活态资料的搜集，虽然二者的搜集程序并非一致。实在地说，在民间活态资料上，所谓的全面或全体永远只是一个假设的理想值，不是说达不到，而是根本就不存在，任何人充其量都只能是无限接近于理想中的全面。因此，对于民俗学方法的使用，从某种意义上讲，与研究者的学术良心也大有关系。

王国维的"二重证据法"，现在已是尽人皆知了，但在许多学科里，尤其像神话学、民俗学、人类学、宗教信仰学及社会学等领域，还须加上民间活态资料这一重，为"三重证据法"才好。这种观点已经有一些学者提出过，但好像并没有太多成绩。如今杨利慧博士的女娲研究，大约可以算是一个很不错的范例了吧。不过，如果承认不破不立，即破即立，破即是立，立在破中，那么她的新著是十分出彩的，但大多数情况下破的对立面不止一个，所以立的一面也须着力论证，在这方面我感觉她的工作相对就有些逊色了，尤其是她将女娲信仰的产生地具体推测在渭河流域，并对其演化传播做了与所谓中华文明的发展交流史向序一致的时空描摹，且不说她所凭依的徐旭生氏之华夏、东夷、苗蛮三集团说是否立得住脚，单是对上古洪荒的神话做这么清晰的描画，照着前面说过的我的成见，依然还是不愿相信，这是我对杨利慧博士感觉十分抱歉的。

（本文发表于《博览群书》2000 年第 11 期）

中国神话研究的民俗学派
——杨利慧的神话学思想及其实践

张多①

神话学（Mythology）是一门自成体系的国际显学，但作为一个研究领域，神话学亦是诸多人文社会学科的关键组成部分。尤其在民俗学、民间文学、古典学、人类学等学科中，神话研究一直是他们的重要甚至核心的研究领域。

在民俗学（本文"民俗学/Folklore"概念包含民间文学研究）的研究中，神话作为一个文类（genre），长期居于民俗学学术史的显要位置。一方面，神话被视为一种叙事体裁（narrative genre）；另一方面，它也被作为民俗文类（folklore genre）或文化事象加以研究。在18—19世纪欧洲早期民俗学的视野中，神话、童话等作为最能体现浪漫主义民族主义观念的事象受到学者们的重视。赫尔德（Johann Gottfried Herder）、

---

① 本文作者为云南大学文学院副教授。

格林兄弟（The Brothers Grimm）等欧洲民俗学先驱都在神话研究领域留
下了重要的学术遗产。在受到进化论人类学思想影响的民俗研究中，神
话被视为"遗留物""古物""原始思维"的最佳表征。安德鲁·兰（Andrew
Lang）、弗雷泽（James Frazer）、列维-布留尔（Lucien Lévy-Bruhl）等许
多学者，都在神话研究领域开启了人类学与民俗学的经典研究范式。在
以马克斯·缪勒（Max Müller）为代表的受到语言学影响的民俗研究中，
神话亦被视为重要的分析对象。后来，功能主义、结构主义、历史—地
理学派、心理学派等将神话学研究推向持续深入。

　　对中国来说，神话学可以说是 20 世纪的舶来品。而人类学派的神
话研究对中国影响较大，诸如茅盾、闻一多、周作人、芮逸夫、钟敬
文、王孝廉、李子贤等皆属于这一脉络。而顾颉刚、徐旭生、袁珂等从
古史研究出发，开启了考古学、文献学、文明复原的神话研究传统。

　　综观 19—20 世纪神话学的厚重积累，传统的研究范式至今依然主
导着中国与世界的神话研究。比如历史—地理方法、历史文献学方法、
人类学方法，依旧是目前神话研究的主导性方法。但这些积累颇厚的范
式，在人类文明进入 21 世纪后，显然已不能满足学科前进的要求。突
出的局限在于："向后看"的视角仍将神话视为古典的素材；单一媒介
（如文献）的研究遮蔽了神话的丰富内涵；抽象宏观的阐发与具体微观的
个案分析未能较好结合，等等。在诸多学科对神话学的研究中，民俗学
用力颇深，但是伴随着各国民俗学家对学科自身的省思，过去对神话的
研究愈发显得视野狭窄。而本文将谈及的北京师范大学杨利慧教授的神
话学研究，正是建立在对这些局限的反思基础上的。

一、女娲：杨利慧早期的神话学研究

　　1991 年，杨利慧考入北京师范大学攻读中国民间文学专业的博士

学位。1992 年，在钟敬文教授的建议下，她开始着手进行女娲神话的研究工作。钟敬文的民间文艺学思想受人类学、历史—地理等理论方法影响较深，擅长用文化史的视角研究民间文学。但是其民俗学思想的开放度也是显而易见的。杨利慧总结认为："他在学术上的指导思想是比较复杂的，在具体研究中，运用多种学科的观点和方法进行探索的努力十分明显。"①显然，钟敬文的综合研究理念与开放的学术视野，对杨利慧后来的女娲神话研究有直接的影响。

钟敬文教授原先对女娲神话研究的期待是文化史式的，他也曾戏称自己是"文化史学派"②，但最终杨利慧的博士论文《女娲的神话与信仰》却是着眼于"当下"的，女娲神话在当下的信仰实践彰显了神话叙事鲜活的生命力。对文化"遗留物"观念的反思以及"朝向当下"的视野一直贯穿杨利慧以后的神话学实践。

早在 20 世纪 30 年代，芮逸夫的《苗族的洪水故事与伏羲女娲的传说》和闻一多的《伏羲考》就已经奠定了伏羲、女娲神话的经典范例地位。女娲神话领域在杨利慧之前已经有非常丰厚的学术积累。杨利慧也坦言，面对一系列大师的名字，如果不是对女娲神话问题有过自己思考和探索的人，很容易放弃质疑前人的企图。③ 但是在经过多次对女娲神话与信仰的田野作业后，杨利慧看到了前人研究的重大不足，也即对当下具体社区中活生生的神话事实的忽视。尽管前人多有人类学视野下的神话研究，但在杨利慧的研究中，神话本身得到了充分的深描与彰显，而不再是作为阐释历史的素材。在她的研究中，生活中那些神话的持有者

---

① 杨利慧：《钟敬文及其民间文艺学思想》，载《文学评论》，1999(5)。

② 廖明君、杨利慧：《朝向神话研究的新视点》，参见本书"代后记"。

③ 参见杨利慧：《女娲溯源——女娲信仰起源地的再推测》，北京，北京师范大学出版社，1999。

走到台前。神话总是不断变异以适应社会生活的变迁，从而获得存在与延续的生命力。

总的来看，杨利慧女娲神话研究所体现出来的特点，与20世纪末民俗学研究的转型有着密切联系。一方面，域外民俗学对民俗本体的反思促进了中国民俗学的转型，诸如民族志诗学、表演理论、口头传统等新的理论视角促使杨利慧反思以往的研究范式。另一方面，20世纪90年代正是中国民间文学"三套集成"工作的关键期，大量的口承神话搜集整理大大改变了中国神话资料库的结构。杨利慧的女娲神话研究，与同时期的民族史诗研究、故事和传说讲述研究、歌谣和曲艺研究、民间信仰和仪式研究、节日研究等一道构成了20世纪末中国民俗学的鲜活图景。

《女娲的神话与信仰》将现代口承神话文本、古代文献与考古资料、民间信仰与民俗生活相结合，着重探讨了女娲的"始母神"神格、当代女娲信仰、神话与信仰的功能、女娲神话的古今变迁等问题。这样的神话研究不仅弥补了尚无女娲神话专论的缺憾，在方法上也与前人有较大不同。民俗学的"眼光"在研究中显示出了优势。杨利慧并未纠缠于庞大的学术史论争，而是直指女娲神话本体论与当下存在形态，生动地展现了女娲神话与现代中国民众的关系，从民众生活现场出发与前人对话。在田野作业和口承神话文本梳理的基础上，其对"遗留物"观念充斥于民俗学研究的批评也就很有说服力。

在博士论文的基础上，杨利慧在博士后出站报告中，集中精力回答了女娲神话学术史上的一个关键问题——起源。《女娲溯源——女娲信仰起源地的再推测》对女娲神话起源问题上"南方说"的经典地位提出了挑战，并且运用民俗学的观点，佐证了"北方说"的合理性，并进一步提出"西北说"的新推断。该著作出版后引起学界极大反响，在一个看似陈旧的话题上，杨利慧运用扎实的材料做出了新的文章。至此，可以说杨利慧完成了她的女娲神话"两部曲"。这"两部曲"无疑是 20 世纪末中国神话学的重要成果，也使杨利慧成为新时期女娲神话研究的"集大成者"。①

当然，杨利慧对女娲神话的研究，与当时中国民俗学界对以往文本、事象研究的反思密切相关。而大规模的民间文学"三套集成"的搜集整理工作也是其口承神话研究特色的重要背景。在完成两项研究后，杨利慧开始深入思考民俗学、神话学研究思路与理论方法的问题。

二、"女娲之后"：立足于神话研究的民俗学理论探索

2000 年 8 月，安德明、杨利慧夫妇赴美访学。这次在印第安纳大学的访问，让杨利慧对以理查德·鲍曼（Richard Bauman）为代表的表演理论有了深入的了解。2001 年回国后，安、杨夫妇即着手翻译鲍曼的代表作之一《作为表演的口头艺术》。表演理论对 20 世纪后期美国的人文社会科学界产生了广泛影响，是当代民俗学理论创新的典范。此后，杨利慧积极借鉴表演理论重新审视中国神话，并推动中国民俗学的基础理论研究。

在积极译介的同时，杨利慧开始尝试运用表演理论的视角审视中国民间叙事，《表演理论与民间叙事研究》一文在吸收和反思表演理论的基础上，初步提出了她的研究设想，包括文本的稳定性、形式与功能的结合等。② 表演理论是以表演为中心（Performance-centered），关注口头艺术文本在特定语境中的动态形成过程和其形式的实际应用，而以往对中国神话的研究正缺乏对神话生存现场的关注，即便有民族志式的资料，也常常抽离了具体场景。不唯神话，中国民俗学的研究普遍存在这样的

---

① 廖明君、杨利慧：《朝向神话研究的新视点》，参见本书"代后记"。

② 参见杨利慧：《表演理论与民间叙事研究》，载《民俗研究》，2004(1)。

缺憾。在 21 世纪初,杨利慧等一批中国民俗学者积极致力于推动民俗学的语境研究,并最终促使学科向实证研究、当代研究、理论研究转型。杨利慧的《民间叙事的表演——以兄妹婚神话的口头表演为例,兼谈中国民间叙事研究的方法问题》①一文,就是其借鉴表演理论研究中国口承神话的范例。另外,杨利慧 2004 年发表的《美国公众民俗学的理论贡献与相关反思》②、2005 年发表的《仪式的合法性与神话的解构和重构》③等也是她吸收域外多样化前沿理论的反映。

和许多译介域外理论的学者不同,杨利慧的本土学术意识很强。她在完成女娲神话"两部曲"后,也积极融汇中国整体的神话传统,和陈建宪、吕微、赵宗福、田兆元、陈连山、刘宗迪、鹿忆鹿、钟宗宪、吴晓东、王宪昭、黄泽等一批同辈学者,构成了世纪之交中国神话研究的民俗学派。2000 年,美国知名出版机构 ABC-CLIO 计划编写一套"世界神话学手册",涵盖世界所有主要文明的神话。此前英文世界的中国神话专著不仅寥寥,且皆非出自中国学者。这一次,ABC-CLIO 邀请杨利慧用英文撰写其中的《中国神话手册》。为了向国际学界传达中国学者对中国神话研究的声音,杨利慧接受了这项艰巨的任务。最终,杨利慧与安德明合著、杰茜卡·安德森-特纳(Jessica Anderson-Turner)校改的

---

① 杨利慧:《民间叙事的表演——以兄妹婚神话的口头表演为例,兼谈中国民间叙事研究的方法问题》,见吕微、安德明编:《民间叙事的多样性》,北京,学苑出版社,2006。杨利慧:《民间叙事的传承与表演》,载《文学评论》,2005(2)。该文修改后收为本书第八章。

② 杨利慧:《美国公众民俗学的理论贡献与相关反思》,载《广西民族学院学报》(哲学社会科学版),2004(5)。

③ 杨利慧:《仪式的合法性与神话的解构和重构》,载《北京师范大学学报》(社会科学版),2005(6)。

*Handbook of Chinese Mythology*① 于 2005 年在美国出版，2008 年由牛津大学出版社再版。该著作首次向英文世界的读者系统呈现了来自本土视角的中国神话及其研究，书中提出的"神话传统的积极和消极承载者"等观点，对中国神话的民族志田野作业，以及中国神话学的学术史梳理，均展现了中国神话研究者的前沿成就。

从 1997 年开始，杨利慧便着手编制中国神话母题索引，这是一项工程量巨大、费力不讨好的工作。但是对民间文学学者而言，母题索引和类型索引是最基本的学术工具，也是民俗学领域独具特色的分析方法。长期以来，关于中国神话的母题索引总是存在诸多缺憾。在其指导的研究生张成福的大力协助和合作下，杨利慧最终完成了母题索引。比杨利慧稍晚，王宪昭亦致力于中国神话母题的系统研究。最终在 2013 年，杨利慧、张成福的《中国神话母题索引》②和王宪昭的《中国神话母题 W 编目》③皆得以出版。这是中国民俗学家对世界神话学的重要贡献。

除了在中西学界互通有无，杨利慧也在神话学研究中积极探索前进之路。《神话一定是神圣的叙事吗？——对神话界定的反思》④一文，在学界再次掀起波澜。神话是"神圣的叙事"（Sacred Narrative）一直以来被学界普遍接受，被认为是"神话"概念的重要特征。和质疑女娲信仰"南方说"一样，杨利慧对经典论断决不盲从。她从自己对神话传统的田野研究出发，发现神话的神圣性并非像前人所说的那样理所当然。她旗帜鲜明地提出质疑，认为将"神话"界定为"神圣的叙事"并不能普遍概括现

---

① Lihui Yang and Deming An，with Jessica Anderson-Turner. *Handbook of Chinese Mythology*. ABC-CLIO，2005，Reprinted by Oxford University Press，2008.

② 杨利慧、张成福：《中国神话母题索引》，西安，陕西师范大学出版社，2013。

③ 王宪昭：《中国神话母题 W 编目》，北京，中国社会科学出版社，2013。

④ 参见杨利慧：《神话一定是神圣的叙事吗？——对神话界定的反思》。

实生活中复杂多样的神话讲述和传承样态。① 这一观点引发了学界的不
小争论。通过论争，学者们对神话神圣性问题有了深入思考，也推动了
中国神话学的多样化研究。

在反思神话神圣性的基础上，杨利慧注意到了神话在现实生活尤其
是当代媒介技术世界中的存在。《神话的重建——以〈九歌〉、〈风帝国〉
和〈哪吒传奇〉为例》一文，是中国神话学走向当代媒介研究的标志性论
文。杨利慧指出："神话学者、民俗学者应该关注神话和民俗被重建的
现象，不再把神话和民俗看成是过去的'遗留物'。而应看成是'不断变
动着的现实民俗'，它们和人们的现实生活息息相关，并且由人们根据
当下的需要和目的而不断重新塑造。"② 与叶舒宪关注"新神话主义"的视
角不同，杨利慧对民俗过程中的神话和电子媒介中的神话研究，依旧采
用民俗学田野研究的方法③，并始终贯穿着推进中国民俗学"朝向当下"
转向的理念。在 2007 年《民间文化论坛》组织的"民俗主义"专栏中，杨利
慧的《"民俗主义"概念的涵义、应用及其对当代中国民俗学建设的意义》④
更加鲜明地体现出她力主民俗学研究应当阐释当下社会文化的学术追求。

三、从"现代口承神话的民族志研究"到"神话主义"

从 1993 年开始，杨利慧便着手采用民族志方法进行神话研究。在
1996 年完成博士后研究并任教于北京师范大学后，她又先后组织其指

① 杨利慧：《神话一定是神圣的叙事吗？——对神话界定的反思》，载《民族文学研
究》，2006(3)。

② 杨利慧：《神话的重建——以〈九歌〉、〈风帝国〉和〈哪吒传奇〉为例》。

③ 参见杨利慧：《从"自然语境"到"实际语境"——反思民俗学的田野作业追求》，
载《民俗研究》，2006(2)。

④ 参见杨利慧：《"民俗主义"概念的涵义、应用及其对当代中国民俗学建设的意义》。

导的四名硕士研究生（均为北京师范大学民俗学专业）组成团队，继续深入进行汉族地区现代口承神话的民族志研究。这项研究历时十年，最终成果体现为《现代口承神话的民族志研究——以四个汉族社区为个案》专著的出版。在这十年期间，杨利慧师生对河南淮阳、重庆走马镇、陕西安康、山西洪洞等地的神话传统进行了深入的田野作业，其民族志生动展现了神话在当下社区中的传承、变异和表演。考虑到该著作仍然主要关注伏羲、女娲神话，可将其视为杨利慧女娲神话研究的"第三部曲"。该著作系统展现了杨利慧近十年来对现代口承神话民族志研究的思考，将神话的功能与意义、语境的限度和效度、神话的神圣性、神话的积极和消极承载者、神话的讲述与传播、神话综合研究法等观点熔为一炉。该著作是中国神话学第一部严格意义上的"神话民族志"，具有重要意义。

经过十年的不断探索，"现代口承神话的民族志研究"已经成为杨利慧2000—2010年学术研究的关键词。在这个关键词之下，杨利慧对中国神话的把握从女娲神话走向整体的神话传统，从单一的事象研究走向多元理论的融汇。2009年，杨利慧出版了教材《神话与神话学》，这不仅是她在北京师范大学文学院十多年教学的心得，更是她系统阐述自己的神话学思想的力作。将神话学研究置于中国民俗学学术转向的大背景中，是这一教材有别于同类教材之处。该书鲜明地体现了杨利慧"朝向当下"的民俗学和神话学理念。

客观地讲，她所引领、倡导的"朝向当下"的神话研究，在21世纪头十年的中国神话研究者中仍然是应者不多的，历史比较方法依旧盛行。但是杨利慧并未因此停步，她在2011—2012年集中对四个汉族社区现代口承神话的民族志研究做出总结、反思后，又开始了新的研究。她于2011年发表的《语境、过程、表演者与朝向当下的民俗学——表演理论与中国民俗学的当代转型》，梳理了表演理论被中国学界接受的背景、历程和本土化实践，并就诸多误解进行澄清。此文不仅是表演理论中国本土实践的学术史力作，也代表杨利慧对自己过去研究思考的全面总结。2012年，她与安德明合作的论文《1970年代末以来的中国民俗学：成就、困境与挑战》①发表，该文立足于更宏观的学术史视野，对中国民俗学几十年来的发展做出了评价与展望。

在经过上述对中国民俗学全面的学术总结后，杨利慧继续在神话学领域开拓。2011年，杨利慧开始着手对"当代中国的神话传承——以遗产旅游和电子媒介的考察为中心"这一国家社科基金课题进行研究。该课题力图从民俗学和神话学的视角，对中国神话传统在当代社会——尤其是在遗产旅游和电子媒介领域——的利用与重建状况展开更细致的民族志考察。与"现代口承神话的民族志研究"不同的是，该课题更加关注年轻人，关注现代和后现代社会中的大众消费文化、都市文化和青年亚文化。在《遗产旅游语境中的神话主义——以导游词底本与导游的叙事表演为中心》②一文中，杨利慧通过河北涉县娲皇宫的田野研究，系统阐释了她多年前就提出的"神话主义（Mythologism）"概念。杨利慧的神话主义概念更多地参考了民俗主义（folklorism）以及民俗化（folklorization）等概念的界定，强调的是神话被从原本生存的社区日常生活语境中抽取出来，在新的语境中为不同观众所展现，并被赋予新的功能和意义。神话主义并不限于文艺创作，而是广泛存在于现当代社会的诸多领域。

---

① 安德明、杨利慧：《1970年代末以来的中国民俗学：成就、困境与挑战》，载《民俗研究》，2012(5)。

② 杨利慧：《遗产旅游语境中的神话主义——以导游词底本与导游的叙事表演为中心》，载《民俗研究》，2014(1)。该文修改后被作为本书第十章。

神话主义概念直指工业化社会、信息化社会和大众消费社会的文化，一反文明史溯源研究的思路，而颇具对未来的前瞻性。杨利慧除了关注旅游业尤其是遗产旅游中的神话主义现象，还关注电子游戏、影视传媒、互联网等媒介中的神话主义现象。这项"当代中国的神话传承"的研究，为民俗学阐释当下社会文化做出了探索，也较好地揭示了作为民俗文类的神话与现代社会、未来社会的关系，从一个特殊的视角观照了民俗学最核心的问题——传承与发展、生活与日常。从这一项研究的先期成果可以看出，神话主义作为一个分析工具，有助于进一步彰显作为体裁实践的神话（或民间文学）传承的内在机制。

可以预见，在未来一段时期内，杨利慧的研究仍是引领或代表中国神话学前沿的重要成果；其神话学思想与实践仍将进一步深化。

四、余论

杨利慧的学术思想继承了钟敬文先生对中国民俗学发展的预计和谋划，但同时又在许多方面有所超越。她一直很强调学术研究的反思精神与问题意识，强调国际视野与本土文化自信。她与同辈的一大批中国民俗学者一道，在诸多领域为中国民俗学赢得了声誉。虽然本文主要着眼于杨利慧的神话学研究，但需要说明的是，神话学只是她观照民俗学理论的一面镜子。也就是说，与其被称为神话学家，她更应该被称为民俗学家。因此，用"中国神话研究的民俗学派"来概括杨利慧的神话学思想，主要意在表明其民俗学的立场和视角，表明民俗学视角下的神话研究是一个广阔的天地。

钟敬文先生在 1999 年出版了《建立中国民俗学派》，97 岁高龄的钟老号召："中国民俗学要发展，从原则上说，还要走自己的路。"①在世纪之交的中国，学术自信严重匮乏，域外学术让中国学者眼花缭乱、自叹弗如。钟老在耄耋之年的振臂高呼，无疑是振聋发聩的。对此，季羡林先生以自己留德十载的经验评价道："中国学术界应该有勇气、有能力，建立自己的学派。"②中国神话研究的民俗学派，也是钟老倡导的"中国民俗学派"的组成部分。在神话研究领域，杨利慧等一批民俗学家，切实地从中国厚重的历史积淀、多样的民族文化和独特的文明发展轨迹出发，积极吸取世界民俗学先进思想，用中国的视角看中国问题，在中国问题中探索中国方法。在中国神话研究的民俗学派当中，许多学者并非钟老弟子，因此这个"学派"不是"门派"，而是有着相似学术取向的共同体。概括起来，这个学术共同体追求在中国立场上审视域外神话学理论，重视发挥中国古典文献研究的长处，重视中国文化多样性的社会现实，重视运用民俗学独特的理论方法（如母题、类型），重视田野研究与整体研究。杨利慧的神话研究就带有自觉和鲜明的民俗学学科立场，她用自己的实践展示了民俗学家进行神话研究的独特优势。更重要的是，杨利慧从神话视角出发的民俗学研究，成为直接推动中国民俗学当代转型的中坚力量，她"朝向当下"的研究实践极大促进了民俗学参与当代社会文化进程的话语能力。

当然，评价一位学者的学术思想与实践，亦应当包括针对其局限的批评。笔者认为，对现代媒介中的神话主义现象研究，不应局限于媒介转换导致的"挪用"，而应看到神话自身传承的内在恒定机制。如果将神话文类同其他民间文学文类视为一个整体，就应看到民间文学文类的

---

① 钟敬文：《建立中国民俗学派》，5 页，哈尔滨，黑龙江教育出版社，1999。

② 王宁、董晓萍：《钟敬文教授〈建立中国民俗学派〉及其学术思想研讨会发言纪要》，载《中国教育报》，2000-03-28。

"当下表演"是其内在传承机制使然，媒介转换很大程度上是外在因素。神话的"重建""再生""重述""回归"都是神话文类"大传统"的自然延续，也即神话传承从未曾中断和终结，口头传统与书面传统甚至电子传统从来不是截然区隔的，它们一直共同服务于民间文学的传承。当然更应该看到，在21世纪头十年的中国神话学领域，老一代学者如李子贤教授仍然奔波于田野作业和国际学术对话的一线，后辈学者特别是青年学者等都运用各自理论方法（如四重证据、神话哲学等）为中国神话研究做出重要贡献。面对中国社会的快速变迁，神话学研究能在多大程度上助力于社会进步与文明发展，是摆在每一位神话学研究者面前的现实课题。为世界神话学与人类文明贡献中国智慧，是21世纪中国学者肩负的更大使命。

（本文发表于《长江大学学报》2015年第5期，收入本书时稍有修改）

代后记：朝向神话研究的新视点

——杨利慧博士谈其神话研究之路

廖明君[①]、杨利慧

2005 年，时任《民族艺术》杂志社社长和总编辑、广西民族文化艺术研究院院长的廖明君研究员对笔者进行了一次访谈，其中笔者对自己的治学过程以及学术思想逐渐发展的过程有比较详细的回顾与阐明。现略做修改后收录于此，作为代后记，以便读者能从更宏阔的历史脉络中，了解本书的写作历程、成就、局限及其与作者其他研究之间的内在关联，进而对本书有更全面的认识。——杨利慧

廖明君(以下简称"廖")：利慧博士，我注意到你在 20 世纪 90 年代中后期连续出版了两部关于女娲神

---

① 本文访谈人时为《民族艺术》杂志社社长、总编，现为《广西民族大学学报》(哲学社会科学版)执行主编。

话和信仰的专著，而且还发表了系列相关的论文，不仅被认为是新时期女娲神话研究的"集大成者"，而且也成为一段时期中国神话学领域里的标志性成果之一。你能不能先谈谈你当初为什么选择了要研究女娲呢？

杨利慧（以下简称"杨"）： 这要从我的博士生导师钟敬文先生说起。我是1991年考入北京师范大学中文系攻读中国民间文学专业的博士学位的，导师原本是张紫晨先生。第二年春天张先生不幸因病去世，我被转入钟先生门下继续读书。我的毕业论文原来打算写与女性信仰有关的课题，但一直没有找到合适的题目。正巧钟先生一直想作一篇研究女娲神话的《女娲考》，而且他已为此准备了多年资料，可始终苦于没有时间和精力撰写。于是，他就把这个题目推荐给了我。我查阅了一些资料，觉得这个题目很有意思，就接受了下来。从此一发不可收拾，陆陆续续做了十几年。说来可笑，我此前无知无识得很，曾经和我的一位学友开玩笑说：在民俗学诸领域中，我最不想也不敢涉足的就是神话，因为这是个无法证实、深不可测的"无底洞"（其实如今看来哪门人文学科不是这样！），掉进去就爬不出来了。不想自己后来竟恰恰走上了神话研究的道路。

廖： 虽然你做这个题目是钟先生推荐的，而且他对如何做这个题目也有很多自己的想法，不过你最后写成的博士论文《女娲的神话与信仰》似乎与钟先生所期望的有所不同。他在给这本书写的序言中，谈到他原来的构想是想通过女娲在神话中的种种活动，去论证这位女神所由产生的社会文化背景，主题是"原始文化史"的。而你所写成的，却是"神话学"或者"宗教学"的。为什么会有这样的差别呢？

杨： 说到这一点，我很惭愧自己没有按照先生希望的去做，不过也很庆幸遇到钟先生这样宽厚、包容的导师——他并没有勉强我按照他的思路去做。我想我们师生对女娲神话的研究角度的差异，主要与我们各自的学术背景的差异有关。我曾经在《钟敬文民间文艺学思想研究》的论文(收入《钟敬文学述》,249~272页,杭州,浙江人民出版社,2000)中谈到:钟先生善于从历史尤其是文化史的角度切入故事研究。从20世纪二三十年代直到八九十年代,他一直非常关注的问题包括:故事的基本类型是什么?最初发源地是哪里?从最初文本发展到今天,故事在形态上发生了哪些规律性的变化?这些变化发生的社会历史原因是什么?故事中的某些情节蕴含了人类社会文化发展历史的哪些文化现象(信仰、社会制度、风俗习惯等)?或者说,故事产生的社会文化史根源是什么?研究故事,对于我们认识和了解人类社会文化史有什么意义?他常为人们称引的论文,如《中国的天鹅处女型故事》《盘瓠神话的考察》《老獭稚型传说的发生地》《蛇郎故事试探》《中国民间故事试探》《中国神话之文化史的价值》《为孟姜女冤案平反》《刘三姐传说试论》《洪水后兄妹再殖人类神话》等,虽然探讨的专题不同,研究内容也各有差异,但研究的主要思路和方法大都有上述共同点。他想写的《女娲考》(或《从女娲神话看我国原始社会史》),也是打算通过女娲在神话中的种种活动,去论证这位女神所由产生的社会文化背景。可以这样说,钟敬文先生从神话故事研究中经常看到的,是一幅幅历史上人民生活和思想的图画,是人类社会文化发生和演进的"迁移的脚印"。钟先生对自己研究中存在的这一特点并不否认,他还曾经开玩笑承认说自己属于"文化史学派"。他的这一学术思想和特点的形成,与人类学派的深远影响有关。人类学派是19世纪末到20世纪初,在欧洲学术界盛行的一派人类学理论,它把达尔文的进化论运用于社会文化领域,认为现代的高级文化是由人类的初级文化逐渐发展或传播起来的。为了把握文化现象之间的历史联系,他们多采用"取今以证古"的方法,即运用现代还停滞在较原始阶段的民族(部落)的神话、信仰及风俗,去解释古代或现代文化比较发达的民族的相关文化，尤其是那些看似"不合理"的文化现象，认为前者是后者的原形，后者是前者的"遗留物"。这派理论的兴趣，往往并不在研究对象本身，而是力图由此探寻并重建人类思想和文化的历史和发展规律。这派理论在 20 世纪初传入我国，在 20 世纪 20—40 年代的神话、传说、故事、民俗等研究上，产生了很大影响，像周作人、茅盾、黄石等人，都是它的信奉者或宣传者、实践者。钟敬文在走上民间文艺学道路不久，就接触到这派理论，阅读了一些介绍人类学派的民间故事理论，并运用这派观点和方法来研究中国的神话和故事，成为"这大潮流中的一朵浪花"。人类学派对于钟敬文的影响是深远的，直到他 20 世纪 90 年代所写的《洪水后兄妹再殖人类神话》中，依然可以清晰地看到这派学说影响的痕迹。

而我则更多地受当代人类学、民俗学理论思潮的影响，虽然对人类学派旁征博引的文献功夫和跨文化比较的开阔视野非常佩服，但是对将世界不同民族、不同地区在不同的时间和空间中存在的习俗和口承资料加以类比，以重建人类文化演进历史的做法深有疑虑，特别是对泰勒等人提出的"遗留物"的说法不赞成。相比起重构原始文化演进的可能性历史，我对古老的神话在现实社会文化中的功能、意义和不断重建的过程更感兴趣。我在博士论文的结论中曾指出"遗留物"学说是片面的，因为文化的发展、演进是相当复杂的，一部分文化要素可能会成为文化遗留物，但也有许多要素会不断被整合到当下的主流文化中。从女娲神话及其信仰的发展演化过程可以明显看到，在漫长的历史发展中，女娲神话及其信仰并未成为毫无意义的东西，而是根据人们的需要与趣味不断发生着大大小小的各种变化，在这变异、调适中，获得了进一步存在与延续的生命力，从而得以长期生动地存在于人们的现实生活中，并发挥着多方面的作用。后来我进一步了解到，"遗留物"学说不仅在中国民俗学界产生了深远的影响，而且至今依然有巨大余威，在世界民俗学界它也曾经影响显著，所以 20 世纪六七十年代以来的一些新的理论和观点，比如表演理论（Performance Theory）、民俗主义（Folklorism）等，都特别针对它展开了反思和批评。

廖：在你之前，女娲神话已经有许多人做过研究，有些还是很有分量的大家的研究，比如闻一多的《伏羲考》、芮逸夫的《苗族的洪水故事与伏羲女娲的传说》等。与以往的研究相比，你的博士论文有哪些创新之处呢？

杨：的确，女娲神话是中国神话里最为引人注目的话题之一，在我之前，已经有无数文人学者，从许多角度，用多种方法，进行了深入的研究。所以，如何能在前人丰厚积累的基础上有所创新，的确让我想了很久。后来，我在梳理学术史的时候发现，以往的研究中存在着三个方面的问题：1. 将女娲神话与女娲信仰分割开来，偏重女娲神话的研究，而对女娲在民众信仰中的角色、位置和功能缺乏考察，这极大地影响了对女娲文化的整体认识；2. 大多以古代文献或考古学成果为主要资料来源，很少提及或应用近年来新搜集的现代民间口承神话，对这些新资料中出现的诸多新问题也很少加以关注和深入探讨；3. 多依赖考据学、训诂学或考古学的方法，对至今依然鲜活存在的女娲神话和信仰缺乏以田野作业为基础的民族志研究。针对这些方面的局限和薄弱之处，我的研究将女娲的神话与信仰联系起来，并将其置于生动的民众生活中加以整体考察，从中探讨女娲及其神话与信仰在群体与个人生活中所起的作用，以及女娲在中国民族信仰中的位置等问题。同时，在利用古文献、考古学与民族志资料的基础上，大量采用了现代汉民族中流传的女娲神话，特别是 20 世纪 80 年代以来"三套集成"工作的成果，从中探求女娲神话流变的规律及其长期延续的内在缘由，并对女娲的神格、她与兄妹婚的关系等重要问题进行了重新审视。特别值得一提的，是田野作业方法对我的女娲研究的重要意义。1993 年春天，我跟随河南大学张振犁教授的"中原神话调查组"在河南淮阳、西华及河北涉县等地进行当代女娲神话与信仰的田野考察。那是我第一次在书本的女娲资料之外亲身接触到民间活生生的口头传承和信仰习俗。记得我第一次在河南西华老百姓地头看到一通"女娲城遗址"的石碑，低低的，四周满是青青的麦苗，摸着那座石碑，当时我心里非常激动，好像横亘在古老的女娲始祖与现代研究者之间的巨大时空隔阂刹那间不再存在，远古与现代的时间界限被打破，僵死的古老文献与鲜活的现实生活彼此互动、一脉相承。田野考察中，那些老百姓口头讲述的神话以及他们对女娲娘娘的虔诚信奉，更是深深地感动了我，我深切地体会到：女娲不仅仅存在于古代文献里，她还广泛地活在人们的口头上、行为中和情感、观念里。一句话，女娲不是远古的"木乃伊"，她是活在现实中的传统，并对人们的现实生活产生着多方面的影响。从此，我深以为女娲研究只从文献而研究其神话是有局限的，而只有在由一系列的信仰观念、礼祀行为、神圣语言、巫术、禁忌等共同构成的信仰背景中，才能更真切、深入地理解女娲的神话及其信仰的实质。正如日本著名神话学家大林太良先生指出的：神话的真实性是只有在祭礼的氛围中才能心领神会的东西（《神话学入门》，北京，中国民间文艺出版社，1989）。由此，我的女娲研究从以往单纯对女娲神话的考据，转向更广大范围里的女娲神话与信仰的综合考察，而且以为这是更全面、立体、完整地认识女娲及其相关文化的有效途径。

廖：你的女娲神话研究以及其他神话的研究，似乎都特别关注现代民间口承神话，这是为什么呢？

杨：的确，我是有意识地选择以现代民间口承神话作为主要的研究对象的。因为长期以来，中国神话研究，也包括国外汉学家对中国神话的研究，主要倚赖的都是古代书面文献记录，或者加上考古资料，较少关注现代民间口承神话(这里面当然有各种客观条件的限制)。这种资料上和视野上的局限带来了一些方法上和结论上的局限。比如在神话研究中经常使用的考据方法，应当说，这是研究古典神话的必要而便捷的方法，对其严肃、谨慎地加以运用，常常是解决古典神话研究中存在问题的有效途径。但是，如果过于依赖、轻率使用这一方法，也往往会产生许多问题。这一点，已为不少中外学者中肯地指出过。例如美国学者D. 博德(Derk Bodde)在谈到中国古代神话研究中存在的若干问题时，曾做过这样的评论：

> 叙述的片断性所造成的困难，因中国古文献特点所带来的语文范畴的繁难而变本加厉。其中主要困难在于，多义词以及容易混淆的象形文字极多。因此，寻求可互相替代的语词和字，特别引人入胜。诸如此类所谓寻求，通常基于下列论证：记述 A 中的象形文字 X，在记述 B 中似为象形文字 Y；而象形文字 Y 在记述 C 中似为象形文字 Z；这样一来，记述 A 中的 X 则可与记述 C 中的 Z 互换。为数众多的中国学者借助于诸如此类探寻，在解释古代神话传说时创造了奇迹。这种方法如果滥用，则势必得出完全不可信的结论。①

这一批评是中肯的。从中国神话学史上可以看到，一些学者在阐释神话时，过于依赖考据方法，从古文献中轻巧地得出的结论往往五花八

---

① [美]塞·诺·克雷默等：《世界古代神话》，352 页。

门，同样的事实，得出的结论常常相互矛盾，甚至自相抵牾。因此，在使用这类方法时，必须严肃、谨慎，最好运用多方面的资料和多学科的综合研究方法进行，以免陷于主观臆断或孤证。而民间流传的口碑资料，正可以在一定程度上与古代文献记录相印证，因而具有补充乃至纠偏的作用。

再者，由于现代民间口承神话依然保持着与现实生活的血肉联系，所以为当代神话学者提供了难得的直接考察神话的传承、演变及其与民间生活文化的相互关系的有利契机，一些以往研究中很少关注的问题——例如被认为属于"古老体裁"的神话，为什么至今仍在流传？神话生存的条件是什么？是哪些人依然在讲述神话？讲述神话对于他们的生活具有什么意义？对于他们的宇宙观、世界观产生着什么影响？神话如何在具体的讲述情境中发生变化？这种变化与讲述人的经历、喜好以及听众之间的关系是什么？神话的变化与具体情境下的政治、历史、文化环境有什么互动关系？——也许能够赖此契机而得以解答。不同时代的学术研究往往有不同的特点和风貌，运用这些新材料，解决一些新问题，也许是这个时代赋予我们的一个创新的机遇吧。正如俄罗斯汉学家李福清所指出的："注意到神话传说在口头流传的情况，从根本上说是中国神话研究的一个新的方向。"①

运用现代民间口承神话，是中国神话学者的一大优势。对现代民间口承神话的关注，实际上从 20 世纪初就已经开始了，但是比较大规模的采录是在 1950 年以后，尤其是近二十年间。钟敬文先生曾经兴奋地称，这些活态神话的发现是"我国神话研究者的福音，同时也是世界神话学者的一种奇遇"（张振犁：《中原古典神话流变论考·序一》，上海，

---

① 《中国古神话研究史试探》，见［苏］李福清：《中国神话故事论集》，169 页。

上海文艺出版社，1991）。因为在世界范围内，长期以来，神话学界对于神话的研究，或者是立足于古文献记录，或者是取材于"原始"或偏远地区的土著民族的文化。可以说，对文化形态较发达的所谓"文明民族"的活态神话（living myth，也就是依然在民众口头上传播与表演的神话）很少进行实地考察和研究，这是当今世界神话学的一个薄弱环节。因此，现代民间口承神话是中国当代神话学的一大优势。我认为中国神话学者应该积极利用这一优势，立足于当代的这些新资料，积极运用各种新的、多学科的理论和视角，大力推进中国神话学的建设，并对世界神话学有所贡献。

我对现代民间口承神话的自觉关注，也深受钟敬文先生的影响，他一直在提倡用"民俗学的方法"研究神话，即"运用本民族的现代口头传承去论证古典神话的方法"（《中原古典神话流变论考·序一》）。而且，张振犁教授带领的"中原神话调查组"从 20 世纪 80 年代以来在现代民间口承神话的搜集、整理、研究方面，也取得了很大的成果。其他如云南大学李子贤教授、中国社会科学院孟慧英研究员等也做了许多工作。但是总体来看，相关的探索还不够，还有许多领地有待开拓，许多问题有待进一步深入探讨。

廖：在你的博士论文《女娲的神话与信仰》之后，你又出版了博士后阶段的研究成果《女娲溯源——女娲信仰起源地的再推测》。我觉得前一本书似乎在倡导"走向田野"，注重共时性的方法，而后者似乎又走向"历时性溯源"。你当时为什么会选择"溯源"这样的视角和方法，去研究一个很难有结论的问题呢？

杨：其实此书是我前一本书的延续，是对女娲研究中一个长兴不衰的话题，即"有关女娲的神话与信仰行为最初是从哪里发生和起源的"进行的专论。说实话，选择这个题目的时候，我已清楚地明白这将是个吃力不讨好的工作，因为，正如书中所言，"要探讨主要在幻想、情感与口耳相承间存在与流传的上古神灵信仰的起源地，已不免让人产生雾里看花般难以凿实的惶惑，何况女娲的神话与信仰在长期的地域扩布、民族迁徙过程中，已广泛地流播于全国很多地区和多个民族中了呢？……"但是依然勉为其难地做这个工作的原因，是因为发现"南方说"已经存在大量的局限和破绽，但因为没有对它的集中批评，它至今依然被当成是权威的定论，被许多有影响的教科书和学术专著所广泛引用，似乎这个问题已经是"铁板钉钉"、毋庸置疑的。所以，我觉得如果自己研究女娲多年，积累了大量资料，不能有所争辩，让大家认识到这个问题其实并没有那么简单，而是存在许多的疑点和破绽，那是自己作为一个专门研究者的失职。而且，我的研究也只是在批判"南方说"的局限和缺陷的同时，提出可能性的推测，并没有要做什么结论。就像我在此书的"结语"里说的，此处提出"北方说"或"西北说"，也并不是要替这个问题做一个结论，而只是依据现有的、新发现的材料，对这个老问题进行一番再推测，以抛砖引玉，引起学者们对这个问题的重新思考和更为精深的探讨，从而推动相关研究工作的发展。如果将来有更新、更充分的资料，证明"北方说"的错误，那我会十分高兴地接受新的论断——学术的发展史，不就是这样"后浪推前浪"地不断向前的吗？在起源地的推测上，我是很小心的。

追溯神话的源头、原型或者原初意义的研究视角，总体来看，在当今的学术潮流里显然已经有些过时，我最近写了一篇题为《神话的重建：以〈九歌〉、〈风帝国〉和〈哪吒传奇〉为例》(《民族艺术》2006年第4期)的文章，也对这一理论视角进行了批评和反思。前不久陈泳超兄也专门著文，对"神话复原"研究提出了不少批评(《民俗研究》2002年第3期)。尽管如此，我还是觉得"溯源"或者寻求神话的本真意义也不是错误的，其思路与视角自有其价值，不可一概否定。神话推原，始于追溯神话产生的源头和原初的本质和真相，不用说它在人类的认识论和心理上有其产生和存在的必然性，综观神话学史，以此视角来探询神话真谛而且较有影响的，就有人类学派、神话学派、历史—地理学派、神话—仪典学派、心理学派等，其中产生了无数皇皇巨著。拿中国学者的研究来说，一些学者认为嫦娥奔月神话原本是一则死亡起源神话，鲧窃息壤的神话则原本是潜水捞泥神话，十日出于扶桑的神话原本讲的是用表木测日影的古代天文学实践等，我以为都是很有意思的、有启发性的成果。自然，这些结论很难完全被证实，可也不能就因此而全盘否定它们存在的合理性和价值。我觉得只要言之成理，能够启迪和丰富大家对神话的认识，就是有意义的工作。

廖：2001 年你结束了在美国印第安纳大学的访学回国，之后陆续发表了几篇关于美国当代民俗学理论和方法的介绍和评论文章，其中特别注重对表演理论的介绍和应用。这一理论为什么吸引了你的兴趣？

杨：之所以对表演理论产生兴趣也是与我对现代民间口承神话的探索分不开的，是对我自己以往的研究视角的一个超越。因为在中国神话学、民间叙事学领域里，长期以来占主导地位的是文献考据的方法，依赖的主要是古代文献记录和考古学资料。学者们打量叙事文本的眼光基本上是历时性的，视角和分析方法主要是历史溯源式的，即往往是通过对文献资料的考据，或者结合采集的口头叙事文本，或者再有考古学的材料……总之，往往是通过对文本形态和内容的梳理和分析，追溯其原始形貌和原初涵义，勾勒它在历朝历代演变的历史脉络，并探询其可能蕴含的思想文化意义。应当说，历史视角和历时性方法特点的形成，是与中国悠久的社会文化传统分不开的，它是中国学者在分析中国文化事项上的一个特点和优势，也是认识事物本质的一个有力的途径。但是，总是从这样一个"文本的历时性研究"的思路和模式出发去分析民间叙事，却不免单一和僵化，更重要的是，它忽视了民间叙事（包括神话）往往是在特定语境中，由一个个富有独特个性和讲述动机的个人来讲述和表演，因而不可避免地要受到众多即时和复杂的因素的协同作用，而忽视了民间叙事的许多本质特点。那么，如何能通过民族志的细致考察和微观研究，对现代社会中活生生的神话讲述和表演事件进行深入研究？这个问题一直困扰着我。

2000—2001 年，我有幸得到国家留学基金的资助，到美国民俗学的中心之一——印第安纳大学民俗学与民族音乐学系访学，接触了理查德·鲍曼（Richard Bauman）以及其他一些当代国际著名的民俗学家，同时进一步了解了表演理论，发现它的视角和理论兴趣与我的探索有许多一致的地方。

表演理论于 20 世纪 60 年代末 70 年代初在美国民俗学界兴起，八九十年代最为兴盛，至今仍然具有强大生命力，并广泛影响到世界范围内诸多学科领域（例如民俗学、人类学、社会语言学、文学批评、宗教研究、音乐、戏剧、话语研究、区域研究、语言学、讲演与大众传媒等）。与以往民间文学研究领域中盛行的"以文本为中心"，关注抽象的、往往被剥离了语境关系的口头艺术事象的观点不同，表演理论以表演为中心（performance-centered），关注口头艺术文本在特定语境中的动态形成过程和其形式的实际应用。具体来讲，表演理论特别关注从以下视角探讨民俗文化：1. 特定语境（situated context）中的民俗表演事件。2. 交流的实际发生过程和文本的动态而复杂的形成过程，特别强调这个过程是由诸多因素（个人的、传统的、政治的、经济的、文化的、道德的等）共同参与的，而且也是由诸多因素共同塑造的。3. 讲述人、听众和参与者之间的互动交流。例如，故事如何被讲述？为什么被讲述？一个旧有的故事文本为什么会在新的语境下被重新讲述（recontextualize）？周围的环境如何？谁在场参与？讲述人如何根据具体讲述语境的不同和听众的不同需要而适时地创造、调整他的故事，使之适应具体的讲述语境？4. 表演的即时性和创造性（emergent quality of performance），强调每一个表演都是独特的，它的独特性来源于特定语境下的交际资源、个人能力和参与者的目的等之间的互动。5. 表演的民族志考察，强调在特定的地域和文化范畴、语境中理解表演，将特定语境下的交流事件作为观察、描述和分析的中心，如此等等。因此，总体上说来，与以往关注"作为事象的民俗"的观念和做法不同，表演理论关注的是"作为事件的民俗"；与以往以文本为中心的观念和做法不同，表演理论更注重文本与语境之间的互动；与以往关注传播与传承的观念和做法不同，表演理论更注重即时性和创造性；与以往关注集体性的观念和做法不同，表演理论更关注个人；与以往致力于寻求普遍性的分类体系和功能图式的观念和做法不同，表演理论更注重民族志背景下的情境实践（situated practice）。在表演理论的视角下，民间叙事文本不再是集体塑造的、传统和文化的反映，也不是"超机体的"（super-organic），即它不再是一个自足的、具有自己生命力的、能够自行到处巡游（travel）的事象，而是植根于特定情境中，其形式、意义和功能都植根于由文化所限定的场景和事件中；研究者也不再局限于以文本为中心、追溯其历史嬗变、地区变文或者蕴含的心理和思维信息的研究视角，而更注重在特定语境中考察民间叙事的表演及其意义的再创造、表演者与参与者之间的交流，以及各种社会权力关系在表演过程中的交织与协调。

我觉得在研究现代民间口承神话以及其他民间叙事文类（genre）时，许多地方可以借鉴表演理论的视角和方法，把神话的讲述作为表演事件来研究，这可以让我们看到很多以往被忽略的东西，从而更深入地理解其内容、形式、功能和意义。

廖：但是你似乎并没有完全搬用表演理论，我注意到你在 2004 年 8 月召开的第二届"民间文化青年论坛"上的发言，提出了民间叙事的"综合研究法"。什么是综合研究法？它的提出有什么针对性呢？

杨：我那篇论文叫作《民间叙事的表演——以兄妹婚神话为例，兼谈民间叙事的综合研究法》(《文学评论》2005 年第 2 期，修改后收作本书第八章)。"综合研究法"(synthetic approach)的提法受到了芬兰著名民俗学家 Lauri Honko 教授的启发，但是此方法的提出依然紧紧地与我的研究实践和问题意识相连。因为我在学习和运用表演理论时发现：虽然表演理论对芬兰历史—地理学派的研究方法提出了许多批评，但是它也有自身的一些问题，比如注重特定语境下的即时性创造，而对历史则有轻视或忽视的倾向，这一点已经受到了一些学者的批评(参见杨利慧：《表演理论与民间叙事研究》，《民俗研究》2004 年第 1 期)。而中国有着悠久的历史，有着丰富的古代文献记录，因此，忽视历史，忽视这些珍贵的古代文献资料，显然无法深刻地理解和认识中国的社会和文化。所以，如何能既积极吸收表演理论以及其他国际前沿的神话学、民间叙事学理论和方法，同时又能立足于中国本土的实际，发展出适合中国民间叙事研究的方法？这是我近来一直努力探索的一个问题，也是我未来将继续努力的一个方向。因此在那篇文章中，我以淮阳人祖庙会上的两次兄妹婚神话的表演事件为个案，在积极借鉴表演理论的长处的基础上，力图超越表演理论的局限，对民间叙事研究方法做进一步探索：能否把中国学者注重历史研究的长处和目前一些西方理论(包括表演理论)注重"情境性语境"(the situated context)和具体表演时刻(the very moment)的视角结合起来；把宏观的、大范围里的历史—地理比较研究与特定区域的民族志研究结合起来；把文本的研究与语境的研究结合起来；把静态的文本阐释与动态的表达行为和表演过程的研究结合起来；把对集体传承的研究与对个人创造力的研究结合起来？在结论中，我认为民间叙事的讲述与表演是一个充满了传承与变异、延续与创造，集体性传统与个人创造力不断互动协商的复杂动态过程，因此，只有将上述视角结合起来进行综合研究，才能比较深入地了解民间叙事的传承和变异的本质，以及其形式、功能、意义和表演等之间的相互关系。当然，这只是我的一个初步探索，还请大家多多批评指正。

廖：我还注意到 2004 年 11 月，你在中山大学民俗学会议上的发言，题目是《神话的重建——以〈九歌〉〈风帝国〉和〈哪吒传奇〉为例》。请问你这篇文章主要针对的问题是什么？

杨：这篇论文上文曾提及，它所针对的是这样几种在神话研究领域里流行的看待和阐释神话的观点和方法。一是认为神话是远古文明的产物，是属于遥远古代的、死去了的东西，因此只有在古代文献中才能寻觅到它们的芳踪。而且，只有远古的神话才是纯洁的、本真的（authentic），而后世传承的神话都是不同程度上对古老神话的扭曲和污染（pollute）。二是在阐释神话的意义时，总是去追寻它们对于远古文化的意义，似乎在神话中内在地、天生地附着着一个意义，而这个意义是历久不变的，神话研究者的首要任务，就是找寻和挖掘出这个原初的本义。三是将神话视为与传承主体和活态语境相剥离的文本，只重视神话文本（作品）的分析，而不关注创造和传承神话的人以及神话生存其中的社会和文化语境（context）。似乎神话就像一个物质实体的陶罐一样，人们只是经手而代代机械地传承它，而对它的内容、形式、本质和功能不会产生影响。该文通过对三个案例（一个是屈原的《九歌》，一个是 2004 年在北京上演的音乐剧《风帝国》，一个是 2003 年起在中央电视台热播的电视连续剧《哪吒传奇》）的分析认为：第一，神话远非被创作出来之后就静止不变了，而是永远处在被不同的个人出于不同的目的、需要和旨趣而不断对其加以重建的过程中。这一方面使古老的神话不断得以传承，另一方面也使其不断在新的语境中以新的形式、内容和功能焕发出勃勃生机。第二，神话被重建的过程是一个充满了多种复杂因素影响的过程，特定时空环境下的政治、经济、文化、民族、伦理道德规范，以及个人的人生经历、思想追求、艺术趣味等，都在其中起着重要的作用。而且，这些因素之间也充满了互动与协商（negotiation），从而共同塑造了特定语境下的神话重建结果。第三，神话学者、民俗学者应该关注神话和民俗重建的现象，不再把民俗看成是过去的"遗留物"（survival），是一成不变地延续下来的"遗产"，总是用溯源的办法去追寻它的原初意义和功能，而要把它们看成是"不断变动着的现实民俗"，它们和人们的现实生活息息相关，并且由人们根据自己当下的需要和目的而不断重新塑造。国际民俗学界一度盛行的对于 folklore 和 fakelore 的争议，对于民俗的真实性和虚假性的争议，其实都没有多大意义——传统既不是真的（genuine），也不是假的（spurious），因为它不是一件被代代相传的物件，而是当下语境中的象征性重建。在神话学和民俗学的研究中，我们要关注的，不是这些东西原来是真的还是假的，也不是（或者说，不完全是）其原初的功能和意义为何。我们更要关注的，是它们在当下的现实语境中如何被人们主动地、富有创造性地不断加以重建的过程。

因此，与一般神话学者关注古典神话的文本分析的方法和视角不同，该文特别关注现实生活中对于神话的运用和重新创造（reconstruction）。该文的理论视角的形成主要受到表演理论、传统的发明与重建理论（the invention of tradition）以及民俗主义的启示。

廖：我同意你的看法，民俗学应该从研究"遗留物"的局限中解放出来，关注那些当代社会中的新生文化，只有这样，民俗学才不会总是以

"残余文化"（residual culture）为研究对象，总是向过去寻找研究资料，而失掉了研究当代文化的创造的资格。在这方面，国外对民俗旅游、迪士尼乐园里的白雪公主的利用，大众传媒对口头文学和民俗的利用等都应该引起我们的关注，民俗主义以及公众民俗学等许多理论和实践也都值得我们借鉴。那么，你目前正在做哪些方面的课题呢？

杨：我目前正主持三个省部级项目。一个项目是"中国的神话母题"，它的目的是要初步回答这样一些问题：在中国，到底有哪些神话母题是普遍流传的？它们都流传在哪些地方、哪些民族中间？在哪里可以找到研究这些母题的书面或者口头的资料？这主要是做基础的索引工作，工作量很大，进度也很慢。其中我特别倚重的就是部分地区的"三套集成"资料本。这个项目已经快完成了，相信成果出来以后，会对大家研究中国神话，或者将中国与其他民族的神话进行比较研究有些帮助。[1] 另一个项目是"现代民间口承神话的传承与变异"。这个项目特别关注口承神话与当代社会文化之间的关系，注重把神话置于特定区域的背景中，考察神话的表演过程、神话的讲述人和传承人、听众，探索神话的传承和演变与特定时期、地域内的政治、经济、性别、科学、伦理、教育、旅游工业、大众传媒等的互动与协商。神话不再是孤立的文化事象，它的传承、演变，与个人经历、社会文化变迁都息息相关。在个人生活史和经验中，主体的创造性被特别予以关注。[2] 第三个项目是"现代民间口承神话的表演"，力图选择性地把表演理论运用于中国民间现代口承神话的研究中，对现代民间口承神话的表演事件进行民族志的细致考察和微观研究，关注具体讲述情境下口承神话的"文本化"过程

---

[1] 参见杨利慧、张成福编：《中国神话母题索引》，本书 2018 年再版。

[2] 参见杨利慧、张霞、徐芳、李红武、仝云丽：《现代口承神话的民族志研究——以四个汉族社区为个案》，本书 2018 年以《当代中国的口承神话》为题再版。

等。这里面的不少问题在以往的中国神话学史上是很少被探讨的。

廖： 能说说近期你还有什么别的研究计划吗？

杨： 在近期的研究中，我会进一步探讨以下两个方面的问题：一个是继续探索如何把对文本自身的研究与对文本的表演结合起来，因为我发现：表演理论更关注的，往往是表演的过程，口头艺术（verbal art）本身往往被置于次要的位置，这一点我觉得有问题。另外，尽管在每一次表演中同一类型的神话故事的细节和母题组合都有大大小小的差异，但是神话的类型和核心母题的变化很小，可见，文本也有其自身独具的意义。所以，如何把对文本自身的研究与对文本的表演结合起来，将是我要继续探索的一个问题。另一个是打算继续以神话为切入点，关注当代社会中传统文化的重建和再生产问题，比如民俗旅游、大众传媒中对神话的利用和重塑等。我认为在这后一点上，目前国内民俗学界关注得还很不够。

廖： 你的研究似乎是不断在探索中国神话研究的新视角、新领域。从你的经历，一定程度上也可以看出中国神话学界不断探索和前进的历程。你是如何看待各种研究神话的视角和方法的呢？

杨： 钟敬文先生生前经常说研究神话就像"猜谜"，我觉得这话有道理。其实不唯神话如此，许多别的文化研究，也都有相似之处。我常常觉得研究神话，好比盲人摸象，摸着它的腿的，说大象像柱子；摸着它的耳朵的，说大象像扇子。孰是孰非，难有定论，也难有高下之分。只要我们虽然摸着像柱子，但并不咬定这就是亘古不变、放之四海而皆准的"真理"，也不急于批判"扇子论"者为"子虚乌有""一派胡言"，而是认真倾听各种意见，取长补短，不断改进自己的观点，也许，只有这样，我们才有可能弄清楚大象到底像什么。对神话研究来说，我认为神话学者一方面要开阔胸襟，对各种理论和方法抱着宽容和理解的心态，另一方面要解放思想，增强对理论和方法的"自觉意识"，积极追随时代的脚步，不断尝试从各种新的学术思想、新的理论视角和新的研究资料出发，努力推动神话研究的发展。只有这样，我们才有可能接近对于神话本质的认识。

（本文发表于《民族艺术》2005 年第 1 期）

图书在版编目（CIP）数据

女娲的神话与信仰：持续 30 年的整体研究/杨利慧著. —北京：
北京师范大学出版社，2023.9
ISBN 978-7-303-26748-4

Ⅰ.①女… Ⅱ.①杨… Ⅲ.①民族－信仰－研究－中国
Ⅳ.①B929.2

中国版本图书馆 CIP 数据核字（2021）第 011966 号

图书意见反馈：gaozhifk@bnupg.com 010-58805079

出版发行:北京师范大学出版社 www.bnupg.com
　　　　　北京市西城区新街口外大街 12-3 号
　　　　　邮政编码：100088
印　　刷：三河市兴达印务有限公司
经　　销：全国新华书店
开　　本：787 mm×1092 mm 1/16
印　　张：32
字　　数：420 千字
版　　次：2023 年 9 月第 1 版
印　　次：2023 年 9 月第 1 次印刷
定　　价：88.00 元

策划编辑：周劲含　　　　　　　责任编辑：周劲含
美术编辑：陈　涛　李向昕　　　装帧设计：王齐云
责任校对：丁念慈　　　　　　　责任印制：马　洁